Abhijit V. Banerjee
Esther Duflo

POOR ECONOMICS

Plädoyer für ein neues Verständnis von Armut

Aus dem Englischen
von Susanne Warmuth

Pantheon

Die englische Originalausgabe erschien 2011 unter dem Titel *Poor Economics: A Radical Rethinking of the Way to Fight Global Poverty* bei Perseus Books, New York City.

MIX
Papier aus verantwortungsvollen Quellen
FSC® C083411

Verlagsgruppe Random House FSC® N001967

3. Auflage

Neumarkter Straße 28, 81673 München
Umschlaggestaltung: Büro Jorge Schmidt, München,
nach einem Entwurf von semper smile, München
Umschlagmotiv: Bürosüd, München
Druck und Bindung: CPI books GmbH, Leck
Printed in Germany
ISBN 978-3-570-55430-2

www.pantheon-verlag.de

Für unsere Mütter,
Nirmala Banerjee und
Violaine Duflo

Inhalt

Die Ökonomie der Armen

In einem Bilderbuch über Mutter Teresa hatte Esther als Sechsjährige gelesen, in der Stadt, die damals noch Kalkutta hieß, lebten so viele Menschen, dass jedem nur ein Quadratmeter zur Verfügung stehe. Sie stellte sich die Stadt als riesiges Schachbrett vor, mit auf den Boden gezeichneten Feldern von einem auf einen Meter Länge, auf dem die menschlichen Schachfiguren eng aneinandergedrängt hockten. Und sie überlegte, was sie dagegen tun könnte.

Mit vierundzwanzig, als Doktorandin am Massachusetts Institute of Technology (MIT), kam sie zum ersten Mal nach Kalkutta. Als sie mit dem Taxi in die Stadt fuhr, fühlte sie leichte Enttäuschung in sich aufsteigen: Wohin sie auch schaute, war nichts als leerer Raum – Bäume, Grasstreifen, leere Gehwege. Wo war all das Elend, das ihr Kinderbuch so eindringlich dargestellt hatte? Wo waren all die Leute?

Mit sechs Jahren wusste Abhijit genau, wo die Armen wohnten. Sie lebten in den baufälligen Hütten hinter dem Haus seiner Eltern in Kalkutta. Ihre Kinder hatten anscheinend viel Zeit zum Spielen, und sie schlugen ihn in jeder Sportart: Wenn er hinunterging, um mit ihnen Murmeln zu spielen, landeten die Murmeln am Ende immer in den Taschen ihrer zerlumpten Hosen. Er beneidete sie.

Dieser Hang, die Armen auf ein paar Klischees zu reduzieren, existiert genauso lang wie die Armut: Sowohl die Soziologie als auch die Literatur stellt sie abwechselnd als faul oder geschäftstüchtig, als edel oder kriminell, als aufsässig oder ergeben, als hilflos oder selbstgenügsam dar. Kein Wunder, dass die politischen Positionen, die auf dieser Einschätzung der Armen beruhen, in ähnlich schlichte Formeln gefasst werden können: »Freie Märkte für die Armen«, »Die Menschenrechte müssen im Vordergrund stehen«, »Legt erst die Konflikte bei«, »Mehr Geld für die Ärmsten«, »Hilfe von außen verhindert die Entwicklung« und so weiter. In all diesen Vorstellungen steckt ein Körnchen Wahrheit, aber so gut wie nie beschäftigen sie sich mit dem armen Menschen selbst – mit seinen Hoffnungen und Zweifeln, mit seinen Grenzen und Zielen, mit seinen Überzeugungen und Unsicherheiten. Arme treten allenfalls als Figuren in komischen oder tragischen Geschichten auf; solche Leute kann man bewundern oder bemitleiden, aber nicht als Quellen für tiefer gehende Erkenntnisse heranziehen oder danach fragen, was sie meinen, wollen oder tun.

Die Ökonomie der Armut wird nicht selten als unergiebige Ökonomie (*poor economy*) missverstanden. Weil die Armen nur sehr wenig besitzen, glauben viele, an ihrer wirtschaftlichen Existenz könne nichts interessant sein. Dieses Missverständnis behindert leider die Bekämpfung der globalen Armut: Ein einfaches Problem muss eine einfache Lösung haben. Das Feld der Strategien zur Armutsbekämpfung ist übersät mit den Resten wunderbar einfacher Lösungen, die – o Wunder – nicht funktionierten. Wenn wir vorankommen wollen, müssen wir aufhören, die Armen zu Karikaturen ihrer selbst zu machen. Wir müssen uns die Zeit nehmen, ihr Leben in seiner Komplexität und Vielfalt kennenzulernen und zu verstehen. Genau das haben wir in den vergangenen fünfzehn Jahren versucht.

Wir sind Forscher, und wie die meisten Forscher formulieren wir Theorien und starren gebannt auf Datensätze. Doch unsere Art der Arbeit erforderte es, Monate (wenn auch über Jahre verteilt) »mitten im Leben« zuzubringen, mit den Aktivisten von Nichtregierungsorganisationen (NGOs), Regierungsbeamten, Gesundheitshelfern, Mikrokreditgebern und in den Dörfern und Stadtvierteln, wo die Armen leben. Überall haben wir Fragen gestellt und Daten gesammelt. Ohne das freundliche Entgegenkommen der Menschen, denen wir begegnet sind, hätten wir dieses Buch nicht schreiben können. Wir wurden immer mit großer Gastfreundlichkeit aufgenommen, obwohl wir meistens unangekündigt irgendwo auftauchten. Geduldig beantworteten unsere Gesprächspartner unsere Fragen, auch wenn sie ihnen manchmal unsinnig erschienen, und viele erzählten uns ihre Lebensgeschichte.[1]

Wieder zu Hause an unseren Schreibtischen waren wir gleichermaßen fasziniert und irritiert, wenn wir an diese Geschichten zurückdachten, unsere Daten analysierten und versuchten, all das mit den einfachen Modellen in Übereinstimmung zu bringen, die professionelle Entwicklungsökonomen und politische Entscheidungsträger üblicherweise verwenden, wenn sie sich über das Leben der Armen Gedanken machen. In den meisten Fällen zwangen uns unsere Daten und Erkenntnisse, die Theorien, von denen wir ausgegangen waren, zu korrigieren oder ganz aufzugeben. Aber wir taten das erst, nachdem wir genau verstanden hatten, warum sie nicht tragfähig waren und wie wir sie besser an die tatsächlichen Gegebenheiten anpassen konnten. Das Buch ist das Ergebnis dieses Austauschs, der Versuch, eine stimmige Beschreibung des Lebens armer Leute abzugeben.

Wir haben uns auf die Ärmsten der Armen konzentriert. In den fünfzig Ländern, in denen die meisten Armen leben, liegt die Armutsgrenze im Schnitt bei 16 indischen Rupien pro Person und Tag. Menschen, die von weniger leben müssen, werden auch von den Regierungen ihrer eigenen Länder als arm betrachtet. Nach dem momentanen Wechselkurs entsprechen 16 Rupien etwa 36 US-Cent. Nachdem die Preise in den meisten Entwicklungsländern jedoch niedriger sind als in den USA, müssten die Armen mehr Geld ausgeben, wenn sie zu amerikanischen Preisen einkaufen würden – nämlich 99 US-Cent.[2] Wenn Sie eine Idee davon bekommen wollen, wie Arme leben, dann stellen Sie sich vor, Sie hätten für fast den gesamten täglichen Bedarf (ohne die Miete) nicht mehr als 99 US-Cent am Tag zur Verfügung. Das ist nicht leicht, in Indien bekommen Sie dafür etwa 15 kleine Bananen oder drei Pfund Reis minderer Qualität. Kann man davon leben? Im Jahr 2005 taten dies weltweit etwa 865 Millionen Menschen, 13 Prozent der Weltbevölkerung.

Das Verblüffende ist, dass selbst Menschen, die so arm sind, uns in fast allem gleichen. Wir haben dieselben Wünsche und Schwächen; die Armen sind nicht weniger rational als andere, ganz im Gegenteil. Eben weil sie so wenig haben, denken sie oft viel sorgfältiger nach, bevor sie sich für etwas entscheiden: Sie müssen höchst wirtschaftlich denken, um zu überleben. Und doch sind unsere Leben völlig verschieden. Das hat viel mit dem zu tun, was wir in unserem eigenen Leben für selbstverständlich halten, ohne groß darüber nachzudenken.

Wenn Sie mit 99 US-Cent am Tag auskommen müssen, heißt das, dass Sie nur sehr eingeschränkten Zugang zu Information haben, denn Zeitungen, Fernseher, Bücher kosten Geld. Das heißt, von vielem, was für den Rest der Welt Allgemeinwissen ist, haben Sie noch nie gehört, etwa dass eine Impfung Ihr Kind vor Masern schützen kann. Es heißt auch, in einer Welt zu leben, deren Institutionen nicht für jemanden wie Sie gemacht sind. Die meisten armen Menschen beziehen keinen Lohn, geschweige denn, dass sie eine Rentenversicherung hätten, in die automatisch ein Teil davon fließt. Es bedeutet, Entscheidungen über Dinge zu treffen, die mit einer Menge Kleingedrucktem einhergehen, obwohl Sie noch nicht einmal das Großgedruckte richtig lesen können. Was macht jemand, der die Produktinformation einer Krankenversicherung nicht lesen kann, die eine ganze Reihe von Krankheiten mit unaussprechlichen Namen ausschließt? Es bedeutet, wählen zu gehen, obwohl Sie von Ihrem politischen System nicht mehr mitbekommen als nicht eingelöste Wahlversprechen, und es bedeutet, kein Geld zurücklegen zu können, weil die Bank aus Ihren Ersparnissen nicht einmal genug erwirtschaftet, um die entstehenden Verwaltungskosten zu decken. Und so weiter.

Das Beste aus sich zu machen und für die Familie Vorsorge zu treffen, verlangt armen Menschen also viel, viel mehr Erfindungsgeist, Willenskraft und Einsatz ab. Umgekehrt sind es die kleinen

Geldbeträge, die kleinen Hindernisse, die kleinen Fehler, über die die meisten von uns locker hinweggehen, die den Armen das Leben schwer machen.

Es ist nicht leicht, der Armut zu entrinnen, aber das Gefühl, es schaffen zu können, und gezielte kleine Hilfen (etwas Information, ein leichter Anstoß) sind manchmal überraschend wirkungsvoll. Andererseits bringen zu hoch gesteckte Erwartungen, fehlende Zuversicht und kleinere Hürden manchmal alles zum Scheitern. Ein Druck auf den richtigen Knopf kann unglaublich viel bewirken – das Problem ist, den richtigen Knopf zu finden. Und natürlich gibt es nicht den einen Knopf, der alle Probleme löst.

Poor Economics ist ein Buch über die ausgesprochen ergiebige Ökonomie, die zutage tritt, wenn man ein Verständnis für das ökonomische Leben der Armen entwickelt. Es ist ein Buch über die Theorien, die uns helfen nachzuvollziehen, was die Armen selbst erreichen können und wofür sie einen Anschub brauchen. Jedes Kapitel dieses Buches beschreibt eine andere Suche nach den zugrunde liegenden Schwierigkeiten und danach, wie sie überwunden werden können. Wir beginnen mit einem Blick auf die elementaren Dinge im Leben von Familien: Was kaufen sie? Gehen die Kinder zur Schule? Was tun sie für ihre Gesundheit oder die von Kindern oder Eltern? Wie viele Kinder möchten sie haben? Und so weiter. Danach gehen wir der Frage nach, wie Märkte und Institutionen für die Armen arbeiten: Können sie Geld leihen, ansparen und sich gegen Risiken versichern? Was tun Regierungen für sie und wann lassen sie sie im Stich? Wir werden immer wieder auf diese grundlegenden Fragen zurückkommen. Gibt es Möglichkeiten für die Armen, ihr Leben zu verbessern, und was hält sie davon ab, es zu tun? Sind es die Kosten am Anfang, oder ist es zwar leicht, damit anzufangen, aber schwer durchzuhalten? Was macht es so aufwändig? Erkennen die Menschen, was ihnen nützt? Wenn nicht, woran liegt das?

Letztlich geht es in *Poor Economics* darum, was wir aus dem Leben und den Entscheidungen, die arme Leute treffen, für die

Bekämpfung der weltweiten Armut lernen können. Wir verstehen am Ende besser, warum Mikrokredite zwar ein nützliches Instrument sind, aber keine Wunderwaffe, wie man zunächst hoffte, warum Arme häufig bei einer Gesundheitsversorgung landen, die ihnen mehr schadet als nutzt, warum arme Kinder Jahr um Jahr zur Schule gehen, ohne etwas zu lernen, warum Arme keine Krankenversicherung wollen. Es wird klar werden, warum so viele Allheilmittel von gestern im Papierkorb der gescheiterten Ideen von heute gelandet sind. Doch das Buch zeigt auch, wo es Hoffnung gibt: Warum Unterstützung in Form von Gutscheinen unter Umständen mehr bringt, als der Gutschein wert ist, wie man Versicherungen besser vermarktet, warum bei der Schulbildung weniger manchmal mehr sein kann, warum gute Jobs für das Wachstum wichtig sind. Doch vor allem wird deutlich, warum Hoffnung unverzichtbar und Wissen entscheidend ist, warum wir nicht aufgeben dürfen, auch wenn die Herausforderungen gigantisch erscheinen. Der Erfolg ist nicht immer so weit entfernt, wie es scheint.

1 Einmal mehr nachdenken

Alljährlich sterben neun Millionen Kinder vor ihrem fünften Geburtstag.[1] In Regionen südlich der Sahara stirbt eine von 30 Frauen bei der Geburt eines Kindes, in den entwickelten Ländern eine von 5600. Es gibt mindestens 25 Länder, die meisten davon im Afrika südlich der Sahara, in denen die durchschnittliche Lebenserwartung weniger als 55 Jahre beträgt. Allein in Indien können 50 Millionen Schulkinder nicht einmal einfachste Texte lesen.[2]

Wenn Sie Zeilen wie diese lesen, möchten Sie das Buch vielleicht zuklappen und die Geschichte mit der globalen Armut am liebsten gleich vergessen. Das Problem scheint einfach zu groß, schlicht unlösbar zu sein. Wir wollen Sie dazu bringen, genau das nicht zu tun.

An der University of Pennsylvania hat man ein Experiment durchgeführt, das zeigt, wie leicht wir uns von der Größe eines Problems überfordert fühlen.[3] Die Forscher gaben Studenten 5 Dollar und baten sie, einen Fragebogen auszufüllen. Dann zeigten sie ihnen ein Flugblatt und forderten sie auf, etwas für *Save the Children,* eine der weltgrößten Wohltätigkeitsorganisationen zu spenden. Die Forscher hatten zwei verschiedene Flugblätter vorbereitet. Einigen (zufällig ausgewählten) Studenten zeigten sie dieses:

> *In Malawi sind über drei Millionen Kinder von Nahrungsmittelknappheit betroffen. Wegen fehlender Niederschläge ist die Maisproduktion in Sambia seit dem Jahr 2000 um 42 Prozent zurückgegangen. Das hat dazu geführt, dass drei Millionen Sambier Hunger*

leiden. Vier Millionen Angolaner – ein Drittel der Gesamtbevölkerung – mussten aus ihren Heimatdörfern fliehen. Über elf Millionen Äthiopier sind auf sofortige Nahrungsmittelhilfe angewiesen.

Den anderen Studenten gab man ein Flugblatt, auf dem unter dem Foto eines kleinen Mädchens diese Worte standen:

Rokia ist ein siebenjähriges Mädchen aus Mali in Afrika. Sie lebt in bitterer Armut und leidet schweren Hunger. Mit Ihrer Spende können Sie ihr Leben zum Besseren verändern. Dank Ihrer Unterstützung und der anderer Spender kann Save the Children *Rokias Familie und anderen Dorfbewohnern dabei helfen, Rokia zu ernähren, sie in die Schule zu schicken, ihr eine medizinische Grundversorgung zu ermöglichen und sie über Hygiene aufzuklären.*

Mit dem ersten Flugblatt bekamen die Forscher im Schnitt 1,16 Dollar von jedem Studenten, mit dem zweiten 2,83 Dollar. Die Studenten waren also durchaus bereit, für Rokia Verantwortung zu übernehmen und ihr zu helfen, aber angesichts der Dimensionen des Problems fühlten sie sich ohnmächtig.

Anderen, ebenfalls zufällig ausgewählten Studenten, zeigten die Forscher dieselben Flugblätter. Doch dieses Mal sagten sie dazu, dass die meisten Leute mehr Geld spenden, wenn man ihnen einen einzelnen Betroffenen präsentiert, als wenn man sie mit allgemeinen Informationen versorgt. Diejenigen, die das Flugblatt mit Sambia, Angola und Malawi gezeigt bekamen, gaben in etwa dasselbe wie die Studenten ohne die »Vorwarnung«, nämlich 1,26 Dollar. Diejenigen mit dem Rokia-Flugblatt spendeten dagegen nur 1,36 Dollar, also weniger als die Hälfte dessen, was die ungewarnten Studenten zuvor gegeben hatten. Dass man die Studenten dazu gebracht hatte, noch einmal nachzudenken, hatte den Effekt, dass sie Rokia gegenüber weniger großzügig waren, ihr Verhalten allen anderen gegenüber hatte sich jedoch kaum verändert.

So wie die Studenten reagieren die meisten von uns, wenn

sie mit Problemen wie der Armut konfrontiert werden. Spontan wollen wir großzügig sein, besonders wenn ein kleines Mädchen in Gefahr ist. Bei genauerem Nachdenken kommen wir – wie die Studenten aus Pennsylvania – zu dem Schluss, dass das alles keinen Sinn hat: Unser Beitrag wäre ein Tropfen, der in ein Fass ohne Boden fällt. Unser Buch lädt dazu ein, *einmal mehr* über alles nachzudenken: Wir hoffen, dass Sie sich von dem Gefühl lösen können, der Kampf gegen die Armut sei aussichtslos, und dass Sie anfangen, das Phänomen als ein Bündel ganz konkreter Probleme zu betrachten, die eines nach dem anderen gelöst werden können, wenn man sie erst einmal identifiziert und verstanden hat.

Leider wird der Rahmen für die Armutsdiskussion in der Regel thematisch ganz anders abgesteckt. Da geht es nicht darum, wie man Durchfall oder Denguefieber am besten bekämpfen kann, stattdessen konzentrieren sich viele Experten – vor allem die am lautesten vernehmbaren – auf die »großen« Fragen: Was ist die wahre Ursache der Armut? Inwieweit können wir den freien Märkten vertrauen? Ist Demokratie gut für die Armen? Sollte man Hilfe von außen leisten oder nicht? Und so weiter.

Zu diesen Experten gehört Jeffrey Sachs; er ist Direktor am *Earth Institute* der Columbia University in New York und berät die Vereinten Nationen. Er hat eine Antwort auf all diese Fragen: Die armen Länder sind arm, weil sie heiß, unfruchtbar, malariaverseucht und vom Meer abgeschnitten sind. Ohne große Investitionen als Starthilfe für Maßnahmen gegen diese endemischen Probleme sind sie kaum in der Lage, etwas zu produzieren. Investitionen können sie sich aber nicht leisten, eben weil sie arm sind – sie befinden sich in der Armutsfalle, wie die Wirtschaftswissenschaftler das nennen. Und so lange diese Probleme nicht gelöst sind, nützen ihnen weder Demokratie noch freie Märkte wirklich etwas. Der Schlüssel ist daher die Hilfe von außen: Sie kann einen *Circulus virtuosus*, das Gegenteil eines Teufelskreises (*Circulus vitiosus*), in Gang setzen, indem sie es armen Ländern ermöglicht, in diese kritischen Bereiche zu investieren, und sie produktiver macht. Die daraus resultierenden höheren Einkommen führen zu weiteren Investitionen, der Aufwärtstrend setzt sich fort. In seinem 2005 erschienenen Bestseller *Das Ende der Armut*[4] behauptet Sachs, wenn die reichen Länder zwischen 2005 und 2025 jährlich 195 Milliarden Dollar in Entwicklungshilfe stecken würden, könnte die Armut bis zum Ende dieses Zeitraums beseitigt sein.

Doch es gibt andere, die sich nicht weniger vernehmlich zu Wort melden und sagen, dass Sachs mit all seinen Antworten falsch liegt. William Easterly bekämpft Sachs von der New York University aus, die am anderen Ende Manhattans liegt. Mit dem Erscheinen seiner beiden Bücher *The Elusive Quest for Growth* (»Das trügerische Streben nach Wachstum«) und *Wir retten die Welt zu Tode* ist er zu einem der einflussreichsten Entwicklungshilfe-Kritiker geworden.[5] Die Wirtschaftswissenschaftlerin Dambisa Moyo arbeitete für die Weltbank und für das Geldhaus Goldman Sachs, doch mit ihrem Buch *Dead Aid. Warum Entwicklungshilfe nicht funktioniert und was Afrika besser machen kann* schließt sie sich Easterlys Kritik an.[6] Beide sagen, dass Entwicklungshilfe mehr schadet als nützt: Sie hält die Menschen davon ab, nach eigenen Lösungen zu suchen, während Institutionen vor Ort korrumpiert und unterminiert werden und gleichzeitig eine sich selbst erhaltende Lobby für Entwicklungshilfe-Organisationen entsteht. Arme Länder sollten sich am besten an einen einfachen Grundsatz halten: Wenn die Märkte frei sind und die Anreize stimmen, dann finden die Menschen Lösungen für ihre Probleme. Sie brauchen keine Anleitungen, weder von Fremden noch von der eigenen Regierung. So gesehen sind die Entwicklungshilfe-Pessimisten genau genommen ziemlich optimistisch, was den Lauf der Welt angeht. Easterly zufolge gibt es keine Armutsfalle.

Wem sollen wir nun glauben? Denen, die sagen, dass Entwicklungshilfe das Problem löst? Oder denen, die behaupten, dass sie alles nur noch schlimmer macht? Die Frage kann nicht am grünen Tisch entschieden werden, wir brauchen Beweise. Doch leider sind die Daten, die üblicherweise zur Beantwortung der

»großen Fragen« herangezogen werden, alles andere als verlässlich. Nette Anekdoten findet man reichlich, darunter garantiert immer eine, die die jeweilige Position stützt. Ruanda beispielsweise erhielt in den Jahren nach dem Völkermord sehr viel Geld und blühte auf. Als die Wirtschaft prosperierte, begann Präsident Paul Kagame, das Land von der Entwicklungshilfe zu entwöhnen. Ist Ruanda nun ein Beispiel für gelungene Entwicklungshilfe (im Sinne von Jeffrey Sachs) oder ein Aushängeschild für das Vertrauen in die eigenen Kräfte (wie Dambisa Moyo meint)? Oder trifft etwa beides zu?

Weil man Einzelfälle wie Ruanda nicht verallgemeinern kann, versuchen Wissenschaftler in der Regel, die großen philosophischen Fragen zu beantworten, indem sie mehrere Länder miteinander vergleichen. So zeigen etwa die Daten von ein paar Hundert Ländern, dass diejenigen, die mehr Entwicklungshilfe erhielten, nicht schneller wuchsen als die anderen. Häufig wird das als Beweis dafür angesehen, dass Entwicklungshilfe nichts bringt. Genau genommen könnte es aber auch das Gegenteil bedeuten. Die Entwicklungshilfe könnte größeres Unheil verhindert haben und ohne sie wäre es noch viel schlimmer gekommen. Wir wissen es schlicht und ergreifend nicht, wir spekulieren lediglich auf hohem Niveau.

Doch was sollen wir tun, wenn sich der Erfolg von Entwicklungshilfe wirklich nicht beurteilen lässt? Die Armen aufgeben? So pessimistisch müssen wir zum Glück nicht sein, denn es gibt Antworten. Dieses Buch etwa ist eine ausführliche Antwort – wenn auch nicht die Art pauschaler Antworten, wie sie Sachs und Moyo bevorzugen. Sie werden hier nicht hören, dass Entwicklungshilfe gut oder schlecht ist, sondern erfahren, wo welche Form von Entwicklungshilfe sinnvoll war oder nicht. Wir können nicht behaupten, dass mit Demokratie alles besser funktionieren würde, aber wir können sagen, dass Demokratie im ländlichen Indonesien mehr bewirken würde, wenn man die Art und Weise ändern würde, wie sie vor Ort organisiert ist.

In jedem Fall sind die Antworten auf die großen Fragen – wie die, ob Entwicklungshilfe hilft oder nicht – keineswegs so wichtig, wie man uns manchmal glauben machen will. Entwicklungshilfe hat große Bedeutung für alle, die sich in Paris, London oder Washington leidenschaftlich dafür einsetzen, den Armen zu helfen (und für die, die – eher zähneknirschend als begeistert – ihr Portemonnaie dafür öffnen sollen). In Wahrheit macht die Entwicklungshilfe nur einen kleinen Teil des Geldes aus, das jedes Jahr für die Armen ausgegeben wird. Die meisten Programme zur Armutsbekämpfung werden von den jeweiligen Staaten selbst finanziert. Indien erhält beispielsweise praktisch keine Entwicklungshilfe. In den Jahren 2004 und 2005 gab es eine halbe Billion Rupien (31 Milliarden PPP-USD)[7] allein für Grundschulprogramme für Arme aus. Selbst in Afrika, wo Entwicklungshilfe eine wesentlich größere Rolle spielt, machte sie 2003 nur 5,7 Prozent der gesamten Staatshaushalte aus (wenn man Nigeria und Südafrika weglässt, zwei große Länder, die nur sehr wenig Entwicklungshilfe beziehen, waren es 12 Prozent).[8]

Doch die endlosen Diskussionen um die Vor- und Nachteile von Entwicklungshilfe verschleiern oft, was wirklich wichtig ist: nicht so sehr, woher das Geld kommt, als vielmehr, wohin es fließt. Viel hängt davon ab, welches Projekt man zur Förderung auswählt – Nahrungsmittel für die Bedürftigen, finanzielle Unterstützung für die Alten, Hospitäler für die Kranken –, dann muss man sich überlegen, wie man es am besten organisiert. Ein Krankenhaus beispielsweise kann ganz verschieden ausgestattet und geführt werden.

Alle, die über Entwicklungshilfe diskutieren, sind sich im Grundsatz einig, nämlich dass wir den Armen helfen sollten, wenn wir können. Das überrascht nicht wirklich. Der Philosoph Peter Singer leitet aus dem moralischen Imperativ die Pflicht ab, das Leben von Menschen zu retten, die wir nicht kennen. Er sagt, die meisten Leute seien bereit, 1000 Dollar zu opfern, um ein Kind zu retten, das vor ihren Augen in einem Teich ertrinkt,[9] und meint, man dürfe keinen Unterschied machen zwischen dem ertrinkenden Kind und den neun Millionen Kindern, die alljährlich vor ihrem fünften Geburtstag sterben. Viele Menschen teilen die Auffassung von Amartya Sen, Wirtschaftsphilosoph und Nobelpreisträger, dass Armut zu einer unglaublichen Vergeudung von Talent führt. Nach seinen Worten ist Armut mehr als der Mangel an Geld, Armut bedeutet, nicht die Möglichkeit zu haben, alle seine Potenziale als Mensch zu entfalten.[10] Ein armes afrikanisches Mädchen wird höchstens ein paar Jahre zur Schule gehen, selbst wenn es hochintelligent ist, es wird nicht die Nahrung erhalten, die es bräuchte, um die Weltklasse-Athletin zu werden, die es sein könnte, und es wird nicht das notwendige Geld bekommen, um eine außergewöhnliche Geschäftsidee zu verwirklichen.

Gewiss, dieses vergeudete Leben muss die Menschen in den entwickelten Ländern nicht unbedingt direkt betreffen, und doch ist es nicht auszuschließen: Die junge Frau könnte als HIV-positive Prostituierte enden, die einen amerikanischen Touristen infiziert, der diese Krankheit mit nach Hause nimmt, oder sie könnte einen antibiotikaresistenten Tuberkuloseerreger entwickeln, der irgendwie seinen Weg nach Europa findet. Hätte sie zur Schule gehen können, wäre sie vielleicht zur Entdeckerin eines Mittels gegen die Alzheimer-Krankheit geworden. Oder vielleicht wäre es ihr ergangen wie Dai Manju, einem chinesischen Mädchen, das dank des Fehlers eines Bankangestellten die Schule besuchen konnte und am Ende ein Wirtschaftstycoon wurde, der Tausende von Menschen beschäftigt (in ihrem Buch *Die Hälfte des Himmels* erzählen Nicholas Kristof und Sheryl WuDunn die Geschichte von Dai Manju).[11] Und selbst wenn das Mädchen nicht so viel erreichen würde, warum sollte es keine Chance bekommen?

Die größten Unstimmigkeiten treten auf, wenn wir uns der Frage zuwenden: »Wie kann man den Armen wirksam helfen?« In seiner Aufforderung, anderen zu helfen, geht Peter Singer davon aus, dass klar ist, was getan werden muss. Der moralische Imperativ, sich den Anzug zu ruinieren, ist eindeutig weniger stark, wenn man gar nicht schwimmen kann. Singer macht sich deshalb die Mühe und führt in seinem Buch *Leben retten* konkrete Beispiele dafür auf, was die Leser tun können; diese Liste wird auf seiner gleichnamigen Website regelmäßig aktualisiert.[12] Kristof und WuDunn machen dasselbe – aus dem gleichen Grund: Über die Probleme der Welt zu reden, ohne ein paar gangbare Wege zu ihrer Lösung aufzuzeigen, lähmt eher, als dass es hilft.

Deshalb bringt es mehr, in konkreten Problemen mit spezifischen Lösungen zu denken als ganz pauschal in ausländischer Unterstützung – also mehr »Hilfe« statt »Entwicklungshilfe«. Ein Beispiel: Nach einem Bericht der Weltgesundheitsorganisation WHO starb 2008 fast eine Million Menschen an Malaria, die meisten davon waren afrikanische Kinder.[13] Wir wissen, dass viele Leben gerettet werden könnten, wenn die Menschen unter mit Insektiziden behandelten Moskitonetzen schlafen würden. Wie Studien zeigen, sinkt die Neuerkrankungsrate in Malariagebieten auf die Hälfte, wenn die Menschen solche Netze benutzen.[14] Welches ist dann der *beste* Weg, um zu erreichen, dass Kinder unter Moskitonetzen schlafen?

Es kostet etwa 10 US-Dollar, eine Familie mit einem mit Insektiziden behandelten Moskitonetz zu versorgen und ihr seinen Gebrauch zu erklären. Sollten Regierungen oder Nichtregierungsorganisationen nun kostenlos Moskitonetze verteilen? Oder sollte man die Familien auffordern, sich solche Netze anzuschaffen, und diese eventuell zu subventionierten Preisen anbieten? Oder sollte man die Netze zum Marktpreis verkaufen? Die Antworten auf diese Fragen liegen keineswegs auf der Hand. Trotzdem vertreten viele »Experten« stramme Positionen, für die es kaum Belege gibt.

Malaria wird von Stechmücken übertragen. Interessanterweise gibt es so etwas wie eine Fernwirkung der Moskitonetze: Wenn etwa die Hälfte der Dorfbewohner unter einem Moskitonetz schläft, sinkt das Infektionsrisiko auch für diejenigen deutlich, die selbst kein Netz besitzen.[15] Das Problem ist nur, dass weniger als ein Viertel der gefährdeten Kinder unter einem Moskitonetz schlafen:[16] Offenbar sind die Kosten von 10 US-Dollar für viele

Familien in Mali oder Kenia zu hoch. In Anbetracht des Nutzens für die Familie und ihre unmittelbaren Nachbarn scheint es sinnvoll, die Netze billig oder kostenlos abzugeben. Die Verteilung kostenloser Moskitonetze wird denn auch von Jeffrey Sachs propagiert. Easterly und Moyo halten dagegen, dass die Leute die Netze nicht wertschätzen (und damit auch nicht nutzen werden), wenn sie sie umsonst bekommen. Und wenn sie sie nutzen, gewöhnen sie sich daran, sie geschenkt zu bekommen, und kaufen später keine neuen Netze mehr, wenn diese etwas kosten sollen; oder sie weigern sich, bei anderer Gelegenheit etwas zu kaufen, das sie brauchen, und wollen es ebenfalls umsonst haben. Das kann gut funktionierende Märkte kaputt machen. Dambisa Moyo erzählt die Geschichte eines Moskitonetz-Verkäufers, der ruiniert war, als ein Programm für die kostenlose Verteilung von Moskitonetzen anlief. Und als das Programm beendet war, gab es niemanden mehr, der Moskitonetze verkaufte – zu welchem Preis auch immer.

Wenn wir die Diskussion voranbringen wollen, müssen wir drei Fragen beantworten: Erstens, wenn die Leute den vollen Preis für ein Moskitonetz bezahlen müssen (oder einen großen Teil davon), werden sie dann lieber ohne Netz schlafen? Zweitens, wenn sie die Moskitonetze umsonst oder stark verbilligt erhalten, werden sie sie benutzen oder wegwerfen? Drittens, wenn sie das Moskitonetz einmal verbilligt erhalten haben, werden sie sich das nächste zum regulären oder weniger stark ermäßigten Preis kaufen oder nicht?

Um diese Fragen zu beantworten, müssen wir vergleichbare Gruppen von Menschen haben und deren Verhalten angesichts unterschiedlich stark subventionierter Preise von Moskitonetzen vergleichen. Das Schlüsselwort ist »vergleichbar«. Leute, die für Moskitonetze bezahlen, und Leute, die die Netze umsonst bekommen, unterscheiden sich meist auch in anderen Aspekten: Möglicherweise sind die, die für die Netze bezahlen, wohlhabender, besser gebildet und verstehen, warum ein Moskitonetz so wichtig ist, und diejenigen, die sie geschenkt bekamen, wurden vielleicht von einer NGO genau deshalb ausgewählt, weil sie arm sind. Es könnte aber auch umgekehrt sein: Diejenigen, die die Netze umsonst bekamen, hatten gute Beziehungen, und die uninformierten Armen mussten den vollen Preis bezahlen. Egal wie es tatsächlich war, in beiden Fällen ist es nicht möglich, Schlüsse zu ziehen, wie die Menschen ihre Moskitonetze benutzen.

Die zuverlässigste Methode, das herauszufinden, ist daher die Orientierung an den randomisierten Studien, die in der Medizin gemacht werden, um die Wirksamkeit neuer Medikamente zu testen. Eine solche Studie führte Pascaline Dupas, eine Wissenschaftlerin der University of California, in Kenia durch, andere folgten mit ähnlichen Experimenten in Uganda und Madagaskar.[17] In Dupas' Studie wurden die Teilnehmer nach dem Zufallsprinzip auf Gruppen verteilt, die unterschiedlich hohe finanzielle Unterstützung für den Kauf von Moskitonetzen erhielten; die Lebensumstände der Teilnehmer waren ansonsten vergleichbar. Auf diese Weise konnte Dupas unsere drei Fragen – zumindest im Rahmen dieses Experiments – beantworten.

In Kapitel 3 werden wir uns ausführlich mit ihren Ergebnissen beschäftigen. Obwohl immer noch Fragen offen bleiben (zum Beispiel verraten die Experimente nicht, ob das Verteilen importierter und subventionierter Moskitonetze ortsansässigen Herstellern schadet), haben die Ergebnisse Bewegung in die Diskussion und die politischen Positionen gebracht.

Die Verlagerung von den großen allgemeinen Fragen auf die viel enger gefassten hat einen weiteren Vorteil. Wenn wir herausfinden, ob arme Leute bereit sind, Geld für Moskitonetze auszugeben, und ob sie sie benutzen, wenn sie sie kostenlos bekommen, dann lernen wir auch eine ganze Menge darüber, wie man Moskitonetze am besten unters Volk bringt: Wir beginnen zu verstehen, wie arme Menschen Entscheidungen treffen. Was steht etwa einer stärkeren Nutzung von Moskitonetzen im Weg? Fehlt es vielleicht an Informationen über ihren Nutzen, oder können die Menschen sie sich einfach nicht leisten? Werden sie von ihren Alltagsproblemen so absorbiert, dass ihnen der Kopf für Zukunftsüberlegungen fehlt, oder gibt es noch ganz andere Gründe? Wenn wir diesen Fragen nachgehen, lernen wir nach und nach, was an den Armen (wenn überhaupt) anders ist: Leben sie genau wie alle anderen auch, nur mit weniger Geld? Oder ist das Leben in extremer Armut völlig anders? Und wenn es Unterschiede gibt: Sind sie es, die die Armen in der Armut gefangen halten?

Die Armutsfalle

Es ist kein Zufall, dass Jeffrey Sachs und William Easterly so grundsätzlich verschiedene Auffassungen darüber vertreten, ob Moskitonetze verkauft oder verschenkt werden sollten. Die Positionen zu Entwicklungshilfe und Armut, die viele Experten aus reichen Ländern einnehmen, sind meistens von ihrer jeweiligen Weltsicht geprägt – selbst wenn man, wie im Fall der Kosten für Moskitonetze, konkrete Fragen stellen kann, auf die es konkrete Antworten geben sollte. Leicht überspitzt könnte man sagen, auf der linken Seite des Spektrums steht Jeffrey Sachs (zusammen mit den Vereinten Nationen, der Weltgesundheitsorganisation und dem größten Teil des Entwicklungshilfe-Establishments); er will mehr Geld für Entwicklungshilfe ausgeben und ist der generellen Überzeugung, dass man Dünger, Moskitonetze, Computer für Schulen und so weiter verschenken und die Armen dazu bewegen sollte, das zu tun, wovon wir (oder Sachs, oder die UN) glauben, es sei gut für sie. Beispielsweise sollte man Kinder in der Schule mit Mahlzeiten versorgen, damit ihre Eltern sie regelmäßig zur Schule schicken. Auf der rechten Seite stehen Will Easterly, Dambisa Moyo, das *American Enterprise Institute* und viele andere; sie sind gegen Entwicklungshilfe, und zwar nicht nur weil dadurch Regierungen korrumpiert werden, sondern auch weil sie glauben, dass wir auf einer ganz grundsätzlichen Ebene die freie Entscheidung von anderen respektieren sollten – und wenn jemand etwas nicht will, ist es sinnlos, ihn zu zwingen. Wenn Kinder nicht zur Schule gehen wollen, bedeutet das, dass Bildung ihnen nichts bringt.

Bei beiden Positionen kann man nicht einfach von reflexhaften ideologischen Reaktionen sprechen. Sachs und Easterly sind beide Ökonomen und ihre Meinungsverschiedenheiten gehen zum größten Teil auf unterschiedliche Antworten auf eine ökonomische Frage zurück: Gibt es eine Armutsfalle? Wie bereits erwähnt, ist Sachs der Auffassung, dass manche Länder wegen ihrer Geographie oder widriger Umstände in der Armut gefangen sind: Sie sind arm, weil sie arm sind. Sie besitzen das Potenzial dafür, reich zu werden, aber sie brauchen eine Anschubhilfe, um den Karren aus dem Dreck zu ziehen und in Richtung Wohlstand auf den Weg zu bringen; daher ist Sachs die kräftige Anschubfinanzierung so wichtig. Easterly dagegen weist darauf hin, dass viele Staaten, die einmal arm waren, heute reich sind, und umgekehrt. Wenn Armut kein Dauerzustand ist, so sein Argument, dann ist die Vorstellung von einer Armutsfalle, in der arme Länder unentrinnbar festsitzen, ein Hirngespinst.

Dieselbe Frage lässt sich auch im Hinblick auf Einzelpersonen stellen. Kann jemand in der Armutsfalle festsitzen? Wenn dem so wäre, dann könnte eine einmalige große Finanzspritze das Leben eines Menschen von Grund auf verändern, weil ihn das auf eine neue Bahn lenkt. Dieser Gedanke steht hinter dem *Millennium Villages Project* von Jeffrey Sachs. Die Bewohner der glücklichen Dörfer bekommen kostenlosen Dünger, Schulspeisung, funktionierende Gesundheitsstationen, Schulcomputer und vieles mehr. Kosten: eine halbe Million US-Dollar pro Dorf und Jahr. Auf der Website des Projekts ist zu lesen, man hoffe, dass »die Wirtschaft in den Millennium-Dörfern mit der Zeit von der Landwirtschaft, die gerade für die Grundversorgung ausreicht, in einen sich selbst tragenden Handel übergeht«.[18]

In einem für den Sender MTV produzierten Video besuchen Jeffrey Sachs und die Schauspielerin Angelina Jolie das Dorf Sauri in Kenia, eines der ältesten Millenniums-Dörfer. Dort treffen sie einen jungen Bauern namens Kennedy. Er hatte kostenlosen

Dünger bekommen, und nun fällt seine Ernte zwanzigmal höher aus als in den Jahren zuvor. Mit dem Ersparten aus dieser Ernte, so das Video, wird er in der Lage sein, in Zukunft für sich selbst zu sorgen. Unausgesprochen steht dabei im Raum, dass Kennedy in der Armutsfalle saß und sich deshalb keinen Dünger leisten konnte. Der kostenlose Dünger befreite ihn, und das war der einzige Weg, dieser Falle zu entkommen.

Die möglichen Einwände der Skeptiker: Wenn Dünger wirklich so viel Profit abwirft, warum hat Kennedy dann nicht einfach eine kleine Menge gekauft und auf seinem besten Feld ausgebracht? Die Ernte wäre besser ausgefallen, und mit dem Mehrerlös hätte er für das nächste Jahr eine größere Düngermenge kaufen können, und so weiter. Nach und nach wäre er wohlhabend genug geworden, um alle seine Felder mit Dünger zu versorgen.

Sitzt Kennedy nun in der Armutsfalle oder nicht?

Die Antwort hängt davon ab, ob die beschriebene Taktik umsetzbar ist: Zunächst eine kleine Düngermenge kaufen, einen kleinen Überschuss erzielen, diesen reinvestieren, um mehr zu erwirtschaften, und wieder von vorn. Aber es könnte schwierig sein, Dünger in kleinen Mengen zu kaufen. Oder es braucht ein paar Anläufe, bis sich der gewünschte Erfolg auf dem Feld einstellt. Oder es gibt Probleme, das überschüssige Geld anzulegen. Für einen Bauern könnte es aus den verschiedensten Gründen schwierig sein, aus eigener Kraft durchzustarten.

In Kapitel 8 werden wir versuchen, zum Kern von Kennedys Geschichte vorzudringen. Fürs Erste hilft uns diese Diskussion, ein allgemeines Prinzip zu erkennen. Eine Armutsfalle liegt dann vor, wenn der Spielraum *zur schnellen Vermehrung von Einkommen oder Wohlstand* für diejenigen, die zu wenig zum Investieren haben, gering ist, sich aber dramatisch vergrößert, sobald jemand etwas mehr investieren kann. Wenn das Potenzial für schnelles Wachstum unter den Armen jedoch hoch ist, aber rasch abnimmt, sobald jemand reicher wird, dann gibt es keine Armutsfalle.

Wirtschaftswissenschaftler lieben einfache (manche würden sagen »stark vereinfachende«) Theorien, die sie gerne in Form von Diagrammen präsentieren. Wir machen da keine Ausnahme. Wir glauben, dass die Debatte über die Natur der Armut anhand der beiden auf den nächsten Seiten gezeigten Diagramme besser zu verstehen ist. Das Wichtigste an den Diagrammen ist die Form der Kurven; wir werden noch mehrfach darauf zurückkommen.

Für diejenigen, die an die Armutsfalle glauben, funktioniert die Welt wie in Abbildung 1 dargestellt. Das derzeitige Einkommen eines Menschen beeinflusst sein zukünftiges Einkommen (wobei mit »zukünftig« morgen, nächsten Monat oder die nächste Generation gemeint sein kann): Davon, was jemand heute besitzt, hängt ab, wie viel er isst, wie viel er für Gesundheit ausgeben muss oder für die Schulbildung seiner Kinder, ob er sich Dünger für seine Felder kaufen kann oder besseres Saatgut – und all das bestimmt, wie viel dieser Mensch morgen besitzen wird.

Die Kurve hat eine ganz charakteristische Form: Sie ist zunächst relativ flach und steigt dann steil an, ehe sie wieder flach ausläuft. Wir werden sie – Freunde der Schönschrift mögen es uns verzeihen – als *S-Kurve* bezeichnen.

Die S-Form der Kurve ist der Grund für die Armutsfalle: Entlang der diagonalen Linie ist das Einkommen von morgen genau so hoch wie das von heute. Die Ärmsten der Armen, deren momentanes Einkommen im *Bereich der Armutsfalle* liegt, werden in Zukunft weniger haben als heute, denn die Kurve verläuft hier unterhalb der Diagonalen. Das heißt, die Menschen in diesem Bereich werden im Lauf der Zeit immer ärmer werden und landen am Ende ganz tief in der Armutsfalle an Punkt N. Die Pfeile, die an Punkt A1 beginnen, stellen einen möglichen Weg dar: von A1 nach A2, nach A3 und so weiter. Diejenigen, die mit einem Einkommen außerhalb des Bereichs der Armutsfalle starten, werden in Zukunft über mehr Geld verfügen als heute: Sie werden allmählich reicher – zumindest bis zu einem gewissen Punkt. Diese erfreulicheren Zukunftsaussichten sind in dem bei B1 beginnenden Pfeil dargestellt, der sich nach B2, B3 und so weiter bewegt.

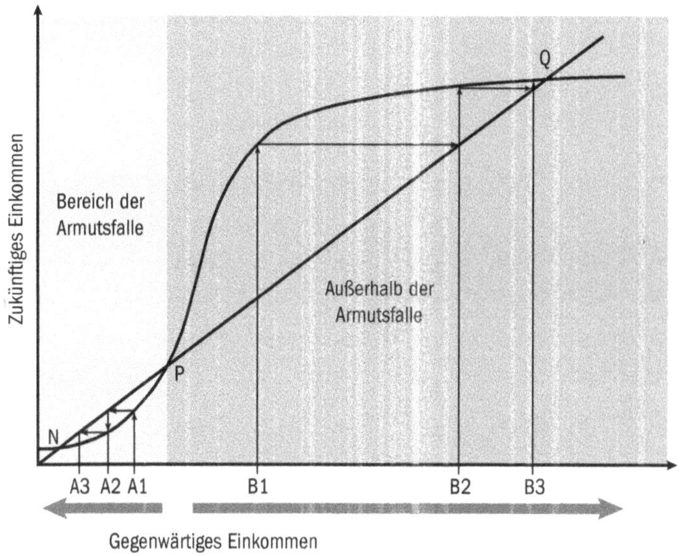

Abbildung 1: Die S-Kurve und die Armutsfalle

Viele Wirtschaftswissenschaftler (vielleicht die Mehrheit) glauben jedoch, dass die Welt meistens eher Abbildung 2 ähnelt.

Abbildung 2 sieht aus wie der rechte Teil von Abbildung 1, also ohne die abfallende linke Seite. Die Kurve ist am Anfang am steilsten und wird dann allmählich flacher. In dieser Welt gibt es keine Armutsfalle: Weil die Armen mehr verdienen als am Ausgangspunkt, werden sie nach und nach reicher, bis ihr Einkommen irgendwann nicht weiter ansteigt (die Pfeile von A1 nach A2 und A3 zeigen einen möglichen Weg). Unter Umständen ist dieses Einkommen nicht besonders hoch, entscheidend ist, dass wir kaum etwas zu tun brauchen bzw. tun können, um den Armen zu helfen. Einmalige Geldgeschenke – sagen wir in einer Höhe, dass die Betreffenden an Punkt A2 statt an A1 beginnen können – werden ihr zukünftiges Einkommen in dieser Welt nicht dauerhaft erhöhen. Im besten Fall führen sie dazu, es etwas schneller ansteigen zu lassen, doch das ändert nichts am späteren Endpunkt.

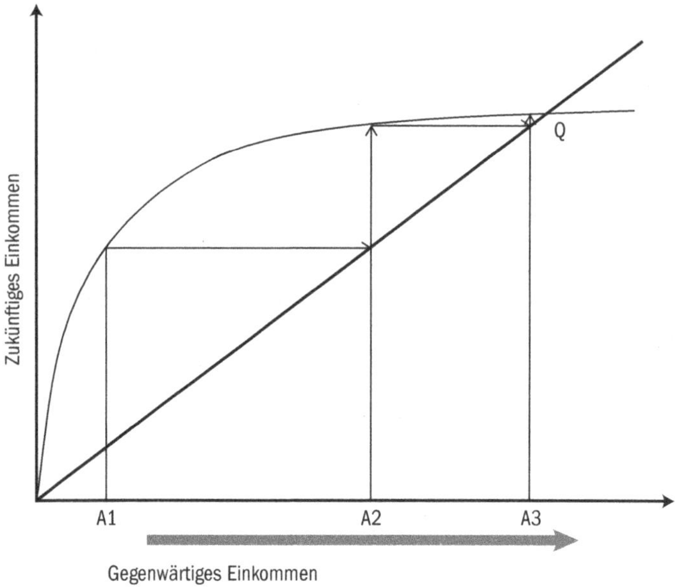

Abbildung 2: Die L-Kurve: Keine Armutsfalle

Welches dieser Diagramme spiegelt nun die Lebenswelt des jungen kenianischen Bauern Kennedy am besten wider? Um diese Frage zu beantworten, brauchen wir ein paar einfache Informationen, zum Beispiel: Ist es möglich, kleine Düngermengen zu kaufen? Gibt es Umstände, die das Sparen zwischen den Aussaatzeiten erschweren, so dass Kennedy, selbst wenn er nach der Ernte Geld übrig hat, dieses nicht investieren kann? Die wichtigste Botschaft dieser in einfache Diagramme gefassten Theorien ist: Theorie allein genügt nicht. Wenn wir wirklich wissen wollen, ob es eine Armutsfalle gibt, müssen wir herausfinden, welche der beiden Kurven die Realität besser abbildet. Und wir müssen das anhand des jeweiligen Einzelfalls tun. Wenn es in unserer Geschichte um Dünger geht, müssen wir uns Informationen über den Düngemittelmarkt beschaffen. Wenn sie sich um Ersparnisse dreht, müssen wir in Erfahrung bringen, wie Arme sparen.

Wenn Ernährung und Gesundheit im Mittelpunkt stehen, müssen wir diese Faktoren untersuchen. Die eine große, allgemeingültige Antwort gibt es nicht! Das klingt vielleicht ein bisschen enttäuschend, aber eigentlich sollten die politisch Verantwortlichen genau das wissen wollen – nicht dass es für Arme Millionen Wege gibt, in die Armutsfalle zu geraten, sondern dass es nur einige wenige Schlüsselfaktoren sind, die die Armutsfalle entstehen lassen, und dass die Beseitigung dieser speziellen Probleme die Armen aus der Falle befreien und ihnen den Weg in einen *Circulus virtuosus* von wachsendem Wohlstand weisen könnte.

Diese radikale Veränderung der Perspektive, weg von den allgemeingültigen Antworten, zwang uns, unsere Schreibtische zu verlassen und einen genaueren Blick auf die Welt zu werfen. Dabei traten wir in die Fußstapfen von Entwicklungsökonomen, die immer betont haben, wie wichtig es ist, die richtigen Daten zu sammeln, wenn man vernünftige Aussagen über die Welt treffen will. Doch wir hatten gegenüber unseren Vorgängern zwei Vorteile: Erstens liegen heute für eine Reihe armer Länder erstklassige Daten vor, die früher nicht verfügbar waren. Zweitens können wir eine neue, aussagekräftige Methode anwenden, die randomisierte kontrollierte Studie (*randomized controlled trial*, RCT). Solche Studien ermöglichen es Forschern, zusammen mit Partnern vor Ort groß angelegte Experimente durchzuführen, mit denen sie ihre Theorien testen. In randomisierten kontrollierten Studien – wie der mit den Moskitonetzen – werden Einzelpersonen oder Dörfer nach dem Zufallsprinzip in Gruppen eingeteilt, die eine unterschiedliche »Behandlung« erfahren; dabei kann es sich um verschiedene Maßnahmen oder unterschiedliche Varianten derselben Maßnahme handeln. Da die Versuchspersonen oder Versuchsdörfer aller Behandlungsgruppen ansonsten in jeder Hinsicht vergleichbar sind (darauf wird bei der Vorauswahl geachtet), können beobachtete Unterschiede nur auf die unterschiedliche Behandlung zurückgehen.

Ein einzelnes Experiment erbringt noch nicht den endgültigen Beweis, ob ein bestimmtes Programm immer und überall funktioniert. Aber wir können das Experiment mehrfach durchführen, entweder an verschiedenen Orten oder mit leicht abgewandelten Maßnahmen – oder beides. (Klappt in Madagaskar, was in Kenia geklappt hat? Was nützt Kennedy mehr, den Dünger zu subventionieren oder ihn beim Sparen zu unterstützen?) Alles zusammen erlaubt uns, unsere Schlussfolgerungen auf ihre Tragfähigkeit zu untersuchen und den Kreis der Theorien zu verkleinern, die die Daten erklären können. Die auf diesen Ergebnissen aufbauende neue Theorie führt zu neuen Studienentwürfen und Experimenten und hilft uns, frühere, unter Umständen rätselhafte Resultate neu zu interpretieren. So erhalten wir nach und nach ein immer klareres Bild vom Leben der Armen, wo sie Hilfe brauchen und wo nicht.

2003 haben wir das *Poverty Action Lab* gegründet – es wurde später in *Abdul Latif Jameel Poverty Action Lab* oder kurz J-PAL umbenannt –, um andere Forscher, Regierungen und Nichtregierungsorganisationen zu unterstützen und sie zu ermutigen, bei dieser neuen Art, Wirtschaftswissenschaft zu betreiben, zusammenzuarbeiten und ihre Erkenntnisse an die politischen Entscheidungsträger weiterzugeben. Die Resonanz war überwältigend. Bis zum Jahr 2010 hatten J-PAL-Wissenschaftler mehr als 240 Experimente in vierzig Ländern ganz oder teilweise abgeschlossen, und zahlreiche Organisationen, Forscher und politisch Verantwortliche zeigten sich von der Idee der randomisierten Studien begeistert.

Die Reaktionen auf die Arbeit des J-PAL lässt vermuten, dass viele Menschen unsere Grundauffassung teilen, dass sich selbst die größten Probleme der Welt erfolgreich anpacken lassen, wenn man in kleinen Schritten vorwärtsgeht, von denen jeder einzelne gut durchdacht, sorgfältig getestet und wohlüberlegt umgesetzt wird. Das klingt so selbstverständlich, aber – wie wir in diesem Buch noch häufig zeigen werden – so wird in der Regel nicht Politik gemacht. Sowohl die Praxis der Entwicklungshilfepolitik als auch die sie begleitenden Debatten scheinen grundsätzlich davon auszugehen, dass man dem Augenschein nicht trauen darf: Das

Offensichtliche beweisen zu wollen ist eine Spinnerei, bestenfalls ein Wunschtraum, schlimmstenfalls ein Ablenkungsmanöver. »Wir müssen mit unserer Arbeit vorankommen, während Sie sich mit dem Offensichtlichen beschäftigen«, hörten wir mehr als einmal von Betonköpfen im politischen Establishment und ihren oft noch verbohrteren Beratern, als wir anfingen, diesen Weg zu gehen. Manche sehen das sogar heute noch so. Zudem gibt es eine Menge Leute, die dieser unvernünftige Druck entmutigt. Wie wir glauben sie, dass es das Beste ist, ein tieferes Verständnis für die spezifischen Probleme der Armen zu entwickeln und dann die effektivsten Wege zu ihrer Lösung zu suchen. Manchmal kann es das Beste sein, nichts zu tun, aber niemand weiß vorher, wann das so ist, ebenso wie es keine Garantie dafür gibt, dass Geld immer zum gewünschten Ergebnis führt. Unser Wissen, das mit jeder Antwort wächst, und unser Bemühen, diesen Antworten auf den Grund zu gehen, sind die besten Voraussetzungen dafür, der Armut – eines Tages – ein Ende zu bereiten.

Dieses Buch baut auf diesem gesammelten Wissen auf. Viel von dem Material, über das wir sprechen werden, stammt aus randomisierten Studien, die wir und andere durchgeführt haben, aber wir werden auch andere Arten von Belegen anführen: qualitative und quantitative Beschreibungen, wie die Armen leben, Untersuchungen, wie bestimmte Institutionen funktionieren, sowie verschiedene Nachweise, welche Maßnahmen funktioniert haben und welche nicht. Auf der Website www.pooreconomics.com, die dieses Buch begleitet, finden Sie Links zu allen zitierten Studien, Bildleisten, die die jeweiligen Kapitel illustrieren, sowie Auszüge und grafische Darstellungen von Daten, die einzelne Aspekte der Lebenswelt derer widerspiegeln, die von weniger als 99 US-Cent pro Person und Tag leben. Wir werden in unserem Buch oft darauf zurückkommen.

Alle Studien, die wir hier anführen, verfügen über ein hohes Maß an wissenschaftlicher Beweiskraft. Sie sind bereit, die gewonnenen Daten ernst zu nehmen, und konzentrieren sich auf spezifische, konkrete Fragen, die für das Leben der Armen Relevanz besitzen. Eine der Fragen, auf die wir mit dieser Herangehensweise eine Antwort finden wollen, ist die, wann und wo wir mit Armutsfallen rechnen müssen; in manchen Regionen gibt es sie, in anderen nicht. Um wirklich effektive Strategien zu entwickeln, müssen wir solche Fragen korrekt beantworten. In den folgenden Kapiteln werden wir auf viele Fälle stoßen, bei denen die falsche Strategie gewählt wurde – nicht aus böser Absicht oder aufgrund von Korruption, sondern schlicht weil die Entscheidungsträger das falsche Bild im Kopf hatten: Sie dachten, da sei irgendwo eine Armutsfalle, doch es gab keine, oder sie übersahen eine, die direkt vor ihrer Nase stand.

Die Botschaft dieses Buches geht allerdings weit über Armutsfallen hinaus. Wie wir noch sehen werden, scheitern viele Maßnahmen an den drei I – *Ideology* (zementierte Vorstellungen), *Ignorance* (Unwissenheit), *Inertia* (Trägheit) – auf Seiten der Experten, der Entwicklungshelfer und der Entscheidungsträger vor Ort. Folge ist, dass Entwicklungshilfe nicht so wirksam ist, wie sie sein könnte. Es ist möglich, die Welt zu verbessern, vielleicht nicht morgen, aber irgendwann in absehbarer Zukunft, doch dafür müssen wir unseren Grips anstrengen. Wir möchten Sie gerne davon überzeugen, dass unser geduldiger Schritt-für-Schritt-Ansatz Armut nicht nur wirksamer bekämpft, sondern die Welt auch interessanter macht.

TEIL 1

Das private Leben

2 Eine Milliarde hungernder Menschen?

Für viele von uns im Westen ist Armut gleichbedeutend mit Hunger. Mit Ausnahme so gewaltiger Naturkatastrophen wie dem Sumatra-Andamanen-Beben Weihnachten 2004 oder dem Erdbeben in Haiti im Jahr 2010 hat kein Einzelereignis, das die Armen der Welt betraf, die Öffentlichkeit so beschäftigt und eine solche Spendenbereitschaft ausgelöst wie die Hungersnot in Äthiopien zu Beginn der achtziger Jahre. Auch viele Künstler engagierten sich damals für die Hungernden, etwa die von Bob Geldof gegründete irisch-britische Supergruppe *Band Aid* mit dem berühmten *Live Aid*-Konzert oder die von Michael Jackson ins Leben gerufene Formation *USA for Africa* mit dem im März 1985 erschienenen Song »We Are the World«. In jüngerer Zeit, im Juni 2009, schaffte es die Welternährungsorganisation FAO mit der Mitteilung, weltweit leide eine Milliarde Menschen unter Hunger,[1] in einer Weise in die Schlagzeilen, wie es der Weltbank mit ihren Zahlen zu Menschen, die über weniger als 1 US-Dollar pro Tag verfügen, noch nie gelungen ist.

Festgeschrieben ist die Assoziation zwischen Armut und Hunger im ersten der Millenniums-Entwicklungsziele der Vereinten Nationen: »Extreme Armut und Hunger beseitigen.« In der Tat wurden die Armutsgrenzen in vielen Ländern ursprünglich so festgesetzt, dass man die Armut über den Hunger definierte: Wie viel Geld benötigt jemand für eine bestimmte Menge Kalorien und ein paar andere unverzichtbare Dinge (etwa die Unterkunft)? Im Wesentlichen war ein Armer ein Mensch, der nicht genug zu essen hatte.

Wenig überraschend gehen die meisten staatlichen Bemühungen zur Armutsbekämpfung davon aus, dass die Armen nichts dringender brauchen als Essen und dass es dabei auf die Menge ankommt. Im Nahen und Mittleren Osten sind Nahrungsmittelhilfen allgegenwärtig: Ägypten gab in den Jahren 2008 und 2009 3,8 Milliarden US-Dollar (2 Prozent des Bruttoinlandsprodukts) für Nahrungsmittelhilfen aus.[2] In Indonesien läuft das sogenannte *Rakshin*-Programm, das subventionierten Reis verteilt. Auch viele indische Bundesstaaten haben solche Programme: Beispielsweise sind Arme in Orissa berechtigt, pro Monat 55 Pfund Reis zu einem Preis von etwa 4 Rupien pro Pfund zu beziehen; dieser Preis liegt unter 20 Prozent des Marktpreises. Derzeit wird im indischen Parlament darüber gestritten, ob man ein Gesetz für ein Recht auf Nahrung (*Right of Food Act*) erlassen soll; dann könnten Bürger den Staat verklagen, wenn sie hungern.

Auf der praktischen, logistischen Ebene ist Nahrungsmittelhilfe in großem Stil ein Albtraum. In Indien gehen schätzungsweise die Hälfte des Weizens und ein Drittel des Reises unterwegs »verloren«, den nicht unerheblichen Anteil eingeschlossen, der von Ratten gefressen wird.[3] Wenn Regierungen trotz der hohen Verluste an solchen Maßnahmen festhalten, dann nicht nur weil sie glauben, dass Armut und Hunger miteinander einhergehen: Eine der am häufigsten genannten zentralen Ursachen für die Armutsfalle ist die schlechte Ernährungslage der Armen. Der Zusammenhang scheint auf der Hand zu liegen: Weil die Armen nicht genug zu essen kaufen können, sind sie weniger produktiv und bleiben arm.

Pak Solhin lebt in einem kleinen Dorf in der indonesischen Provinz Bandung. Er erklärte uns, wie eine solche Armutsfalle funktioniert.

Seine Eltern besaßen früher etwas Land, aber sie hatten 13 Kinder und mussten so viele Häuser für sie und ihre Familien bauen, dass kein Land für den Anbau von Feldfrüchten mehr übrig blieb. Pak Solhin arbeitete als Gelegenheitsarbeiter für andere Bauern, die ihm bis 10 000 indonesische Rupien (2 PPP-USD) pro Tag zahlten. Doch eine drastische Erhöhung der Preise für Benzin und Dünger zwang die Bauern zu Einsparungen. Nach

Solhins Worten senkten sie nicht etwa die Löhne der Arbeiter, sondern beschäftigten stattdessen keine mehr. Dadurch hatte Pak Solhin in den zwei Monaten vor unserem Gespräch im Jahr 2008 nicht einen einzigen Tag in der Landwirtschaft Arbeit gefunden. Jüngere Leute in einer ähnlichen Situation, so erklärte er uns, könnten normalerweise auf dem Bau arbeiten, doch er sei für schwere körperliche Arbeit zu schwach, für anspruchsvolle Tätigkeiten zu unerfahren und mit 40 zu alt, um noch eine Lehre zu machen. Niemand würde ihn einstellen.

Daher musste Pak Solhins Familie – er, seine Frau und ihre drei Kinder – drastische Maßnahmen ergreifen, um zu überleben. Seine Frau zog ins 120 Kilometer entfernte Jakarta, wo sie durch die Vermittlung einer Freundin einen Job als Dienstmädchen annahm. Aber ihr Verdienst reichte nicht aus, um die Kinder zu ernähren. Der älteste Sohn, ein guter Schüler, ging mit zwölf von der Schule ab und begann eine Lehre auf dem Bau. Die beiden jüngeren Kinder wurden zu den Großeltern geschickt. Pak Solhin selbst schlug sich mit einer Wochenration von 9 Pfund subventioniertem Reis durch, den er von der Regierung bekam, und Fisch, den er im Uferbereich eines Sees fing (er kann nicht schwimmen). Ab und zu gab ihm sein Bruder etwas zu essen. In der Woche vor unserem Gespräch hatte er an vier Tagen zwei Mahlzeiten pro Tag gehabt, an den drei anderen nur eine.

Pak Solhins Lage schien aussichtslos, und für ihn selbst war das Problem ganz klar das Essen (oder besser: der Mangel daran). Seiner Meinung nach hatten die Landbesitzer beschlossen, die Arbeiter zu entlassen statt ihre Löhne zu kürzen, weil sie befürchteten, dass – angesichts rapide steigender Lebensmittelpreise – die Lohnkürzung die Arbeiter in den Hunger treiben würde und sie damit auf dem Feld nichts mehr taugten. Das war Pak Solhins Erklärung für seine Arbeitslosigkeit. Er wollte wirklich arbeiten, doch der Nahrungsmangel machte ihn schwach und teilnahmslos, und die Depression untergrub seinen Willen, etwas zur Lösung seines Problems zu unternehmen.

Die Idee des Zusammenhangs zwischen Ernährungssituation

und Armutsfalle, wie sie Pak Solhin uns schilderte, ist sehr alt. Erstmals wurde sie 1958 in einer wirtschaftswissenschaftlichen Arbeit formuliert.[4]

Der Grundgedanke ist einfach: Der menschliche Körper braucht eine bestimmte Kalorienmenge zum Überleben. Wenn jemand sehr arm ist, reicht das Essen, das er sich leisten kann, gerade so für die alltäglichen Verrichtungen und vielleicht noch dafür, das bisschen Geld zu verdienen, mit dem er sich dieses Essen gekauft hat. In dieser Situation sah sich Pak Solhin, als wir ihn trafen: Er bekam gerade so viel Essen, dass er noch die Kraft fand, sich ein paar Fische zu fangen.

Wenn die Menschen mehr Geld verdienen, können sie sich mehr zu essen kaufen. Sobald der minimale Stoffwechselbedarf des Körpers gedeckt ist, fließt die Nahrungsenergie in den Kraftaufbau, so dass man viel mehr produzieren kann, als man braucht, um gerade zu überleben.

Dieser einfache biologische Mechanismus liegt der S-förmigen Beziehung zwischen dem Einkommen von heute und dem Einkommen von morgen, so wie sie in Abbildung 1 im vorigen Kapitel dargestellt ist, zugrunde: Die Ärmsten der Armen verdienen weniger, als sie benötigen, um etwas zuwege zu bringen, aber die, die ausreichend zu essen haben, können richtig zupacken. So entsteht die Armutsfalle: Die Armen werden ärmer, und die Reichen werden reicher und können besser essen, so dass sie noch kräftiger und noch produktiver und reicher werden – dadurch wird die Kluft immer größer.

Pak Solhins Erklärung, wie man in eine solche ausweglose Hungersituation hineingeraten kann, klang absolut logisch, und doch kam uns etwas an seinem Bericht merkwürdig vor. Er lebt nicht in einem von Krieg oder Naturkatastrophen gebeutelten Land wie dem Sudan oder Bangladesch, sondern in einem Dorf auf der wohlhabenden Insel Java, wo – selbst nach der Erhöhung der Lebensmittelpreise in den Jahren 2007 und 2008 – in jedem Fall ausreichend Nahrungsmittel vorhanden waren und ein einfaches Essen nicht viel kostete. Als wir ihn trafen, hatte er definitiv nicht genug zu essen, wenn es auch zum Überleben reichte. Warum zahlte es sich nicht aus, ihm das bisschen Mehr an Essen zu geben, das ihn so produktiv machen würde, dass er wieder ordentlich arbeiten könnte? Oder allgemeiner formuliert: Die im Hunger begründete Armutsfalle stellt zwar eine logische Möglichkeit dar, doch wie relevant ist sie tatsächlich in der Praxis, in der Lebenswelt der meisten Armen?

Der Hunger und die Armutsfalle

In unserer Darstellung der Armutsfalle gehen wir von der unausgesprochenen Annahme aus, dass die Armen so viel wie möglich essen. Das wäre die logische Schlussfolgerung aus einer S-Kurve, die auf grundlegenden Stoffwechselmechanismen beruht: Wenn die Armen auch nur die kleinste Chance hätten, eine sinnvolle Arbeit zu finden und sich aus der Armutsfalle zu befreien, sobald sie etwas mehr essen können, dann sollten sie so viel wie möglich essen.

Doch die Wirklichkeit sieht anders aus. Die meisten Menschen, die von weniger als 99 US-Cent am Tag leben, verhalten sich nicht wie Hungernde. Wenn sie Hunger litten, würden sie sicherlich jeden verfügbaren Cent in den Kauf von Kalorien stecken. Das tun sie aber nicht. Unseren Daten zum Leben der Armen in achtzehn Ländern zufolge machen Nahrungsmittel bei den extrem Armen aus dem ländlichen Bereich zwischen 36 und 79 Prozent des Konsums aus, bei ihren Landsleuten in den Städten sind es 54 bis 74 Prozent.[5]

Der Grund dafür ist keineswegs, dass sie das Geld für andere notwendige Dinge brauchen: In Udaipur beispielsweise fanden wir heraus, dass ein typischer armer Haushalt bis zu 30 Prozent mehr für Nahrungsmittel ausgeben könnte, wenn man ganz und gar auf Alkohol, Tabak und Feste verzichten würde. So wie es aussieht, haben die Armen durchaus die Wahl, aber sie entscheiden sich nicht dafür, alles verfügbare Geld ins Essen zu stecken.

Das wird deutlich, wenn man sich ansieht, wie Arme überschüssiges Geld verwenden, wenn sie welches haben. Natürlich gibt es unvermeidbare Ausgaben (wie Kleidung, Medikamente und so weiter), die Priorität besitzen, doch wenn ihr Auskommen von Extrakalorien abhängen würde, sollte man annehmen, dass sie alles zusätzlich verfügbare Geld sofort in Nahrungsmittel stecken. Das heißt, die Ausgaben für Nahrungsmittel sollten prozentual stärker ansteigen als die Gesamtausgaben (da beide um den gleichen Betrag steigen, die Ausgaben für Nahrungsmittel jedoch nur einen Teilbereich ausmachen, steigen letztere prozentual mehr). Doch das scheint nicht der Fall zu sein. Im indischen Bundesstaat Maharashtra wurde 1983 (lange vor dem Beginn der indischen Erfolgsgeschichte – zu dieser Zeit lebte die Mehrzahl der Haushalte von 99 US-Cent oder weniger pro Person und Tag) selbst bei den Allerärmsten nur eine Ausgabensteigerung von 0,67 Prozent für Lebensmittel beobachtet, obwohl die Ausgabensteigerung insgesamt 1 Prozent betrug.[6] Erstaunlicherweise unterschieden sich die Zahlen für die Ärmsten der Armen (die etwa 50 US-Cent pro Person und Tag verdienten) kaum von denen der Reichsten (die etwa 3 US-Dollar pro Person und Tag verdienten). Das Beispiel aus Maharashtra ist typisch für die Beziehung zwischen Einnahmen und Ausgaben für Nahrungsmittel überall auf der Welt: Selbst bei den ganz Armen steigen die Ausgaben für Nahrungsmittel weniger stark als die Ausgaben insgesamt.

Nicht weniger erstaunlich: Selbst das Geld, das für Lebensmittel verwendet wird, dient nicht dazu, die Versorgung mit Kalorien oder Mikronährstoffen (Vitamine, Mineralstoffe, Spurenelemente etc.) zu verbessern. Wenn sehr arme Menschen die Möglichkeit erhalten, etwas mehr Geld für Essen auszugeben, kaufen sie davon keineswegs so viele Kalorien wie möglich. Stattdessen kaufen sie besser schmeckende, *teurere* Kalorien. 1983 gab die ärmste Bevölkerungsgruppe in Maharashtra, wenn das Einkommen stieg, von jeder zusätzlichen Rupie für Nahrungsmittel etwa die Hälfte für den Erwerb von *mehr* Kalorien aus, die andere Hälfte wanderte in teurere Kalorien. In Kalorien pro Rupie ausgedrückt wären *jowar* (Mohrenhirse) und *bajra* (Perlhirse) auf jeden Fall am ergiebigsten. Doch von den Ausgaben für Getreide entfielen nur zwei Drittel auf diese Hirsearten, das restliche Drittel wurde für Reis und Weizen ausgegeben, die im Schnitt pro Kalorie das Doppelte kosten. Außerdem gaben die Armen fast 5 Prozent ihres Gesamtbudgets für Zucker aus, einen Kalorienlieferanten, der nicht nur wesentlich teurer ist als Getreide, sondern der darüber hinaus keine weiteren Nährstoffe besitzt.

Robert Jensen und Nolan Miller berichten über ein besonders beeindruckendes Beispiel für die »Flucht in die Qualität« beim Nahrungsmittelkauf.[7] Sie hatten in zwei Landstrichen Chinas zufällig ausgewählten armen Haushalten Grundnahrungsmittel (Weizennudeln in der einen Region, Reis in der anderen) zu hoch subventionierten Preisen angeboten. Wir würden nun erwarten, dass die Leute mehr kaufen, wenn der Preis sinkt. Aber das Gegenteil trat ein. Obwohl ihr Grundnahrungsmittel nun billiger war, kauften sie *weniger* davon – stattdessen aßen sie mehr Garnelen und Fleisch. Interessanterweise stieg die Kalorienzufuhr in den subventionierten Haushalten nicht an (sie könnte sogar abgenommen haben), obwohl ihre Kaufkraft gewachsen war, und auch die sonstige Nährstoffversorgung verbesserte sich nicht. Eine mögliche Erklärung ist, dass die Subventionen sie reicher machten, weil die Grundnahrungsmittel zuvor ja einen großen Teil des Haushaltsbudgets verschlangen. Wenn der Konsum von Grundnahrungsmitteln mit Armut gleichgesetzt wird (weil diese Nahrungsmittel vielleicht billig, aber nicht schmackhaft sind), dann könnte das Gefühl, jetzt reicher zu sein, die Leute dazu gebracht haben, *weniger* davon zu essen. Auch das legt nahe, dass die oberste Priorität – zumindest für die ärmsten Stadtmenschen – nicht *mehr* Kalorien heißt, sondern besser schmeckende.[8]

Die Ernährungssituation in Indien stellt sich heute sowieso verworren dar. Die Medien behaupten unermüdlich, dass Übergewicht und Diabetes dramatisch zunehmen, weil die obere Mittelschicht in den Städten immer reicher wird. Doch Angus Deaton und Jean Dreze haben gezeigt, dass die wahre Ernährungsgeschichte in Indien ganz anders aussieht: Die Inder sind in den letzten 25 Jahren nicht fetter geworden, *sie essen in Wirklichkeit immer weniger.*[9] Trotz des schnellen wirtschaftlichen Wachstums sinkt der Kalorienverbrauch pro Kopf kontinuierlich. Mit Ausnahme von Fett wird von allen Nährstoffen in allen Gruppen, also selbst bei den Ärmsten, weniger aufgenommen. Heute leben drei Viertel der Bevölkerung in Haushalten, in denen weniger als 2 100 (Stadt) bzw. 2 400 (Land) Kalorien pro Kopf verzehrt werden – Zahlen, die in Indien oft als Mindestkalorienmenge für körperlich arbeitende Menschen angegeben werden. Reiche essen immer noch mehr als Arme, doch in allen Einkommensklassen hat der Prozentsatz, der für Essen ausgegeben wird, abgenommen. Außerdem hat sich die Zusammensetzung des Warenkorbes für Nahrungsmittel geändert: Der gleiche Geldbetrag wird jetzt für teurere Speisen ausgegeben.

Hinter diesen Veränderungen stehen nicht etwa sinkende Einkommen, denn eigentlich steigen die Realeinkommen. Doch obwohl die Inder heute reicher sind, essen sie in allen Einkommensklassen im Schnitt weniger als früher. Steigende Lebensmittelpreise kommen auch nicht als Grund in Frage, denn die sind zwischen den frühen achtziger Jahren und 2005 – verglichen mit den Preisen für andere Dinge – sowohl auf dem Land als auch in der Stadt gesunken. Seit 2005 sind die Lebensmittelpreise zwar wieder angestiegen, doch die Abnahme des Kalorienverzehrs fiel genau in die Zeit der sinkenden Preise.

Das heißt also, dass die Armen – und zwar auch die, die die Welternährungsorganisation aufgrund dessen, was sie essen, als Hungernde einstufen würde – offenbar nicht wesentlich mehr essen wollen, selbst wenn sie das könnten. Im Gegenteil, sie scheinen sogar weniger zu essen. Was geht da vor?

Wenn wir das Rätsel mit gesundem Menschenverstand lösen wollen, müssen wir zunächst einmal annehmen, dass die Armen schon wissen, was sie tun. Sie sind es schließlich, die essen und arbeiten. Wenn sie tatsächlich ungemein produktiver würden und sehr viel mehr verdienen könnten, indem sie mehr essen, dann würden sie das wohl tun, sobald sie die Gelegenheit dazu erhalten. Könnte es also sein, dass uns mehr Essen keineswegs produktiver macht und es demzufolge auch keine Mangelernährung-Armutsfalle gibt? Dafür spricht vor allem, dass die meisten Leute genug zu essen haben.

Zumindest was die reine Verfügbarkeit von Nahrungsmitteln angeht, leben wir heute in einer Welt, die jeden Menschen auf diesem Planeten zu ernähren vermag. Auf dem Welternährungsgipfel von 1996 lag eine Schätzung der Welternährungsorganisation vor, dass die globale Nahrungsmittelproduktion im selben Jahr groß genug sei, um jeden Menschen mit 2700 Kalorien pro Tag zu versorgen.[10] Das ist das Ergebnis von Jahrhunderten der Innovation im Bereich der Nahrungsmittelversorgung und zweifellos den großen Entdeckungen in der Agrarwissenschaft geschuldet; doch auch profanere Faktoren wie die Übernahme der Kartoffel in europäische Speisepläne – nach ihrer Entdeckung in Peru im 16. Jahrhundert – dürften eine Rolle gespielt haben. Eine Studie behauptet, die Kartoffel sei für 12 Prozent des globalen Bevölkerungszuwachses zwischen 1700 und 1900 verantwortlich.[11]

Hunger gibt es auch heute noch, aber nur weil wir die Nahrungsmittel nicht besser unter uns aufteilen. Es herrscht keine Nahrungsmittelknappheit. Aber es stimmt auch: Wenn ich sehr viel mehr esse, als ich brauche, oder – was plausibler ist – mehr Mais in Biokraftstoff umwandle, damit ich meinen Swimmingpool heizen kann, dann bleibt für alle anderen weniger übrig.[12] Trotzdem verdienen die meisten Menschen, sogar die meisten sehr armen Menschen, genug Geld, um sich ausreichend zu essen kaufen zu können – einfach weil Kalorien, wenn man von Extremsituationen absieht, in der Regel billig sind. Mit Preisangaben von den Philippinen haben wir berechnet, wie viel das billigste Essen kosten würde, das 2400 Kalorien (inklusive 10 Prozent Kalorien aus Proteinen und 15 Prozent Kalorien aus Fett) liefert. Bei Kaufkraftparität würde es nur 21 US-Cent kosten, das kann sich auch jemand leisten, der nur 99 US-Cent am Tag zur

Verfügung hat. Der Haken: Es bestünde ausschließlich aus Bananen und Eiern. Solange die Leute bereit wären, sich von Eiern und Bananen zu ernähren, wenn es nicht anders geht, sollten wir also nur wenige im linken Teil der S-förmigen Kurve finden, wo sie nicht genug Geld verdienen, um arbeiten zu können.

Das stimmt mit den Ergebnissen von Umfragen überein, die in Indien durchgeführt wurden und bei denen man die Leute gefragt hatte, ob sie genug zu essen bekommen (zum Beispiel, ob »jeder im Haushalt zwei ordentliche Mahlzeiten pro Tag hat« oder ob jeder »jeden Tag genug zu essen erhält«). Der Prozentsatz derjenigen, die der Meinung waren, sie bekämen nicht genug zu essen, ist im Lauf der Zeit dramatisch gefallen: von 17 Prozent im Jahr 1983 auf 2 Prozent im Jahr 2004. Vielleicht essen die Leute ja weniger, weil sie weniger hungrig sind.

Und vielleicht sind sie wirklich weniger hungrig, obwohl sie weniger Kalorien zu sich nehmen. Möglicherweise verlieren sie dank der Verbesserungen in der Wasserversorgung und in der Hygiene weniger Kalorien aufgrund von Durchfällen und anderen Erkrankungen. Vielleicht sind sie auch weniger hungrig, weil sie nicht mehr so schwer körperlich arbeiten müssen. Seitdem die Wasserversorgung die Dörfer erreicht hat, brauchen die Frauen die schweren Lasten nicht mehr über große Entfernungen zu schleppen, Verbesserungen im Transportwesen haben die Notwendigkeit, weite Strecken zu Fuß zu gehen, reduziert, und selbst im kleinsten Dorf gibt es heute einen Müller mit einer motorbetriebenen Mühle, so dass die Frauen das Mehl nicht mehr selbst von Hand mahlen müssen.

Anhand der Kalorienmenge, die der indische Rat für medizinische Forschung bei Personen mit schwerer, mäßiger oder leichter körperlicher Aktivität für erforderlich hält, haben Deaton und Dreze errechnet, dass sich das Absinken der verzehrten Kalorienmenge im Lauf der letzten 25 Jahre vollständig mit einem leichten Rückgang der Menschen erklären lässt, die den größten Teil des Tages schwerer körperlicher Arbeit nachgehen.

Wenn die meisten Menschen bereits an einem Punkt stehen,

an dem sie nicht hungern, dann fällt der Zugewinn an Produktivität aufgrund eines höheren Kalorienkonsums womöglich relativ bescheiden aus. Dann wäre es durchaus verständlich, dass sie mit ihrem Geld etwas anderes anfangen oder sich beim Essen mehr Abwechslung gönnen möchten als immer nur Eier und Bananen. Vor vielen Jahren suchte John Strauss nach einem Beispiel, an dem er die Rolle der Kalorien für die Produktivität demonstrieren konnte. Er entschied sich für unabhängige Bauern in Sierra Leone, weil diese wirklich hart arbeiten mussten.[13] Er stellte fest, dass die Produktivität eines Landarbeiters um 4 Prozent stieg, wenn seine Kalorienzufuhr um 10 Prozent erhöht wurde. Aber selbst wenn die Arbeiter doppelt so viel aßen, erhöhte sich ihr Einkommen lediglich um 40 Prozent. Darüber hinaus stellte sich die Beziehung zwischen Kalorien und Produktivität nicht als S-förmige Kurve dar, sondern als umgekehrt L-förmige wie Abbildung 2 im vorigen Kapitel. Die größten Zuwächse sind im Bereich geringer Nahrungszufuhr zu verzeichnen. Es gibt keinen plötzlichen Einkommenssprung, wenn die Leute anfangen, genug zu essen. Das legt die Annahme nahe, dass die Ärmsten stärker von mehr Kalorien profitieren als die weniger Armen. Und genau diese Situation würden wir bei einer Armutsfalle nicht erwarten. Die meisten Armen bleiben also nicht arm, weil sie nicht genug essen.

Die Logik, die hinter einer auf Hunger beruhenden Armutsfalle steckt, ist damit nicht zwangsläufig falsch. Die Vorstellung, dass man dank besserer Ernährung leichter zu Wohlstand kommt, war ganz sicher in der Vergangenheit manchmal zutreffend und ist es unter bestimmten Umständen vielleicht auch heute noch. Der Nobelpreisträger und Wirtschaftshistoriker Robert Fogel errechnete, dass die Nahrungsmittelproduktion in Europa während der Renaissance und im Mittelalter nicht ausreichte, um die gesamte arbeitende Bevölkerung mit den notwendigen Kalorien zu versorgen. Damit ließe sich erklären, warum es damals so viele Bettler gab – sie waren im wahrsten Sinne des Wortes arbeitsunfähig.[14] Der dauernde Kampf um die knappen Nahrungsmittel scheint dabei auch ziemlich extreme Formen angenommen zu haben: Während der »kleinen Eiszeit« kam es in Europa immer wieder zu »Hexenverfolgungen«, wenn Missernten auftraten oder Fisch knapp wurde. Bei den sogenannten Hexen handelte es sich meist um allein lebende Frauen, vor allem Witwen. Gemäß der Logik der S-Kurve kann es »ökonomisch sinnvoll« sein, einige Menschen zu opfern, damit der Rest genug zu essen hat, um arbeiten zu können und Geld zum Überleben zu verdienen.[15]

Sogar heute kommt es noch manchmal vor, dass arme Familien in eine Lage geraten, die sie zu solch entsetzlichen Entscheidungen zwingt. Während der großen Dürren in Indien in den sechziger Jahren war die Sterblichkeit von Mädchen in den Haushalten Landloser sehr viel höher als die von Jungen, in Jahren mit normalen Niederschlagsmengen unterschieden sich die Sterblichkeitsraten kaum.[16] Und ähnlich wie während der kleinen Eiszeit in Europa kommt es in Tansania in Dürreperioden regelmäßig zu Hexenverfolgungen – ein bequemer Weg, sich unproduktiver Esser zu entledigen, wenn die Ressourcen knapp sind.[17] Wie es scheint, stellen Familien dann urplötzlich fest, dass die alte Frau in ihrem Haus (meist die Großmutter) eine Hexe ist, worauf sie weggejagt oder von anderen Dorfbewohnern getötet wird.

Wir wollen also keineswegs bestreiten, dass Nahrungsknappheit ein Problem sein kann, zumindest dann und wann. Aber die Welt von heute ist in weiten Teilen einfach zu reich, als dass ein Mangel an Essen für den Fortbestand der Armut eine größere Rolle spielen könnte. Anders sieht es aus, wenn durch Naturkatastrophen, menschengemachte Unglücke oder Hungersnöte Millionen umkommen oder geschwächt werden. Amartya Sen hat gezeigt, dass die meisten Hungersnöte der jüngeren Zeit nicht von echter Nahrungsmittelknappheit verursacht wurden, sondern auf das Versagen von Institutionen beim Verteilen der vorhandenen Lebensmittel zurückzuführen waren; zum Teil wurden die Lebensmittel sogar im Angesicht des Hungers an anderen Stellen gehortet und gelagert.[18]

Aber sollen wir es damit auf sich beruhen lassen? Dürfen wir davon ausgehen, dass die Armen, auch wenn sie vielleicht wenig essen, so viel Nahrung zu sich nehmen, wie sie brauchen?

Ist die Ernährung der Armen quantitativ und qualitativ ausreichend?

Man kann sich des Gefühls nicht erwehren, dass die Geschichte vorne und hinten nicht zusammenpasst. Kann es sein, dass die ärmsten Menschen in Indien auf Essen verzichten, weil sie die Kalorien nicht brauchen – und das in Familien, in denen man pro Person und Tag etwa 1400 Kalorien zu sich nimmt? Vielleicht erinnern Sie sich: Die berühmten Hungerdiäten zur raschen Gewichtsabnahme erlauben nicht mehr als 1200 Kalorien; da sind die 1400 Kalorien nicht allzu weit entfernt. Nach den Angaben der *Centers for Disease Control and Prevention* (»Zentren für Krankheitsbekämpfung und Prävention«), einer dem amerikanischen Gesundheitsministerium unterstellten Behörde, nahm ein männlicher US-Bürger im Jahr 2000 im Schnitt etwa 2475 Kalorien pro Tag zu sich.[19]

Es ist zwar richtig, dass die ärmsten Inder auch kleiner sind, und kleine Menschen nicht so viele Kalorien brauchen, doch das verlagert die Frage nur einen Schritt nach hinten. Warum sind die ärmsten Inder so klein? Ja, warum sind eigentlich alle Menschen in Südasien so dünn? Ein Standardmaß für den Ernährungszustand ist der Body-Mass-Index (BMI), der vor allem dazu dient, Körperlänge und Körpergewicht miteinander in Beziehung zu setzen. (Dabei wird, indem man das Gewicht in Kilogramm durch das Quadrat der Körpergröße in Metern teilt, der Umstand mathematisch berücksichtigt, dass größere Menschen auch schwerer sein müssen.) International wird die Grenze für Untergewicht bei einem BMI von 18,5 angesetzt, als normal gilt die Spanne von 18,5 bis 25, ab einem BMI von 25 spricht man von Übergewicht. Gemäß dieser Definition waren in den Jahren 2004 und 2005 33 Prozent der Männer und 36 Prozent der Frauen in Indien untergewichtig, 1989 lagen die Zahlen für beide Geschlechter noch bei 49 Prozent. Von den 83 Ländern, die über entsprechende demographische und Gesundheitsdaten verfügen, weist nur Eritrea mehr unterernährte erwachsene Frauen auf.[20] Gleichzeitig sind die indischen Frauen, zusammen mit denen aus Bangladesch und Nepal, weltweit auch die kleinsten.[21]

Muss man sich darüber jetzt Gedanken machen? Oder handelt es sich vielleicht um ein Körpermerkmal von Südasiaten, das genetisch bedingt ist wie dunkle Augen und dunkle Haare und das für den Lebenserfolg keine Rolle spielt? Auch die Kinder von südasiatischen Einwanderern in Großbritannien und den Vereinigten Staaten sind kleiner als die Kinder von Kaukasiern oder von Schwarzen. Doch zwei Generationen (ohne Einheiraten in andere Gemeinschaften) im Westen genügen, und die Enkelkinder von südasiatischen Einwanderern erreichen mehr oder weniger dieselbe Körpergröße wie andere Ethnien. Das heißt, dass die genetische Ausstattung auf der Ebene des Individuums zwar sicher wichtig ist, genetische Größenunterschiede zwischen Populationen aber als minimal angesehen werden können. Die Kinder von Einwandererfrauen der ersten Generation sind vor allem deshalb noch klein, weil Frauen, die in ihrer Kindheit selbst unterernährt waren, oft kleinere Kinder zur Welt bringen.

Wenn die Menschen in Südasien also klein sind, liegt das vermutlich daran, dass sie und ihre Eltern nicht so gut ernährt wurden wie ihre Altersgenossen in anderen Ländern. Und in der Tat deutet alles darauf hin, dass Kinder in Indien sehr schlecht ernährt werden. Als internationales Maß für den Ernährungszustand im Kindesalter wird üblicherweise die tatsächliche Körperlänge im Vergleich zur durchschnittlichen, international gefundenen Körperlänge in diesem Alter herangezogen. Gemessen an diesem Maßstab sind die in der dritten »nationalen Familiengesundheitserhebung« (*National Family Health Survey*, NFHS 3) in Indien ermittelten Zahlen absolut erschütternd. Fast der Hälfte aller Kinder unter fünf Jahren wird »Klein«- oder »Minderwuchs« bescheinigt, das heißt, dass sie für ihr Alter viel zu klein sind. Ein Viertel von ihnen ist extrem kleinwüchsig, was auf extreme Unterernährung hindeutet. Zudem sind die Kinder sogar bezogen auf ihre *tatsächliche* Körpergröße noch untergewichtig: Etwa eines von fünf Kindern unter drei Jahren ist so schwach und ausgezehrt, dass es nach internationaler Definition als »schwer mangelernährt« eingestuft werden muss. Diese Daten erschüttern noch mehr, wenn man weiß, dass der Anteil kleinwüchsiger und ausgezehrter Kinder im Afrika südlich der Sahara, der zweifellos ärmsten Region der Welt, nur halb so groß ist wie in Indien.

Aber noch einmal die Frage: Muss uns das interessieren? Stellt eine geringe Körpergröße an und für sich ein Problem dar? Nehmen wir die Olympischen Spiele als Beispiel. Indien, ein Land mit einer Milliarde Einwohnern, hat bei 22 Olympiaden im Schnitt 0,92 Medaillen pro Turnier gewonnen und landet damit hinter Trinidad und Tobago (0,93). Dabei muss man die Relationen betrachten: China hat in acht Olympiaden 386 Medaillen gewonnen, das sind 48,3 pro Turnier. Es gibt 79 Länder, die im Schnitt besser abschneiden als Indien, und das obwohl Indien zehnmal mehr Einwohner hat als 73 dieser Länder.

Sicher, Indien ist arm, aber nicht so arm, wie es einmal war, und nicht annähernd so arm wie Kamerun, Äthiopien, Ghana, Haiti, Kenia, Mosambik, Nigeria, Tansania und Uganda. Jedes dieser Länder hat, auf die Einwohnerzahl bezogen, zehnmal mehr Medaillen errungen als Indien. Und kein Land, das bei Olympischen Spielen weniger Medaillen geholt hat als Indien, kommt auch nur auf ein Zehntel der Größe Indiens – mit zwei bemerkenswerten Ausnahmen: Pakistan und Bangladesch. Bangladesch ist das einzige Land mit über 100 Millionen Einwohnern, das noch nie eine olympische Medaille gewonnen hat; das von der Größe her nächste Land, auf das das zutrifft, ist Nepal.

Das kann kein Zufall sein. Sollte die in diesem Teil der Welt vorherrschende Leidenschaft für Kricket – eine Sportart, die für die meisten von uns ein ewiges Rätsel bleiben wird – dafür verantwortlich sein? Doch wenn sich tatsächlich das gesamte sportliche Talent eines Viertels der Weltbevölkerung auf Kricket konzentrieren sollte, kann man die Ergebnisse nur als »bescheiden« bezeichnen. Die Länder Südasiens nahmen nie die beherrschende Stellung im Kricket ein, die Australien, England oder sogar die winzigen Westindischen Inseln in ihren besten Tagen innehatten – trotz ihrer engen Verbundenheit mit diesem Sport und obwohl sie so viel größer sind. Bangladesch zum Beispiel ist größer als England, Südafrika, Australien, Neuseeland und die Westindischen Inseln zusammen. In Anbetracht der Tatsache, dass die Mangelernährung von Kindern ein Bereich ist, in dem die Länder Südasiens wirklich ganz weit vorn liegen, könnte man auf die Idee kommen, dass diese beiden Umstände – mangelernährte Kinder und mangelnder sportlicher Erfolg – etwas miteinander zu tun haben.

Aber Sport ist nicht der einzige Bereich, in dem Größe eine Rolle spielt. In armen wie in reichen Ländern verdienen große Menschen mehr Geld. Seit langem wird darüber diskutiert, ob die Größe für die Produktivität tatsächlich eine Rolle spielt, es könnte sich auch schlicht um eine Diskriminierung kleiner Menschen handeln. Anne Case und Christina Paxson veröffentlichten 2008 eine wissenschaftliche Arbeit, die etwas Licht ins Dunkel dieser merkwürdigen Beziehung bringt. Sie zeigten, dass sich der Einfluss der Größe in Großbritannien und den Vereinigten Staaten vollständig mit Unterschieden in der Intelligenz erklären lässt: Sobald man Menschen mit demselben Intelligenzquotienten vergleicht, verschwindet der statistische Zusammenhang zwischen Größe und Einkommen.[22] Die Autoren interpretieren ihre Ergebnisse so, dass eine gute Ernährung in der frühen Kindheit das Entscheidende ist. Erwachsene, die als Kinder gut ernährt wurden, sind größer und klüger. Und weil sie klüger sind, verdienen sie mehr Geld. Natürlich gibt es auch viele ausgesprochen kluge Menschen von geringer Körpergröße (die von ihrer Veranlagung her einfach nicht größer werden können), aber insgesamt gesehen kommen große Leute weiter im Leben, weil es offensichtlich zu sein scheint, dass sie ihr genetisches Potenzial für Körpergröße (und Intelligenz) voll ausgereizt haben.

Als die Nachrichtenagentur Reuters mit der reichlich platten Schlagzeile »Taller People Are Smarter« (»Große Leute sind klüger«) über die Studie berichtete, brach ein Sturm der Entrüstung los. Anne Case und Christina Paxson erhielten eine Flut bitterböser E-Mails. »Schämen Sie sich!«, schimpfte ein Mann (1,43 m). »Ihre Hypothese ist beleidigend, diskriminierend, einseitig und schafft böses Blut«, meinte ein anderer (1,65 m). »Sie haben eine Waffe geladen und zielen damit auf den Kopf eines benachteiligten Menschen« (ohne Größenangabe).[23]

Doch es gibt in der Tat viele Belege dafür, dass Mangelernährung in der Kindheit die Chancen mindert, sich später als Erwachsener einigermaßen erfolgreich durchzuschlagen. Kenianische Kinder, die in der Schule zwei Jahre lang Entwurmungsmittel erhalten hatten, gingen zwei Jahre länger zur Schule und verdienten als junge Erwachsene 20 Prozent mehr als Kinder anderer, vergleichbarer Schulen, die das Entwurmungsmittel nur für ein Jahr erhalten hatten: Wurmerkrankungen führen zu Blutarmut (Anämie) und Mangelversorgung, weil die Parasiten dem Kind Nährstoffe entziehen.[24] Aus einer neueren Übersichtsstudie geht ganz klar hervor, dass eine gute oder schlechte Ernährung in der Kindheit weitreichende Folgen hat. Die Autoren fassen ihre Erkenntnisse so zusammen: »Unterernährte Kinder werden mit höherer Wahrscheinlichkeit relativ kleine Erwachsene, sie haben schlechtere Schulabschlüsse und bringen kleinere Kinder zur Welt. Zwischen Unterernährung im Kindes- und schlechtem ökonomischem Status im Erwachsenenalter besteht ein direkter Zusammenhang.«[25]

Unterernährung beeinflusst die Chancen im späteren Leben bereits vor der Geburt. Das *British Medical Journal* prägte 1995 den Begriff »Barker-Hypothese« und nahm damit Bezug auf die Theorie von David Barker, dass sich die Bedingungen im Mutterleib langfristig auf die Lebenschancen des werdenden Kindes auswirken.[26] Für die Barker-Hypothese spricht eine ganze Menge, hier nur ein Beispiel: Tansanische Kinder, deren Mütter während der Schwangerschaft ausreichend Jod erhielten (das Regierungsprogramm, das alle werdenden Mütter mit Jodkapseln versorgen sollte, lief nur mit Unterbrechungen), besuchten die Schule ein Drittel bis ein halbes Jahr länger als jüngere oder ältere Geschwister, die im Mutterleib nicht mit zusätzlichem Jod versorgt wurden.[27] Ein halbes Jahr Schule mehr oder weniger scheint nicht viel zu sein, doch man muss dabei bedenken, dass die meisten dieser Kinder in der Regel überhaupt nur vier oder fünf Jahre zur Schule gehen. Wenn alle Mütter solche Jodkapseln nehmen würden, so die Autoren der Studie, könnte die erreichte Schulausbildung in Zentral- und Südafrika insgesamt um 7,5 Prozent gesteigert werden. Und damit wiederum würde sich die Produktivität der Kinder in ihrem späteren Leben verbessern.

Wie wir gesehen haben, bringt es für die Produktivität nicht besonders viel, einfach nur die Kalorienzufuhr zu erhöhen. Doch es gibt ein paar Möglichkeiten, die Ernährung sogar für Erwachsene so zu verbessern, dass es sich für sie auszahlt. Am meisten wissen wir über Eisen zur Behandlung der Blutarmut. In vielen Ländern Asiens, so auch in Indien und Indonesien, gehört Blutarmut zu den größten Gesundheitsproblemen. Sechs Prozent der Männer und 38 Prozent der Frauen in Indonesien leiden unter Blutarmut. Die entsprechenden Zahlen für Indien: 24 Prozent und 56 Prozent. Blutarmut geht mit einer geringen Sauerstoffaufnahme, allgemeiner Schwäche und Lethargie einher, in bestimmten Fällen (etwa bei schwangeren Frauen) kann sie lebensbedrohlich sein.

Im Rahmen einer in Indonesien durchgeführten Studie zum Zusammenhang zwischen Arbeit und Eisenstatus (*Work and Iron Status Evaluation Study*, WISE) erhielten zufällig ausgewählte Männer und Frauen vom Land für einige Monate regelmäßig Eisenpräparate, eine Vergleichsgruppe bekam ein Placebo.[28] Die Studie fand heraus, dass die Eisenpräparate die Männer in die Lage versetzten, härter zu arbeiten und ein höheres Einkommen zu erzielen. Die Einkommensdifferenz war um ein Vielfaches größer als die Kosten für einen Jahresvorrat an mit Eisen angereicherter Fischsoße. Diese Fischsoße würde mit 7 PPP-USD pro Jahr zu Buche schlagen, aber ein selbstständig arbeitender Mann hätte pro Jahr ein um 46 PPP-USD höheres Einkommen – eine hervorragende Investition.

Das Merkwürdige ist, dass die Leute anscheinend nicht mehr Nahrungsmittel wollen. Doch mehr und vor allem mit mehr Überlegung eingekaufte Nahrung würde ihnen (mit ziemlicher Sicherheit jedoch ihren Kindern) helfen, deutlich mehr im Leben zu erreichen. Die dafür notwendigen Investitionen sind nicht groß. Die meisten Mütter könnten sich jodiertes Salz leisten, das in vielen Teilen der Welt Standard ist, oder alle zwei Jahre eine Dosis Jod für 51 US-Cent. Als die Nichtregierungsorganisation *International Child Support*, die in Kenia das Entwurmungsprogramm durchführte, in einigen Schulen die Eltern bat, ein paar Cent für die Entwurmung ihrer Kinder zu bezahlen; lehnten fast alle ab und nahmen so ihren Kindern die Chance, später im Leben einmal ein paar Hundert Dollar mehr zu verdienen.[29] Und natürlich könnten die Familien leicht zu mehr Kalorien und anderen Nährstoffen kommen, wenn sie weniger Geld für teure Getreide (wie Reis und Weizen), Zucker und raffinierte Lebensmittel ausgeben würden und mehr für Blattgemüse und grobes Getreide.

Warum essen die Armen so wenig?

Was ich nicht weiß …

Warum haben sich die indonesischen Arbeiter die mit Eisen angereicherte Fischsoße nicht selbst gekauft? Eine Antwort auf diese Frage lautet: Weil es keineswegs selbstverständlich ist, dass sich höhere Produktivität in höherem Verdienst niederschlägt, wenn die Arbeitgeber nicht wissen, dass gut ernährte Arbeiter mehr leisten. Arbeitgeber merken unter Umständen nicht, dass ihre Angestellten jetzt produktiver sind, weil sie mehr oder besser essen. Die oben erwähnte indonesische Studie fand den deutlichen

Einkommensanstieg *ausschließlich* bei Selbstständigen. Wenn die Arbeitgeber allen Arbeitern eine Lohnpauschale bezahlen, dann hat niemand einen Grund, mehr zu essen, um leistungsfähiger zu werden. In einer philippinischen Studie stellte sich heraus, dass Arbeiter, die einmal auf Stückbasis und einmal pauschal entlohnt wurden, an Stücklohntagen 25 Prozent mehr aßen – also dann, wenn es sich für sie lohnte, da sie ja umso mehr verdienten, je mehr sie arbeiteten.

Das erklärt aber nicht, warum nicht alle schwangeren Inderinnen jodiertes Salz verwenden, das man inzwischen in jedem Dorf kaufen kann. Möglicherweise ist den Menschen einfach nicht klar, was eine bessere Ernährung für sie und ihre Kinder bedeutet. Wie wichtig Mikronährstoffe sind, wird – auch von Wissenschaftlern – erst in letzter Zeit richtig verstanden. Auch wenn Mikronährstoffe billig sind und zu deutlichen Verbesserungen des Lebenseinkommens führen können, muss man genau wissen, was man essen bzw. welche Pille man nehmen soll. Über diese Information verfügt nicht jeder, nicht einmal in den Vereinigten Staaten.

Außerdem sind die Menschen immer misstrauisch, wenn jemand von außen kommt und ihnen erzählt, dass sie ihre Ernährungsweise ändern sollen – vermutlich weil sie das, was sie essen, gerne essen. Als die Reispreise 1966/1967 dramatisch anstiegen, schlug der Regierungschef des indischen Bundesstaats Westbengalen vor, weniger Reis und mehr Gemüse zu essen, das sei gut für die Gesundheit der Menschen und auch für ihren Geldbeutel. Darauf brach ein Sturm der Entrüstung los, und wo immer der Regierungschef in der Folgezeit auftauchte, wurde er von Protestierenden mit Gemüsegirlanden empfangen. Trotzdem hatte er wahrscheinlich recht. Wie wichtig die Unterstützung der Massen ist, hatte Antoine Parmentier verstanden. Der Apotheker und Agronom lebte im 18. Jahrhundert und war ein früher Fan der Kartoffel. Da er Widerstand gegen die neuartige Feldfrucht vorhersah, brachte er ein Kochbuch mit Kartoffelrezepten heraus, die er sich selbst ausgedacht hatte, darunter das klassische *hachis parmentier* (ein Auflauf aus zwei Lagen Kartoffelpüree mit einer

Schicht Rinderhack – »Haschee« – dazwischen). Damit setzte er eine Entwicklung in Gang, die mit vielen Drehungen und Wendungen am Ende zur Erfindung der Pommes frites (oder *French fries,* wie die Angelsachsen sagen, wenn sie nicht *freedom fries* bevorzugen) führte.

Es ist auch nicht so ganz einfach, den Nutzen vieler dieser Nährstoffe nur auf Grundlage eigener Erfahrung zu erkennen. Jod kann Ihre Kinder vielleicht klüger machen, aber der Unterschied ist jetzt nicht riesig (obwohl sich natürlich viele kleine Unterschiede zu einem großen aufsummieren können), und häufig werden Sie auch nach Jahren nichts merken. Und Eisen macht einen Menschen zwar stärker, aber eben nicht in null Komma nichts zum Supermann: Dem Selbstständigen, der die 40 Dollar im Jahr zusätzlich verdient, fällt es vielleicht nicht einmal auf, weil sein Einkommen oft von Woche zu Woche stark schwankt.

Daher ist es nur logisch, dass die Armen ihr Essen nicht danach auswählen, wie nahrhaft und preiswert es ist, sondern danach, wie gut es ihnen schmeckt. Diese Beobachtung machte auch George Orwell und hielt sie in seinem Buch *Die Straße nach Wigan Pier,* einer meisterlichen Beschreibung des Lebens armer britischer Arbeiter, fest:

> *Die Basis ihrer Ernährung bilden also Weißbrot und Margarine, Corned Beef, gezuckerter Tee und Kartoffeln – eine schreckliche Verpflegung. Wäre es nicht besser, wenn sie mehr Geld für gesunde Sachen wie Orangen und Vollkornbrot ausgäben oder sogar wie der Leserbriefschreiber des* New Statesman *Brennmaterial sparten und ihre Karotten roh äßen? Ja, es wäre besser, aber der Witz ist der, daß kein normaler Mensch so etwas je tun wird. Ein normaler Mensch würde eher hungern als von Schrotbrot und rohen Karotten leben. Und die besondere Tücke besteht darin, daß man, je weniger Geld man hat, desto weniger Lust hat, es für gesunde Nahrungsmittel auszugeben. Ein Millionär hat vielleicht Spaß an einem Frühstück aus Orangensaft und Rywita-Biskuits; ein Arbeitsloser nicht. … Wenn man ar-*

beitslos ist, … will man keine langweiligen gesunden Nahrungsmittel. Man will etwas, das ein bißchen »schmeckt«. Und es gibt immer etwas, das nett ist und billig und das einen verführt.[30]

Wichtiger als Essen

Oft weigern sich die Armen, die wunderbaren Pläne umzusetzen, die wir uns für sie ausgedacht haben, weil sie – im Gegensatz zu uns – nicht glauben, dass sie funktionieren oder so gut funktionieren, wie wir behaupten. Diese Problematik wird sich wie ein roter Faden durch dieses Buch ziehen. Eine andere Erklärung für ihre Essgewohnheiten ist, dass den Armen andere Dinge im Leben wichtiger sind als Essen.

Bekanntermaßen geben Arme in Entwicklungsländern sehr viel Geld für Hochzeiten, Mitgift und Tauffeiern aus, wahrscheinlich aus dem Bedürfnis heraus, vor anderen das Gesicht zu wahren. Jeder weiß, wie kostspielig indische Hochzeiten sind. Aber auch zu weniger freudigen Anlässen fühlen sich Familien oft genötigt, aufwändige Feiern zu veranstalten. Die sozialen Normen, wie viel man für ein Begräbnis ausgeben muss, stammen in Südafrika aus einer Zeit, als die meisten Toten entweder Kleinkinder oder Greise waren.[31] Traditionsgemäß wurden Kinder sehr schlicht bestattet, während man für die Alten aufwändige Leichenfeiern organisierte, die mit dem Geld bezahlt wurden, das der Verstorbene während seines Lebens angehäuft hatte. Infolge der HIV-/AIDS-Epidemie sterben jedoch heutzutage viele relativ junge Erwachsene, die noch nicht genug Geld für ein Begräbnis gespart haben, doch die Familien fühlen sich verpflichtet, sie so zu ehren, wie es für Erwachsene üblich ist. So kann es vorkommen, dass eine Familie, die gerade einen wichtigen potenziellen Verdiener verloren hat, an die 3 400 Rand (circa 825 PPP-USD) bzw. 40 Prozent des jährlichen Pro-Kopf-Einkommens des Haushalts für die Leichenfeier ausgeben muss. Nach einem solchen Begräbnis hat eine Familie natürlich weniger Geld zur Verfügung, und Familienmitglieder klagen häufiger darüber, dass das Essen nicht reicht, und das sogar, wenn der Verstorbene vor seinem

Tod gar nichts verdient hat. Das legt die Vermutung nahe, dass die Kosten für die Beerdigung der Grund für die Probleme sind. Je teurer das Begräbnis, desto depressiver sind die Erwachsenen ein Jahr später und desto wahrscheinlicher ist es, dass die Kinder nicht mehr zur Schule gehen.

Wenig überraschend versuchen sowohl der König von Swaziland als auch der Südafrikanische Kirchenrat (*South African Council of Churches*, SACC) die Ausgaben für Begräbnisse zu begrenzen. Im Jahr 2002 verbot der König die aufwändigen Feiern ganz einfach und verkündete, dass Familien, die für ein solches Ereignis eine Kuh schlachteten, eine weitere Kuh an den König abgeben müssten.[32] Der SACC ging die Sache nüchterner an und forderte eine Kontrolle der Bestattungsindustrie, die – wie der Rat meinte – Druck auf die Familien ausübte, mehr auszugeben, als sie sich leisten konnten.

Der soziale Druck ist aber nicht der einzige Grund für die Entscheidung, Geld für etwas anderes als Essen auszugeben. In einem abgelegenen Dorf in Marokko trafen wir Oucha Mbarbk und fragten ihn, was er tun würde, wenn er mehr Geld hätte. Er sagte, er würde mehr Nahrungsmittel kaufen. Dann fragten wir ihn, was er tun würde, wenn er noch mehr Geld hätte. Er sagte, er würde besser schmeckende Nahrungsmittel kaufen. Wir hatten großes Mitleid mit ihm und seiner Familie, bis wir in dem Raum, in dem wir saßen, einen Fernseher, einen DVD-Spieler und eine Satellitenantenne entdeckten. Wir fragten ihn, warum er all diese Dinge gekauft habe, wenn er glaube, seine Familie habe nicht genug zu essen. Da lachte er und sagte: »Ach, Fernsehen ist wichtiger als Essen!«

Nachdem wir einige Zeit in diesem marokkanischen Dorf verbracht hatten, verstanden wir, warum Oucha so dachte. Das Leben in einem solchen Dorf kann ziemlich langweilig sein. Es gibt weder ein Theater noch eine Konzerthalle, noch einen Platz, an den man sich setzen und fremde Leute vorbeiflanieren sehen könnte. Und Arbeit gibt es auch nicht viel. Oucha und zwei seiner Nachbarn, die während des Interviews anwesend waren, hatten in diesem Jahr etwa 70 Tage in der Landwirtschaft und 30 Tage auf dem Bau gearbeitet. Den Rest des Jahres kümmerten sie sich um ihr Vieh und warteten darauf, dass Jobs vom Himmel fielen. Das ließ ihnen viel Zeit zum Fernsehen. Die drei Männer lebten in kleinen Häusern ohne Wasser und sanitäre Anlagen. Sie bemühten sich, Arbeit zu finden und ihren Kindern eine gute Ausbildung zu ermöglichen. Aber sie hatten alle einen Fernseher, eine Satellitenantenne, einen DVD-Spieler und ein Handy.

Ganz allgemein haben Dinge, die den Alltag etwas schöner machen, für die Armen Priorität. Das kann ein Fernsehgerät sein, etwas Besonderes zu essen oder auch nur eine Tasse süßen Tees. Sogar Pak Solhin besaß ein Fernsehgerät, das allerdings nicht funktionierte, als wir ihn besuchten. Feste können auch unter diesem Gesichtspunkt gesehen werden. Wo es keine Fernseher und keine Radios gibt, kann man sich leicht vorstellen, warum die Armen in Familienfeiern unterschiedlichster Art, religiösen Zeremonien oder Hochzeiten Zerstreuung suchen. Aus unserem 18-Länder-Vergleich geht hervor, dass die Armen umso mehr Zeit auf irgendwelchen Feiern verbringen, je weniger wahrscheinlich der Besitz eines Radios oder Fernsehgeräts ist. In der indischen Stadt Udaipur hat fast niemand einen Fernseher, hier geben die Ärmsten 14 Prozent ihres verfügbaren Geldes für geistliche oder weltliche Feiern aus. Ganz anders in Nicaragua, wo 56 Prozent der ländlichen Haushalte über ein Radio und 21 Prozent über einen Fernseher verfügen: Dort sagten nur sehr wenige, dass sie Geld für Feste ausgeben.[33]

Das menschliche Grundbedürfnis nach ein paar Vergnügungen könnte erklären, warum die Ausgaben für Nahrungsmittel in Indien zurückgegangen sind. Fernsehsignale erreichen heute die abgeschiedensten Weltgegenden, und selbst in den entlegensten Dörfern gibt es mehr zu kaufen als früher. Mobiltelefone funktionieren beinahe überall, und an internationalen Standards gemessen sind die Tarife spottbillig. Das könnte auch erklären, warum Länder mit einer großen Binnenwirtschaft, wie Indien und Mexiko, wo viele Konsumgüter billig verkauft werden, oft auch Länder sind, in denen man wenig Geld für Nahrungsmittel ausgibt. In jedem indischen Dorf gibt es zumindest einen kleinen Laden, meist aber mehrere, wo Shampoo portionsweise und Zigaretten einzeln verkauft werden, neben billigen Kämmen, Kugelschreibern, Spielsachen und Süßigkeiten. In Papua-Neuguinea dagegen, wo über 70 Prozent des Haushaltsbudgets für Nahrungsmittel draufgehen, können sich die Armen weniger Extras leisten. Orwell beschreibt auch dieses Phänomen in *Die Straße nach Wigan Pier*, wenn er erzählt, wie arme Familien die Zeit der Großen Depression durchstanden:

> *Anstatt sich gegen ihr Schicksal aufzulehnen, haben sie durch Verminderung der Ansprüche ihr Leben erträglich gemacht. Aber sie senken ihre Ansprüche nicht unbedingt in dem Sinn, daß sie auf Luxusartikel verzichten und sich auf Notwendigkeiten konzentrieren; öfter ist es umgekehrt – und natürlicher, wenn man es sich recht überlegt. So kommt es, daß in einem Jahrzehnt beispielloser wirtschaftlicher Krise der Konsum von billigen Luxusartikeln gestiegen ist.*[34]

Diese »kleinen Freuden« haben nichts mit den Spontankäufen von Leuten zu tun, die handeln, ohne groß darüber nachzudenken. Ihr Kauf geschieht wohlüberlegt und aus starkem innerem oder äußerem Antrieb. Oucha Mbarbk hatte sein Fernsehgerät nicht auf Kredit gekauft, sondern viele Monate gespart, bis er genug Geld beieinander hatte; genau wie die indische Mutter, die anfängt, für die Hochzeit ihrer jetzt achtjährigen Tochter in zehn oder mehr Jahren zu sparen, indem sie hier einmal ein Schmuckstück und dort einmal einen Eimer aus rostfreiem Stahl kauft.

Wir neigen oft dazu, die Welt der Armen als ein Land der verpassten Gelegenheiten zu betrachten, und fragen uns, warum sie solche Käufe nicht zurückstellen und das Geld in etwas stecken, was ihr Leben wirklich verbessern würde. Die Armen wiederum sind skeptisch, was die angeblichen Gelegenheiten und Möglichkeiten angeht, ihr Leben von Grund auf zu verändern. Oft verhalten sie sich, als glaubten sie, dass jede Veränderung, die es wert wäre, Opfer für sie bringen, einfach zu lange dauern würde. Das erklärt, weshalb sich die Armen auf das Hier und Jetzt konzentrieren, darauf, das Leben so angenehm wie möglich zu gestalten und die Feste zu feiern, wie sie fallen.

Gibt es nun eine ernährungsbedingte Armutsfalle oder nicht?

Am Anfang dieses Kapitels standen Pak Solhin und seine Auffassung, er sei in einer ernährungsbedingten Armutsfalle gefangen. Doch in seinem Fall war der Kalorienmangel nicht das Hauptproblem. Über das *Rakshin*-Programm erhielt er etwas kostenlosen Reis und gelegentlich half ihm sein Bruder; in den Zeiten dazwischen war er vermutlich körperlich durchaus in der Lage, auf dem Feld oder auf dem Bau zu arbeiten. Wir interpretieren die Faktenlage so, dass sich die meisten Erwachsenen, sogar die sehr armen, außerhalb des Bereichs der ernährungsbedingten Armutsfalle befinden: Sie könnten ohne Weiteres so viel essen, wie sie brauchen, um physisch produktiv zu sein.

Pak Solhin saß in einer anderen Falle. Sein Problem war vermutlich, dass er keinen Job mehr hatte und zu alt war, um noch auf einer Baustelle angelernt zu werden. Mit ziemlicher Sicherheit wurde seine Situation durch seine Depression verschlimmert, das machte es schwierig für ihn, überhaupt etwas anzufangen.

Der Umstand, dass die Mechanismen der ernährungsbedingten Armutsfalle bei Erwachsenen offenbar nicht greifen, bedeutet nicht, dass die Armen kein Problem mit der Ernährung haben. Das Problem besteht aber weniger in der Menge als vielmehr in der Qualität der Nahrungsmittel, insbesondere dem Mangel an Mikronährstoffen. Von guter Ernährung würden vor allem zwei Gruppen profitieren, die keinen Einfluss auf das haben, was sie essen: Ungeborene und Kleinkinder. Zwischen dem Einkommen der Eltern und dem späteren Einkommen dieser Kinder könnte es durchaus eine S-förmige Beziehung geben, die auf die Ernährung in der Kindheit zurückzuführen ist. Weil nämlich ein Kind, das im Mutterleib oder in der frühen Kindheit ordentlich ernährt wurde, *sein ganzes (Erwerbs-)Leben* lang mehr Geld verdienen wird. Das beschert ihm auch in anderer Hinsicht großen Nutzen. Nehmen wir das oben erwähnte Beispiel der kenianischen Kinder: Die Studie, die sich mit den Langzeiteffekten der Entwurmung beschäftigte, kam zu dem Schluss, das zwei Jahre Entwurmung statt einem (und damit bessere Nährstoffversorgung für zwei Jahre statt einem) zu einer Erhöhung des Lebenseinkommens um 3269 PPP-USD führen würde. Kleine Unterschiede beim Investieren in die Ernährung von Kindern (das Wurmmittel in Kenia kostet 1,36 PPP-USD pro Jahr, ein Päckchen Jodsalz wird in Indien für 0,62 PPP-USD verkauft, die mit Eisen angereicherte Fischsoße in Indonesien kostet 7 PPP-USD pro Jahr) machen später einen gewaltigen Unterschied. Das heißt, Regierungen und internationale Organisationen sollten ihre Ernährungspolitik völlig neu durchdenken. Einfach mehr Getreide zu liefern – der Ansatz, den die meisten Ernährungssicherungsprogramme heute verfolgen – ist nicht die Lösung, auch wenn das schlechte Nachrichten für amerikanische Farmer sind. Die Armen nehmen gerne subventioniertes Getreide an, aber – wie wir später noch sehen werden – mehr davon bringt sie nicht dazu, besser zu essen, insbesondere wenn nicht die Kalorien, sondern die Mikronährstoffe das Hauptproblem sind. Es hilft wahrscheinlich auch nicht, den Armen einfach mehr Geld zu geben, und selbst steigende Einkommen werden kurzfristig wohl nicht zu einer besseren Ernährung führen. Wie wir in Indien gesehen haben, essen die Armen nicht mehr oder auch nur besser, wenn ihr Einkommen steigt; es gibt zu viele mit dem Essen konkurrierende Wünsche und Bedürfnisse.

Umgekehrt ist der gesellschaftliche Nutzen eines direkten Investments in die Ernährung von Kindern und Schwangeren gewaltig. Ein solches Investment könnte in Form von angereicherten Nahrungsmitteln an Schwangere oder die Eltern kleiner

Kinder abgegeben werden, man könnte Kinder in Schulen und vorschulischen Einrichtungen mit Wurmmitteln versorgen, mit Mikronährstoffen angereicherte Mahlzeiten verteilen oder Anreize schaffen, damit Eltern Nahrungsergänzungsmittel einnehmen. All das wird in einigen Ländern schon gemacht. Die kenianische Regierung hat dafür gesorgt, dass alle Kinder systematisch in der Schule entwurmt werden. In Kolumbien streut man Mikronährstoffe über die Mahlzeiten, die die Kinder in der Vorschule erhalten. In Mexiko werden die Sozialleistungen zusammen mit kostenlosen Nahrungsmittelsupplementen für die Familie ausgegeben. Vordringliches Ziel von Lebensmitteltechnologen sollte es werden, Nahrungsmittel, *die die Menschen gerne essen*, mit zusätzlichen Nährstoffen anzureichern, neue, wohlschmeckende und nahrhafte Getreide- und Gemüsesorten zu entwickeln, die unter den verschiedensten Umweltbedingungen gedeihen, ohne dabei die Steigerung der Produktivität aus dem Auge zu verlieren. Beispiele dafür findet man bereits auf der ganzen Welt: Auf Betreiben von Organisationen wie der *Micronutrient Initiative* und *HarvestPlus* wurde vor kurzem eine für Afrika geeignete Varietät der orangefarbenen Süßkartoffel (die mehr Betakarotin enthält als der einheimische Yams) in Uganda und Mosambik eingeführt.[35] Ein neues Speisesalz, das nicht nur mit Jod, sondern auch mit Eisen angereichert ist, wurde jetzt in einigen Ländern, darunter Indien, zugelassen. Trotzdem gibt es immer noch viel zu viele Beispiele dafür, dass die Politik an der Vorstellung festklebt, das Einzige, was die Armen bräuchten, sei billiges Getreide.

3 Gute Chancen auf mehr Gesundheit?

Im Gesundheitsbereich begegnet uns Vielversprechendes, aber auch tiefe Frustration. Man hat den Eindruck, dass die Chancen vielerorts nicht schlecht stehen: Von Impfstoffen bis hin zu Malarianetzen reichen die Vorbeugemaßnahmen, die für wenig Geld viele Leben retten könnten – aber kaum jemand nutzt sie. Staatliche Gesundheitshelfer, die in den meisten Ländern für die Basisgesundheitsversorgung sorgen sollen, werden oft für dieses Versagen verantwortlich gemacht. Nicht ganz zu Unrecht, wie wir noch sehen werden. Sie wiederum betonen immer wieder, dass es viel schwieriger ist, diese Chancen wahrzunehmen, als man glauben möchte.

Im Winter 2005 nahmen wir in Udaipur, einer wunderschönen Stadt im Westen Indiens, an einer lebhaften Diskussion mit staatlichen Krankenschwestern teil. Sie waren ziemlich aufgebracht, weil wir an einem Projekt mitwirkten, das sie dazu bewegen sollte, öfter zur Arbeit zu kommen. Irgendwann im Lauf der Diskussion geriet eine von ihnen so außer sich, dass sie mit der Wahrheit herausrückte: Die Arbeit sei so und so völlig sinnlos, verkündete sie. Wenn ein Kind mit Durchfall zu ihnen käme, hätten sie der Mutter nichts weiter zu bieten als ein Päckchen WHO-Trinklösung (*oral rehydration solution*, ORS), eine Mischung aus Kochsalz, Zucker, Kaliumchlorid und einem Antazidum, die in Wasser aufgelöst und dem Kind verabreicht werden muss. Die meisten Mütter glaubten jedoch nicht, dass die Trinklösung hilft. Sie wollten eine »richtige Behandlung«, und das ist für sie ein Antibiotikum oder eine Infusion. Eine Mutter, die sie nur mit einem Päckchen Trinklösung aus dem Gesundheitszentrum wegschickten, käme garantiert nie wieder. Jedes Jahr sähen sie unzählige Kinder, die an Durchfallerkrankungen stürben, aber sie fühlten sich unsagbar hilflos.

Von den neun Millionen Kindern, die jedes Jahr vor ihrem fünften Geburtstag sterben, sind die allermeisten arme Kinder aus Südasien und dem Afrika südlich der Sahara. Etwa eines von fünf stirbt an einer Durchfallerkrankung. Die Bemühungen, einen Impfstoff gegen das Rotavirus zu entwickeln und zu verteilen, laufen auf Hochtouren; das Rotavirus ist die Ursache vieler (aber nicht aller) dieser Erkrankungen. Drei »Wunderstoffe« könnten das Leben der meisten dieser Kinder retten: Chlor für die Wasserdesinfektion sowie Salz und Zucker, die Hauptbestandteile der Rehydratisierungslösung. Gerade einmal 100 Dollar kostet eine Haushaltspackung Chlor, mit der sich durchschnittlich 32 Fälle von Durchfall vermeiden ließen.[1] Der Flüssigkeitsverlust ist die wichtigste Todesursache bei Durchfallerkrankungen, und die Trinklösung, die so gut wie nichts kostet, verhindert ihn höchst effektiv.

Trotzdem kommen weder Chlor noch die Rehydratisierungslösung im großen Stil zum Einsatz. Dank des Engagements von *Population Services International* (PSI), einer Organisation, die weltweit Produkte zu subventionierten Preisen vertreibt, ist Chlor in Sambia billig und fast überall erhältlich. Für 800 Kwacha (0,18 PPP-USD) kann eine sechsköpfige Familie genug Chlor kaufen, um ihr Wasser zu desinfizieren und so Durchfall zu vermeiden. Aber nur 10 Prozent der Familien tun es.[2] Nach Angaben des Kinderhilfswerks UNICEF erhält in Indien nur ein Drittel aller Kinder unter fünf Jahren die Rehydratisierungslösung, wenn sie an Durchfall erkranken.[3] Warum sterben alljährlich 1,5 Millionen Kinder an Durchfall, einer Erkrankung, die erstens in den meisten Fällen leicht zu vermeiden wäre und die zweitens oft allein mit abgekochtem Wasser, Zucker und Salz behandelt werden könnte?

Chlor und Rehydratisierungslösung sind keine Ausnahmen. Es

gibt noch mehr gute Möglichkeiten, die gesundheitliche Situation zu verbessern und viele Leben zu retten. Einfache und billige Ansätze, die – richtig angewendet – den Ressourcen guttun würden (etwa in Form von mehr Arbeitstagen, geringerem Antibiotikaverbrauch, mehr Körperkraft und so weiter). Sie können an sich schon lohnend sein und darüber hinaus noch Leben retten. Aber zu viele dieser Chancen werden nicht genutzt. Dabei könnte man nicht sagen, dass den Leuten ihre Gesundheit egal ist. Nein, sie geben dafür sogar eine ganze Menge Geld aus, aber eben für andere Dinge. Für Antibiotika, die nicht immer nötig sind, oder für eine Operation, wenn es schon zu spät ist. Warum ist das so?

Die Gesundheitsfalle

In einem indonesischen Dorf trafen wir Ibu Emptat, die Frau eines Korbflechters. Ein paar Jahre vor unserer Begegnung (im Sommer 2008) bekam ihr Mann Probleme mit den Augen und konnte nicht mehr arbeiten. Sie hatte keine andere Wahl, sie musste beim örtlichen Geldverleiher Darlehen aufnehmen: eines über 100 000 Rupien (18,75 PPP-USD), um die Medizin zu bezahlen, die ihren Mann wieder arbeitsfähig machen sollte, und eines über 300 000 Rupien (56 PPP-USD), um damit in der Zeit, in der ihr Mann nicht arbeiten konnte, Essen für die Familie zu kaufen (drei ihrer sieben Kinder lebten zu der Zeit noch bei ihnen). Der Zinssatz betrug 10 Prozent der Darlehenssumme pro Monat. Irgendwann gerieten sie mit ihren Zinszahlungen in Verzug. Als wir uns trafen, war ihre Schuld auf eine Million Rupien (187 PPP-USD) angewachsen, und der Geldverleiher drohte, ihnen alles wegzunehmen, was sie besaßen. Als ob das nicht schlimm genug wäre, hatte man bei einem ihrer jüngeren Söhne vor kurzem schweres Asthma festgestellt. Doch weil die Familie schon bis zum Hals in Schulden steckte, konnte sie sich die Medikamente nicht leisten, die er brauchte. Bei unserem Besuch saß der Junge neben uns und hustete alle paar Minuten; er konnte nicht mehr regelmäßig zur Schule gehen. Die Familie schien in der klassischen Armutsfalle zu sitzen: Wegen der Krankheit des Vaters wurde sie arm, deswegen konnte das Kind nicht behandelt werden, und weil das Kind zu krank war, um eine ordentliche Schulbildung zu genießen, war nun auch seine Zukunft von Armut bedroht.

Gesundheitsprobleme bringen eine Vielzahl von Folgeproblemen mit sich. Männer, die in ungesunder Umgebung leben, haben zum Beispiel viele Fehltage; Kinder sind oft krank und darum nicht gut in der Schule; Frauen bringen häufig kränkliche Babys zur Welt. Jede dieser momentan misslichen Lagen kann zu einem Weg in die Armut werden.

Das einzig Gute ist, dass in einer solchen Situation manchmal ein Schubs genügt – eine Generation, die es schafft, groß zu werden und in einer gesunden Umgebung zu arbeiten –, um der Falle zu entkommen. Das ist beispielsweise die Meinung von Jeffrey Sachs. In seinen Augen stecken ein Großteil der Ärmsten der Armen und zum Teil auch ganze Länder in einer gesundheitsbedingten Armutsfalle. Das erklärt er gerne am Beispiel der Malaria: Länder, in denen ein hoher Prozentsatz der Bevölkerung an Malaria erkrankt ist, sind sehr viel ärmer als andere (in Ländern wie Elfenbeinküste oder Sambia, wo 50 und mehr Prozent der Bevölkerung an Malaria erkrankt sind, liegt das Pro-Kopf-Einkommen durchschnittlich bei einem Drittel von dem in solchen Ländern, in denen Malaria fast ausgerottet ist).[4] Und weil sie so arm sind, ist es für sie umso schwerer, Maßnahmen gegen die Malaria zu ergreifen, weshalb sie arm bleiben. Doch aus denselben Gründen, so Sachs, müssten sich Investitionen im Gesundheitswesen, die auf die Bekämpfung der Malaria (wie zum Beispiel das Verteilen von Moskitonetzen) abzielen, in diesen Ländern enorm auszahlen: Die Menschen wären seltener krank und könnten härter arbeiten, und mit den Einkommensüberschüssen, die sie erzielten, wären die Kosten für die Maßnahmen leicht zu decken. Wenn wir die Begriffe der S-Kurve von Kapitel 1 auf dieses Beispiel anwenden, dann kann man sagen, dass die afrikanischen Länder, in denen Malaria vorkommt, im linken Teil der Kurve feststecken; ihre Arbeitskraft ist wegen der Malaria so geschwächt und so niedrig, dass kein Geld für deren Bekämpfung übrig bleibt. Aber wenn ihnen jemand die Malariabekämpfung bezahlen würde, würden sie in den rechten Teil der Kurve und auf die Straße zum Wohlstand gelangen. Diese Argumentation ließe sich auch auf andere Krankheiten übertragen, die in armen Ländern vorkommen. So weit die optimistische Kernaussage von Jeffrey Sachs' Buch *Das Ende der Armut.*

Skeptiker haben natürlich umgehend darauf hingewiesen, dass keineswegs klar ist, ob malariaverseuchte Länder wegen der Malaria arm sind, wie Sachs meint, oder ob ihr Scheitern im Kampf gegen die Malaria vielleicht als Indikator für eine unfähige Regierung gesehen werden kann. Träfe Letzteres zu, dann würde die Ausrottung der Malaria allein für die Armutsbekämpfung wenig bringen, solange die Regierung schwach bleibt.

Zu welcher Geschichte – der der Aktivisten oder der der Skeptiker – passen die Fakten besser? Erfolgreiche Kampagnen zur Ausrottung der Malaria wurden in verschiedenen Ländern untersucht. Jede dieser Studien vergleicht innerhalb eines Landes stark malariaverseuchte Regionen mit schwach verseuchten und überprüft, wie sich Kinder entwickeln, die vor und nach der Kampagne dort geboren wurden. Alle stellen fest, dass Kinder, die nach der Kampagne in stark betroffenen Gegenden geboren wurden, in Sachen Schulbildung bzw. Einkommen zu den Kindern aufschließen, die in nur schwach von Malaria heimgesuchten Regionen auf die Welt kamen. Das deutet darauf hin, dass die Ausrottung der Malaria tatsächlich zu einer Verringerung der Langzeitarmut führt, obwohl die Auswirkungen bei weitem nicht so stark sind, wie von Jeffrey Sachs behauptet. Eine Studie zur Malariaausrottung im Süden der Vereinigten Staaten (wo es bis 1951 noch Malaria gab)[5] und mehrerer lateinamerikanischer Staaten[6] legt nahe, dass *ein Kind, das malariafrei aufwächst, in seinem ganzen Erwachsenenleben 50 Prozent mehr pro Jahr verdient* als ein Kind, das an Malaria erkrankt ist. Qualitativ ähnliche Ergebnisse lieferten Studien aus Indien[7], Paraguay und Sri Lanka, obwohl die Größenordnung des Mehrverdiensts von Land zu Land variiert.[8]

Das heißt, der finanzielle Gewinn aus Investitionen in die Malariaprophylaxe kann ausgesprochen hoch sein. Ein gutes, mit Insektiziden behandeltes Moskitonetz kostet in Kenia maximal 14 PPP-USD und hält mindestens fünf Jahre. Nehmen wir einmal an, ein kenianisches Kind, das unter einem Moskitonetz schläft, hat ein 30 Prozent geringeres Risiko, zwischen seiner Geburt und seinem zweiten Lebensjahr mit Malaria infiziert zu werden, als ein Kind, das ohne Netz schläft. Ein Erwachsener verdient in Kenia durchschnittlich etwa 590 PPP-USD pro Jahr. Wenn Malaria das Einkommen dort tatsächlich um 50 Prozent verringert, macht sich die Investition von 14 PPP-USD für das Netz mit einem Mehrverdienst von 295 PPP-USD bezahlt – und das bei 30 Prozent des Anteils an der Bevölkerung, der ansonsten an Malaria erkrankt wäre. Der durchschnittliche Gewinn beträgt 88 US-Dollar pro Jahr während des gesamten Arbeitslebens des Kindes – genug, dass die Eltern dafür einen Vorrat an Moskitonetzen für sich und ihre Kinder kaufen können und dann noch einen Batzen übrig haben.

Es gibt noch andere Beispiele für hocheffektive Gesundheitsinvestitionen, dazu gehören unter anderem der Zugang zu sauberem Wasser und sanitären Anlagen. Nach Schätzungen von WHO und UNICEF hatten im Jahr 2008 etwa 13 Prozent der Weltbevölkerung keinen Zugang zu einer einigermaßen sicheren Wasserversorgung (gemeint ist eine Handpumpe oder ein Brunnen) und 25 Prozent hatten keinen Zugang zu Trinkwasser.[9] Die meisten dieser Menschen sind bitterarm. Bei unserem 18-Länder-Vergleich untersuchten wir unter anderem, wie viele der auf dem Land lebenden Ärmsten fließendes Wasser im Haus haben. Wir fanden eine Spanne von weniger als einem Prozent in den indischen Bundesstaaten Rajasthan und Uttar Pradesh bis 36,8 Prozent in Guatemala. Für die finanziell besser gestellten Haushalte liegen die Zahlen in der Regel deutlich höher, dennoch gibt es auch hier eine enorme Spannbreite: von weniger als 3,2 Prozent in Papua-Neuguinea bis 80 Prozent in Brasilien (Mittelschicht auf dem Land). Im städtischen Bereich sind sie sowohl für die Armen als auch die Mittelschicht höher. Annehmbare sanitäre Anlagen findet man bei den Armen noch seltener – 42 Prozent der Weltbevölkerung haben keine Toilette im Haus.

Der Zugang zu Wasser aus einem Leitungssystem und zu sanitären Einrichtungen hat einen gewaltigen Einfluss auf die Gesundheit, darüber sind sich die meisten Experten einig. Die Autoren einer 2005 veröffentlichten Studie kommen zu dem Schluss, dass die Einführung von Trinkwasserleitungen, besseren sanitären Einrichtungen und das Chloren der Wasserquellen wesentlich für den zwischen 1900 und 1946 beobachteten Sterblichkeitsrückgang in den Vereinigten Staaten verantwortlich war: Sie schätzen, dass diese Maßnahmen einen Anteil von 75 Prozent beim Rückgang der Sterblichkeit von Kleinkindern hatten und fast 50 Prozent beim Rückgang der Gesamtsterblichkeit ausmachten.[10] Außerdem beeinträchtigen wiederholte Durchfallerkrankungen in der Kindheit sowohl die körperliche wie auch die geistige Entwicklung. Die Versorgung der Haushalte mit sauberem, gechlortem Trinkwasser aus Rohrleitungen verringert die Häufigkeit von Durchfallerkrankungen schätzungsweise um bis zu 95 Prozent.[11] Schlechte Wasserqualität und stehende Gewässer sind zudem für weitere schwere Krankheiten verantwortlich, beispielsweise Malaria, Bilharziose (eine Wurmkrankheit) und Trachome.[12] Jede dieser Krankheiten kann Kindern den Tod bringen oder sie zu wenig produktiven Erwachsenen machen.

Nichtsdestoweniger herrscht heute allgemein die Auffassung vor, 20 Dollar pro Monat und Haushalt für Leitungswasser und Toiletten könnten sich die meisten Entwicklungsländer nicht leisten.[13] *Gram Vikas,* eine Nichtregierungsorganisation, die im indischen Bundesstaat Orissa tätig ist, machte jedoch die Erfahrung, dass es auch wesentlich billiger geht. Ihr Vorsitzender Joe Madiath, ein humorvoller, bescheidener Mann, der in Kleidern aus handgesponnener Baumwolle zum Weltwirtschaftsforum, dem Treffen der Reichen und Mächtigen der Welt, nach Davos reist, hat schon immer alles anders gemacht. Seine Karriere als Aktivist begann früh: Mit zwölf handelte er sich das erste Mal Ärger ein – als er die Arbeit auf der Plantage seines Vaters organisierte. Zu Beginn der siebziger Jahre kam er mit einer Gruppe linker Studenten nach Orissa, um nach einem verheerenden Zyklon zu helfen. Als der Katastropheneinsatz beendet war, beschloss er zu bleiben. Er wollte Wege zu finden, um den armen Bauern dieses Landstrichs dauerhaft zu helfen. Am Ende verlegte er sich auf Wasserversorgung und Toiletten. Was ihn daran reizte: Einerseits handelte es sich um ein alltägliches Problem, andererseits bot es die Gelegenheit, langfristige soziale Veränderungen herbeizuführen. Wasserversorgung und Toiletten sind in Orissa soziale Fragen. Madiath besteht darauf, dass jeder einzelne Haushalt in den Dörfern, in denen *Gram Vikas* arbeitet, an dieselben Hauptleitungen angeschlossen wird: Die Wasserrohre führen in jedes Haus, das eine Toilette, einen Wasserhahn, ein Bad enthält, und sie gehören alle zum selben Leitungssystem. Das bedeutet, dass die Haushalte hoher Kasten das Wasser mit den Haushalten niedriger Kasten teilen müssen – für viele in Orissa zunächst völlig inakzeptabel. Es kostet die Organisation regelmäßig eine Menge Überzeugungsarbeit, bis alle im Dorf mitmachen, und manche Dörfer weigern sich bis zuletzt; aber es gehört zum Prinzip von *Gram Vikas,* nicht mit der Arbeit zu beginnen, ehe nicht alle Dorfbewohner zugestimmt haben. Und dann ist es oft das erste Mal, dass sich Familien aus hohen Kasten an einem Projekt beteiligen, das die übrigen Mitglieder der Gemeinschaft miteinbezieht.

Sobald ein Dorf der Zusammenarbeit mit *Gram Vikas* zugestimmt hat, kann mit der eigentlichen Arbeit begonnen werden, die ein bis zwei Jahre dauert. Erst wenn jeder einzelne Haushalt seinen Wasserhahn und seine Toilette bekommen hat, wird das System in Betrieb genommen. In der Zwischenzeit erhebt die Organisation monatlich Daten, wie viele Menschen das Gesundheitszentrum aufsuchen, um Malaria oder Durchfall behandeln zu lassen. Daran kann man direkt ablesen, was geschieht, sobald das Wasser im Dorf fließt. Die Auswirkungen sind beeindruckend: Beinahe über Nacht und für viele Jahre halbieren sich die Fälle schwerer Durchfallerkrankungen, die Zahl der Malariainfektionen geht um 30 Prozent zurück. Die monatlichen Kosten belaufen sich – einschließlich Wartung – auf 190 Rupien oder 4 US-Dollar pro Haushalt, das ist nur ein Fünftel dessen, was üblicherweise für ein solches System veranschlagt wird.

Doch es gibt sogar noch billigere Möglichkeiten, Durchfallerkrankungen zu vermeiden, zum Beispiel das Chloren von Wasser. Auch andere preiswerte medizinische oder Vorsorgemaßnahmen haben ihre Wirksamkeit schon unter Beweis gestellt, etwa die Rehydratisierungslösung ORS, Impfungen, Wurmmittel, ausschließliches Stillen bis zum sechsten Lebensmonat oder routinemäßige Tetanusimpfungen für werdende Mütter. Vitamin B gegen Nachtblindheit, Eisenpräparate oder mit Eisen angereichertes Mehl gegen Blutarmut sind weitere Beispiele für relativ leicht umsetzbare Möglichkeiten für eine Verbesserung der allgemeinen Gesundheit.

Das Wissen um die Existenz dieser Möglichkeiten sind der Grund für Jeffrey Sachs' Optimismus und für seine Ungeduld. Er sieht die gesundheitsbedingten Armutsfallen, aber auch die Leitern, die man den Armen geben kann, damit sie aus diesen Fallen herauskommen. Wenn sich die Armen die Leitern nicht leisten können, muss ihnen der Rest der Welt beim Herausklettern helfen. Genau das tut *Gram Vikas* in Orissa, wenn die Organisation den Dörfern hilft, das Projekt auf die Beine zu stellen, und einen Teil der Kosten für die Wasserversorgung übernimmt. Vor ein paar Jahren, so erzählte uns Joe Madiath, hätte er beinahe auf die Förderung durch die *Bill & Melinda Gates Foundation* verzichtet, weil der für die Vergabe zuständige Sachbearbeiter darauf beharrte, dass die Dorfbewohner die Kosten für alles, was sie bekamen, komplett tragen müssten (glücklicherweise änderte die Stiftung ihre Meinung in diesem Punkt später noch). Joe Madiath sagte, die Dorfbewohner seien schlicht nicht in der Lage,

190 Rupien pro Monat zu bezahlen, obwohl der gesundheitliche Nutzen für sie diesen Betrag vermutlich weit übersteigt. *Gram Vikas* verlangt von den Dorfbewohnern lediglich, so viel Geld in einen Dorffond einzubezahlen, dass das System ordentlich gewartet werden kann und weitere Haushalte angeschlossen werden können, wenn das Dorf größer wird. Den Restbetrag wirbt die Organisation von Spendern in aller Welt ein. Genau so sollte es nach Sachs' Meinung sein.

Warum werden die Möglichkeiten nicht mehr genutzt?

Wunder im Wartestand

Jeffrey Sachs' Theorie, Arme säßen in einer gesundheitsbedingten Armutsfalle, aus der man sie mit Geld herausholen könne, hat einen Schönheitsfehler: Manche Maßnahmen sind so billig, dass sie sich selbst die Ärmsten leisten können müssten. Stillen zum Beispiel kostet überhaupt nichts. Und doch werden weniger als 40 Prozent der Babys weltweit in den ersten sechs Monaten ausschließlich gestillt, wie es die WHO empfiehlt.[14] Oder: Häuser mit Wasser- und Abwasserleitungen auszustatten kostet – wie wir gerade gesehen haben – 190 Rupien pro Monat bzw. 2 280 Rupien pro Jahr, das entspricht der Kaufkraft von etwa 300 000 sambischen Kwacha. Arme sambische Bauern können sich das vermutlich nicht leisten. Doch für weniger als 2 Prozent des Betrags, kann sich eine sechsköpfige sambische Familie genug Chlor kaufen, um ein Jahr lang ihr Trinkwasser zu desinfizieren: Eine Flasche des von PSI verteilten Desinfektionsmittels Chlorin kostet 800 Kwacha (0,18 PPP-USD) und reicht für einen Monat. Damit kann man die Zahl der Durchfallerkrankungen bei Kleinkindern um fast die Hälfte reduzieren.[15] Die Sambier wissen über den Nutzen von Chlor Bescheid. Wenn man sie nämlich fragt, ob sie etwas kennen, womit man Wasser reinigen kann, nennen 98 Prozent das Produkt Chlorin. Obwohl Sambia wirklich ein sehr armes Land ist, sind 800 Kwacha für eine Flasche, die einen Monat reicht, nicht übermäßig viel Geld; eine Familie gibt durchschnittlich 4800 Kwacha (1,10 PPP-USD) pro Woche allein für Öl zum Kochen aus. Trotzdem verwenden nur 10 Prozent der Familien Chlor zum Desinfizieren des Trinkwassers. Im Rahmen eines Experiments erhielten Haushalte Gutscheine, die es ihnen ermöglichten, eine Flasche Chlorin für 700 Kwacha (0,16 PPP-USD) zu kaufen, doch nur 50 Prozent von ihnen nutzten dieses Angebot.[16] Der Anteil an Chlorin-Käufern stieg erst dann merklich an, als der Preis auf 300 Kwacha (0,07 PPP-USD) gesenkt wurde, aber selbst dann kauften 25 Prozent der untersuchten Haushalte das Produkt nicht.

Ähnlich niedrig ist die Nachfrage nach Moskitonetzen. Jessica Cohen und Pascaline Dupas gründeten in Kenia eine NGO mit Namen TAMTAM (*Together Against Malaria*, »Zusammen gegen Malaria«) und verteilten kostenlose Moskitonetze in kenianischen Kliniken.[17] Irgendwann begann PSI, in denselben Kliniken Moskitonetze zu verteilen, allerdings nicht umsonst, sondern zu subventionierten Preisen. Cohen und Dupas wollten wissen, ob ihre Organisation nun überhaupt noch gebraucht wurde. Sie starteten einen einfachen Versuch: Sie boten Moskitonetze in verschiedenen, zufällig ausgewählten Kliniken zu unterschiedlichen Preisen an. Die Preise bewegten sich zwischen kostenlos und dem (immer noch subventionierten) Preis von PSI. Ähnlich wie in dem Beispiel mit dem Wasserdesinfektionsmittel fanden sie heraus, dass der Erwerb von Netzen sehr vom Preis abhing. Fast alle Patienten nahmen ein kostenloses Netz mit nach Hause. Aber die Nachfrage tendierte gegen null, wenn sie den PSI-Preis verlangten (etwa 0,75 PPP-USD). Als Dupas das Experiment auf verschiedenen städtischen Märkten wiederholte und den Leuten Zeit gab, nach Hause zu gehen und dort Geld zu holen (statt auf der Stelle zu kaufen), kauften mehr Leute das Moskitonetz zum PSI-Preis. Wenn der Preis allerdings nahe null lag, stieg die Nachfrage um ein Vielfaches.[18]

Noch beunruhigender ist der Umstand, dass die Nachfrage nach Moskitonetzen zwar sehr sensibel auf den Preis reagiert, aber nicht auf das Einkommen. Um auf die rechte Seite der

S-förmigen Kurve zu gelangen und einen *Circulus virtuosus* in Gang zu setzen, in dem sich bessere Gesundheit und höheres Einkommen gegenseitig verstärken, sollte der Verdienst einer Person, die Malaria vermeiden konnte, ausreichen, um ihren Kindern ein Moskitonetz zu kaufen und bei ihnen ebenfalls die Infektion zu verhindern. Wir haben oben ausgeführt, dass der Kauf eines Moskitonetzes, mit dem sich das Risiko einer Malariaerkrankung verringern lässt, zu einem deutlich höheren Jahreseinkommen (im Schnitt 15 Prozent) führen kann. Doch obwohl 15 Prozent mehr Einkommen die Kosten für ein Moskitonetz locker wettmachen, liegt die Wahrscheinlichkeit, dass Leute mit 15 Prozent mehr Einkommen ein Moskitonetz kaufen, nur 5 Prozentpunkte höher als bei anderen.[19] Mit anderen Worten: Das einmalige Verteilen kostenloser Netze hat in keiner Weise zur Folge, dass die ganze nächste Generation unter Moskitonetzen schlummert, es würde lediglich die Zahl der Kinder, die in ihren Genuss kämen, von 47 auf 52 Prozent erhöhen. Das reicht bei weitem nicht aus, um die Malaria auszurotten.

Die fehlende Nachfrage macht auf eine der größten Schwierigkeiten im Gesundheitsbereich aufmerksam: Die Leitern, über die man die Armutsfalle verlassen kann, existieren, doch sie stehen nicht immer an der richtigen Stelle, und die Menschen wissen offenbar nicht, wie man sie benutzt, oder sie wollen sie gar nicht benutzen.

Der Wunsch nach mehr Gesundheit

Die Armen sind anscheinend nicht gewillt, viel Zeit oder Geld zu investieren, um sauberes Wasser, Moskitonetze, Wurmmittel oder angereichertes Mehl zu bekommen, obwohl sie daraus beträchtlichen gesundheitlichen Nutzen zögen. Heißt das, dass ihnen ihre Gesundheit egal ist? Die Fakten sprechen eine andere Sprache. Gefragt, ob es in der jüngsten Zeit eine Phase von etwa einem Monat gegeben habe, in dem sie »Sorge, Anspannung oder Angst« empfunden hätten, antwortete etwa ein Viertel der Armen im ländlichen Udaipur und im städtischen Südafrika mit

Ja.[20] Das ist ein viel höherer Prozentsatz als in den Vereinigten Staaten. Als häufigster Grund für diese Belastung wurde die Sorge um die eigene Gesundheit oder die von nahen Verwandten genannt (44 Prozent der Zeit in Udaipur). In vielen Ländern unseres 18-Länder-Vergleichs geben die Armen einen beträchtlichen Teil ihres Geldes für die Gesundheit aus. Bei extrem armen Familien im ländlichen Indien entfallen bis zu 5 Prozent des Haushaltsbudgets auf Gesundheitsausgaben, in Pakistan, Panama und Nicaragua sind es 3 bis 4 Prozent. In den meisten Ländern suchte mehr als ein Viertel der Familien im Monat vor der Befragung mindestens einmal einen Arzt auf. Die Armen wenden auch große Geldbeträge für einzelne Gesundheitsprobleme auf: Von den untersuchten armen Haushalten in Udaipur gaben 8 Prozent im Monat vor der Befragung mehr als 5 000 Rupien (228 PPP-USD) für die Gesundheit aus – das ist zehnmal mehr, als einer Durchschnittsfamilie pro Kopf im Monat zur Verfügung steht, bei einigen Familien (das eine Prozent mit den höchsten Ausgaben) beliefen sich die Gesundheitsausgaben auf das 26-Fache des durchschnittlichen monatlichen Pro-Kopf-Einkommens. Wenn ernste Gesundheitsprobleme auftreten, kürzen arme Familien die Ausgaben, verkaufen Besitz oder leihen sich Geld, wie Ibu Emptat: Von den Haushalten, die wir in Udaipur befragten, hatte jeder dritte einen Kredit abzubezahlen, der für die Behandlung eines Gesundheitsproblems aufgenommen worden war. Viele dieser Kredite kommen von Geldverleihern, die sehr hohe Zinsen verlangen: Üblich sind 3 Prozent pro Monat, das entspricht 42 Prozent pro Jahr.

Geld für nichts und wieder nichts

Der entscheidende Punkt ist also nicht, wie viel die Armen für ihre Gesundheit ausgeben, sondern wofür das Geld verwendet wird; oft sind es teure Heilbehandlungen statt preisgünstiger Vorsorgemaßnahmen. Um die Gesundheitsversorgung billiger zu machen, haben viele Entwicklungsländer ein mehrgliedriges System eingerichtet, damit die Armen bezahlbare (oft kostenlose) Gesundheitsdienstleistungen möglichst nah an ihrem Wohnort erhalten können. In solchen Gesundheitszentren gibt es typischerweise keinen Arzt, sondern nur speziell ausgebildete Gesundheitshelfer, die einfache Erkrankungen behandeln können und Kranke – wenn sie etwas Schwerwiegenderes vermuten – an die nächsthöhere Ebene verweisen. In manchen Ländern krankt dieses System an einem Mangel an qualifiziertem Personal, doch in Indien existieren die Einrichtungen und die Arbeitsplätze sind besetzt. Selbst im besonders abgelegenen und dünn besiedelten Distrikt Udaipur muss eine Familie nur 2,5 Kilometer zurücklegen, um ein Unterzentrum mit einer ausgebildeten Krankenschwester zu erreichen. Und doch zeigen unsere Daten, dass das System nicht funktioniert: Die Armen machen in der Regel einen Bogen um die kostenlose öffentliche Gesundheitsversorgung. Ein Erwachsener aus den von uns befragten extrem armen Haushalten sucht im Schnitt einmal alle zwei Monate einen Anbieter von Gesundheitsdienstleistungen auf, doch weniger als ein Viertel dieser Besuche gilt einem staatlichen Gesundheitszentrum.[21] In mehr als der Hälfte der Fälle geht man zu einer privaten Praxis und in allen übrigen zu *bhopas,* traditionellen Heilern, die vor allem das Austreiben von bösen Geistern anbieten.

Die Armen in Udaipur scheinen sich in jeder Hinsicht für die teurere Alternative zu entscheiden: Heilbehandlung statt Vorsorge, privat zu zahlende Doktoren statt kostenloser staatlicher Krankenschwestern und Ärzte. Das könnte man noch verstehen, wenn die privaten Anbieter besser ausgebildet wären als die staatlichen, aber das ist meist nicht der Fall: Nur etwas mehr als die Hälfte dieser privaten Doktoren hat einen medizinischen Collegeabschluss, darunter so unkonventionelle wie den Bachelor of Ayurvedic Medical Science (BAMS) oder den Bachelor of Unani Medical Science (BUMS), ein Drittel besitzt überhaupt keinen Collegeabschluss. Und wenn man sich die Assistenten solcher Doktoren ansieht, die in der Regel ebenfalls Patienten behandeln, wird das Bild noch düsterer: Zwei Drittel von ihnen verfügen über keinerlei medizinische Ausbildung.[22]

Im Volk nennt man diese Pseudoärzte *bengali doctors,* weil eine der ersten indischen Medizinschulen in Bengalen stand und die dort ausgebildeten Ärzte sich überall in Nordindien niederließen, um zu praktizieren. Diese Tradition hat sich gehalten – in den Dörfern tauchen regelmäßig Leute auf, mit wenig mehr ausgerüstet als einem Stethoskop und einer Tasche voller Standardmedikamente, und lassen sich als *bengali doctors* nieder, unabhängig davon, ob sie aus Bengalen kommen oder nicht. Einen von ihnen haben wir interviewt und nach seinem Werdegang befragt: »Nach meinem Highschool-Abschluss habe ich keinen Job gefunden«, erklärte er, »deshalb beschloss ich, Doktor zu werden.« Dann gewährte er uns einen Blick auf sein Highschool-Diplom: Er hatte Geographie, Psychologie und Sanskrit studiert, die Sprache des alten Indiens. Doch die *bengali doctors* gibt es nicht nur auf dem Land, eine Studie zeigt, dass nur 34 Prozent der Doktoren in den Slums von Delhi über eine medizinische Ausbildung verfügen.[23]

Ein fehlender Abschluss ist natürlich nicht zwangsläufig gleichbedeutend mit einem Mangel an Befähigung: Selbstverständlich können diese Doktoren gelernt haben, wie man einfache Fälle behandelt und die übrigen an ein richtiges Krankenhaus verweist. Ein anderer *bengali doctor,* mit dem wir sprachen (und der tatsächlich aus Bengalen kam), machte sehr deutlich, dass er seine Grenzen kannte. Er gab Schmerztabletten und Malariamittel aus, manchmal auch Antibiotika, wenn er glaubte, die Erkrankung könnte darauf ansprechen. Doch sobald er den Verdacht hatte, es könnte etwas Komplizierteres sein, verwies er die Patienten an ein Gesundheitszentrum oder an ein privates Krankenhaus.

Leider findet man diese Art der realistischen Selbsteinschätzung keineswegs überall. Jishnu Das und Jeff Hammer, zwei Ökonomen der Weltbank, wollten herausfinden, wie viel die Doktoren tatsächlich wissen und können.[24] Im Großraum Delhi suchten sie sich Doktoren aller Art (qualifizierte und unqualifizierte, aus privaten und staatlichen Einrichtungen). Jedem präsentierten sie fünf hypothetische Patientenszenarien, zum Beispiel ein Kind mit Durchfallsymptomen. Bei lehrbuchgemäßem Vorgehen sollte der Arzt zunächst erfragen, ob das Kind hohes Fieber oder erbrochen hat, wird das verneint, können ernsthafte Erkrankungen ausgeschlossen werden, und es genügt, die Rehydrationslösung zu verordnen. In einem anderen Szenario erscheint eine schwangere Frau mit Anzeichen einer Präeklampsie, einer Erkrankung, die eine sofortige Einweisung ins Krankenhaus erfordert. Die Fragen, die die Doktoren stellten, und ihr weiteres Vorgehen wurden mit den »idealen« Fragen und Behandlungsmethoden verglichen, und daraus erstellten die Forscher für jeden einzelnen einen »Kompetenzindex«. Die Durchschnittskompetenz in der untersuchten Gruppe war erstaunlich niedrig. Selbst die besten 20 Kandidaten (von 100) stellten weniger als die Hälfte der Fragen, die sie hätten stellen sollen, und die schlechtesten 20 beschränkten sich auf ein Sechstel der Fragen. Zudem schlug die überwiegende Mehrheit dieser Doktoren eine Vorgehensweise vor, die nach Einschätzung einer medizinischen Expertengruppe eher geschadet als genutzt hätte. Bei weitem am schlechtesten hatten die unqualifizierten privaten Doktoren abgeschnitten, insbesondere diejenigen, die in den Armenvierteln tätig waren. Die qualifizierten Privatärzte waren am besten, und die Ärzte aus den staatlichen Einrichtungen lagen irgendwo in der Mitte.

Bei den Fehlern zeichnete sich ein klares Muster ab: zu wenig Diagnose, zu viel Therapie. In Udaipur, wo wir unsere Gesundheitsstudie durchführten, erhielten 66 Prozent der Patienten in einer privaten Praxis eine Spritze und 12 Prozent eine Infusion; nur in 3 Prozent der Fälle wurde irgendein Test durchgeführt. Die übliche Therapie für Durchfall, Fieber oder Erbrechen besteht in der Gabe von Antibiotika oder Steroiden (oder beidem), meist als Injektion.[25]

In den meisten Fällen ist das nicht nur nicht notwendig, sondern sogar gefährlich. Das Sterilisieren der Spritzen gehört zu den Hauptproblemen. Freunde von uns leiteten eine Grundschule in einem kleinen Dorf an den Rändern des Ballungsraums

Delhi; dort gab es einen Doktor mit unbekannter Qualifikation, aber florierender Praxis. Vor seinem Behandlungsraum hing ein riesiger, mit Wasser gefüllter Kessel, an dem ein kleiner Wasserhahn montiert war. Jedes Mal, wenn ein Patient gegangen war, kam der Doktor heraus und spülte – so dass es auch jeder sah – seine Spritze in dem Wasserkessel. Damit wollte er demonstrieren, wie sauber er arbeitete. Wir wissen nicht, ob er mit seiner Spritze schon jemanden infiziert hat, aber in Udaipur hörte man von einem bestimmten Doktor reden, der ein ganzes Dorf mit Hepatitis B infiziert hatte, weil er immer dieselbe unsterile Spritze benutzte.

Die missbräuchliche Anwendung von Antibiotika dagegen erhöht die Wahrscheinlichkeit für das Auftreten resistenter Bakterienstämme.[26] Dies gilt ganz besonders, wenn die Ärzte – um ihren Patienten Geld zu sparen – die Behandlung nicht so lange durchführen wie eigentlich erforderlich. In allen Entwicklungsländern beobachten wir derzeit einen Anstieg der Antibiotikaresistenzen. Falsche Dosierungen und schlechte Befolgung der ärztlichen Anweisungen seitens der Patienten haben in mehreren afrikanischen Staaten zum Auftreten von Malariaerregern geführt, die gegen die gebräuchlichsten Malariamittel resistent sind, was einem Desaster für das Gesundheitswesen gleichkommt.[27] Was die Steroide angeht, ist der Schaden, der durch zu häufigen Gebrauch entsteht, sogar noch gefährlicher. Jeder Forscher der Altersklasse 40 plus, der in armen Ländern wie Indien gearbeitet hat, kann sich an Situationen erinnern, in denen er überrascht feststellte, dass die Person, mit der er sprach, wesentlich jünger war, als sie tatsächlich aussah. Vorzeitiges Altern kann viele Ursachen haben, doch der Gebrauch von Steroiden ist definitiv einer davon. Und die betroffenen Personen sehen nicht nur älter aus, sie sterben auch früher. Diese Medikamente sorgen dafür, dass sich die Patienten schnell besser fühlen, und weil man ihnen nicht sagt, was die langfristigen Wirkungen sind, gehen sie fröhlich nach Hause.

Was geht hier vor? Warum lehnen die Armen preiswerte, wirkungsvolle sanitäre Anlagen ab – der einfachste und billigste Weg, um die Gesundheit der Menschen dramatisch zu verbessern – und geben stattdessen eine Menge Geld für Dinge aus, die nicht helfen, sondern möglicherweise sogar schaden?

Sind die Regierungen schuld?

Ein Teil der Antwort ist: Im Bereich der Prävention lassen sich am schnellsten und einfachsten Verbesserungen erzielen, und dort ist traditionsgemäß die Regierung der wichtigste Akteur. Nur machen Regierungen einfache Dinge leider häufig komplizierter als nötig. Die hohe Abwesenheitsrate und die schlechte Motivation unter den staatlichen Gesundheitshelfern sind sicher zwei Gründe, warum nicht mehr Prävention stattfindet.

Die staatlichen Gesundheitszentren sind oft geschlossen, obwohl sie geöffnet haben sollten. In Indien zum Beispiel sollten die Gesundheitsstationen in den Ortschaften an sechs Tagen pro Woche und sechs Stunden pro Tag geöffnet haben. Wir haben in Udaipur ein Jahr lang mehr als hundert solcher Einrichtungen einmal pro Woche zu einer zufälligen Zeit während der offiziellen Öffnungszeiten aufgesucht: Sie waren 56 Prozent der Zeit geschlossen, und nur in 12 Prozent der Fälle war die Krankenschwester gerade außerhalb der Station unterwegs. Den Rest der Zeit war sie einfach nicht da. Die Abwesenheitsraten sind andernorts ganz ähnlich. In den Jahren 2002 und 2003 führte die Weltbank in Bangladesch, Ecuador, Indien, Indonesien, Peru und Uganda eine »Abwesenheitsstudie« (*World Absenteeism Survey*) durch. Dabei wurde festgestellt, dass die durchschnittliche Abwesenheitsrate der Mitarbeiter der Gesundheitszentren (Ärzte und Schwestern) bei 35 Prozent lag; in Indien waren es 43 Prozent.[28] Wie wir in Udaipur gesehen haben, weiß man auch nie, wann man denn nun jemanden dort antrifft, das heißt die Armen können sich nicht auf diese Einrichtungen verlassen. Bei einer privaten Praxis kann man sicher sein, dass der Doktor auch da ist. Wenn er nicht da ist, bekommt er nämlich – im Gegensatz zu den abwesenden Gesundheitshelfern im Staatsdienst – kein Geld.

Dazu kommt, dass die staatlichen Ärzte und Krankenschwestern, wenn sie denn einmal da sind, ihre Patienten nicht besonders gut behandeln. Ein Mitglied aus dem Team von Jishnu Das und Jeff Hammer, den Forschern, die mit hypothetischen Patientenszenarien die Doktoren getestet hatten, setzte sich einen Tag lang neben jeden dieser Anbieter von Gesundheitsleistungen. Für jeden Patienten notierte er, wie viele Fragen der Doktor zur Krankengeschichte stellte, welche Untersuchungen er durchführte, welche Medikamente er verschrieb oder abgab und (bei den privaten Anbietern) welche Preise er verlangte. Das Bild der Gesundheitsversorgung in Indien, das diese Studie vermittelt, ist erschreckend – sowohl im staatlichen wie im privaten Bereich. Das und Hammer fassen ihre Ergebnisse als »3-3-3-Regel« zusammen: *Drei Minuten* beschäftigt sich der Doktor mit dem Patienten, er stellt ihm *drei Fragen* und er gibt ihm *drei Medikamente* (häufig werden die Medikamente direkt abgegeben und nicht als Rezept verordnet). Überweisungen sind selten (in weniger als 7 Prozent der Fälle), nur etwa die Hälfte der Patienten erhält Verhaltenshinweise und nur ein Drittel der Doktoren sagt etwas zur Nachbehandlung. Als wäre das nicht alles schon schlimm genug, zeigte sich, dass die Situation in den staatlichen Einrichtungen noch schlechter ist als in den privaten. Ärzte im Staatsdienst verbrachten im Schnitt zwei Minuten mit jedem Patienten. Sie stellten weniger Fragen und unterzogen die Patienten so gut wie nie einer körperlichen Untersuchung. Meistens fragten sie ihn nach seiner persönlichen Einschätzung und behandelten dann seine Selbstdiagnose. Ähnliche Ergebnisse wurden auch in mehreren anderen Ländern gefunden.[29]

Das heißt, die Antwort auf unsere Frage ist vielleicht ganz einfach: Die Menschen nutzen das öffentliche Gesundheitssystem nicht, weil es nicht gut funktioniert. Das würde auch erklären, warum andere staatliche Angebote, wie Impfungen oder die Untersuchung und Beratung von Schwangeren, kaum wahrgenommen werden.

Aber das kann nicht alles sein. Moskitonetze beispielsweise

werden nicht nur von der Regierung verteilt, dasselbe gilt für Wasserdesinfektionsmittel. Und selbst wenn die staatlichen Krankenschwestern zur Arbeit kommen, wird die Zahl der Patienten, die ihre Dienste in Anspruch nehmen wollen, nicht größer. Sechs Monate brauchten *Seva Mandir*, eine örtliche Nichtregierungsorganisation, und die Bezirksverwaltung, um in gemeinschaftlicher Anstrengung die Abwesenheitszeiten deutlich zu reduzieren – die Wahrscheinlichkeit, jemanden im Gesundheitszentrum anzutreffen, stieg von 40 auf über 60 Prozent. Doch auf die Zahl der Besucher der Einrichtung hatte das keine Auswirkung.[30]

Im Zuge einer anderen Initiative organisierte *Seva Mandir* monatliche Impfcamps in denselben Dörfern, weil die Impfraten in der Region so abgrundtief niedrig waren: Bevor sich die Nichtregierungsorganisation engagierte, hatten weniger als 5 Prozent der Kinder die Grundimmunisierungen (definiert von WHO und UNICEF) erhalten. Angesichts der einhelligen Meinung, dass Impfen Leben rettet (zwei bis drei Millionen Menschen sterben jedes Jahr an Krankheiten, die man durch Impfungen hätte verhindern können), und der niedrigen Kosten (die Dorfbewohner erhalten sie umsonst) sollte man annehmen, dass alle Eltern ihre Kinder unbedingt impfen lassen wollen. Für die niedrigen Impfraten, so dachte man, mussten die saumseligen Krankenschwestern verantwortlich sein. Die Mütter hatten sicher einfach die Nase voll, ständig mit einem Kleinkind im Arm oder auf dem Rücken den weiten Weg zur Gesundheitsstation zu gehen und dann niemanden anzutreffen.

Um dem abzuhelfen, begann *Seva Mandir* 2003 seine Camps zu organisieren; diese wurden breit angekündigt und fanden jeden Monat am selben Tag statt (wie unsere Daten belegen, geschah dies absolut regelmäßig und zuverlässig). In der Folge stieg die Impfrate etwas an: In den Dörfern, wo die Impfcamps abgehalten wurden, erhielten 77 Prozent der Kinder wenigstens eine Teilimpfung, das Problem war die Vervollständigung der Impfserie. Doch im Vergleich zu einem Kontrolldorf, wo die Rate für die komplette Grundimmunisierung bei 6 Prozent lag, stieg sie in den Dörfern mit Impfcamp auf 17 Prozent an. Aber selbst mit einem qualitativ hochwertigen, privat organisierten und kostenlosen Impfservice direkt vor der Haustür der Eltern, blieben acht von zehn Kindern ohne vollständigen Impfschutz.

Das heißt also, wir müssen die Möglichkeit ins Auge fassen, dass die Leute auch deshalb kein Gesundheitszentrum aufsuchen, weil sie an den Dienstleistungen, die sie dort erhalten könnten, Impfungen eingeschlossen, nicht wirklich interessiert sind. Warum ist die Nachfrage nach teuren, schlechten Therapien bei den Armen so groß und das Interesse an wunderbaren, billigen Vorsorgemaßnahmen so gering?

Wie die Armen über Gesundheit denken

Ist nichts wert, was nichts kostet?

Wenn die Menschen billige Vorsorgemaßnahmen nicht nutzen, um etwas für ihre Gesundheit zu tun, könnte vielleicht genau das der Grund sein – dass Maßnahmen »billig« sind? Die schlichte ökonomische Vernunft gebietet eigentlich, dass die Kosten, wenn sie einmal aufgebracht wurden, keinerlei Auswirkung mehr auf den Gebrauch einer Sache haben sollten, aber wie so oft, gibt es auch andere Stimmen, die sagen, dass die ökonomische Vernunft nicht immer richtig liegt. Tatsächlich existiert so etwas wie ein psychologischer »Vergangenheitskosten-Effekt«: Wenn man für etwas viel Geld bezahlt hat, ist die Wahrscheinlichkeit höher, dass man es benutzt. Außerdem wird auch die Qualität oft nach dem Preis beurteilt: Etwas, das wenig kostet, taugt demnach vermutlich auch nichts.

Alle diese Möglichkeiten können eine Rolle spielen, schließlich ist die Gesundheit ein Bereich, für den sogar Vertreter der freien Marktwirtschaft traditionell Subventionen befürworten – mit dem Ergebnis, dass die meisten der billigen nützlichen Maßnahmen unter dem Marktpreis zu haben sind. Dahinter steckt eine einfache Überlegung: Ein Moskitonetz schützt nicht nur das

Kind, das darunter schläft, sondern auch andere Kinder, die nicht mit einem Malariaerreger aus diesem Kind infiziert werden können. Eine Krankenschwester, die Durchfall mit Trinklösung statt mit Antibiotika behandelt, verhindert die Ausbreitung von Resistenzen gegen Medikamente. Jedes gegen Masern geimpfte Kind schützt indirekt auch seine Klassenkameraden. Wenn niedrige Preise für diese Maßnahmen dazu führen, dass mehr Menschen sie nutzen, werden auch alle anderen davon profitieren.

Wenn jedoch der psychologische Vergangenheitskosten-Effekt eintritt, dann kann der (Subventionszu-)Schuss nach hinten losgehen – der Nutzungsgrad wird niedrig sein, *weil* der Preis niedrig ist. In seinem Buch *Wir retten die Welt zu Tode* scheint William Easterly genau das anzudeuten.[31] Er verweist auf Fälle, in denen die subventionierten Moskitonetze als Brautschleier verwendet wurden. Andere Autoren berichten von Toiletten, in die man Blumen gepflanzt hatte, oder von Kondomen, die wie Luftballons aufgeblasen wurden.

Nichtsdestoweniger legen die Ergebnisse einer ganzen Reihe sorgfältig durchgeführter Experimente nahe, dass solche Anekdoten überbewertet werden. In einigen Studien wurde getestet, ob die Leute bestimmte Dinge weniger benutzen, wenn sie sie geschenkt bekamen, und hier fanden sich keine Hinweise auf ein solches Verhalten. Erinnern Sie sich an die TAMTAM-Experimente von Jessica Cohen und Pascaline Dupas. Die beiden hatten festgestellt, dass die Moskitonetze häufiger angenommen wurden, wenn sie nichts oder nur sehr wenig kosteten. Aber wurden sie auch benutzt? Um das herauszufinden, schickte TAMTAM einige Wochen nach dem ersten Experiment Mitarbeiter zu den Leuten, die die Moskitonetze zu unterschiedlich stark subventionierten Preisen gekauft hatten. Es zeigte sich, dass zwischen 60 und 70 Prozent der Frauen, die ein Netz gekauft hatten, dieses auch benutzten. In einer anderen Studie stieg der Nutzungsgrad mit der Zeit auf 90 Prozent. Außerdem fanden die Forscher keinen Unterschied im Gebrauch gekaufter und geschenkter Netze. Ähnliche Ergebnisse lieferten Studien, die andere, vergleichbare

Szenarien untersuchten: Für den schlechten Nutzungsgrad sind offenbar doch nicht die Subventionen verantwortlich.

Aber was dann?

Liegt es am Glauben?

Abhijit wuchs in einer Familie auf, die aus zwei weit voneinander entfernten Teilen Indiens stammt. Seine Mutter war aus Mumbai, und in ihrer Familie gehörte zu einem richtigen Essen immer ungesäuertes Brot (*chapati* und *bhakri*), das aus Weizen und Hirse gemacht wird. Sein Vater kam aus Bengalen, wo man praktisch zu jeder Mahlzeit Reis isst. In den beiden Regionen hatte man auch sehr unterschiedliche Vorstellungen, wie Fieber zu behandeln ist. Jede Mutter im Bundesstaat Maharashtra weiß, dass Reis eine schnelle Genesung fördert. In Bengalen dagegen ist Reis verboten: Wenn man dort ausdrücken will, dass sich jemand vom Fieber erholt hat, sagt man: »Er durfte heute wieder Reis essen«. Als der leicht verwirrte sechsjährige Abhijit seine bengalische Tante nach diesem offensichtlichen Widerspruch fragte, antwortete sie, das sei eine Sache des Glaubens.

Wir alle setzen auf Glauben oder – um weniger religiös geprägte Begriffe zu verwenden – eine Kombination aus Annahmen und Theorien, wenn wir uns im Bereich von Gesundheit und Krankheit bewegen. Woher wissen wir, dass das verordnete Medikament die Entzündung lindern wird und es nicht ratsam wäre, stattdessen Blutegel zu setzen? Mit ziemlicher Sicherheit hat noch niemand eine randomisierte Studie gesehen, in der ein Teil der Patienten im Falle einer, sagen wir, Lungenentzündung mit Antibiotika behandelt wurde und ein anderer Teil Blutegel erhielt. Wir vertrauen auf die Art und Weise, wie Medikamente von der amerikanischen *Food and Drug Administration* (FDA) oder einer vergleichbaren Behörde (in Deutschland das Bundesinstitut für Arzneimittel und Medizinprodukte, in Österreich die Österreichische Agentur für Gesundheit und Ernährungssicherheit, in der Schweiz das Schweizerische Heilmittelinstitut *Swissmedic*) zugelassen werden, und das gibt uns Sicherheit. Wir glauben, dass ein Antibiotikum nicht auf dem Markt wäre, wenn es nicht irgendein Zulassungsverfahren durchlaufen hätte, und wir vertrauen darauf – manchmal zu Unrecht, wenn man die finanziellen Anreize, medizinische Studien zu manipulieren, in Betracht zieht –, dass die Zulassungsbehörden die Studien auf ihre Zuverlässigkeit überprüfen und das Antibiotikum deshalb sicher und wirksam ist.

Es geht hier nicht darum, unser Vertrauen in ärztliche Verordnungen in Frage zu stellen, sondern vielmehr klarzumachen, dass wir für viele Dinge, die wir glauben oder annehmen, keinen oder kaum einen direkten Beweis haben. Vieles beruht auf Vertrauen, doch wenn dieses Vertrauen aus irgendeinem Grund erschüttert wird, erleben wir unter Umständen heftigen Widerstand gegen Maßnahmen, die eigentlich allgemein als die besten gelten. Trotz der unablässigen Versicherungen seitens hochkarätig besetzter Expertengremien, dass Impfstoffe sicher sind, gibt es in Großbritannien und in den USA nicht wenige Leute, die sich weigern, ihre Kinder gegen Masern impfen zu lassen, weil einmal ein Zusammenhang mit Autismus vermutet wurde. In den USA nimmt die Zahl der Masernfälle zu, während sie andernorts weniger werden.[32] Halten Sie sich die Lebensumstände eines Durchschnittsbürgers in einem armen Land vor Augen. Wenn es schon die Menschen im Westen schwierig finden, ihre Entscheidungen auf Grundlage handfester Beweise zu fällen, obwohl ihnen die Erkenntnisse der besten Wissenschaftler zur Verfügung stehen, wie schwer muss es dann erst für Arme sein, die viel weniger Zugang zu Information haben? Die Menschen treffen ihre Entscheidungen auf Grundlage dessen, was ihnen plausibel erscheint. Wenn wir davon ausgehen, dass die meisten von ihnen keinen Biologieunterricht hatten und dass sie wenig Grund haben, der Kompetenz und der Professionalität des medizinischen Personals zu trauen, dann können ihre Entscheidungen nur mehr oder weniger willkürlich ausfallen.

Beispielsweise scheinen die Armen in vielen Ländern anzunehmen, dass ein Medikament direkt ins Blut gegeben werden muss – deshalb wollen sie Spritzen haben. Um diese (durchaus plausible) Theorie zu widerlegen, muss man wissen, wie der Körper Nährstoffe aus dem Verdauungstrakt aufnimmt, und dass es notwendig ist, die Spritzen nach der Verwendung mit hohen Temperaturen keimfrei zu machen. Mit anderen Worten: Man braucht ein gewisses biologisches Grundwissen.

Erschwerend kommt hinzu, dass Gesundheitslernen grundsätzlich schwierig ist, nicht nur für Arme, sondern für jedermann.[33] Wenn Patienten fest davon überzeugt sind, dass ihnen nur mit einer Spritze zu helfen ist, kann man ihnen kaum noch vermitteln, dass sie sich irren. Und weil die meisten Krankheitssymptome, die jemanden zum Arztbesuch veranlassen, irgendwann von selbst verschwinden, ist die Wahrscheinlichkeit nicht allzu gering, dass sich der Patient nach einer Antibiotikainjektion tatsächlich besser fühlt. Auf diese Weise werden natürlich falsche Ursache-Wirkungs-Beziehungen hergestellt: Selbst wenn das Antibiotikum die Beschwerden nicht behoben hat, wird ihm doch die Besserung zugeschrieben. Umgekehrt würde niemand Untätigkeit für die Ursache von etwas halten. Wenn jemand mit einer Erkältung zum Arzt geht, der Arzt nichts tut, und sich der Patient dann besser fühlt, wird der Patient daraus den richtigen Schluss ziehen, dass der Arzt mit der Heilung seiner Krankheit nichts zu tun hatte. Doch statt dem Arzt für seine Zurückhaltung dankbar zu sein, könnte der Patient auf die Idee kommen, dass er dieses Mal wohl Glück hatte, sich für die nächste Krankheit aber besser einen anderen Arzt suchen sollte. So entsteht in einem privaten, unregulierten Markt fast zwangsläufig ein Trend zur Übermedikation, der noch dadurch verstärkt wird, dass es häufig dieselbe Person ist, die Arzneien verordnet und ausgibt: Das kann ein Apotheker sein, der um medizinischen Rat gefragt wird, oder ein Arzt mit einer Privatpraxis, der selbst Medikamente bevorratet und verkauft.

Noch schwieriger ist es, aus Erfahrung etwas über das Impfen zu lernen, da damit kein existierendes Problem gelöst wird, sondern ein Schutz vor einer möglichen späteren Infektion aufgebaut wird. Wenn ein Kind gegen Masern geimpft ist, bekommt es keine Masern. Aber nicht alle ungeimpften Kinder erkranken auch an Masern (erst recht nicht, wenn die anderen Kinder als Infektionsquellen ausfallen, weil sie geimpft sind), deshalb ist es schwer, zwischen der Impfung und dem Ausbleiben der Erkrankung eine eindeutige Beziehung herzustellen. Außerdem schützen Impfungen nur vor ein paar Erkrankungen, und es gibt noch so viele andere. Eltern mit geringer Bildung verstehen oft nicht, wovor ihr Kind eigentlich geschützt werden soll. Wenn das Kind krank wird, obwohl es eine Impfung erhalten hatte, fühlen sich die Eltern betrogen und beschließen unter Umständen, so etwas nicht noch einmal zu machen. Möglicherweise verstehen sie auch nicht, dass mehrere Teilimpfungen nötig sind, um eine Grundimmunisierung zu erreichen, und haben nach zwei oder drei Teilimpfungen das Gefühl, sie hätten ihre Pflicht getan. Allzu leicht macht man sich falsche Vorstellungen darüber, was bei Gesundheit und Krankheit hilft und was nicht.

Warum Hoffnung so wichtig ist

Möglicherweise gibt es noch einen anderen Grund, warum sich die Armen an eigentlich unhaltbare Vorstellungen klammern: Wenn sie sonst nichts tun können, bekommt die Hoffnung zentrale Bedeutung. Einer der *bengali doctors*, mit dem wir sprachen, erklärte die Rolle, die er im Leben der Armen spielt, so: »Die Armen können es sich nicht leisten, schwerwiegendere Sachen behandeln zu lassen, weil dafür teure Tests und Krankenhausaufenthalte nötig wären. Deshalb kommen sie mit kleineren Beschwerden zu mir, und ich gebe ihnen etwas Medizin, so dass sie sich besser fühlen.« Mit anderen Worten, die Leute wollen etwas für ihre Gesundheit tun, auch wenn sie wissen, dass das echte Problem damit nicht behoben ist.

Tatsächlich gehen die Armen viel seltener mit potenziell lebensbedrohlichen Erkrankungen wie Schmerzen in der Brust oder Blut im Urin zum Arzt als mit Fieber oder Durchfall. In Delhi geben die Armen genauso viel Geld für kurzzeitige Erkrankungen aus wie die Reichen, doch die Reichen stecken viel mehr in die Behandlung chronischer Krankheiten.[34] Vermutlich gehören Schmerzen in der Brust ebenso wie Schlaganfälle daher automatisch zu den »*Bhopa*-Krankheiten« (eine alte Frau hat uns einmal erklärt, es gebe *Bhopa*-Krankheiten und Doktor-Krankheiten, die *Bhopa*-Krankheiten würden von Geistern verursacht und müssten von einem traditionellen Heiler behandelt werden), weil die meisten Leute es sich nicht leisten können, sie von Ärzten behandeln zu lassen.

Aus demselben Grund sind vermutlich in Kenia traditionelle Heiler und Schamanen (die ihre Dienstleistungen auf handgemalten Plakaten in jeder Stadt anpreisen) für die Behandlung von HIV und AIDS so gefragt. Ein Schulmediziner konnte lange nicht wirklich etwas für die Kranken tun – zumindest nicht, bis die antiviralen Medikamente halbwegs bezahlbar wurden –, also warum sollte man es nicht mit einem traditionellen Heiler und seinen Kräutern und Gebeten versuchen? Das kostete nicht viel und gab dem Patienten zumindest das Gefühl, etwas getan zu haben. Und da Symptome und opportunistische Infektionen kommen und gehen, konnte man wenigstens eine gewisse Zeitlang glauben, dass die Behandlung eine Wirkung hatte.

Nicht nur die Armen greifen nach jedem Strohhalm. Auch die kleine, privilegierte Oberschicht armer Länder oder die Menschen der Ersten Welt probieren alles Mögliche aus, wenn sie sich mit einem Problem konfrontiert sehen, für das sie keine Lösung wissen. Depressionen und Rückenschmerzen sind in den USA weitverbreitete Krankheiten, die einerseits therapeutisch schwer zu fassen sind und andererseits das Leben der Betroffenen stark beeinträchtigen. Aus diesem Grund pendeln Amerikaner ständig zwischen Psychiatern und spirituellen Heilern, Yoga-Kursen und Chiropraktikern. Da es bei beiden Erkrankungen gute und schlechte Zeiten gibt, durchlaufen die Kranken zyklisch Phasen von Hoffnung und Enttäuschung; bei jedem neuen Heilungsansatz wollen sie glauben, dass es jetzt endlich funktioniert.

Vorstellungen, die aus Gewohnheit und Bequemlichkeit aufrechterhalten werden, können wesentlich flexibler gehandhabt werden als echte Überzeugungen. Das war in Udaipur gut zu beobachten: Die meisten, die wegen einer Krankheit zum *bhopa* gehen, suchen auch einen *bengali doctor* und ein staatliches Krankenhaus auf; es scheint sie nicht im Mindesten zu stören, dass es sich dabei um völlig verschiedene und miteinander nicht vereinbare »Glaubenssysteme« handelt. Die Leute sprechen zwar von *Bhopa*-Krankheiten und Doktor-Krankheiten, doch wenn die Erkrankung andauert, beharren sie nicht auf dieser Einteilung und nutzen beide Systeme.

Die Frage, welche Vorstellungen die Menschen umtreiben, wurde intensiv diskutiert, als man bei *Seva Mandir* überlegte, wie sich der Erfolg der Impfkampagne verbessern ließe, da trotz der sehr gut organisierten, monatlichen Impfcamps vier Fünftel der Kinder ohne vollen Impfschutz geblieben waren. Einige der ortsansässigen Fachleute meinten, das Problem sei der Aberglaube der Leute. Die Impfaktion passe da nicht hinein, weil man im ländlichen Udaipur – aber auch andernorts – glaube, dass Kinder sterben, weil der böse Blick sie getroffen hat. Wegen der Gefahr, vom bösen Blick getroffen zu werden, nehmen Eltern ihre Kinder im ersten Lebensjahr nicht mit ins Freie. Unter diesen Umständen, so die skeptischen Experten, würde es wohl extrem schwer werden, die Dorfbewohner zur Impfung ihrer Kinder zu bewegen.

Trotz dieser starken Einwände gelang es uns, Neelima Khetan, die Geschäftsführerin von *Seva Mandir*, zu einem Pilotprojekt zu überreden, als die Organisation in Udaipur ihre Impfcamps einrichtete: Für jede Impfung sollte es zwei Pfund Dal geben (getrocknete Hülsenfrüchte, ein Grundnahrungsmittel in dieser Gegend) und für jede vollständige Impfserie ein Pfannenset aus rostfreiem Stahl. Der bei *Seva Mandir* für das Gesundheitsprogramm verantwortliche Arzt war zunächst ziemlich skeptisch. Einerseits schien es nicht richtig, die Leute mit »Bestechung« dazu zu bringen, das Richtige zu tun. Sie sollten selbst herausfinden, was gut für ihre Gesundheit ist. Andererseits schien der von uns vorgeschlagene Anreiz viel zu gering zu sein: Wenn die Leute ihre Kinder nicht impfen lassen, obwohl der Nutzen dieser Maßnahme sehr groß ist, dann müssen sie starke Beweggründe für ihr Verhalten haben. Wenn sie beispielsweise glauben, dass sie ihren Kindern schaden, wenn sie sie nach draußen mitnehmen, dann sollten zwei Pfund Dal (im Wert von 40 Rupien oder 1,83 PPP-USD) nicht genug sein, um sie umzustimmen. Zum Glück kannten wir die Leute von *Seva Mandir* lange genug und konnten sie davon überzeugen, die Idee im kleinen Maßstab zu testen. Sie richteten 30 Camps ein, die mit Anreizen arbeiteten – und das Ganze wurde ein Riesenerfolg. Die Impfrate schnellte in den Dörfern mit den Camps fast auf das Siebenfache hoch (38 Prozent). Aber sie stieg auch in den Nachbardörfern im Umkreis von 10 Kilometern an. Bei *Seva Mandir* stellte man fest, dass durch das Verschenken des Dal paradoxerweise die Kosten pro Impfung sanken, weil nämlich die Effizienz gesteigert wurde: Die Krankenschwester, die für die Anwesenheitszeit bezahlt wurde, war wesentlich stärker ausgelastet.[35]

Die Impfkampagne von *Seva Mandir* ist das beeindruckendste Programm, das wir bislang evaluiert haben, und vermutlich auch das, das am meisten Leben rettete. Wir setzen uns daher, zusammen mit *Seva Mandir* und anderen Organisationen, dafür ein, dieses Experiment in anderen Zusammenhängen zu wiederholen. Dabei stoßen wir interessanterweise auch auf Widerstand. Ärzte weisen darauf hin, dass 38 Prozent noch weit von den 80 bis 90 Prozent entfernt sind, die für die sogenannte Herdenimmunität gebraucht werden, durch die dann die ganze Gemeinschaft geschützt ist. Die WHO strebt auf nationaler Ebene eine Rate von 90 Prozent für die Grundimmunisierung an und 80 Prozent für jede Untereinheit. Es gibt Mediziner, die meinen, wenn nicht der vollständige Schutz der Gemeinschaft erreicht werden könne, gebe es keinen Grund, einzelne Haushalte bei dem zu unterstützen, was sie ohnehin für sich tun sollten. Natürlich wäre es toll, eine vollständige Durchimpfung zu erreichen, doch trotzdem ist dieses »Alles-oder-nichts«-Argument nur oberflächlich vernünftig. Denn selbst wenn die Impfung, die ich meinem Kind angedeihen lasse, nicht dazu beiträgt, die Krankheit auszurotten, so schützt sie doch nicht nur mein Kind, sondern auch die anderen, die mit ihm in Kontakt stehen.[36] Verglichen mit den anfänglichen 6 Prozent bringen die 38 Prozent Grundimmunisierungsrate doch schon einen gewaltigen gesellschaftlichen Nutzen.

Am Ende stellt sich das Misstrauen gegen Belohnungen als Glaubensbekenntnis heraus, sowohl bei den Rechten wie auch bei den Linken im politischen Spektrum: Versuche nicht, die Leute zu etwas zu zwingen, von dem *du* glaubst, sie sollten es tun. In den Augen der Rechten ist es Verschwendung, und für die meisten klassischen Linken, zu denen viele aus dem Gesundheitswesen und auch der Arzt von *Seva Mandir* gehören, wird damit sowohl das, was angeboten wird, als auch die Person, die es bekommt, herabgewürdigt. Statt so etwas zu tun, sollten wir uns besser darauf konzentrieren, die Armen von den Vorzügen der Impfung zu überzeugen.

Unserer Meinung nach gehen beide Auffassungen an der Wirklichkeit vorbei, und zwar aus zwei Gründen. Erstens lehrt uns das Zwei-Pfund-Dal-Experiment, dass – zumindest in Udaipur – die Armen vielleicht an alles Mögliche glauben, dass dahinter aber relativ wenig Überzeugung steckt. Die Angst vor dem bösen Blick ist nicht so groß, dass sie dafür auf die Hülsenfrüchte verzichten würden. Daraus kann man schließen, dass sie nicht in der Lage sind, Kosten und Nutzen von Impfungen richtig einzuschätzen. In Fällen, in denen sie wirklich wissen, was sie wollen – zum Beispiel ihre Tochter an jemanden aus der richtigen Kaste oder mit der richtigen Religionszugehörigkeit verheiraten –, sind sie ganz und gar nicht leicht zu bestechen. Das heißt, die Armen haben sehr wohl feste Überzeugungen, aber man sollte nicht den Fehler machen zu glauben, dass das für alle gilt.

Das ist noch aus einem zweiten Grund falsch. Sowohl die Rechten als auch die Linken nehmen offenbar an, dass eine Absicht notwendigerweise eine Handlung nach sich zieht: Wenn die Menschen vom Wert der Impfung überzeugt wären, würden sie ihre Kinder impfen lassen. Aber auch das stimmt nicht immer, und es hat weitreichende Folgen.

Gute Vorsätze

Ein deutliches Zeichen, dass der Widerstand gegen das Impfen nicht sehr tief verankert sein kann, ist die Tatsache, dass in den Dörfern, in denen die Camps kein Dal anboten, 77 Prozent der Kinder die erste Teilimpfung erhielten: Auch ohne Belohnung schienen die Leute gewillt, mit der Impfserie zu beginnen. Das eigentliche Problem war, sie dazu zu bringen, alle Teilimpfungen wahrzunehmen. Deshalb lag der Anteil der kompletten Grundimmunisierungen nur bei 38 Prozent, die Belohnungen reizten die Leute, ein paar Mal öfter zu kommen, aber nicht so sehr, dass sie alle fünf Injektionen abholten, obwohl sie dann ein Pfannenset aus rostfreiem Stahl bekommen hätten.

Dahinter steckt vermutlich derselbe Grund, der alle Jahre wieder verhindert, dass wir unsere guten Vorsätze für das neue Jahr – zum Beispiel regelmäßig Sport zu treiben, damit wir keinen Herzinfarkt kriegen – umsetzen. Als Erkenntnisse der psychologischen Forschung auf ökonomische Fragestellungen angewandt wurden, zeigte sich, dass wir über die Gegenwart ganz anders denken als über die Zukunft (dieses Phänomen wird als »Zeitinkonsistenz« bezeichnet).[37] In der Gegenwart sind wir impulsiv, lassen uns größtenteils von Emotionen und spontanen Wünschen leiten. Minimale Zeitverluste (etwa das Schlangestehen, um das Kind impfen zu lassen) oder kleinere Unannehmlichkeiten (wie der Pieks in den Po) fühlen sich in dem Augenblick, in dem wir sie aushalten müssen, wesentlich unangenehmer an als dann, wenn wir mit einer gewissen Distanz über sie nachdenken können (denken Sie an ein Weihnachtsessen, das üppig genug war, um jeden Gedanken an sportliche Betätigung völlig auszublenden). Für kleine Belohnungen (Schokolade, eine Zigarette), nach denen uns gerade verlangt, gilt das genaue Gegenteil; wenn wir etwas in die Zukunft planen, sind solche Verlockungen weniger wichtig.

Wir alle haben den Hang, geringfügige Kosten aufzuschieben, so dass wir sie nicht heute, sondern erst morgen abdienen müssen. Diesem Verhalten werden wir in späteren Kapiteln noch einmal begegnen. Arme Eltern können vom Nutzen einer Impfung absolut überzeugt sein, aber dieser Nutzen wird sich erst in der Zukunft erweisen, während die Kosten heute anstehen. Dummerweise sieht das nicht anders aus, wenn aus morgen heute geworden ist. Mit derselben Begründung lässt sich der Kauf eines Moskitonetzes oder einer Flasche Desinfektionsmittel aufschieben, weil wir mit dem Geld gerade etwas Besseres vorhaben (zum Beispiel eine Portion verführerisch duftender Muscheln im Backteig zu kaufen). So ist leicht nachzuvollziehen, weshalb geringe Kosten vom Gebrauch eines lebensrettenden Gegenstands abhalten oder warum kleine Belohnungen ihn fördern. Die 2 Pfund Dal funktionieren deswegen, weil die Mutter sie am selben Tag erhält. Damit wird sie quasi für die Kosten entschädigt, die ihr entstehen, wenn sie ihr Kind impfen lässt (die Stunden, die sie braucht, um das Kind ins Camp zu bringen oder um das leichte Fieber zu behandeln, das manchmal nach dem Impfen auftritt).

Wenn diese Erklärung richtig ist, dann scheint es angebracht, sich neu zu überlegen, welche spezifischen Maßnahmen zur Gesundheitsvorsorge und welche finanziellen Anreize eingesetzt werden könnten, die über das klassische ökonomische Argument hinausgehen, dass es für die Gesellschaft als Ganzes sinnvoll ist, Verhaltensweisen zu fördern oder zu verstärken, die auch anderen nutzen. Strafen oder Belohnungen können Menschen dazu bringen, etwas zu tun, das sie selbst zwar für wünschenswert halten, bislang aber immer hintangestellt haben. Anders formuliert: Die Zeitinkonsistenz lehrt uns, dass man es den Leuten so einfach wie möglich machen sollte, das »Richtige« zu tun, wobei man ihnen aber auch erlauben sollte, sich dagegen zu entscheiden. In ihrem Bestseller *Nudge. Wie man kluge Entscheidungen anstößt* geben Richard Thaler und Cass Sunstein, ein Wirtschafts- und ein Rechtswissenschaftler von der University of Chicago, eine Reihe von Empfehlungen, wie man das erreichen kann.[38] Ein wichtiger Gedanke ist die Standardlösung: Die Regierung (oder eine wohlmeinende NGO) sollte eine Vorgabe machen, die sie für die beste Lösung hält, so dass man sich, wenn man diese Lösung nicht möchte, aktiv dagegen entscheiden muss. Das heißt, die Menschen haben eine Wahl, aber es kostet sie ein wenig Mühe, die Vorgabe abzulehnen; das wird dazu führen, dass die meisten am Ende bei der Standardlösung bleiben. Kleine Geschenke, wie Dal bei Impfung, sind eine andere Möglichkeit, Menschen »anzustupsen« (*nudge*), ihnen einen Grund zu geben, nach dem Prinzip »Was du heute kannst besorgen, das verschiebe nicht auf morgen« zu handeln.

Das Schwierigste ist es, die »Anstöße« so zu gestalten, dass sie auf die Gegebenheiten im jeweiligen Land passen. Beim Wasserchloren daheim zum Beispiel ist das Problem, überhaupt daran zu denken. Man muss das Desinfektionsmittel kaufen und die richtige Menge ins Wasser geben, bevor jemand davon trinkt. Bei einer zentralen Wasserversorgung mit Rohrleitungen kommt das Wasser bereits gechlort ins Haus, niemand braucht daran zu denken. Toll! Wie kann man die Menschen in einer Region, wo das Wasser nicht aus der Leitung kommt, daran erinnern, es vor dem Trinken zu desinfizieren? Michael Kremer und seine Kollegen hatten eine Idee: Sie stellten einen kostenlosen Chlorspender in der Nähe des Brunnens auf, zu dem alle Leute aus dem Dorf kamen, um Wasser zu holen. Man brauchte den Knopf nur einmal zu drehen, und der Spender gab die richtige Menge Chlor ab. So wurde die Wasserdesinfektion wirklich zum Kinderspiel, und es brachte viele Dorfbewohner dazu, jedes Mal beim Wasserholen auch gleich Chlor dazuzugeben. Von allen Maßnahmen zur Eindämmung von Durchfallerkrankungen, die in randomisierten Studien untersucht wurden, war das die billigste.[39]

Wir hatten weniger Glück (oder weniger Geschick) mit unserem Projekt zur Anreicherung von Mehl mit Eisen, das wir zusammen mit *Seva Mandir* durchführten, um die grassierende Blutarmut zu bekämpfen. Auch wir wollten ein Programm mit einer eingebauten Standardlösung konzipieren: Ein Haushalt sollte lediglich einmal mitteilen, ob er daran teilnehmen möchte oder nicht. Dann – so war der Plan – sollte er immer angereichertes Mehl erhalten. Dummerweise erhielten die Müller einen Pauschalbetrag, egal wie viel Mehl sie anreicherten, wodurch sie von einer dem entgegenwirkenden Standardlösung ausgingen: Sie reicherten das Mehl nur dann an, wenn es gefordert wurde. Wie wir feststellen mussten, genügte der kleine Aufwand, ausdrücklich angereichertes Mehl zu verlangen, bereits, um die meisten Leute davon abzuhalten.[40]

Anstupsen oder überzeugen?

Häufig verhindert die Zeitinkonsistenz, dass wir von der Absicht zur Tat schreiten. Beim Impfen fällt es jedoch schwer zu glauben, dass die Zeitinkonsistenz allein daran schuld ist, wenn Menschen die Entscheidung, etwas zu tun, hinausschieben, nachdem sie den Nutzen der Maßnahme voll verstanden haben. Diese Menschen müssten sich dauerhaft selbst belügen. Sie müssten nicht nur denken, dass sie die Zeit für den Gang zum Camp lieber im nächsten Monat aufbringen als jetzt, sie müssten auch glauben, dass sie tatsächlich im nächsten Monat gehen. Wir sind vermutlich alle ein bisschen naiv und allzu zuversichtlich, was unsere Fähigkeit angeht, irgendwann in der Zukunft das Richtige zu tun. Doch wenn Eltern wirklich vom Nutzen einer Impfung überzeugt sind, ist es unwahrscheinlich, dass sie sich Monat für Monat vormachen, sie gingen nächsten Monat zur Impfung, bis das Zwei-Jahres-Fenster vorüber und es zu spät ist. Wir werden später noch sehen, dass die Armen durchaus Wege finden, sich – wenn auch widerwillig – zum Sparen zu zwingen, was ihnen eine Menge ökonomisches Denken abverlangt. Wenn sie die Impfungen tatsächlich für so segensreich hielten wie die WHO, dann hätten sie vermutlich einen Weg gefunden, ihre Neigung zum Aufschieben zu überwinden. Plausibler scheint uns zu sein, dass beides zusammenkommt: Sie schieben das Impfen auf *und* sie unterschätzen den Nutzen.

Die Menschen etwas anzustupsen, ist dann besonders hilfreich, wenn sie – aus welchem Grund auch immer – den Nutzen der vorgeschlagenen Maßnahmen bezweifeln. Gesundheitsvorsorge ist damit aus zwei Gründen ein guter Kandidat für solche Methoden: Der Nutzen tritt erst in der Zukunft ein, und es ist nicht ganz leicht zu verstehen, worin er besteht. Aber kleine Anstöße können auch bei der Überzeugungsarbeit helfen und eine positive Rückkopplungsschleife in Gang setzen. Sie erinnern sich an die Moskitonetze, die an arme kenianische Familien ausgeteilt wurden? Wir haben das Argument vorgebracht, dass die dank des Moskitonetzes erzielte Einkommenserhöhung nicht groß genug ist, um das Kind, das davon profitiert hat, dazu zu bringen, den eigenen Nachwuchs ebenfalls unter Netzen schlafen zu lassen. Selbst wenn das Einkommen später 15 Prozent höher ausfällt, steigt die Wahrscheinlichkeit, den eigenen Kindern Netze zu kaufen, nur um 5 Prozent. Doch der Einkommenseffekt ist nur ein Teil der Geschichte. Eine Familie könnte zum Beispiel beobachten, dass die Kinder seltener krank sind, wenn sie ein Moskitonetz verwenden. Außerdem könnte sie feststellen, dass die Benutzung eines Moskitonetzes keineswegs so umständlich und unangenehm ist, wie sie vielleicht zunächst dachte. Pascaline Dupas testete diese Vermutung in einem Experiment: Sie versuchte, Familien, die zuvor ein Moskitonetz umsonst oder zu sehr niedrigem Preis erhalten hatten, ein zweites zu verkaufen. Die zweite Gruppe bestand aus Familien, denen das erste Netz zum regulären Preis angeboten worden war und die in der Regel keines erworben hatten.[41] Frau Dupas stellte fest, dass die Familien, die ein kostenloses oder subventioniertes Netz bekommen hatten, mit höherer Wahrscheinlichkeit ein zweites Netz kauften als die Familien, denen man schon beim ersten Netz den vollen Preis abverlangt hatte. Außerdem zeigte sich, dass sich Wissen ausbreitet: Freunde und Nachbarn derjenigen, die ein kostenloses Netz besaßen, waren ebenfalls geneigter, sich eines zu kaufen.

Vom heimischen Sofa aus betrachtet

Die Armen scheinen mit denselben Problemen zu kämpfen zu haben wie alle anderen auch: Informationsmangel, schwache Überzeugungen und dazu ein Hang zum Aufschieben. Es stimmt zwar, dass wir weniger Arme eine etwas bessere Schulbildung genossen haben und mehr Informationen erhalten, aber im Endeffekt ist der Unterschied gering, denn wenn man's genau nimmt –, wissen auch wir nur sehr wenig, auf jeden Fall weniger als wir glauben.

Unser ganz großer Vorteil sind all die Dinge, die wir für selbstverständlich halten. Wir bekommen Trinkwasser über Rohrleitungen direkt ins Haus geliefert, keiner muss daran denken, morgens Chlor in den Wasserbehälter zu schütten. Das Abwasser verschwindet einfach, meist wissen wir gar nicht, wie und wohin. Wir können uns im Großen und Ganzen darauf verlassen, dass unsere Ärzte das Menschenmögliche tun und dass unser Gesundheitssystem die richtigen Ratschläge für uns bereithält. Wir müssen unsere Kinder impfen lassen (zumindest in den USA), sonst weigern sich die öffentlichen Schulen, sie aufzunehmen. Und selbst wenn es uns irgendwie gelingt, um die Impfung herumzukommen, sind unsere Kinder mit hoher Wahrscheinlichkeit geschützt, weil alle anderen Kinder geimpft sind. Die Krankenkassen belohnen uns, wenn wir uns beim Fitnessstudio anmelden, weil sie befürchten, dass wir es sonst nicht tun würden. Und – vielleicht am wichtigsten – die meisten von uns müssen sich keine Gedanken darüber machen, wie sie die nächste Mahlzeit beschaffen. Mit anderen Worten, wir müssen nur selten auf unser beschränktes Talent zur Selbstkontrolle und unsere Entschlussfreudigkeit zurückgreifen, während die Armen ständig dazu gezwungen sind.

Wir sollten anerkennen, dass niemand weise und geduldig genug ist (und allwissend schon gar nicht), um voll verantwortlich die richtigen Entscheidungen für seine Gesundheit zu treffen. Die Menschen in den reichen Ländern leben in einer Umgebung voller unsichtbarer Anstöße von außen. Aus diesem Grund sollte es das vordringlichste Ziel einer Gesundheitspolitik in armen Ländern sein, Vorsorgemaßnahmen für die Armen so leicht erreichbar wie möglich zu machen; gleichzeitig muss die Qualität der Heilbehandlungen verbessert werden. Beginnen sollte man zweifellos damit, Vorsorgeleistungen kostenlos anzubieten, da deren Akzeptanz stark vom Preis abhängt, auch Belohnungsanreize sind denkbar. Sinnvoll ist es, die Vorsorgeleistungen – wann immer möglich – als Standardlösung einzurichten. Man sollte Chlorspender in der Nähe von Brunnen aufstellen, Eltern sollten für die Impfung ihrer Kinder belohnt werden, Kinder sollten in den Schulen kostenlos Wurmmittel und Nahrungsergänzungen erhalten, und der Staat sollte in die Verbesserung der Wasserversorgung und der sanitären Einrichtungen investieren, zumindest in den dicht bevölkerten Regionen.

Diese Investitionen ins öffentliche Gesundheitswesen werden sich am Ende mehr als auszahlen – in Form von weniger Krankheits- und Todesfällen und in höheren Löhnen. Kinder, die seltener krank sind, gehen länger zur Schule und verdienen als Erwachsene mehr. Trotzdem können wir nicht davon ausgehen, dass all das automatisch, ohne Intervention geschieht. Unzureichende Informationen über den zu erwartenden Nutzen und die starke Fixierung der Menschen auf den Augenblick schränken ihre Bereitschaft ein, Geld und Mühe aufzuwenden, selbst wenn die Vorsorgemaßnahmen nur sehr wenig kosten. Und wenn diese nicht billig zu haben sind, ist es immer eine Frage des Geldes. Bei der medizinischen Versorgung stehen wir vor einer doppelten Herausforderung: Die Medikamente müssen bezahlbar sein (Ibu Emptat zum Beispiel konnte sich die Asthmamittel für ihren Sohn definitiv nicht leisten), gleichzeitig sollte der Zugang zu bestimmten Medikamenten eingeschränkt werden, damit sich die Resistenzen nicht weiter ausbreiten. Da die meisten Regierungen in Entwicklungsländern offenbar nicht in der Lage sind zu regeln, wer sich »Doktor« nennen und eine Praxis eröffnen darf, kann die Ausbreitung von Antibiotikaresistenzen und der Missbrauch starker Arzneimittel wahrscheinlich nur begrenzt werden, indem man den Verkauf dieser Medikamente streng kontrolliert.

Das klingt ziemlich bevormundend und ist es in gewisser Weise sicher auch. Aber man macht es sich zu leicht, viel zu leicht, wenn man vom heimischen Sofa aus, mit den Bequemlichkeiten einer funktionierenden Wasser- und Gesundheitsversorgung im Rücken, über das Übel der Entmündigung und die Notwendigkeit, Verantwortung für das eigene Leben zu übernehmen, philosophiert. Profitieren wir im reichen Westen nicht ständig von den Vorteilen einer Bevormundung, die so allgegenwärtig ist, dass wir sie kaum bemerken? Sie sorgt nicht nur dafür, dass wir besser auf uns achtgeben, als wir es täten, wenn wir jede einzelne Entscheidung selbst treffen müssten, sie befreit uns auch davon, ständig über diese Dinge nachdenken zu müssen; dadurch erhalten wir geistigen Freiraum, in dem wir uns auf andere Aspekte des Lebens konzentrieren können. Natürlich enthebt uns das nicht der Verantwortung, die Menschen über Sinn und Zweck von Gesundheitsvorsorge aufzuklären. Wir schulden jedem, auch jedem Armen, eine verständliche Erklärung, warum Impfen wichtig ist und weshalb Antibiotika über eine ganz bestimmte Zeit genommen werden müssen. Aber wir müssen einsehen, dass Information nicht alles ist. Das gilt für die Armen ebenso wie für uns.

4 Von Schulen und Klassen

Im Sommer 2009 trafen wir in Naganadgi, einem Dorf im indischen Bundesstaat Karnataka, eine vierzigjährige Witwe mit sechs Kindern. Shantaramas Ehemann war vier Jahre zuvor völlig überraschend an einer Blinddarmentzündung gestorben. Er besaß weder eine Lebensversicherung noch Rentenansprüche, die seiner Familie hätten zugutekommen können. Die drei ältesten Kinder waren bis zur achten Klasse zur Schule gegangen, doch die nächsten beiden, ein vierzehnjähriges Mädchen und ein zehnjähriger Junge, hatten die Schule abgebrochen. Das Mädchen arbeitete bei Nachbarn auf dem Feld. Wir vermuteten, dass die Familie die Kinder wegen des Todes des Vaters von der Schule genommen und zum Arbeiten geschickt hatte.

Aber Shantarama belehrte uns eines Besseren. Nach dem Tod ihres Mannes hatte sie ihre Felder verpachtet und angefangen, sich als Gelegenheitsarbeiterin zu verdingen. Sie verdiente genug, um die Familie mit dem Notwendigsten zu versorgen. Sie hatte ihre Tochter tatsächlich aufs Feld geschickt, aber erst nachdem diese die Schule abgebrochen hatte, und sie nicht wollte, dass sie nur daheim herumhing. Die anderen Kinder gingen weiter zur Schule, von den drei ältesten Kindern studierten zwei (die älteste Tochter war 22 Jahre alt, verheiratet und erwartete ihr erstes Kind). Der älteste Sohn, so erfuhren wir, ging in Yatgir, der nächstgelegenen Stadt, aufs College und wollte Lehrer werden. Die beiden mittleren Kinder besuchten nur deshalb die Schule nicht mehr, weil sie partout nicht wollten. In der näheren Umgebung des Dorfes befanden sich mehrere Schulen, darunter eine staatliche und einige private. Diese beiden Kinder waren in der staatlichen Schule angemeldet, aber sie hatten den Unterricht so oft geschwänzt, dass ihre Mutter irgendwann die Hoffnung aufgab, sie noch zum Schulbesuch bewegen zu können. Als wir das Interview mit Shantarama führten, saß der Junge neben seiner Mutter und murmelte so etwas wie »Schule ist langweilig«.

Es gibt genug Schulen, und in den meisten Ländern ist der Schulbesuch zumindest in der Primarstufe kostenlos. Die meisten Kinder werden auch in der Schule angemeldet, aber die Fehlzeiten, die wir in verschiedenen Studien rund um den Globus untersucht haben, liegen zwischen 14 und 50 Prozent.[1] Doch der Grund für das Fehlen ist offenbar nur selten, dass die Kinder zu Hause gebraucht werden. Manchmal spielen gesundheitliche Probleme eine Rolle – in Kenia zum Beispiel versäumten Schüler, die mit Wurmmitteln behandelt worden waren, weniger Unterricht[2] –, doch oft genug spiegeln die Fehlzeiten schlicht die Unlust der Kinder wider, in die Schule zu gehen (was ein universelles Problem sein könnte, wenn wir einmal an unsere Schulzeit zurückdenken), und das Unvermögen der Eltern, sie trotzdem dazu zu bewegen.

Manche Kritiker sehen darin Anzeichen für das katastrophale Versagen der Bemühungen einer kleinen Oberschicht, das Bildungswesen von oben nach unten auszubauen. Es hat keinen Sinn, Schulen zu bauen und Lehrer einzustellen, wenn es keine spürbare Nachfrage nach Bildung gibt. Umgekehrt gilt: Wenn eine bestimmte Fertigkeit gesucht ist, dann entsteht aufgrund der Nachfrage nach der entsprechenden Ausbildung ganz von selbst ein Angebot. Diese optimistische Auffassung passt allerdings nicht mit der Geschichte von Shantaramas Kindern zusammen. In Karnataka, dessen Hauptstadt Bangalore Indiens IT-Zentrum ist, herrscht ganz gewiss kein Mangel an Nachfrage für ausgebildete Fachkräfte. Und die Familie mit dem angehenden Lehrer in ihrer Mitte war sich sehr wohl des Wertes von Bildung bewusst und auch bereit, in sie zu investieren.

Wenn weder Probleme beim Zugang zu Bildung noch fehlende Nachfrage nach Fachkräften noch elterliche Gleichgültigkeit bezüglich des Schulbesuchs ihrer Kinder daran schuld sind, dass die Kinder in Entwicklungsländern nicht zur Schule gehen, woran liegt es dann?

Angebot-und-Nachfrage-Debatten

Ähnlich wie die Entwicklungshilfe wird auch die Bildungspolitik heiß diskutiert. Und auch hier geht es nicht darum, ob Bildung an sich gut oder schlecht ist (vermutlich sind sich alle einig, dass es gut ist, Bildung zu erhalten). Die Diskussion kreist stattdessen um die Frage, ob Regierungen eingreifen sollten bzw. ob sie wissen, wie sie am besten intervenieren können. Obwohl die angeführten Gründe im Einzelnen unterschiedlich sind, teilt sich das Feld der Kontrahenten ähnlich wie bei der Entwicklungshilfe: Die Entwicklungshilfe-Optimisten machen sich für Bildungsinterventionen stark, die Entwicklungshilfe-Pessimisten plädieren für *Laissez-faire.*

Die überwiegende Mehrheit der Politikstrategen, zumindest in internationalen Zirkeln, ist traditionell der Auffassung, dass das Problem eigentlich ganz einfach zu lösen ist: Man muss die Kinder nur ins Klassenzimmer kriegen, sie von gut ausgebildeten Lehrern unterrichten lassen, und dann läuft alles wie von selbst. Wir wollen diese Leute, die das Bildungsangebot für das Wichtigste halten, als »Angebotswallahs« (*supply wallahs*) bezeichnen (*wallah* ist das indische Wort für einen Lieferanten oder Vertreter), um eine Verwechslung mit den Vertretern einer angebotsorientierten Wirtschaftspolitik (*supply-siders,* von *supply-side economics*) zu vermeiden, die davon überzeugt sind, dass Keynes mit allem falsch lag, und die praktisch gegen jede Form staatlicher Regulierung sind. Am deutlichsten kommt die Position der Angebotswallahs in den Millennium-Entwicklungszielen der Vereinten Nationen zum Ausdruck, das sind acht Ziele, die die UN im Jahr 2000 verabschiedet haben und die bis 2015 erreicht werden sollen. In den Zielen 2 und 3 heißt es »Alle Jungen und Mädchen sollen eine vollständige Grundschulausbildung erhalten« bzw. »In der Grund- und Mittelschulausbildung soll bis zum Jahr 2005 und auf allen Ausbildungsstufen bis zum Jahr 2015 jede unterschiedliche Behandlung der Geschlechter beseitigt werden«. Die meisten Regierungen scheinen von dieser Idee überzeugt zu sein. 95 Prozent aller indischen Kinder finden eine Schule in einer Entfernung von etwa einem Kilometer vor.[3] Mehrere afrikanische Staaten, darunter Kenia, Uganda und Ghana, haben das Schulgeld für die Grundschule abgeschafft, und die Kinder strömten in die Klassenräume. Nach Angaben des Kinderhilfswerks UNICEF schossen die Beschulungsquoten in den Regionen südlich der Sahara zwischen 1999 und 2006 von 54 auf 70 Prozent hoch. In Süd- und Ostasien stiegen sie im selben Zeitraum von 75 auf 88 Prozent. Weltweit sank die Zahl der Kinder im Schulalter, die nicht zur Schule gingen, von 103 Millionen im Jahr 1999 auf 73 Millionen im Jahr 2006. Nach den Daten aus unserem 18-Länder-Vergleich liegen die Beschulungsquoten in mindestens der Hälfte der Länder bei über 80 Prozent – und das sogar bei den Allerärmsten, die von weniger als 99 US-Cent am Tag leben.

Der Besuch der Sekundarstufe (ab der 9. Klasse) war nicht Teil der UN-Millenniumsziele, aber auch hier sind Fortschritte zu verzeichnen. Zwischen 1995 und 2008 stieg die Beschulungsquote für die Sekundarstufe von 25 auf 34 Prozent im subsaharischen Afrika, von 44 auf 51 Prozent in Südasien und von 64 auf 74 Prozent in Ostasien,[4] und das obwohl die Kosten für Sekundarschulen sehr viel höher sind: Lehrer für diese Schulen sind teurer, weil sie besser ausgebildet werden müssen, für Eltern und Kinder bedeutet eine längere Schulzeit zunächst einen Verlust an Einkommen und Berufserfahrung, weil Kinder im Teenageralter sonst bereits arbeiten und Geld verdienen.

Die Kinder in die Schule zu bekommen ist der erste wichtige Schritt, hier beginnt das Lernen. Doch es hilft niemandem, wenn sie – einmal dort angekommen – nichts oder nur wenig lernen. Seltsamerweise taucht das Thema Lernen in den internationalen Deklarationen nur am Rande auf: Die Millennium-Entwicklungsziele sagen nichts Genaueres darüber aus, dass die Kinder in der Schule etwas lernen sollen, nur dass sie die Grundschule abschließen sollen. In der Abschlusserklärung des *Education-for-All* (»Bildung für alle«)-Gipfels, der 2000 in Dakar stattfand und von der UNESCO (*United Nations Educational, Scientific and Cultural Organization*, Organisation der Vereinten Nationen für Erziehung, Wissenschaft und Kultur) finanziert wurde, taucht das Ziel, die Qualität der Ausbildung zu verbessern, an sechster und letzter Stelle auf. Man ist wohl einfach davon ausgegangen, dass das Lernen dem Schulbesuch ganz selbstverständlich auf dem Fuße folgt. Doch leider liegen die Dinge nicht so einfach.

In den Jahren 2002 und 2003 führte die Weltbank die bereits erwähnte Abwesenheitsstudie durch: Sie schickte unangekündigt Kontrolleure in eine repräsentative Zahl von Schulen in sechs Ländern. Dabei zeigte sich, dass die Lehrer in Bangladesch, Ecuador, Indien, Indonesien, Peru und Uganda durchschnittlich an einem von fünf Tagen nicht zur Arbeit erscheinen, für Indien und Uganda waren die Zahlen sogar noch höher. Schlimmer noch, wie die Beobachtungen in Indien ergaben, sind selbst Lehrer, die sich in der Schule aufhalten und unterrichten sollten, oft mit anderen Dingen, wie Tee trinken, Zeitung lesen oder mit Kollegen plaudern, beschäftigt. Insgesamt befanden sich 50 Prozent der indischen Lehrer an staatlichen Schulen zum Untersuchungszeitpunkt nicht dort, wo sie hätten sein sollen, nämlich vor ihrer Klasse.[5] Wie können Kinder da etwas lernen?

Pratham, eine auf Bildung spezialisierte indische Nichtregierungsorganisation, beschloss 2005, noch einen Schritt weiter zu gehen und herauszufinden, was die Kinder tatsächlich lernen. Die Organisation wurde 1994 von Madhav Chavan gegründet, einem Chemieingenieur, der in den USA studiert hat und der felsenfest davon überzeugt ist, dass alle Kinder lesen lernen können und sollen, damit sie lesen können, um zu lernen. Er machte aus einem kleinen, in Mumbai ansässigen und von der UNICEF unterstützten Wohltätigkeitsverein eine der größten NGOs Indiens, vielleicht sogar der Welt. Die Programme von *Pratham* erreichen 34,5 Millionen Kinder in ganz Indien und sind gerade dabei, sich weltweit auszubreiten. Unter dem Banner des Jahresbildungsberichts (*Annual State of Education Report,* ASER) stellte *Pratham* in allen 600 indischen Distrikten Freiwilligenteams auf. Diese Teams testeten über 1000 Kinder in zufällig ausgewählten Dörfern jedes Distrikts – insgesamt 700 000 Kinder – und stellten dem Bildungssystem anschließend ein Zeugnis aus. Montek Singh Ahluwalia, einer der führenden Köpfe der regierenden Kongresspartei, stellte den Bericht vor, doch was er verlas, kann ihn nicht glücklich gemacht haben. Beinahe 35 Prozent der Sieben- bis Vierzehnjährigen konnte nicht einmal einen einfachen kurzen Absatz lesen (Niveau der 1. Klasse), und fast 60 Prozent der Kinder waren nicht in der Lage, eine einfache Geschichte zu lesen (Niveau der 2. Klasse). Nur 30 Prozent beherrschten mathematische Operationen auf dem Niveau der 2. Klasse (einfaches Dividieren).[6] Die Ergebnisse des Mathematiktests erstaunen besonders, denn überall in der Dritten Welt führen kleine Mädchen und kleine Jungs, die ihren Eltern auf dem Markt oder im Laden helfen, viel kompliziertere Berechnungen durch – und zwar ohne Papier und Bleistift. Verlernen sie das in der Schule?

Nicht jeder in der Regierung war so wohlwollend wie Herr Ahluwalia. Die Regierung des Bundesstaats Tamil Nadu wollte nicht glauben, dass ihre Schüler so schlecht abgeschnitten hatten, wie die ASER-Daten behaupteten, und ließ die Tests von eigenen Teams wiederholen; doch leider bestätigten diese die ursprünglichen Ergebnisse. Inzwischen findet in Indien alljährlich im Januar das Ritual der Veröffentlichung der ASER-Ergebnisse statt. Die Presse entrüstet sich über die schlechten Ergebnisse, in akademischen Expertengremien werden die Statistiken diskutiert, und es ändert sich wenig.

Leider ist Indien kein Einzelfall, im benachbarten Pakistan, im fernen Kenia und in mehreren anderen Ländern fielen die Ergebnisse ganz ähnlich aus. Der *Uwezo Survey,* den man in Kenia nach dem Muster des indischen Jahresbildungsberichts ASER entworfen hat, ergab, dass 27 Prozent der Fünftklässler nicht einmal einen einfachen Absatz in Englisch und nur 23 Prozent einen in Kisuaheli (den beiden Sprachen, die in der Grundschule unterrichtet werden) lesen konnten. 30 Prozent konnten keine einfachen Divisionen durchführen.[7] In Pakistan waren 80 Prozent der Drittklässler nicht in der Lage, einen einfachen Absatz (Niveau der 1. Klasse) zu lesen.[8]

Die Argumente der Nachfragewallahs

Eine Gruppe von Kritikern, zu denen auch William Easterley gehört, vertritt die Auffassung, es gebe keinen Grund, Bildung zu fördern, solange keine eindeutige Nachfrage besteht. Für diese »Nachfragewallahs« verkörpern die gerade geschilderten Studienergebnisse all das, was in den letzten paar Jahrzehnten auf dem Gebiet der Bildungspolitik falsch gelaufen ist. Ihrer Meinung nach ist der Unterrichts schlecht, weil sich die Eltern nicht darum kümmern, und die kümmern sich nicht, weil sie wissen, dass Bildung nur wenig nutzt bzw. – ökonomisch gesprochen – kaum Rendite bringt. Wäre der Nutzen von Bildung hoch genug, würden die Schülerzahlen steigen, ohne dass der Staat nachhelfen müsste. Die Leute würden ihre Kinder in Privatschulen schicken, die man eigens für sie bauen würde, oder – wenn das zu teuer wäre – sie würden von ihren örtlichen Behörden verlangen, dass Schulen gebaut werden.

Die Nachfrage ist in der Tat ein kritischer Faktor. Die Schulbesuchsquote reagiert ausgesprochen empfindlich auf die aus der Ausbildung zu erwartende »Rendite«: Während der Grünen Revolution in Indien wuchsen die technischen Anforderungen an Landwirte, dadurch gewann das Lernen an Bedeutung, und in Regionen, die für den Einsatz des neu eingeführten Saatguts besser geeignet waren, verbesserte sich die Bildung schneller als in anderen.[9] Ein ähnliches Phänomen ist gerade im Zusammenhang mit den vom Ausland aus operierenden Callcentern zu beobachten. In Europa und in den USA werden sie verdammt, weil sie heimische Arbeitsplätze vernichten, doch in Indien haben sie zu einer kleinen sozialen Revolution geführt, weil sie die Beschäftigungsmöglichkeiten für junge Frauen dramatisch verbesserten. Robert Jensen von der University of California in Los Angeles schloss sich 2002 mit ein paar solcher Callcenter zusammen und half ihnen, Rekrutierungsveranstaltungen für junge Frauen zu organisieren; sie taten das in zufällig ausgewählten Dörfern in drei nordindischen Bundesstaaten, wohin die Werber sonst nie gegangen wären. Wenig überraschend kam es, verglichen mit anderen zufällig ausgewählten Dörfern, wo niemand angeworben wurde, zu einem Beschäftigungsanstieg bei jungen Frauen in sogenannten Zentren für ausgelagerte geschäftliche Abläufe (*business process outsourcing centers*, BPO). Wirklich bemerkenswert (angesichts der Tatsache, dass dieser Teil Indiens für die Benachteiligung von Frauen berüchtigt ist) ist dagegen, dass drei Jahre, nachdem die Anwerbung begonnen hatte, etwa 5 Prozent mehr Mädchen zwischen fünf und elf Jahren die Schule besuchten als in den Dörfern, in denen es keine Rekrutierungen gab. Sie wogen auch mehr, was dafür spricht, dass ihre Eltern sie besser versorgten: Sie hatten erkannt, dass Bildung für Mädchen einen ökonomischen Wert besaß, und investierten darum gerne in sie.[10]

Da Eltern in der Lage sind, auf Änderungen im Arbeitskräftebedarf zu reagieren, ist die beste Bildungspolitik – in den Augen der Nachfragewallahs – keine Bildungspolitik. Es muss attraktiv sein, in Geschäftszweige zu investieren, die gut ausgebildetes Personal benötigen, dann wird die Nachfrage nach solchen Fachkräften steigen und der Druck wächst, entsprechende Angebote bereitzustellen. Und dann, so die Argumentation weiter, werden auch die Eltern ein echtes Interesse an Bildung entwickeln und entsprechend Druck auf die Lehrer ausüben, damit die ihren Pflichten nachkommen. Wenn die Qualität der Ausbildung an staatlichen Schulen zu wünschen übrig lässt, wird ein Markt für Privatschulen entstehen. Der Wettbewerb auf diesem Markt sorgt dafür, dass Eltern die Ausbildungsqualität bekommen, die sie für ihren Nachwuchs wollen.

Wesentlich für die Sichtweise der Nachfragewallahs ist die Idee, dass Bildung lediglich eine andere Form von Investition darstellt: Die Menschen investieren in Bildung, so wie sie auch in andere Dinge investieren, um mehr Geld zu haben, und zwar in Form höherer Einkommen in der Zukunft. Wenn man Bildung als Investment betrachtet, taucht allerdings unweigerlich ein Problem auf: Die Eltern tätigen die Investition, und die Kinder streichen die Rendite ein, und zwar oft sehr viel später. Und obwohl viele Kinder ihren Eltern die Investition »zurückzahlen«, indem sie sich im Alter um sie kümmern, tun es manche nur widerwillig, andere drücken sich ganz. Aber selbst wenn Kinder sich als pflichtbewusst erweisen, ist damit nicht gesagt, dass sich das bisschen mehr Geld, das sie verdienen, weil sie ein Jahr länger zur Schule gehen konnten, auch für die Eltern richtig auszahlt. Bestimmt sind Sie schon einmal Eltern begegnet, die den Tag verflucht haben, als ihre Kinder reich genug waren, um in ihr eigenes Haus zu ziehen, und sie alt und einsam zurückließen. T. Paul Schultz, ein Wirtschaftswissenschaftler an der Yale University, erzählte von seinem Vater, dem berühmten Ökonomen und Nobelpreisträger Theodore Schultz, dessen Eltern ihn nicht zur Schule gehen lassen wollten, damit er zu Hause auf der Farm arbeitete.

Natürlich sind viele Eltern stolz und glücklich darüber, dass ihre Kinder es zu etwas gebracht haben (und dass sie ihren Nachbarn davon erzählen können). In diesem Sinne können sie sich unter Umständen angemessen entlohnt fühlen, selbst wenn sie keinen Cent von ihren Kindern bekommen. Aus Sicht der Eltern ist Bildung also teils Investition, teils Geschenk für ihre Kinder. Aber es gibt noch eine andere Seite der Medaille: Die meisten Eltern nehmen ihren Kindern gegenüber eine Machtposition ein – sie entscheiden, wer zur Schule gehen darf, wer zu Hause bleiben oder arbeiten gehen muss und wie die Einnahmen verwendet werden. Eltern, denen es egal ist, wie viel sie später einmal vom Verdienst ihres Sohnes bekommen werden, wenn er alt genug ist, etwas zurückzuzahlen, und die Bildung nicht als Wert an sich schätzen, nehmen ihn vielleicht mit zehn von der Schule und schicken ihn arbeiten. Mit anderen Worten, obwohl der ökonomische Nutzen von Bildung (in Form eines höheren Einkommens des Kindes, das eine Ausbildung genossen hat) in jedem Fall eine Rolle spielt, zählt auch eine ganze Reihe anderer Dinge, etwa unsere eigenen Hoffnungen für die Zukunft, unsere Erwartungen an die Kinder, ja auch unsere Großzügigkeit ihnen gegenüber.

»Genau!«, rufen nun die Angebotswallahs. »Aus dem Grund brauchen manche Eltern einen kleinen Schubs. Eine zivilisierte Gesellschaft darf nicht zulassen, dass das Recht eines Kindes auf eine normale Kindheit und eine ordentliche Bildung den Launen oder der Gier eines Elternteils zum Opfer fällt.« Schulen zu bauen und Lehrer einzustellen ist ein erster wichtiger Schritt, da so die Hürden für den Schulbesuch gesenkt werden, aber das reicht möglicherweise nicht aus. Aus diesem Grund haben die Eltern in den meisten reichen Ländern keine Wahl: Sie sind gesetzlich verpflichtet, ihre Kinder bis zu einem bestimmten Alter in die Schule zu schicken (in vielen Staaten Europas ist *homeschooling,* also Unterricht zu Hause, zwar grundsätzlich möglich, aber nicht weit verbreitet und oft mit Auflagen verbunden). Das funktioniert allerdings nicht, wenn der Staat nicht die notwendigen Mittel hat und die allgemeine Schulpflicht nicht durchsetzen kann. In solchen Fällen müssen die Regierungen dafür sorgen, dass es sich für die Eltern finanziell lohnt, ihre Kinder zur Schule zu schicken. Dieser Gedanke steht hinter dem neuen Lieblingswerkzeug der Bildungspolitik, dem an Bedingungen gebundenen Bargeldtransfer (*conditional cash transfer,* CCT).

Die merkwürdige Geschichte des an Bedingungen gebundenen Bargeldtransfers

Santiago Levy, ein ehemaliger Wirtschaftsprofessor der Boston University, war von 1994 bis 2000 stellvertretender mexikanischer Finanzminister; er hatte die Aufgabe, das komplizierte Sozialhilfesystem zu reformieren, das sich aus mehreren Programmen zusammensetzte. Er wollte den Bezug von Sozialleistungen mit einer Investition in Humankapital (Bildung und Gesundheit) verknüpfen, da er davon überzeugt war, dass das heute ausgegebene Geld langfristig zur Bekämpfung der Armut beitragen kann, indem es das Heranwachsen einer gesunden und gebildeten jungen Generation fördert. Dieser Gedanke steht hinter dem Transferprogramm PROGRESA; es war das erste sogenannte *conditional cash transfer program*, das den Bezug von Sozialleistungen (*transfer*) in Bargeldform (*cash*) an bestimmte Bedingungen (*conditions*) knüpfte. Arme Familien erhielten nur dann Geld, wenn sie ihre Kinder regelmäßig in die Schule schickten und zur Gesundheitsvorsorge gingen. Die Zahlungen fielen höher aus, wenn die Kinder die Sekundarstufe besuchten oder wenn das Schulkind ein Mädchen war. Um die politische Akzeptanz zu verbessern, wurden die Zahlungen als »Entschädigung« für den Einkommensverlust dargestellt, den die Familie erlitt, wenn die Kinder in die Schule statt zur Arbeit gingen. In Wirklichkeit sollten die Familien dadurch »angestupst« werden, dass es für sie finanzielle Einbußen mit sich bringen würde, wenn sie die Kinder nicht zur Schule schickten – völlig unabhängig davon, was sie von Bildung hielten.

Santiago Levy hatte noch ein anderes Ziel: Er wollte sicherstellen, dass das Programm die alle paar Jahre stattfindenden Regierungswechsel überlebt, denn üblicherweise strich der neue Präsident erst einmal alle Programme seines Vorgängers, bevor er eigene auf den Weg brachte. Wenn das Programm nachweislich großen Erfolg hatte, so Levys Überlegung, könnte es eine neue Regierung nicht so einfach kassieren. Also organisierte er ein Pilotprojekt in zufällig ausgewählten Dörfern (als Kontrolle dienten ähnlich strukturierte Dörfer, in denen alles beim Alten blieb); so wurde es möglich, die Folgen in Dörfern mit und ohne an Bedingungen gebundenen Bargeldtransfer zu vergleichen. Das Pilotprojekt demonstrierte nachdrücklich, dass der Schulbesuch dank des Programms deutlich anstieg, vor allem in der Sekundarstufe: Bei den Mädchen stieg er hier von 67 auf 75 Prozent, bei den Jungen von 73 auf 77 Prozent.[11]

Dies war zugleich eines der ersten Beispiele für die Überzeugungskraft von randomisierten Feldversuchen. Als die Regierung, wie zu erwarten war, wechselte und Vicente Fox an die Macht kam, überlebte das Programm, es erhielt lediglich einen neuen Namen: *Oportunidades*. Was Levy jedoch vermutlich nicht vorhergesehen hatte: Damit hatte er auch zwei neue Traditionen begründet. Erstens breitete sich der an Bedingungen gebundene Bargeldtransfer wie ein Flächenbrand erst über ganz Lateinamerika und dann über den Rest der Welt aus – sogar der New Yorker Bürgermeister Michael Bloomberg probierte es damit. Zweitens unternehmen auch andere Länder, bevor sie ihre CCT-Programme starten, zunächst einen oder mehrere randomisierte Vorversuche, um sie zu testen. Dabei werden manchmal einzelne Elemente des Programms variiert, um herauszufinden, wie man es optimieren kann.

Paradoxerweise brachte uns gerade einer dieser Folgeversuche in Malawi dazu, noch einmal über den Erfolg von PROGRESA nachzudenken. Die Knüpfung bestimmter Leistungen an Bedingungen wurde in PROGRESA eingebaut, weil ein höheres Einkommen des Kindes in der Zukunft als Anreiz nicht ausreicht und die Eltern einen sofort wirksamen Anreiz brauchen. Wissenschaftler und Praktiker fragten sich, ob ein Programm *ohne Bedingungen* denselben Effekt hätte wie eines mit. Es klingt provokativ, aber eine von der Weltbank initiierte Studie fand heraus, dass die Bedingungen offenbar nicht die geringste Rolle spielen. In dem Experiment erhielten Familien mit Mädchen im Schulalter Transferleistungen zwischen 5 und 20 PPP-USD pro Monat. In der einen Gruppe gab es das Geld nur, wenn das Kind die Schule besuchte, in der zweiten wurde es ohne Bedingung gezahlt. Eine dritte Gruppe, die als Kontrollgruppe diente, erhielt keine Transferleistungen. Nach einem Jahr hatten 11 Prozent der Mädchen aus der Kontrollgruppe die Schule abgebrochen, aber nur 6 Prozent aus den Transfergruppen. Interessanterweise unterschieden sich die beiden Transfergruppen im Ergebnis nicht. Das heißt, es war nicht nötig, die Eltern durch eine Bedingung dazu zu zwingen, ihre Kinder zur Schule zu schicken, das Einzige, was sie brauchten, war finanzielle Unterstützung.[12] Später verglich eine andere Studie Transferleistungen mit und ohne Vorbedingung in Marokko – mit ganz ähnlichen Ergebnissen.[13]

Es gibt vermutlich mehrere Gründe, weshalb die finanziellen Transferleistungen in Malawi solche Wirkung zeigten: Vielleicht konnten Eltern das Schulgeld nicht aufbringen oder sie konnten nicht auf das Geld verzichten, das ihre Kinder verdienten. Sich Geld zu leihen, um damit den Schulbesuch einer Zehnjährigen zu finanzieren, im Vertrauen auf das, was sie einmal mit zwanzig verdienen wird, ist natürlich völlig illusorisch. Indem die Transferleistungen die Eltern aus der extremen Armut herausholen, erhalten diese endlich die Möglichkeit, langfristig zu planen. Die Kosten für den Schulbesuch müssen hier und heute aufgebracht werden (Sie selbst müssen Ihre Kinder hier und heute mit Engelszungen überreden oder mit Drohungen dazu bewegen), doch es wird sich erst später auszahlen.

Aus all diesen Gründen spielt das Einkommen per se eine Rolle bei Bildungsentscheidungen. Jamal wird weniger Bildung erhalten als John, weil seine Eltern ärmer sind; das gilt auch dann, wenn die aus der Bildung erwachsenden Einkommenszugewinne für beide gleich sind. Tatsächlich zeigt unser 18-Länder-Vergleich, dass die Ausgaben für Bildung relativ gesehen steigen, wenn wir von der Weniger-als-99-Cent-am-Tag-Gruppe zu der übergehen, die 6 bis 10 Dollar zur Verfügung hat. Da in einer Familie umso weniger Kinder zur Welt kommen, je höher das Einkommen ist, bedeutet das, dass die Bildungsausgaben pro Kind stärker steigen als die Gesamtausgaben. Das ist das genaue Gegenteil dessen, was wir in einer Welt erwarten würden, in der Bildung eine Investition wie jede andere sein soll.

Weil das elterliche Einkommen eine so entscheidende Rolle bei der Investition in die Bildung spielt, werden reiche Kinder mehr Bildung erhalten, selbst wenn sie nicht besonders begabt sind, und begabte arme Kinder kommen womöglich nicht in den Genuss von Bildung. Wenn man alles dem Markt überlässt, wird es immer von ihrer Herkunft abhängen, ob Kinder die ihren Fähigkeiten entsprechende Bildung erhalten oder nicht. Da man die Einkommensunterschiede nicht völlig ausgleichen kann, sind staatliche Interventionen auf der Angebotsseite notwendig, um Bildung billiger zu machen und sich dem in sozialer Hinsicht besten Ergebnis anzunähern: wirklich jedem Kind eine Chance zu geben.

Funktioniert Bildungspolitik von oben nach unten?

Es stellt sich die Frage, ob diese Art staatlicher Intervention, selbst wenn sie im Prinzip wünschenswert wäre, tatsächlich machbar ist. Wenn Eltern kein Interesse an Bildung haben, besteht dann nicht die Gefahr, dass eine von oben nach unten durchgedrückte Bildungsoffensive lediglich in eine Vergeudung von Ressourcen ausartet? In seinem Buch *The Elusive Quest for Growth* (»Das trügerische Streben nach Wachstum«) sagt William Easterly zum Beispiel, dass die Bildungsinvestitionen in afrikanischen Staaten nicht zu mehr Wachstum geführt hätten.

Wie immer findet man am ehesten eine Antwort auf diese Frage, wenn man sich ansieht, was passierte, als verschiedene Länder diese Methode ausprobierten. Die gute Nachricht vorab: Trotz schlechter Unterrichtsqualität sind Schulen nützlich. Nach dem ersten Ölboom im Jahr 1973 beschloss der damalige indonesische Diktator General Suharto, in ganz großem Stil Schulen zu bauen.[14] Es war das klassische von oben nach unten durchgesetzte, angebotsorientierte Programm: Die Schulen wurden nach festen Vorgaben errichtet, die den Regionen Vorrang gaben, wo bis dahin prozentual am wenigsten Kinder zur Schule gingen. Wenn der Mangel an Schulen eine Folge von mangelndem Interesse an Bildung wäre, dann hätte dieses Programm grandios scheitern müssen.

In Wahrheit war das INPRES (*Instruksi Presiden,* »Instruktion des Präsidenten«)-Programm jedoch ein voller Erfolg. Esther verglich in einer Studie die Löhne von Erwachsenen, die damals als erste Kinder von den neuen Schulen profitierten, mit den Löhnen der etwas älteren Jahrgänge, die diese Chance gerade verpasst hatten. Sie stellte fest, dass dort, wo die neuen Schulen gebaut worden waren, die Löhne der jüngeren Leute deutlich höher lagen als die der älteren. Als sie die Auswirkungen auf Bildung und Einkommen zusammenrechnete, ergab sich, dass jedes dank der neuen Schulen abgeschlossene weitere Grundschuljahr den Lohn um etwa 8 Prozent steigerte. Diese Abschätzung der »Bildungsrendite« liegt in derselben Größenordnung wie die von vergleichbaren Untersuchungen in den USA.[15]

Ein anderes klassisches von oben nach unten organisiertes Programm ist die Schulpflicht. In Taiwan wurde 1968 ein Gesetz erlassen, das eine neunjährige Schulpflicht vorsah (davor gab es nur sechs Pflichtschuljahre). Dieses Gesetz hatte einen signifikanten positiven Effekt auf die Beschulung von Jungen und Mädchen gleichermaßen, aber auch auf ihre Chancen auf dem Arbeitsmarkt, hier besonders deutlich für Mädchen.[16] Doch die Bildung zahlte sich nicht nur finanziell aus: Das taiwanesische Programm führte zu einer erheblichen Senkung der Kindersterblichkeit.[17] In Malawi wurden Mädchen, die dank des Bargeldtransfers in die Schule gehen konnten, auch seltener schwanger. Die gleiche Beobachtung machte man in Kenia.[18] Wir haben mittlerweile eine ganze Menge handfester Beweise für die viel weiter reichenden Effekte von Bildung.

Diese Untersuchungen zeigen, dass jedes noch so kleine Stückchen Bildung hilft. Menschen, denen Lesen nicht schwerfällt, lesen viel eher eine Zeitung und Aushänge und bekommen mit, wann es ein für sie geeignetes Regierungsprogramm gibt. Leute mit einer abgeschlossenen Sekundarstufe haben größere Chancen auf eine Beschäftigung im formellen Sektor (das heißt, dem Teil der Volkswirtschaft, der durch formalisierte Beschäftigungsverhältnisse geprägt ist, also statistisch und steuermäßig erfasst wird), aber selbst bei einer Arbeit nur im informellen Sektor sind sie besser in der Lage, ihre Geschäfte zu führen.

Offenbar zeigt sich wieder einmal, dass die polarisierte Debatte über Handlungsstrategien, geführt von einander widersprechenden Denkschulen, ziemlich am Thema vorbeigeht. Angebots- und Nachfragestrategien müssen einander nicht zwangsläufig ausschließen. Angebote helfen, aber Nachfrage ist ebenfalls wichtig. Natürlich gibt es Menschen, die es irgendwie schaffen, sich ohne von oben verordnete Hilfe Bildung anzueignen, wenn der richtige Job vor der Tür steht, aber für viele andere kann die neu gebaute Schule in ihrer Region der entscheidende Anstoß sein.

Doch all das bedeutet noch lange nicht, dass Von-oben-nach-unten-Strategien auch das halten, was sie versprechen. Wie wir gesehen haben, lässt die Qualität staatlicher Schulen häufig stark zu wünschen übrig. Dass Schüler trotzdem *irgendeinen* Nutzen daraus ziehen, heißt nicht, dass die Schulen nicht wesentlich besser arbeiten könnten. Funktionieren nachfrageorientierte Angebote in dieser Hinsicht besser? Privatschulen sind das Paradebeispiel für eine solche Strategie: Eltern stecken ihr hart verdientes Geld in eine Privatschule für ihre Kinder, obwohl kostenlose öffentliche Schulen vorhanden sind. Haben die Privaten das Qualitätsproblem in der Bildung gelöst?

Sind Privatschulen die bessere Alternative?

Darüber, dass die Privatschulen beim Schließen der Lücken im Bildungssystem eine wichtige Rolle spielen könnten, herrscht überraschend große Einigkeit. In Indien wurde vor kurzem ein Gesetz für das Recht auf Bildung (*Right to Education Act*) verabschiedet und zwar mit starker Unterstützung aus allen politischen Lagern (einschließlich der extremen Linken, die normalerweise den freien Markt zu verhindern sucht). Beschlossen wurde eine Art Privatisierung auf Gutschein-Basis, das heißt, die Regierung gibt den Bürgern Gutscheine, mit denen sie die Schulgebühren für Privatschulen bezahlen können.

Aber schon bevor die Bildungsexperten ihren Segen dazu gaben, hatten überall auf der Welt ehrgeizige Eltern mit geringem Einkommen entschieden, dass ihre Sprösslinge Privatschulen besuchen sollten, selbst wenn sie sich dafür einschränken mussten.

Das führte zu dem erstaunlichen Phänomen der preiswerten Privatschulen, die man in ganz Südasien und Lateinamerika findet. Manchmal liegt das Schulgeld bei nur 1,50 Dollar pro Monat. Die Schulen sind in der Regel relativ bescheiden ausgestattet, ein paar Räume in einem privaten Wohnhaus, und die Lehrer stammen oft aus dem Ort; meist sind es Leute, die keine andere Arbeit finden konnten und darum beschlossen, eine Schule zu eröffnen. In einer Studie erwies sich die Eröffnung einer Sekundarschule für Mädchen als hervorragender Prädiktor für die Entstehung privater Schulen in einem pakistanischen Dorf eine Generation später.[19] Mädchen, die die weiterführende Schule abgeschlossen hatten und nach Verdienstmöglichkeiten suchten, für die sie das Dorf nicht verlassen mussten, entdeckten das Bildungswesen als Geschäftszweig und wurden Lehrerinnen.

Trotz ihres manchmal etwas zweifelhaften Rufs arbeiten Privatschulen oft besser als staatliche Schulen. Die bereits erwähnte Abwesenheitsstudie der Weltbank stellte fest, dass Privatschulen wesentlich häufiger auf dem Land zu finden waren, wo die staatlichen Schulen besonders schlecht sind. Die Wahrscheinlichkeit, den Lehrer einer Privatschule an einem bestimmten Tag an seinem Arbeitsplatz anzutreffen, war 8 Prozentpunkte höher als bei einem Lehrer des öffentlichen Dienstes im selben Dorf. Kinder, die Privatschulen besuchten, erbrachten auch bessere Leistungen. Der indische Jahresbildungsbericht ASER aus dem Jahr 2008 ergab, dass 47 Prozent der Fünftklässler in staatlichen Schulen nicht in der Lage waren, einen Text für die 2. Klasse zu lesen, bei den Privatschülern waren es nur 32 Prozent. Ein Lernerfolg- und Bildungsbericht für die pakistanischen Schulen (*Learning and Educational Achievement in Pakistan Schools*, LEAPS) stellte fest, dass Privatschüler der 3. Klasse ihren Altersgenossen aus staatlichen Schulen in Englisch um 1,5 Jahre und in Mathematik um 2,5 Jahre voraus waren. Es kann schon sein, dass die Familien, die ihre Kinder auf Privatschulen schicken, anders sind. Aber das Phänomen lässt sich nicht allein damit erklären, dass Privatschulen vor allem die Kinder reicherer Eltern anziehen. Der

Leistungsunterschied zwischen den Schülern privater und staatlicher Schulen war fast um den Faktor 10 größer als der Unterschied zwischen Kindern, die der höchsten und der niedrigsten sozioökonomischen Kategorie zuzurechnen waren. Nicht ganz so groß, aber immer noch deutlich erkennbar ist der Unterschied sogar zwischen Geschwistern, von denen eines auf eine private und das andere auf eine staatliche Schule geht.[20] (Wobei es allerdings sein kann, dass die Eltern das begabtere Kind auf die Privatschule schicken oder ihm in anderer Weise helfen. Dadurch würde der Nutzen der Privatschule statistisch größer ausfallen, als er tatsächlich ist.[21])

Das heißt also, in privaten Schulen lernen Kinder mehr als in staatlichen. Trotzdem kann man daraus nicht schließen, dass private Schulen nicht auch noch effektiver arbeiten könnten. Das sehen wir, wenn wir die Konsequenzen des Privatschulbesuchs mit den Auswirkungen einfacher Interventionen vergleichen.

Pratham *und die Privatschulen*

Pratham, die ungewöhnliche, auf Bildung spezialisierte Nichtregierungsorganisation, die den indischen Jahresbildungsbericht ASER erstellt, deckt aber nicht nur die Mängel im Bildungswesen auf, sie bemüht sich auch darum, sie zu beheben. Wir arbeiten seit zehn Jahren mit der Organisation zusammen und haben fast jede revidierte Fassung ihres Programms für den Lese- und den Rechenunterricht evaluiert. Unsere Zusammenarbeit begann im Jahr 2000 in Westindien, in den Städten Mumbai und Vadodara, wo das *Balsakhi*-Programm von *Pratham* lief (*balsakhi* heißt »Freund der Kinder«). Das Programm wählte die zwanzig Kinder aus jeder Klasse aus, die am meisten Hilfe brauchten, und stellte ihnen als *balsakhi* eine junge Frau aus der Gemeinde zur Seite, die mit ihnen an ihren jeweiligen Schwächen arbeitete. Trotz Erdbeben und Unruhen in der Region erzielten die Kinder dank dieses Programms sehr große Verbesserungen in den Tests: Der Fortschritt war in Vadodara etwa doppelt so groß wie die durchschnittliche Verbesserung aufgrund des Wechsels zu einer

Privatschule in Indien.[22] Und das obwohl die *balsakhis* eine viel schlechtere Ausbildung besaßen als ein durchschnittlicher Lehrer an einer öffentlichen oder privaten Schule. Nicht wenige hatten gerade zehn Jahre die Schule besucht, plus das einwöchige Training bei *Pratham*.[23]

Angesichts dieser Ergebnisse hätten sich vermutlich viele Organisationen auf ihren Lorbeeren ausgeruht. Nicht so *Pratham*. Stillstand ist absolut unvereinbar mit Madhav Chavans Persönlichkeit, aber auch der von Rukmini Banerji, dem menschlichen Dynamo, der *Prathams* spektakuläre Expansion vorantreibt. Ein Grund, weshalb *Pratham* mehr Kinder erreichte, war, dass es der Organisation gelang, Kommunen dazu zu bewegen, das Programm zu übernehmen. Im Distrikt Jaunpur (im östlichen Teil von Uttar Pradesh gelegen, dem größten Bundesstaat Indiens und zugleich einer der ärmsten) zogen die Freiwilligen von *Pratham* von Dorf zu Dorf, um die Kinder zu testen; gleichzeitig ermutigten sie die Kommunen, bei den Tests mitzuhelfen und dabei direkt zu erfahren, was ihre Kinder können und was nicht. Die Eltern waren wenig erfreut von dem, was sie sahen, und nicht wenige drohten ihren Kindern im ersten Impuls mit einer Tracht Prügel. Doch schließlich bildete sich in der Gemeinde eine Gruppe von Freiwilligen, die ihren kleinen Brüdern und Schwestern helfen wollten. Die meisten waren Collegestudenten, die abends in ihren Wohnorten unterrichteten. Von *Pratham* erhielten sie ein einwöchiges Training, aber keinerlei Entlohnung.

Auch dieses Programm haben wir evaluiert, und die Ergebnisse waren wirklich beeindruckend: Am Ende vermochten *alle* teilnehmenden Kinder, die zu Beginn nicht lesen konnten, zumindest Buchstaben zu erkennen (im Gegensatz dazu gelang das nur 40 Prozent der Kinder aus den Vergleichsdörfern). Die Wahrscheinlichkeit, dass Kinder, die zu Beginn nur Buchstaben zu lesen vermochten, am Ende kurze Texte lesen konnten, war bei denen, die am Programm teilnahmen, 26 Prozent höher als bei den anderen.[24]

Seit kurzem arbeitet *Pratham* auch mit dem staatlichen Schulsystem zusammen. In Bihar, dem ärmsten Bundestaat und dem Staat mit der höchsten Lehrerabwesenheitsrate, organisierte *Pratham* Sommernachhilfecamps für Schulkinder, zu denen die Lehrer von öffentlichen Schulen als Unterrichtskräfte eingeladen waren. Die Evaluation ergab Überraschendes: Die viel gescholtenen Lehrer im Staatsdienst kamen tatsächlich zum Unterrichten, und die Ergebnisse waren durchaus mit denen aus den abendlichen Nachhilfestunden in Jaunpur zu vergleichen.

Die Erfolge von *Pratham* waren so verblüffend, dass viele Schulverwaltungen in Indien und anderen Teilen der Welt mit der Organisation zusammenarbeiten wollten. Eine Version des Programms wird gerade in Ghana getestet, eine groß angelegte randomisierte Studie, die von der Regierung und einer Forschergruppe gemeinsam organisiert wird: Junge Leute, die erste Berufserfahrungen sammeln möchten, sollen zu Nachhilfelehrern für die Schulen ausgebildet werden. Delegationen der Bildungsministerien von Senegal und Mali haben sich die *Pratham*-Projekte angesehen und überlegen nun, ob sie das Programm für sich übernehmen wollen.

Die Schlussfolgerungen aus den gewonnenen Erkenntnissen verwirren: Wenn (halb)freiwillige Lehrer so große Leistungsverbesserungen erzielen, müssten Privatschulen mit denselben Methoden doch eigentlich noch erfolgreicher sein können. Und doch wissen wir, dass ein glattes Drittel der Fünftklässler an indischen Privatschulen nicht auf dem Niveau der 1. Klasse lesen kann. Warum nicht? Wenn die staatlichen Lehrer so gut unterrichten, warum sehen wir davon nichts in den öffentlichen Schulen? Wenn so große Lernfortschritte in so kurzer Zeit möglich sind, warum fordern die Eltern sie nicht ein? Warum kamen nur 13 Prozent der Kinder, die nicht lesen konnten, zu den abendlichen Nachhilfestunden in Jaunpar?

Zweifellos stecken dahinter einige der üblichen Gründe, warum die Märkte nicht so arbeiten, wie sie sollen. Möglicherweise ist der Konkurrenzdruck zwischen den Privatschulen nicht groß genug, oder die Eltern wissen nicht richtig darüber Bescheid, was die Schulen leisten. Die schlechten Leistungen der Lehrer im öffentlichen Dienst werden wir später im größeren politisch-ökonomischen Zusammenhang diskutieren. Das, was Bildung eigentlich bezweckt, steht in eklatantem Gegensatz zu dem, was Eltern erwarten, was private und öffentliche Schulen bieten und was Kinder erreichen – und gleichzeitig findet eine ungeheure Verschwendung statt.

Der Fluch der Erwartungen

Die vermeintliche S-Kurve

Vor ein paar Jahren hatten wir eine Art Bastelstunde für Eltern und Kinder organisiert; sie fand in einer von *Seva Mandir* geleiteten informellen Schule im ländlichen Udaipur statt. Wir hatten stapelweise Hochglanzmagazine mitgebracht und baten die Eltern, Bilder auszuschneiden, die ihrer Meinung nach das zeigten, was Bildung ihren Kindern bringen würde. Daraus sollten sie zusammen mit ihren Kindern eine Collage herstellen.

Die Collagen sahen am Ende alle ziemlich ähnlich aus: Gold und Diamanten, wohin man blickte, dazwischen die neuesten Automodelle. Es hätte auch andere Motive in den Zeitschriften gegeben – schöne Landschaften, Fischerboote, Kokospalmen –, aber wenn wir den Collagen glauben, ist das nicht das, worum es bei Bildung geht. Eltern sehen in Bildung in erster Linie einen Weg für ihre Kinder, zu (beträchtlichem) Wohlstand zu kommen. Dieser Weg führt in den Augen der meisten Eltern über eine Anstellung im Staatsdienst (als Lehrer etwa) oder, wenn das nicht klappt, irgendeinen Bürojob. Auf Madagaskar wurden die Eltern von Kindern aus 640 Schulen gefragt, welchen Beruf ein Kind mit abgeschlossener Grundschule ihrer Meinung nach ausüben würde und welchen mit abgeschlossener Sekundarschule. 70 Prozent der Eltern glaubten, mit abgeschlossener Sekundarschule könnte ihr Kind einen Job im Staatsdienst bekommen. Tatsächlich trifft das auf 33 Prozent zu.[25]

Nur sehr wenige dieser Kinder schaffen es bis zur 6. Klasse, geschweige denn dass sie die Abschlussprüfung der Sekundarschule machen, was derzeit die Minimalvoraussetzung für jeden Job darstellt, der eine gewisse Schulbildung erfordert. Eltern sind sich darüber durchaus im Klaren: Als man madagassische Eltern fragte, ob sich Bildung ihrer Meinung nach auszahlt, zeigte sich, dass sie *im Durchschnitt* nicht falsch lagen. Doch sie über- bzw. unterschätzen die Möglichkeiten maßlos. Bildung ist für sie wie ein Los in einer Lotterie, aber keine sichere Investition.

Pak Sudarno, ein Müllsammler im Slum Cica Das der indonesischen Stadt Bandung, der sich selbst als den »ärmsten Menschen im ganzen Viertel« bezeichnete, erklärte uns das ganz nüchtern. Als wir ihn im Juni 2008 trafen, stand sein jüngster Sohn (das jüngste von neun Kindern) gerade vor dem Wechsel auf eine Sekundarschule. Pak glaubte, der Junge würde nach Abschluss der Sekundarschule sehr wahrscheinlich einen Job im nahegelegenen Einkaufszentrum bekommen, wo sein Bruder bereits arbeitete. Diesen Job könnte er eigentlich schon jetzt haben, doch Pak dachte, es wäre vielleicht ganz gut, ihn die Sekundarschule besuchen zu lassen, selbst wenn das den Verzicht auf drei Jahre Lohn bedeutete. Seine Frau war der Meinung, der Junge könnte studieren. Das hielt Pak Sudarno für illusorisch, aber er sah eine gewisse Chance auf einen Bürojob, was wegen der Sicherheit und des Ansehens, die eine solche Tätigkeit verhieß, für ihn der bestmögliche Job war. Und das war in seinen Augen einen Versuch wert.

Nicht selten meinen Eltern auch, dass sich die ersten Schuljahre wesentlich weniger auszahlen als die späteren. Zum Beispiel glaubten die Eltern in Madagaskar, dass jedes Grundschuljahr das spätere Einkommen ihres Kindes um 6 Prozent erhöhen würde, während jedes Jahr in der Unterstufe der Sekundarschule 12 Prozent mehr brächte und jedes Jahr in der Oberstufe 20 Prozent. Ganz ähnliche Vorstellungen fanden wir auch in Marokko. Die Eltern dort glaubten, jedes Jahr Grundschulbildung erhöhe das spätere Einkommen eines Jungen um 5 Prozent und jedes Jahr Sekundarbildung brächte 15 Prozent mehr. Bezogen auf Mädchen waren die Vorstellungen sogar noch extremer. Grundschulbildung besaß in den Augen der Eltern fast überhaupt keinen Wert: nämlich 0,4 Prozent. Aber mit jedem Jahr Sekundarbildung, so dachten sie, würde das Einkommen um 17 Prozent steigen.

Wie die verfügbaren Schätzungen zeigen, steigt das spätere Einkommen in Wirklichkeit mehr oder weniger proportional zu den absolvierten Schuljahren.[26] Außerdem scheint Bildung auch denjenigen zu nützen, die keine Beschäftigung im formellen Sektor finden: Beispielsweise verdienten Bauern, die zur Schule gegangen waren, während der Grünen Revolution mehr als die gänzlich ungebildeten.[27] Dazu kommen noch all die anderen, nicht finanziellen Vorteile. In anderen Worten: Die Eltern sehen eine S-förmige Kurve, wo in Wirklichkeit keine ist.

Dieser Glaube an die S-Kurve führt dazu, dass es Eltern sinnvoll erscheint, in puncto Bildung alles auf eine Karte zu setzen, nämlich auf das Kind, das sie für das begabteste halten (es sei denn, sie sind nicht bereit, ihre Kinder ungleich zu behandeln); die Investition wird nicht gleichmäßig auf alle Kinder verteilt, dadurch bekommt dieses eine Kind genügend Bildung. Im Dorf Naganadgi, wo wir die Witwe Shantarama getroffen hatten (von deren Kindern zwei nicht zur Schule gingen), lebte nur ein paar Häuser weiter eine Bauernfamilie mit sieben Kindern. Keines von diesen Kindern hatte länger als zwei Jahre die Schule besucht, mit Ausnahme des jüngsten, eines zwölfjährigen Jungen. Weil die Eltern mit der Qualität der staatlichen Highschool, die er ein Jahr besucht hatte, nicht zufrieden waren, schickten sie ihn nun in die 7. Klasse einer Privatschule im Dorf. Für ein Jahr Schulgeld muss die Familie 10 Prozent ihres gesamten Einkommens aus der Landwirtschaft aufbringen, das ist eine Menge Geld für ein Kind und ganz gewiss nicht für sieben zu machen. Die Mutter des Jungen erklärte uns, dass dieser das einzige intelligente Kind in der Familie sei. Die Bereitschaft, die Worte »dumm« und »intelligent« in Bezug auf die eigenen Kinder (und oft in deren Gegenwart) zu verwenden, deckt sich absolut mit einer

Weltsicht, die einen hohen Preis für die Kür eines »Bringers« zahlt (und alle anderen dazu zu zwingt, ihn zu unterstützen). Das führt zu einer eigenartigen Form der Geschwisterrivalität. Eine in Burkina Faso durchgeführte Studie stellte fest, dass die Wahrscheinlichkeit für Jugendliche, an einer Schule angemeldet zu werden, umso höher war, je besser sie bei einem Intelligenztest abschnitten, aber umso *niedriger,* wenn ihre Geschwister bei dem Test gut abgeschnitten hatten.[28]

Auch eine Studie zum an Bedingungen geknüpften Bargeldtransfer im kolumbianischen Bogotá fand überzeugende Belege für die Neigung, Ressourcen auf ein Kind zu konzentrieren. Das Programm, das nur über begrenzte Mittel verfügte, bot Eltern an, ihre vom Alter her in Frage kommenden Kinder an einem Losverfahren teilnehmen zu lassen. Die Eltern der Gewinner sollten eine monatliche Transferleistung erhalten, vorausgesetzt das Kind besuchte regelmäßig die Schule. Die Gewinnerkinder gingen mit größerer Wahrscheinlichkeit regelmäßig zur Schule, meldeten sich häufiger für das nächste Schuljahr an und gingen – in dem Teil des Programms, der den Collegebesuch zur Bedingung gemacht hatte – häufiger aufs College. Aber die Forscher machten auch eine beunruhigende Entdeckung: In Familien, bei denen zwei oder mehr Kinder an der Lotterie teilgenommen hatten und eines gewonnen hatte, wurde das Verliererkind *seltener* an einer Schule angemeldet als in einer Familie, in der beide Kinder verloren hatten. Und das obwohl sich das Familieneinkommen erhöht hatte, was dem anderen Kind hätte helfen sollen. Ein Gewinner oder eine Gewinnerin war gekürt und alle Ressourcen konzentrierten sich auf ihn bzw. sie.[29]

Missverständnisse können verhängnisvolle Folgen haben. Eigentlich dürfte es keine bildungsbedingte Armutsfalle geben: Bildung nützt auf jedem Level. Doch weil Eltern *glauben,* der Nutzen von Bildung habe die Form einer S-Kurve, verhalten sie sich, als gebe es eine Armutsfalle, und schaffen damit unabsichtlich eine.

Elitäres Denken im Schulwesen

Die Eltern sind nicht die Einzigen, deren Erwartungen auf erfolgreich absolvierte Abschlussprüfungen fixiert sind; das gesamte Bildungssystem ist sich darin mit ihnen einig. Lehrpläne und Organisation der Schulen stammen oft noch aus der Kolonialzeit, als Schulen die Aufgabe hatten, die einheimische Elite zu engen Verbündeten der Kolonialmacht zu machen, wobei eines der Ziele war, die Distanz zwischen ihr und dem Rest der Bevölkerung zu vergrößern. Trotz der veränderten Zusammensetzung der Schülerschaft halten es die Lehrer auch heute noch für ihre Hauptaufgabe, die besten Schüler auf die schwierigen Prüfungen vorzubereiten, die in den meisten Entwicklungsländern als Tor zu den letzten Schuljahren oder zum College dienen. Damit einher gehen unermüdliche Versuche, die Lehrpläne zu »modernisieren«, um sie wissenschaftlicher zu machen und stärker auf Wissenschaft auszurichten. Die Folge waren immer dickere und immer schwerere Schulbücher – bis die indische Regierung einschritt und eine Obergrenze von 3,3 Kilo für das Gewicht der Schultaschen von Erst- und Zweitklässlern festlegte.

Einmal begleiteten wir einige *Pratham*-Mitarbeiter zu einer Schule in der Stadt Vadodara im Westen Indiens. Ihr Besuch war angekündigt, und der Lehrer wollte natürlich einen guten Eindruck machen: Er warf eine wahnsinnig komplizierte Zeichnung an die Tafel, einen der ausgefuchsten Beweise, für die die Euklidische Geometrie so berühmt ist, und hielt einen langen Vortrag darüber. Die Kinder (Schüler der 3. Klasse) saßen mucksmäuschenstill in schnurgeraden Reihen vor ihm auf dem Boden. Ein paar hätten vielleicht versucht, etwas, das der Figur auf der Tafel ähnelte, auf ihre winzigen Schiefertafeln zu malen, aber die Kreide war von unsagbar schlechter Qualität. Offensichtlich verstand keines von ihnen, worum es hier ging.

Dieser Lehrer war keine Ausnahme. Wir haben unzählige Beispiele dieser Art von Elitedenken bei Lehrern in Entwicklungsländern gesehen. Zusammen mit Pascaline Dupas und Michael Kremer half Esther, die Neuorganisation kenianischer Klassen zu planen, dabei nutzten sie die Möglichkeit, die Klassen aufzuteilen, weil ihnen jeweils ein zweiter Lehrer zur Verfügung stand. Die Aufteilung erfolgte entsprechend den bisherigen Leistungen der Schüler. Die Lehrer wurden den »besseren« oder »schwächeren« Klassen im Rahmen einer öffentlichen Veranstaltung zugelost. Die Lehrer, die eine »Niete« gezogen hatten und eine schwächere Klasse betreuen mussten, waren ziemlich entsetzt; sie sagten, bei diesen Kindern sei ihr Unterricht vergebliche Liebesmüh und man würde sie, die Lehrer, für deren schlechte Noten verantwortlich machen. Und genau so verhielten sie sich dann: Bei späteren, nicht angekündigten Besuchen wurden die Lehrer der »B-Klassen« seltener beim Unterrichten und häufiger beim Teetrinken im Lehrerzimmer angetroffen als die Lehrer der »A-Klassen«.[30]

Das Problem sind nicht die hohen Ansprüche allein; was wirklich schadet, ist das Zusammenspiel mit den niedrigen Erwartungen an die Leistungsfähigkeit der Schüler. Einmal wollten wir Kinder in Uttarakhand testen, einem indischen Bundesstaat am Fuße des Himalayas. Es war ein herrlicher Herbsttag, und irgendwie hatten wir das Gefühl, die Menschen mit unseren Tests zu belästigen. Der Junge, der vor uns saß, empfand es ganz gewiss so. Als wir ihn fragten, ob er zur Schule ginge, nickte er heftig, und als wir ihm sagten, wir würden ihm einige Fragen stellen, schien er noch ganz kooperativ. Doch als der Interviewer ihm ein Blatt gab, das er lesen sollte, schaute er so entschlossen in die entgegengesetzte Richtung, wie es nur ein Siebenjähriger kann. Geduldig versuchte der Interviewer, den Jungen dazu zu bewegen, wenigstens einen Blick auf das Blatt zu werfen, lockte mit schönen Bildern und einer lustigen Geschichte, doch der Bub blieb hart. Seine Mutter murmelte ihm aufmunternde Worte zu, aber eine gewisse Halbherzigkeit in ihren Bemühungen signalisierte uns, dass sie nicht wirklich glaubte, er würde seine Haltung ändern. Als wir nach diesem »Interview« zum Auto gingen, näherte sich uns ein älterer Mann in einem kurzen, staubigen *dhoti* (einem Beinkleid, wie es Männer in dieser Region tragen) und einem verblichenen T-Shirt. »Kinder wie unsere …«, sagte er und überließ es uns, den Satz zu vollenden. Denselben Pessimismus hatten wir im Gesicht der Mutter und in den Gesichtern vieler anderer Mütter gesehen. Sie sprach es nicht aus, aber sie war der Meinung, wir verschwendeten unsere Zeit.

In Gesprächen über Armut und die Armen begegnet man immer wieder einem gewissen überkommenen soziologischen Determinismus, der sich auf die Zugehörigkeit zu einer Kaste, einer Klasse oder einer Ethnie bezieht. Ende der neunziger Jahre erstellte eine Gruppe unter der Leitung von Jean Dreze einen Bericht über den Zustand der Bildung in Indien (*Public Report on Basic Education*, PROBE). Darin hieß es unter anderem:

> *Viele Lehrer sind ängstlich bemüht, nur ja nicht in weit entfernte, »rückständige« Dörfer versetzt zu werden. Zum einen weil es unbequem ist, in ein entlegenes Dorf mit schlechter Infrastruktur zu pendeln oder dort zu leben … Zum anderen gibt es eine innere Distanz zu den Einheimischen, die angeblich ihr Geld für Schnaps vergeuden, bildungsunfähig sind oder sich aufführen »wie die Wilden«. Abgelegene Regionen werden als unfruchtbarer Boden für die Schaffenskraft eines Lehrers angesehen.*

Ein junger Lehrer erklärte dem Team, es sei unmöglich, mit den »Kindern von Bauerntrotteln« zu kommunizieren.[31]

Eine Studie sollte klären, ob dieses Vorurteil das Verhalten von Lehrern gegenüber Schülern beeinflusst. Dazu bat man Lehrer, einen Satz Abschlussarbeiten zu benoten. Die Lehrer kannten die betreffenden Schüler nicht, aber die Hälfte der Lehrer (die zufällig ausgewählt wurden) erfuhr die vollen Namen der Prüflinge (aus denen die Kastenzugehörigkeit abgelesen werden kann), die anderen bekamen die Arbeiten vollständig anonymisiert vorgelegt. Ergebnis: Die Lehrer benoteten Schüler aus niedrigen Kasten im Durchschnitt schlechter, wenn sie deren Kastenzugehörigkeit kannten. Interessanterweise traf das auf Lehrer, die selbst einer höheren Kaste angehörten, nicht zu. Es waren die Lehrer aus niedrigeren Kasten, die Schülern aus niedrigeren Kasten häufiger schlechtere Noten gaben. Offenbar waren sie überzeugt davon, dass diese Kinder nichts leisten können.[32]

Diese Kombination aus hohem Anspruch und geringem Zutrauen kann ziemlich fatal sein. Wie wir schon gesehen haben, bringt der Glaube an eine S-Kurve die Leute dazu aufzugeben. Wenn Eltern und Lehrer nicht daran glauben, dass ein Kind es packen und in den steilen Teil der S-Kurve gelangen kann, dann unterstützen sie es dabei unter Umständen erst gar nicht. Der Lehrer beachtet Kinder nicht, die zurückbleiben, und die Eltern interessieren sich nicht mehr für ihre Ausbildung. Dieses Verhalten *erzeugt* eine Armutsfalle, wo zunächst gar keine war. Umgekehrt »bewahrheiten« sich Hoffnungen in Familien, die der festen Überzeugung sind, dass ihr Kind es schaffen wird, oder die nicht akzeptieren wollen, dass eines ihrer Kinder ohne Ausbildung bleibt; aus historischen Gründen sind dies in der Regel Familien, die der Oberschicht angehören. Wie einer von Abhijits Grundschullehrern gerne erzählt, ließen Abhijits Leistungen im ersten Schuljahr sehr zu wünschen übrig, aber alle redeten sich ein, es läge daran, dass er der Klasse eigentlich weit voraus sei und sich langweile. Deshalb wurde er in die nächsthöhere Klasse gesteckt, wo er prompt wieder das Schlusslicht bildete. Das Ganze ging so weit, dass der Lehrer Abhijits Hausaufgaben unter Verschluss hielt, damit seine Vorgesetzten ihn bloß nicht fragten, weshalb er den Jungen versetzt hatte. Wäre der nicht der Sohn zweier Akademiker gewesen, sondern der zweier Fabrikarbeiter, hätte man ihm ganz sicher nahegelegt, Nachhilfestunden zu nehmen oder die Schule zu verlassen.

Kinder folgen sogar selbst dieser Logik, wenn sie ihre eigenen Fähigkeiten bewerten sollen. Der Sozialpsychologe Claude Steele zeigte, wie mächtig die »Stereotypenfalle« in den USA ist: Frauen schneiden bei Mathe-Tests besser ab, wenn man ihnen vorher erklärt, dass das Stereotyp, Frauen seien mathematisch weniger begabt, für diesen speziellen Test nicht gelte. Afroamerikaner schneiden bei Tests schlechter ab, wenn sie auf dem

Deckblatt die Rassezugehörigkeit angeben müssen.[33] Zwei Forscher der Weltbank übernahmen Steeles Ansatz und ließen im indischen Bundesstaat Uttar Pradesh Kinder aus niedrigen Kasten gegen Kinder aus höheren Kasten antreten; die Aufgabe bestand darin, den Weg aus einem Labyrinth zu finden.[34] Es zeigte sich, dass die Kinder aus den niedrigen Kasten sehr gut mit den anderen mithalten konnten, solange die Kastenzugehörigkeit nicht zur Sprache kam. Sobald sie jedoch daran erinnert wurden (indem man sie bat, vor Beginn des Spiels ihren vollen Namen zu sagen), dass sie gegen Kinder aus höheren Kasten antraten, schnitten sie viel schlechter ab. Die Autoren meinen, dieses Verhalten sei zum Teil dadurch zu erklären, dass die Kinder befürchteten, von den unübersehbar der Oberschicht angehörenden Organisatoren des Spiels nicht fair behandelt zu werden, es könnte sich aber auch um verinnerlichte Stereotypen handeln. Ein Kind, das damit rechnet, Probleme in der Schule zu haben, wird die Schuld bei sich selbst suchen und nicht bei den Lehrern, wenn es etwas nicht versteht. Und irgendwann kommt es dann zu dem Schluss, dass es – »dumm«, wie seinesgleichen eben ist, – nicht für die Schule geeignet ist, und klinkt sich ganz aus dem Bildungssystem aus, sitzt tagträumend in der Klasse oder verweigert wie Shantaramas Kinder den Schulbesuch.

Warum Schulen versagen

In vielen Entwicklungsländern zielen sowohl die Lehrpläne als auch der Unterricht eher auf die Kinder der Elite ab als auf die der Durchschnittsbevölkerung. Das ist der Hauptgrund, weshalb Versuche, mit zusätzlichen Mitteln die Situation der Schulen zu verbessern, in der Regel ohne Erfolg bleiben. In den frühen neunziger Jahren suchte Michael Kremer nach einer Möglichkeit, eine der ersten randomisierten Untersuchungen einer strategischen Intervention in einem Entwicklungsland durchzuführen. Für diesen ersten Test suchte er eine unstrittig positive Maßnahme, die vermutlich deutlich erkennbare Auswirkungen haben würde. Schulbücher schienen sich hervorragend dafür zu eignen: Die Schulen im Westen Kenias, wo die Studie durchgeführt wurde, verfügten über sehr wenig Schulbücher, und man war fast einhellig der Meinung, dass man dringend welche brauchte. Von 100 Schulen wurden 25 nach dem Zufallsprinzip ausgewählt, sie erhielten Schulbücher, die offiziell für diese Klassen zugelassen waren. Die Ergebnisse waren enttäuschend. Die Noten von Schülern, die Bücher bekommen hatten, und solchen, die weiter ohne Bücher lernen mussten, unterschieden sich im Durchschnitt nicht. Allerdings stellte Kremers Team fest, dass die Kinder, die schon zu Versuchsbeginn bei den Testaufgaben gut abgeschnitten hatten, in den Schulen mit Schulbüchern deutliche Fortschritte aufwiesen. Nun klärte sich einiges. An kenianischen Schulen wird in englischer Sprache unterrichtet, und die Schulbücher waren natürlich auch auf Englisch. Doch für die meisten Kinder ist Englisch die dritte Sprache (nach ihrer Stammessprache und der Landessprache Suaheli), und sie sprechen sie sehr schlecht. Englischsprachige Schulbücher sind daher für die Mehrheit der Kinder ungeeignet.[35] Solche und ähnliche Erfahrungen machten noch viele andere Forscher an anderen Orten und mit anderen Maßnahmen (von Flipcharts bis zu Verkleinerung der Klassen). All die schönen Maßnahmen nützen wenig, wenn sie nicht von Veränderungen in den Unterrichtsmethoden oder anderen Anreizen begleitet werden.

Mittlerweile ist vermutlich klar geworden, weshalb Privatschulen dem Durchschnittskind nicht mehr Bildung bringen – alle konzentrieren sich nur darauf, die leistungsstärksten Schüler auf eine schwierige staatliche Prüfung vorzubereiten, die den Schlüssel zu Höherem darstellt, und dafür muss es immer mit Volldampf vorwärtsgehen und ein umfangreicher Lehrplan abgearbeitet werden. In der Schule, die Abhijit in Kalkutta besuchte, war es gang und gäbe, jedes Jahr die schwächsten Schüler einer Klasse hinauszuwerfen, bei den Abschlussprüfungen konnte die Schule dann mit hervorragenden Zahlen glänzen. Die kenianischen Grundschulen haben diese Strategie übernommen, doch beginnen sie wenigstens erst ab Klasse 6 damit (Kenia hat eine achtjährige Primarschule). Weil die Eltern genauso denken, sehen sie natürlich keinen Grund, Druck auf die Schulen auszuüben, damit diese anders handeln. Auch die Eltern wollen Schulen, die das liefern, was sie sich unter einer »Elite-Ausbildung« für ihr Kind vorstellen, obwohl sie in keiner Weise beurteilen können, ob das, was sie bekommen, diesem Wunsch auch entspricht, noch ob ihre Kinder irgendeinen Nutzen davon haben. Englischsprachiger Unterricht beispielsweise erfreut sich bei Eltern in Südasien ausgesprochen großer Beliebtheit, doch Eltern, die selbst kein Englisch sprechen, können nicht wissen, ob der Lehrer tatsächlich in der Lage ist, auf Englisch zu unterrichten. Andererseits sind Eltern an Sommercamps und abendlicher Nachhilfe nicht interessiert: Ein Kind, das so etwas braucht, gehört nicht zu den Gewinnern der Bildungslotterie. Also, was soll's?

Gleichzeitig wird klar, warum die Sommerschulen von *Pratham* funktionieren. Die im Staatsdienst stehenden Lehrer scheinen zu wissen, wie man die schwächeren Kinder unterrichtet, und sie scheinen sogar bereit zu sein, sich im Sommer stärker darum zu bemühen, aber im normalen Schuljahr ist das nicht ihre Aufgabe, das hat man ihnen zumindest vermittelt. Vor kurzem haben wir in Bihar eine *Pratham*-Initiative ausgewertet, die zum Ziel hatte, an öffentlichen Schulen Nachhilfeprogramme einzurichten. Dafür wurden zum einen Lehrer im Umgang mit diesen Unterrichtsmaterialien geschult und zum anderen Freiwillige zu Unterrichtsassistenten für diese Klassen ausgebildet. Die Ergebnisse waren verblüffend. In den (nach dem Zufallsprinzip ausgewählten) Schulen, die sowohl die Lehrerschulung als auch die Unterrichtsassistenten hatten, waren die Fortschritte enorm und deckten sich völlig mit den *Pratham*-Ergebnissen, von denen wir weiter oben berichtet haben. An Schulen, an denen es nur die Lehrerschulung gab, tat sich im Prinzip nichts. Dieselben Lehrer, die in den Sommercamps so gute Arbeit leisteten, schafften es nicht, über ihren Schatten zu springen: Die Hürde, die die offizielle Unterrichtspolitik und die Fixierung auf den Lehrplan errichten, scheint zu hoch. Doch dafür sind nicht allein die Lehrer verantwortlich. Der neue indische *Right to Education Act* (»Gesetz für das Recht auf Bildung«) verpflichtet per Gesetz zur Einhaltung des Lehrplans.

Auf einer breiteren, gesellschaftlichen Ebene führt diese Kombination aus Vorurteilen und Fehlverhalten dazu, dass die meisten Schulsysteme unfair und verschwenderisch zugleich sind. Die Kinder der Reichen besuchen Schulen, an denen sie nicht nur besser und umfassender unterrichtet werden, sie werden auch mit Hingabe betreut und gefördert, so dass sie ihr Potenzial ausschöpfen können. Die Armen landen in Schulen, in denen man ihnen schon bald unmissverständlich zu verstehen gibt, dass sie unerwünscht sind, es sei denn sie hätten ganz außergewöhnliche Begabungen aufzuweisen, und wo man eigentlich nur von ihnen erwartet, schweigend zu leiden, bis sie von selbst aufgeben.

So kommt es zu einer enormen Vergeudung von Talenten. Wahrscheinlich sind die meisten Menschen, die zwischen Grundschule und College aussteigen oder die nie eine Schule besucht haben, Opfer irgendeiner Art von Fehlbeurteilung: Eltern, die zu früh aufgaben, Lehrer, die sich nie bemüht haben, ihnen etwas beizubringen, oder der Mangel an Selbstvertrauen bei den Schülern selbst.

Die Geschichten von großen Wissenschaftlern, wie Albert Einstein oder dem indischen Mathematikgenie Ramanujam, die beide im normalen Bildungssystem versagten, sind wohlbekannt. Doch die Geschichte der Firma *Raman Boards* zeigt, dass sich diese Erfahrung nicht unbedingt auf einige wenige außergewöhnliche Geister beschränkt. Ein tamilischer Ingenieur namens V. Raman gründete *Raman Boards* Ende der siebziger Jahre in Mysore. Die Firma stellte technische Papiere her, zum Beispiel Isolierpapiere für Transformatoren. Eines Tages traf V. Raman am Tor vor der Fabrik einen jungen Mann, der ihn nach einem Job fragte. Sein Name war Rangaswami, und er stammte, wie er sagte, aus einer sehr armen Familie. Er hatte eine gewisse technische Ausbildung, konnte aber nur eine Prüfungsurkunde und keinen Collegeabschluss vorweisen. Raman war beeindruckt von der Hartnäckigkeit, mit der der Bewerber versicherte, er werde gute Arbeit leisten, und ließ ihn einen schnellen Intelligenztest machen, den er mit Bravour absolvierte. Raman nahm den jungen Mann unter seine Fittiche. Anfangs arbeitete Rangaswami mit Raman zusammen, wenn es galt, technische Probleme zu lösen, doch er wurde rasch selbstständig und fand immer eine kreative Lösung. Irgendwann wurde Ramans Firma vom international agierenden schwedischen Technologiekonzern ABB gekauft, heute gehört sie zu den rentabelsten der vielen Unternehmen unter dem Dach von ABB weltweit – Schweden miteingerechnet. Rangaswami, der Mann ohne abgeschlossenes Ingenieursstudium, hat es zum technischen Leiter gebracht. Sein Kollege Krishnachari ist eine weitere Entdeckung von Raman: Der ehemalige Schreiner mit geringer Schulbildung stieg zum Manager in der Komponentenabteilung auf.

Ramans Sohn Aroon, der die Firma leitete, bis sie verkauft wurde, betreibt heute – zusammen mit ein paar ehemaligen Beschäftigten von Raman – eine kleine Forschungs- und Entwicklungseinheit. Den harten Kern seines Forschungsteams bilden vier Leute, von denen kein Einziger ausgebildeter Ingenieur ist und zwei nie die Highschool abgeschlossen haben. Er sagt, sie seien brillant, das einzige Problem sei gewesen, dass sie sich anfangs nicht getraut hätten, den Mund aufzumachen, so dass es niemand wusste. Man habe sie nur entdeckt, weil die Firma eben sehr klein sei und ihr Schwerpunkt im Bereich Forschung und Entwicklung liege. Aber selbst dann habe es eine Menge Geduld gebraucht, um ihre Fähigkeiten aufzudecken, und sie müssten auch jetzt noch ständig ermutigt werden.

Dieses Beispiel lässt sich nicht ohne Weiteres nachahmen. Leider gibt es keinen unfehlbaren Weg zur Entdeckung von Talenten, es sei denn, man will eine Menge Zeit investieren, um das nachzuholen, was das Bildungssystem hätte leisten sollen: den Menschen hinreichend Gelegenheit zu geben zu zeigen, was sie können. Aber *Raman Boards* ist nicht die einzige Firma, die glaubt, es gebe noch eine Menge unentdeckter Talente. *Infosys,* einer von Indiens IT-Riesen, hatte Testzentren eingerichtet, wo jeder hingehen und sich testen lassen konnte, auch wenn er kaum formale Qualifikation besaß; die Tests zielten auf Intelligenz und analytische Fähigkeiten ab, nicht auf Schulbuchwissen. Wer gut abschnitt, wurde in ein Schulungsprogramm aufgenommen, und wer das schaffte, bekam einen Job. Dieser alternative Weg war eine Quelle der Hoffnung für all jene, die durch die gähnenden Löcher im Bildungssystem gefallen waren. Als *Infosys* die Testzentren in der globalen Rezession schloss, beherrschte das Thema die Schlagzeilen in Indien.

Eine Kombination aus unrealistischen Zielen, ungerechtfertigten pessimistischen Erwartungen und falschen Anreizen für Lehrer trägt dazu bei, dass die Bildungssysteme in Entwicklungsländern ihre beiden wichtigsten Aufgaben nicht erfüllen: alle mit einer ordentlichen Bildungsgrundlage zu versehen und Talente zu entdecken. Dazu kommt, dass es schwieriger geworden ist, ein hohes Bildungsniveau zu gewährleisten. Die Bildungssysteme stehen überall auf der Welt unter Druck. Die Schülerzahlen sind schneller gestiegen als die Ressourcen, und mit dem Anwachsen der Hightech-Branchen gibt es weltweit eine wachsende Nachfrage nach gut ausgebildeten Leuten, die vorher in der Regel den Lehrerberuf ergriffen haben. Nun werden sie stattdessen Programmierer, Systemanalytiker oder Bankkaufleute. Dadurch wird es zunehmend schwieriger, gute Lehrer zu finden, vor allem für die weiterführenden Schulen.

Gibt es einen Weg aus diesem Dilemma, oder ist das Problem zu groß?

Der Umbau des Bildungssystems

Die gute Nachricht – und es ist wirklich eine sehr gute Nachricht – lautet: Alles deutet darauf hin, dass es nicht nur möglich ist, jedem Kind in der Schule das notwendige Basiswissen zu vermitteln, sondern dass sich das sogar ganz einfach erreichen lässt, wenn man sich allein darauf (und auf nichts anderes) konzentriert.

Ein bemerkenswertes soziales Experiment in Israel zeigt, wie viel Schulen tun können. Im Jahr 1991 wurden an einem einzigen Tag 15 000 äthiopische Juden mit ihren Kindern von Addis Abeba ausgeflogen und auf Gemeinden in ganz Israel verteilt. Kinder, deren Eltern im Schnitt ein bis zwei Jahre die Schule besucht hatten, gingen nun mit israelischen Kindern in die Grundschule, deren Eltern entweder schon lange dort als Siedler gelebt hatten oder die vor kurzem erst aus Russland immigriert waren und die im Schnitt 11,5 Schuljahre vorweisen konnten. Die familiären Hintergründe hätten nicht unterschiedlicher sein können. Jahre später, als die 1991 eingeschulten Kinder ihre Highschool-Abschlüsse machten, hatten sich die Unterschiede beträchtlich verringert. Von den äthiopischen Kindern hatten 65 Prozent die 12. Klasse erreicht, ohne eine Klasse zu wiederholen, bei den Kindern der russischen Immigranten lagen die Zahlen nur wenig höher, bei 74 Prozent. Das heißt, dass selbst die größten Nachteile, was den familiären Hintergrund und die frühen Lebensbedingungen angeht, kompensiert werden können (zumindest in israelischen Schulen), wenn die Bedingungen stimmen.[36]

Erfolgreich verlaufene Experimente zeigen uns, wie man solche Bedingungen schaffen kann. Das Wichtigste ist, sich auf die Grundfertigkeiten zu konzentrieren und darauf zu bauen, dass *jedes Kind* diese Fertigkeiten erlangen kann, solange es selbst und sein Lehrer sich wirklich darum bemühen. Das ist der Grundgedanke des *Pratham*-Programms, aber auch eine Einstellung, die hinter dem Motto *»no excuse«* (»Keine Ausreden«) der US-amerikanischen *charter schools* steckt.[37]

Diese Schulen, zu denen etwa die Schulen des *Knowledge-Is-Power* (»Wissen ist Macht«)-Programms, die *Harlem Children's Zone* und andere gehören, kümmern sich vor allem um Schüler aus armen (insbesondere schwarzen) Familien. Ihr Lehrplan konzentriert sich auf die solide Vermittlung der Grundfertigkeiten, gleichzeitig wird ständig überprüft, was die Kinder wirklich wissen. Ohne diese Kontrolle wäre es unmöglich, ihre Fortschritte zu beurteilen.

In mehreren Studien, die so angelegt waren wie die, die Gewinner und Verlierer der Schule-gegen-Bargeldtransfer-Verlosung verglichen hatten, konnte nachgewiesen werden, dass die Charterschulen sehr effektiv und erfolgreich arbeiten. Wenn man die Kapazitäten der Charterschulen vervierfachen würde, ohne das demographische Profil der Schülerschaft zu verändern, könnte man den in der Stadt existierenden Leistungsunterschied zwischen schwarzen und weißen Schülern in den Mathe-Tests vermutlich um bis zu 40 Prozent verringern – das lässt eine in Boston durchgeführten Studie an Charterschulen vermuten.[38] Der Mechanismus ist exakt derselbe wie in den *Pratham*-Programmen: Kinder, die im normalen Schulsystem völlig verloren sind (ihre Testergebnisse liegen meilenweit unter denen anderer Kinder, wenn sie auf die Charterschulen wechseln), erhalten die Chance aufzuholen und viele nutzen sie.

Eine weitere gute Nachricht aus der Arbeit von *Pratham:* Der Schulungsaufwand für gute Nachhilfelehrer ist relativ gering, zumindest für die in den unteren Klassen unterrichtenden. Die Freiwilligen, die so dramatische Veränderungen erzielt hatten, waren überwiegend Collegestudenten oder Leute, die eine Woche oder zehn Tage lang in Pädagogik geschult worden waren. Doch die Schulung ging über die Vermittlung von Lesen und Grundrechenarten hinaus. Im Rahmen desselben Programms in Bihar, wo die Freiwilligen in die Klassen gegangen waren, zeigten diese den Kindern, die bereits lesen konnten, auch, wie man seine Lesefertigkeit nutzen kann, um zu lernen, und die Kinder lernten nachweislich mächtig dazu. *Pratham* nennt das *Reading to Learn* (»Lesen, um zu lernen«), in Fortsetzung des grundsätzlicheren *Learning to Read* (»Lesen lernen«). In den Charterschulen arbeiten überwiegend junge, engagierte Lehrkräfte, ihre Hilfe kommt vor allem den Schülern der Primar- und der unteren Sekundarstufe spürbar zugute.

Drittens könnte man sehr viel gewinnen, wenn man Lehrpläne und Klassen so umorganisieren würde, dass es Schülern erlaubt wird, in ihrem eigenen Tempo zu lernen, bzw. dass sich die Kinder, die hinterherhinken, auf die Grundfertigkeiten konzentrieren dürfen. Die Kinder nach ihren Fähigkeiten einzuteilen ist ein Weg. Die bereits erwähnte kenianische Studie untersuchte zwei Möglichkeiten, Schüler einer ersten Klasse auf zwei Klassen zu verteilen. Einmal wurden die Kinder einer Klasse zugelost, im anderen Fall wurden die Kinder nach dem, was sie bereits konnten, einer der beiden Klassen zugeteilt. Bei dem zweiten Verfahren konnten die Lehrer besser auf die Bedürfnisse ihrer Schüler eingehen und alle Schüler entwickelten sich – unabhängig von ihrem jeweiligen Ausgangsniveau – besser. Und diese Verbesserungen hielten sich: Am Ende der 3. Klassen zeigten die Kinder, die man in der 1. oder 2. Klasse gemäß ihren Fähigkeiten einer neuen Klasse zugeteilt hatte, immer noch bessere Leistungen als die, die zufällig zusammengewürfelt worden waren.[39] Alternativ könnte man nach anderen Wegen suchen, um den Unterricht den Bedürfnissen der einzelnen Schüler anzupassen. Beispielsweise indem man die Klassengrenzen durchlässiger macht, so dass ein Kind, das vom Alter her in die 5. Klasse gehört, in einigen Fächern aber auf dem Stand der 2. Klasse ist, den entsprechenden Unterricht besuchen kann, ohne stigmatisiert zu werden.

Ganz allgemein wäre schon viel gewonnen, wenn man die unrealistischen Erwartungen, die alle hegen, korrigieren könnte. In Madagaskar gab es ein Programm, bei dem man den Eltern einfach nur sagte, wie viel jemand mit einem ähnlichen Hintergrund wie ihre Kinder pro absolviertem Schuljahr mehr verdient. Das führte zu beträchtlichen Verbesserungen der Testergebnisse; in Fällen, in denen die Eltern die Auswirkungen von Bildung unterschätzt hatten, waren die Verbesserungen sogar doppelt so hoch.[40] Zuvor war eine solche Studie in der Dominikanischen Republik mit Schülern einer Highschool durchgeführt worden – mit ganz ähnlichen Ergebnissen.[41] Da es im Prinzip nichts kostet, wenn Lehrer entsprechende Informationen an die Eltern geben, ist dies von allen bislang untersuchten Maßnahmen zur Verbesserung der schulischen Leistungen die billigste.

Es könnte sich auch lohnen, Schülern wie Lehrern Ziele zu setzen, die zeitlich näher liegen. Dann bräuchten sie sich nicht länger auf ein ungewisses Ergebnis in einer fernen Zukunft zu fixieren. Ein kenianisches Programm gewährte Mädchen, die bei den Prüfungen zu den besten 15 Prozent zählten, ein Stipendium von 20 PPP-USD für das nächste Schuljahr. Mit dem Erfolg, dass sich nicht nur die Leistungen der Mädchen deutlich verbesserten, sondern sich auch die Lehrer (die unter dem Druck standen, den Mädchen zu helfen) mächtig ins Zeug legten, was dazu führte, dass die Jungs ebenfalls besser wurden, obwohl ihnen kein Stipendium winkte.[42] In den USA führten Anreize für das Erreichen weit gesteckter Ziele (wie etwa gute Noten) bei den Schülern nicht zum Ziel, doch Belohnungen für das Lesen von Büchern erwiesen sich als hocheffektiv.[43]

In Anbetracht der Tatsache, dass gute Lehrer Mangelware sind und Informationstechnik ständig billiger wird, scheint es nur vernünftig, Letztere häufiger einzusetzen. Die Nutzung von technischen Mitteln im Unterricht ist im Bildungsestablishment nicht überall gut angesehen. Doch diese Meinung gründet sich im Wesentlichen auf die Erfahrungen in reichen Ländern, wo die Alternative zum Lernen mit dem Computer in aller Regel das Lernen mit einem gut ausgebildeten und motivierten Lehrer ist. In armen Ländern stellt sich, wie wir gesehen haben, die Situation häufig ganz anders dar. Und in der Tat sind die wenigen Erfahrungen, die wir damit in Entwicklungsländern gemacht haben, durchaus positiv. Wir haben eine Studie mit einem computergestützten Lernprogramm ausgewertet, das *Pratham* in den frühen 2000er Jahren in den öffentlichen Schulen in Vadodara eingesetzt hatte. Das Programm war ganz einfach. Je zwei Dritt- und Viertklässler durften ein Computerspiel spielen. Im Rahmen dieses Spiels mussten sie mathematische Probleme lösen, die immer ein bisschen schwieriger wurden. Wenn sie die richtige Lösung fanden, durften die Gewinner eine Ladung Müll in den Weltraum schießen (das Spiel war alles andere als politisch korrekt). Obwohl die Kinder nur zwei Stunden pro Woche spielen durften, waren ihre Verbesserungen in den Mathe-Tests ebenso groß wie die, die mit einigen der erfolgreichsten Unterrichtsmaßnahmen erzielt wurden, die man in verschiedenen Studien im Lauf der Jahre getestet hatte. Und das funktionierte durch die Bank: Die leistungsstärksten Kinder verbesserten sich ebenso wie die schwächsten. Das zeigt den großen Vorteil des Lernens mit dem Computer: Jedes Kind kann das Programm in seinem eigenen Tempo durcharbeiten.[44]

Mit unserer Botschaft, die Erwartungen herunterzufahren, sich auf die Kernkompetenzen zu konzentrieren und Computer in Ergänzung zum (oder wenn nötig auch als Ersatz für einen) Lehrer einzusetzen, stoßen wir manche Bildungsexperten vor den Kopf. Ihre Reaktion ist verständlich, schließlich scheinen wir ein zweigleisiges Bildungssystem vorzuschlagen: eines für die Kinder der Reichen, die zweifellos auf höchstem Niveau in teuren Privatschulen unterrichtet werden, und eines für den Rest. Dieser Einwand ist nicht ganz unberechtigt, aber leider existiert diese Zweiteilung bereits – mit dem Unterschied, dass das gegenwärtige System dem überwiegenden Teil der Kinder so gut wie nichts bietet. Wenn die Lehrpläne radikal vereinfacht würden, wenn die Lehrer den klaren Auftrag erhielten, jedem einzelnen Kind genau diese Inhalte zu vermitteln, und wenn Kinder all das in ihrem eigenen Tempo lernen dürften, wenn nötig mit Wiederholungen, dann hätten die meisten Kinder etwas von den in der Schule verbrachten Jahren. Und die Begabteren hätten tatsächlich eine Chance, ihre Talente zu entdecken. Es ist richtig, dass es sie einige Mühe kosten würde, denselben Stand zu erreichen wie die Kinder, die auf Eliteschulen gehen können, aber wenn sie lernen, an sich selbst zu glauben, dann haben sie eine Chance, erst recht wenn das System dazu bereit ist, ihnen dabei zu helfen.[45] Anzuerkennen, dass Schulen den Schülern dienen müssen, die sie haben, und nicht denen, die sie vielleicht gerne hätten, wäre der erste Schritt in Richtung eines Schulsystems, das jedem Kind eine Chance gibt.

5 Pak Sudarnos Großfamilie

Sanjay Gandhi war überzeugt, dass man dem Bevölkerungswachstum Einhalt gebieten müsse, wenn Indien sich weiterentwickeln soll. Sanjay war der jüngere Sohn der indischen Premierministerin Indira Gandhi (1917–1984) und wurde bereits als ihr Nachfolger gehandelt, ehe er 1981 bei einem Flugzeugabsturz ums Leben kam. Die Geburtenkontrolle spielte bei seinen zahlreichen öffentlichen Auftritten während der Zeit des Ausnahmezustands (1975–1977) eine zentrale Rolle; damals waren die demokratischen Prinzipien vorübergehend aufgehoben, und Sanjay Gandhi hielt mehr oder weniger offen die Fäden in der Hand, obwohl er kein offizielles Amt innehatte. Dem Programm zur Familienplanung müsse »die höchste Bedeutung und Aufmerksamkeit« geschenkt werden, wird er typischerweise verharmlosend zitiert, »weil unser gesamter industrieller, wirtschaftlicher und landwirtschaftlicher Fortschritt nichts nutzt, wenn die Bevölkerung im gegenwärtigen Tempo weiterwächst«.[1]

Indien blickte da bereits auf fast zwei Jahrzehnte Familienplanung zurück; alles hatte Mitte der sechziger Jahre begonnen. 1971 experimentierte man im Bundesstaat Kerala mit mobilen Sterilisationseinheiten, den sogenannten Sterilisationscamps; dieser Ansatz wurde zum Eckpfeiler von Sanjay Gandhis Plänen während des Notstands. Zwar hatten die meisten Politiker vor ihm die Geburtenkontrolle ebenfalls als wichtiges Thema angesehen, doch Sanjay ging das Problem mit einem noch nie dagewesenen Elan an, gepaart mit der Fähigkeit (und dem Willen), so viele Hebel wie möglich in Bewegung zu setzen, um seine Vorstellungen zu verwirklichen. Im April 1976 billigte das indische

Kabinett ein Papier zur Bevölkerungspolitik, das eine Reihe von Maßnahmen zur Familienplanung forderte, von finanziellen Anreizen für Leute, die einer Sterilisation zustimmten (wie einer Prämie in Höhe eines Monatslohns oder einem vorderen Platz auf einer Liste für Wohnungssuchende), bis zur Genehmigung, dass jeder Bundesstaat auch eigene Gesetze für Zwangssterilisierungen (beispielsweise für Personen mit mehr als zwei Kindern) erlassen darf. Zwar brachte nur ein Bundesstaat einen solchen Gesetzentwurf auf den Weg (der aber nicht durchging), aber alle wurden massiv gedrängt, Sterilisationsquoten festzulegen und sie auch einzuhalten. Mit Ausnahme von drei Bundesstaaten legten alle höhere Quoten fest, als die Zentralregierung verlangt hatte: Die Zielgröße lag insgesamt bei 8,6 Millionen Sterilisationen in den Jahren 1976 und 1977.

Nachdem sie einmal formuliert waren, wurden die Quoten auch ernst genommen. Der Chef der staatlichen Verwaltung von Uttar Pradesh telegrafierte an seine leitenden Beamten vor Ort: »Informieren Sie alle: Das Nichterreichen der monatlichen Quote wird mit Streichung der Gehälter geahndet, ggf. mit Suspendierung vom Dienst oder hohen Strafen. Setzen Sie den gesamten Apparat unverzüglich, wiederhole: unverzüglich, in Bewegung und berichten Sie täglich per Eilnachricht über den Fortgang an mich und den Sekretär des Chief Ministers.« Jeder Staatbedienstete, Eisenbahnschaffner und Schullehrer eingeschlossen, jedes noch so kleinen Dorfes hatte die entsprechenden Quoten zu kennen. Lehrer besuchten die Eltern von Schüler und erklärten ihnen, ihre Kinder würden von der Schule fliegen, wenn sie sich nicht sterilisieren ließen. Wer ohne Fahrkarte im Zug erwischt wurde – Schwarzfahren war damals bei den Armen gang und gäbe, – musste hohe Strafen zahlen, es sei denn, er oder sie ließ sich sterilisieren. Gelegentlich wurde noch deutlich höherer Druck angewandt. In Uttawar, einem muslimischen Dorf in der Nähe der Hauptstadt Delhi, wurden eines Nachts alle Männer von der Polizei zusammengetrieben, mit falschen Beschuldigungen auf die Polizeistationen gebracht und von dort zur Sterilisation abtransportiert.

Die Strategie scheint ihr unmittelbares Ziel erreicht zu haben, obwohl die Zahl der tatsächlich durchgeführten Sterilisationen – vermutlich wegen der Belohnungen – wohl etwas zu hoch angegeben wurde. In den Jahren 1976 und 1977 sollen 8,25 Millionen Menschen sterilisiert worden sein, 6,5 Millionen allein zwischen Juli und Dezember 1976. Ende 1976 waren 21 Prozent der indischen Paare sterilisiert. Doch es gab heftigen Unmut wegen der Verletzungen der Bürgerrechte, ohne die das Programm nicht hätte durchgesetzt werden können, und als 1977 endlich Wahlen stattfinden sollten, waren die Sterilisationen eines der Hauptthemen im Wahlkampf – auf den Punkt gebracht in dem sehr eingängigen Slogan: *»Indira hatao, indiri bachao«* (»Weg mit Indira, rette deinen Penis«). Viele Beobachter sind davon überzeugt, dass Indira Gandhi diese Wahlen unter anderem deshalb verlor, weil die Wut über dieses Programm so groß war. Die neue Regierung stoppte es sofort.

Ironie der Geschichte: Auf lange Sicht hat Sanjay Gandhi sogar dafür gesorgt, dass Indiens Bevölkerung noch schneller wächst. Nachdem sie in der Zeit des Ausnahmezustands derart in Misskredit gebracht worden war, verschwand die Familienplanungspolitik in der Versenkung, wo sie auch heute noch ruht. Zwar gibt es ein paar Bundesstaaten, wie Rajasthan beispielsweise, die für Sterilisationen auf freiwilliger Basis werben, aber außer der Gesundheitsbürokratie scheint sich niemand dafür zu interessieren. Dafür herrscht als dauerhaftes Erbe des damaligen Ausnahmezustands ein allgemeines Misstrauen gegen die Absichten des Staates. So hört man zum Beispiel immer wieder, dass Leute aus den Slums oder auf dem Land ihren Kindern keine Poliotropfen verabreichen lassen, weil sie befürchten, sie könnten dadurch heimlich sterilisiert werden.

Diese Episode aus Indien und die drastische chinesische Ein-Kind-Politik sind die bekanntesten Beispiele für mit harter Hand erzwungene Maßnahmen zur Geburtenkontrolle, doch die meisten Entwicklungsländer haben irgendeine Form von Bevölkerungspolitik. John Bongaarts von *Population Council,* einer

Nichtregierungsorganisation, veröffentlichte 1994 einen Artikel in der Zeitschrift *Science*. Darin schrieb er, dass im Jahr 1990 schätzungsweise 85 Prozent der Menschen in der sogenannten Dritten Welt in Ländern lebte, deren Regierungen offen die Auffassung vertraten, ihre Bevölkerung sei zu groß und müsse durch familienplanerische Maßnahmen reguliert werden.[2]

Aber es gibt noch viele weitere Gründe, warum wir alle uns heute über das Bevölkerungswachstum Gedanken machen sollten. Jeffrey Sachs behandelt sie in seinem Buch *Wohlstand für viele*.[3] Am augenfälligsten sind die möglichen Auswirkungen auf die Umwelt. Das Bevölkerungswachstum sorgt für steigende Kohlendioxid-Emissionen und trägt damit zur globalen Erwärmung bei. Trinkwasser wird zunehmend knapper, einerseits weil mehr Menschen da sind, die es trinken, andererseits weil für mehr Menschen Nahrung angebaut werden muss, und man Wasser für die Bewässerung benötigt (70 Prozent des Süßwassers werden allein dafür genutzt). Die Weltgesundheitsorganisation schätzt, dass ein Fünftel der Weltbevölkerung in Regionen lebt, wo Süßwasser knapp ist.[4] Diese Themen sind also in der Tat lebenswichtig. Doch Familien, die vor der Frage stehen, wie viele Kinder sie haben wollen, berücksichtigen sie vermutlich nur selten bei ihren Überlegungen. Aus diesem Grund kann eine Bevölkerungspolitik sinnvoll sein. Das Problem ist jedoch, dass man keine vernünftige Bevölkerungspolitik entwickeln kann, wenn man nicht weiß, warum manche Menschen so viele Kinder haben: Sind sie nicht in der Lage, Geburtenkontrolle zu betreiben (zum Beispiel weil sie keinen Zugang zu empfängnisverhütenden Mitteln haben), oder wollen sie es so? Und wenn sie sich bewusst für viele Kinder entscheiden, was sind die Gründe dafür?

Was ist so schlimm an Großfamilien?

In reicheren Ländern ist das Bevölkerungswachstum niedriger. Äthiopien beispielsweise hat eine Gesamtfruchtbarkeits- oder Fertilitätsrate von 6,12 Kindern pro Frau, in den USA, die etwa 50-mal reicher sind als Äthiopien, liegt die Rate bei 2,05.

Dieser Zusammenhang hat viele Menschen, Wissenschaftler und Politiker eingeschlossen, davon überzeugt, dass der altehrwürdige Thomas Malthus, seines Zeichens Professor für Geschichte und politische Ökonomie am College der *East India Company* (Britische Ostindien-Kompanie), recht hatte. Malthus formulierte seine bis heute populären Thesen an der Wende zum 18. Jahrhundert. Er glaubte, dass die Ressourcen eines Landes eine mehr oder weniger feste Größe darstellen (sein Lieblingsbeispiel war Grund und Boden), demzufolge mussten die Einwohner eines Landes bei steigender Bevölkerungszahl ärmer werden.[5] Nach dieser Logik müsste man dem Schwarzen Tod, der zwischen 1348 und 1377 die Hälfte der britischen Bevölkerung dahinraffte, für die darauf folgenden Hochlohnjahre dankbar sein. Alwyn Young, ein Ökonom der London School of Economics, brachte dieses Argument im Zusammenhang mit der in Afrika grassierenden AIDS-/HIV-Epidemie wieder ins Spiel. In seinem mit »The Gift of Dying« (»Das Geschenk des Sterbens«) überschriebenen Artikel behauptet er, infolge der Epidemie würde es späteren Generationen von Afrikanern besser gehen, weil die Fruchtbarkeitsrate sinke.[6] Zum Absinken der Fruchtbarkeitsrate komme es einmal direkt, weil die Menschen seltener ungeschützten Sex hätten, aber auch indirekt, weil es aufgrund des (ebenfalls AIDS-bedingten) Arbeitskräftemangels für Frauen interessanter sei, einen Beruf auszuüben als Kinder zu gebären. Young rechnete aus, dass der »Segen« einer dezimierten Bevölkerung in den kommenden Jahrzehnten in Südafrika groß genug sein werde, um den zu erwartenden Mangel an Bildung und Erziehung bei den vielen AIDS-Waisen auszugleichen; Südafrika würde wegen HIV dauerhaft um 5,6 Prozent reicher. Er zieht den für seine etwas empfindsameren Leser gewiss tröstlichen Schluss: »Man kann nicht fortwährend die Probleme des enormen Bevölkerungswachstums in den Entwicklungsländern bejammern und dann behaupten, die Umkehr dieses Vorgangs sei ein ebenso großes ökonomisches Desaster.«

An Youngs Artikel entzündete sich eine hitzige Debatte, die sich vor allem um die Frage drehte, ob die AIDS-/HIV-Epidemie tatsächlich zu einer Abnahme der Fruchtbarkeitsrate führt. Diese Behauptung wurde inzwischen durch sorgfältige Studien widerlegt.[7] Seine andere Schlussfolgerung – ein deutlicher Einschnitt bei den Fruchtbarkeitsziffern würde jeden Einzelnen reicher machen – wollten die meisten Leute gerne zugestehen.

Dabei ist das weniger selbstverständlich, als es klingt. Einmal leben heute wesentlich mehr Menschen auf unserem Planeten als zu der Zeit, als Malthus seine Thesen formulierte, und zum anderen sind die meisten von uns reicher als Malthus' Zeitgenossen. Der technische Fortschritt, der in Malthus' Theorien nicht vorkommt, scheint aus dem Nichts neue Ressourcen hervorzubringen; wo mehr Menschen leben, können auch mehr neue Ideen entstehen, und so kommt es unter Umständen zu mehr technologischen Durchbrüchen. Wenn man in der Menschheitsgeschichte zurückblickt (ab etwa einer Million Jahre vor unserer Zeit), dann sind die Regionen oder Staaten, die mehr Einwohner hatten, stets *schneller* gewachsen als der Rest.[8]

Damit bewegen wir uns sicher nicht mehr im Bereich reiner Spekulation. Und der Umstand, dass heutzutage Länder mit hohen Fertilitätsraten ärmer sind, bedeutet nicht, dass sie deswegen arm sind. Es könnte sich auch genau umgekehrt verhalten: Weil sie arm sind, haben sie eine hohe Fertilitätsrate. Oder ein dritter Faktor könnte für beides verantwortlich sein, für Armut und Fruchtbarkeit. Sogar die Tatsache, dass Phasen schnellen ökonomischen Wachstums oft mit einem dramatischen Absinken der Fertilitätsrate zusammenfallen, wie in Korea und in Brasilien in den sechziger Jahren, ist nicht eindeutig zu interpretieren: Begannen die Familien, weniger Kinder zu haben, als sich das Wirtschaftswachstum beschleunigte? Oder führte die Verringerung der Kinderzahl zur Freisetzung von Ressourcen für andere Investitionen?

Wieder einmal ist es notwendig, die Perspektive zu verändern, die große Frage beiseitezuschieben und sich auf das Leben und die Entscheidungen der Armen zu konzentrieren, wenn wir bei diesem Thema einen Schritt weiter kommen wollen. Beginnen wir, indem wir uns anschauen, was sich in den Familien abspielt. Sind große Familien ärmer, weil sie groß sind? Können sie weniger in die Ausbildung und die Gesundheit ihrer Kinder investieren?

Einer von Sanjay Gandhis Lieblingssprüchen war *»A small familiy is a happy family«* (»Eine kleine Familie ist eine glückliche Familie«). Zusammen mit der Zeichnung eines strahlenden Ehepaars und seinen beiden adretten Kindern begegnete man ihm Ende der siebziger Jahre in Indien bei jeder Gelegenheit. Diese Zeichnung hätte auch Gary Becker, einem Nobelpreisträger für Wirtschaft, als Illustration für seine einflussreiche These vom *»quality-quantity trade-off«* (der Wechselbeziehung von Qualität und Quantität im Sinne eines Kompromisses) in Bezug auf Familien dienen können. Damit ist gemeint, dass die »Qualität« niedriger ausfällt, je mehr Kinder eine Familie hat, da die Eltern dann für jedes einzelne weniger Ressourcen für Nahrung und Bildung zur Verfügung stellen können.[9] Erst recht, wenn die Eltern, zu Recht oder zu Unrecht, der Meinung sind, es lohne sich, mehr in das »begabteste« ihrer Kinder zu investieren, was – wie wir schon gesehen haben – für die von der S-Kurve geprägte Welt zutrifft. Manche Kinder werden auf diese Art um sämtliche Lebenschancen gebracht. Wenn Kinder aus armen Familien seltener die angemessene Bildung, Ernährung und Gesundheitsfürsorge erhalten (was die Ökonomen als »Investitionen ins Humankapital« bezeichnen) und wenn arme Familien häufiger groß sind (weil sie sich vielleicht keine Verhütungsmittel leisten können), dann entsteht ein Mechanismus, der zur »Vererbung« der Armut in die nächste Generation führt, das heißt: Arme Eltern zeugen viele arme Kinder. Eine derartige Armutsfalle könnte die Begründung für eine Bevölkerungspolitik liefern, sagt Jeffrey Sachs in seinem Buch *Wohlstand für viele.*[10] Aber stimmt das überhaupt? Haben Kinder, die in großen Familien aufwachsen, echte Nachteile? Unsere 18-Länder-Studie zeigt, dass solche Kinder häufiger weniger Bildung erhalten, aber das gilt nicht überall; ländliche Regionen in Indonesien[11], die Elfenbeinküste und Ghana[12] gehören zu den Ausnahmen. Aber selbst wo es zutrifft, kann man nicht einfach annehmen, dass die Kinder *wegen* ihrer vielen Geschwister arm und weniger gebildet sind. Möglicherweise legen die armen Familien, die sich für eine große Kinderschar entschieden haben, weniger Wert auf Bildung.

Forscher, die Gary Beckers Modell testen und herausfinden wollten, ob mit zunehmender Familiengröße weniger in das Humankapital der Kinder investiert wird, suchten nach Umständen und Konstellationen, bei denen die Vergrößerung der Familie zum Teil außerhalb ihrer Kontrolle lag. Ihre Ergebnisse überraschen: In diesen Fällen fanden sie keinen Hinweis darauf, dass die Kinder aus kleineren Familien tatsächlich mehr Bildung erhielten.

Ein Beispiel, wie eine Familie zu mehr Kindern kommt, als sie ursprünglich geplant hatte, ist die Geburt von Zwillingen (hier gehen wir davon aus, dass sich die Armen der Welt keinen fruchtbarkeitssteigernden Therapien unterziehen). Angenommen, ein Paar wollte zwei Kinder, aus der zweiten Schwangerschaft gehen aber Zwillinge hervor, dann hat das erste Kind ein Geschwister mehr, als es normalerweise gehabt hätte. Das Geschlecht der Kinder spielt ebenfalls eine Rolle. Viele Familien wollen einen Jungen und ein Mädchen. Das führt dazu, dass Paare, deren erste beide Kinder dasselbe Geschlecht aufweisen, häufiger ein drittes Kind in Erwägung ziehen als solche, die bereits einen Jungen und ein Mädchen haben.[13] In vielen Entwicklungsländern planen Eltern meist weitere Kinder, solange sie noch keinen Sohn haben. Ein erstgeborenes Mädchen mit einer jüngeren Schwester befindet sich in einer ganz anderen Situation als ein erstgeborenes Mädchen mit einem jüngeren Bruder: Im ersten Fall wird es sehr wahrscheinlich mit zwei oder mehr Geschwistern aufwachsen, weil es rein zufällig (zumindest bis Methoden zur Geschlechtsselektion verfügbar waren) eine jüngere Schwester und keinen jüngeren Bruder hatte. Eine israelische Studie, die sich mit dieser Ursache für Unterschiede in der Familiengröße beschäftigte, stellte überraschenderweise fest, dass sich eine große Familie nicht nachteilig auf die Ausbildung der Kinder auswirkt – nicht einmal bei arabischen Israelis, die meistens sehr arm sind.[14]

Nancy Qian erhielt sogar noch provokantere Ergebnisse, als sie die Auswirkungen der Ein-Kind-Politik in China untersuchte. In manchen Regionen hatte man die Vorschrift dahingehend gelockert, dass Familien, deren erstes Kind ein Mädchen war, ein zweites Kind haben durften. Sie stellte fest, dass Mädchen, die auf diese Weise ein Geschwister bekamen, das sie sonst nie gehabt hätten, nicht weniger, sondern *mehr* Bildung erhielten.[15] Ein völliger Widerspruch zu Gary Beckers These.

Auch Beobachtungen in Matlab, einer Region in Bangladesch, gehen in diese Richtung. Hier wurde eines der eindrucksvollsten Experimente zur freiwilligen Familienplanung überhaupt durchgeführt. 1977 waren 141 Dörfer ausgewählt worden, von denen die Hälfte in ein aufsuchendes Familienplanungsprogramm (*Family Planning and Maternal and Child Health Program*, FPMCH) aufgenommen wurde. Alle zwei Wochen kam eine ausgebildete Krankenschwester zu allen Frauen im gebärfähigen Alter, die sie empfangen wollten, und beriet sie in Fragen der Familienplanung. Außerdem betreute sie auf Wunsch Schwangere und bot Impfungen an. Wenig überraschend sorgte das Programm für einen deutlichen Rückgang der Geburtenzahlen. Im Jahr 1996 hatten Frauen zwischen 30 und 55 durchschnittlich 1,2 Kinder weniger als Frauen, die nicht in das Programm eingebunden waren. Gleichzeitig ging die Kindersterblichkeit um ein Viertel zurück. Da sich das Programm jedoch auch direkt um eine Verbesserung der Gesundheitsvorsorge für Kinder bemühte, kann man die erhöhten Überlebensraten nicht den gesunkenen Kinderzahlen zuschreiben. Doch obwohl die Fruchtbarkeitsrate abnahm und wesentlich mehr Geld für die Gesundheit der Kinder ausgegeben wurde, ließ sich 1996 kein signifikanter Unterschied in Größe, Gewicht, Schulbesuch oder Zahl der absolvierten Schuljahre feststellen – weder für Jungen noch für Mädchen. Das heißt, auch hier gibt es die behauptete Beziehung zwischen Qualität und Quantität anscheinend nicht.[16]

Natürlich stellen diese drei Studien noch nicht der Weisheit letzten Schluss dar, dazu bedarf es auf jeden Fall weiterer Forschung, doch für den Augenblick können wir sagen, dass es – anders als Sachs in seinen Buch *Wohlstand für viele* meint – keinen schlagenden Beweis für die These gibt, größere Familien seien schlecht für Kinder. Unter diesen Umständen lässt sich eine staatlich verordnete Familienplanung, die Kinder davor bewahren will, in großen Familien aufzuwachsen, kaum rechtfertigen.

Dass die Familiengröße keinen Einfluss auf die Kinder haben soll, scheint trotzdem irgendwie unlogisch. Wenn dieselben Ressourcen auf mehr Menschen aufgeteilt werden müssen, dann müssen ein paar von ihnen auf etwas verzichten. Wenn es nicht die Kinder sind, wer ist es dann? Könnte es die Mutter sein?

Die im Rahmen des *Profamilia*-Programms in Kolumbien gemachten Beobachtungen geben in der Tat Anlass zur Sorge. Nachdem ein junger Gynäkologe namens Fernando Tamayo *Profamilia* 1965 gegründet hatte, entwickelte sich die Organisation in den nächsten Jahrzehnten zum größten Anbieter von Verhütungsmitteln in Kolumbien, und mittlerweile ist *Profamilia* eines der am längsten existierenden Familienplanungsprogramme weltweit. Im Jahr 1986 nutzten 53 Prozent aller Kolumbianerinnen im gebärfähigen Alter Verhütungsmittel, die sie zum größten Teil von *Profamilia* bezogen. Frauen, die schon als Teenager durch dieses Programm über Verhütungsmethoden aufgeklärt worden waren, gingen länger zur Schule und hatten häufiger Arbeit im formellen Sektor als Frauen, auf die das nicht zutraf.[17]

Ähnlich Positives lässt sich von den Frauen in Bangladesch berichten, die in das Programm in Matlab eingebunden waren:

Sie waren im Schnitt größer und schwerer als die Frauen aus der Vergleichsgruppe und sie verdienten auch mehr. Die Verfügbarkeit von Verhütungsmittel gibt den Frauen mehr Kontrolle über ihre Fortpflanzung, sie können nicht nur entscheiden, wie viele Kinder sie haben wollen, sondern auch zu welchem Zeitpunkt sie schwanger werden möchten. Es gibt klare Hinweise darauf, dass es für die Gesundheit einer Frau sehr schlecht ist, wenn sie zu jung schwanger wird.[18] Zudem bedeutet eine frühe Schwangerschaft, manchmal auch schon eine frühe Hochzeit, dass die Mädchen dann nicht mehr zur Schule gehen.[19]

Doch wenn man die Familienplanung als Teil des gesellschaftlichen Wunsches nach einem Schutz der Mütter betrachtet, drängt sich eine Frage auf: Warum werden die Mädchen so früh schwanger, wenn es doch nicht in ihrem Interesse ist? Oder allgemeiner: Wie treffen Familien Entscheidungen bezüglich der Kinderzahl und des Zeitpunkts einer Schwangerschaft? Wie viel Einfluss haben Frauen auf diese Entscheidungen?

Haben die Armen Kontrolle über ihre Reproduktion?

Der fehlende Zugang zu modernen Verhütungsmitteln könnte ein Grund sein, weshalb die Armen ihre Fortpflanzung vielleicht nicht wirklich kontrollieren können. Ein offizieller UN-Bericht über die Fortschritte beim Erreichen der Millenniumsziele spricht davon, dass das Befriedigen einer »unerfüllten Nachfrage« nach modernen Kontrazeptiva »zu einem 27-prozentigen Rückgang der Müttersterblichkeit führen könnte, weil dadurch die Zahl der ungeplanten Schwangerschaften von 75 Millionen auf 22 Millionen pro Jahr gesenkt würde«.[20] Arme und ungebildete Frauen verwenden viel seltener Verhütungsmittel als wohlhabendere und gebildetere Frauen. In den letzten zehn Jahren ist die Zahl der armen Frauen, die Kontrazeptiva verwenden, nicht gewachsen.

Trotzdem bedeutet geringe *Nutzung* nicht notwendigerweise *fehlenden Zugang*. Auf dem Gebiet der Familienplanung finden dieselben Angebot-und-Nachfrage-Debatten statt wie bei der Bildung. Sie werden nicht überrascht sein zu hören, dass die Angebots- und die Nachfragewallahs ebenfalls oft dieselben sind. Die Angebotswallahs (wie Jeffrey Sachs) betonen die Bedeutung eines freien Zugangs zu Kontrazeptiva, weil Menschen, die moderne Verhütungsmethoden anwenden, wesentlich weniger Kinder haben; die Nachfragewallahs entgegnen, aus dieser Beobachtung könne man lediglich schließen, dass diejenigen, die weniger Kinder haben wollen, ohne Hilfe von außen Mittel und Wege finden, dies zu erreichen; das heißt, es genügt nicht, Verhütungsmittel einfach nur leichter zugänglich zu machen.

Um herauszufinden, ob das stimmt, ermittelten Donna Gibbons, Mark Pitt und Mark Rosenzweig, wie viele Beratungsstellung zur Familienplanung zu drei verschiedenen Zeitpunkten (1976, 1980 und 1986) in jedem der mehrere Tausend indonesischen Unterdistrikte verfügbar waren, und verglichen diese Zahlen penibel mit Daten zur Fertilität, die auf Dorfebene durch Umfragen erhoben worden waren.[21] Wenig überraschend fanden sie heraus, dass in Regionen mit einer höheren Beratungsstellendichte die Fertilitätsrate niedriger war. Aber sie fanden auch heraus, dass die im Lauf der Zeit abnehmende Fertilitätsrate nicht mit der Zunahme der Beratungsstellen zusammenhing. Daraus schlossen sie, dass solche Beratungsstellen eingerichtet wurden, wo die Leute danach verlangten, dass sie aber keinen direkten Einfluss auf die Fruchtbarkeit hatten. 1:0 für die Nachfragewallahs.

Lange galt das Matlab-Programm als Aushängeschild für die Angebotswallahs. Zumindest hier haben wir den unwiderlegbaren Beweis, dass es auf die Verfügbarkeit von Verhütungsmitteln ankommt, sagen sie. Wie wir gesehen haben, hatten Frauen zwischen 30 und 55 Jahren in Regionen mit Beratungsangebot im Jahr 1996 im Schnitt 1,2 Kinder weniger als in den Kontrollregionen. Aber das Programm in Matlab leistete viel mehr, als nur Verhütungsmittel zur Verfügung zu stellen. Wesentlicher Bestandteil des Programms waren die im Abstand von zwei Wochen erfolgenden Besuche einer Gesundheitshelferin in Häusern, in denen die Frauen in Parda (einer bestimmten Form der islamischen Verschleierung) lebten und deshalb in ihrer Bewegungsfreiheit eingeschränkt waren; auf diese Weise erreichte die Diskussion über Verhütungsmittel Orte, an denen sie bis dahin tabu war. (Dieses Vorgehen machte das Matlab-Programm allerdings teuer: Lant Pritchett, seinerzeit Ökonom an der Weltbank, schätzte seine Kosten pro gebärfähiger Frau und Jahr 35-mal höher als die für ein Standard-Familienplanungsprogramm in Asien.[22]) Man kann daher wohl annehmen, dass das Programm an sich die gewünschte Kinderzahl einer Familie beeinflusste und sich der Effekt nicht allein auf das Bereitstellen von Verhütungsmitteln zurückführen lässt. Seit 1991 sinkt die Fertilitätsrate in den Regionen, in denen das Matlab-Programm durchgeführt wurde, übrigens nicht mehr, und die Unterschiede zwischen diesen Regionen und den Kontrollregionen werden kleiner. Im Jahr 1998, das letzte Jahr, für das wir Daten haben, lag die Gesamtfertilitätsrate in den Programmregionen bei 3,0, in den Kontrollregionen bei 3,6 und im übrigen Land bei 3,3.[23] Möglicherweise hat das Matlab-Programm einen im übrigen Land bereits vorhandenen Trend zu sinkenden Geburtenzahlen lediglich beschleunigt. Das heißt, hier endet der Streit bestenfalls unentschieden.

Die Studie zum kolumbianischen *Profamilia*-Programm kommt ebenfalls zu dem Ergebnis, dass das Programm so gut wie keinen Einfluss auf die Gesamtfruchtbarkeit hatte. Frauen, die die Beratung durch *Profamilia* in Anspruch nehmen konnten, bekamen (bezogen auf ihre ganze Lebenszeit) nur etwa 5 Prozent weniger Kinder, das entspricht einem Zehntel der Abnahme der Gesamtfruchtbarkeit seit den sechziger Jahren. 2:0 für die Nachfragewallahs.

Nach der Datenlage scheint der Sieg eindeutig den Nachfragewallahs zu gehören: Die Menschen freuen sich, dass sie ihre Reproduktion dank des leichteren Zugangs zu Verhütungsmitteln bequemer steuern können als mit den herkömmlichen Methoden. Aber das trägt offenbar nur wenig zum Absinken der Fertilität bei.

Schuluniformen und »sugar daddies«

Dank des leichteren Zugangs zu Verhütungsmitteln können Teenagerschwangerschaften wenigstens zum Teil verhindert werden. Das *Profamilia*-Programm in Kolumbien belegt das und verhalf Frauen damit auf lange Sicht zu besseren Beschäftigungsmöglichkeiten. Leider können Teenager in vielen Ländern die Beratungstellen für Familienplanung nicht nutzen, weil dazu die Zustimmung ihrer Eltern erforderlich ist. Dabei haben Teenager mit ziemlicher Sicherheit Bedarf an Verhütungsmitteln, der jedoch nicht gedeckt wird, weil man ihre sexuellen Bedürfnisse in vielen Ländern nicht anerkennt oder sie für so undiszipliniert hält, dass sie die Kontrazeptiva nicht richtig anwenden würden. Folge ist, dass Teenagerschwangerschaften in Entwicklungsländern, vor allem in Afrika südlich der Sahara und in Lateinamerika, außerordentlich häufig vorkommen. Nach Angaben der WHO liegt die Schwangerschaftsrate bei Teenagern im Kongo, in Sambia und an der Elfenbeinküste über 10 Prozent; in Mexiko, Panama, Bolivien und Guatemala kommen auf 100 heranwachsende Frauen 8,2 bis 9,2 Geburten (in den USA, die eine der höchsten Teenagerschwangerschaftsraten der entwickelten Welt aufweisen, sind es 4,5 Geburten auf 100 Heranwachsende).[24] Auf diesem Gebiet, wie auch bezüglich sexuell übertragbarer Krankheiten (inklusive HIV/AIDS), wird zu wenig getan, und das, was getan wird, geht meist meilenweit am Ziel vorbei.

Ein Beispiel für diese Art fehlgeleiteter Bemühungen hat Esther in Kenia gesehen. Zusammen mit Pascaline Dupas und Michael Kremer beobachtete sie Schulmädchen, die zu Beginn der Studie zwischen zwölf und vierzehn Jahre alt waren und noch keine Schwangerschaft hatten.[25] Nach einem, drei bzw. fünf Jahren waren aus dieser Gruppe 5, 14 bzw. 30 Prozent der Mädchen schwanger. Schwangerschaften in so jungen Jahren sind nicht nur für sich genommen wenig wünschenswert, sie gelten außerdem als Marker für ungeschützten Sex, was in Kenia mit einem erhöhten Risiko für HIV-/AIDS-Infektionen einhergeht. Die offizielle politische Linie zur Lösung dieses Problems – Ergebnis eines schwierigen Balanceakts und ausgehandelt von Bürgergruppen, verschiedenen Kirchen, internationalen Organisationen und der Regierung – hebt auf sexuelle Enthaltsamkeit als einziger narrensicherer Methode ab. Die entsprechende Botschaft buchstabiert die Prioritäten eingängig als »ABCD«: A = *abstain* (»lebe enthaltsam«), B = *be faithful* (»sei treu«), C = *condom* (»benutze Kondome«), andernfalls D = *you die* (»du stirbst«). In den Schulen predigt man den Kindern »Kein Sex vor der Ehe!«, Kondome werden nicht diskutiert. Diese Einstellung wurde viele Jahre lang von der amerikanischen Regierung unterstützt, die ihre Gelder zur AIDS-Prävention vor allem in Enthaltsamkeitsprogramme steckte.[26]

Diese Strategie geht davon aus, dass Heranwachsende nicht verantwortungsbewusst oder nicht klug genug sind, um Kosten und Nutzen von sexueller Aktivität und Kondomgebrauch gegeneinander abzuwägen. Wenn dem wirklich so wäre, dann wäre die Abschreckung, also das Abhalten von Sex ganz allgemein (oder zumindest vom Sex außerhalb der Ehe), die einzige Möglichkeit, sie zu schützen. Doch eine Reihe von Experimenten, die Esther, Pascaline Dupas und Michael Kremer gleichzeitig in Kenia durchgeführt haben, legt ganz im Gegenteil nahe, dass die jungen Erwachsenen wohlüberlegte Entscheidungen treffen, sowohl mit wem sie Sex haben wollen als auch unter welchen Bedingungen.

Die erste Studie untersuchte die ABCD-Strategie. Dafür wurden Lehrer in 170 Schulen speziell für das Unterrichten dieser Strategie geschult. Durch die Schulung erhöhte sich die Zeit, die im Unterricht für die Information über AIDS aufgewandt wurde, aber am Sexualverhalten der Schüler änderte sich nichts – und nicht einmal am Wissen über AIDS. Als man die Schwangerschaftsraten ein, drei und fünf Jahre nach der Intervention erhob, unterschieden sie sich in den Schulen, wo die Lehrer ABCD unterrichtet hatten, und in denen, wo das nicht der Fall war, nicht; das heißt, es war kein Trend zu mehr geschütztem Sex zu erkennen.

Ganz anders die Wirkungen der beiden anderen Strategien, die an denselben Schulen getestet wurden. Die zweite bestand lediglich darin, den Mädchen etwas mitzuteilen, was sie nicht wussten: dass ältere Männer häufiger mit HIV infiziert sind als jüngere. Es fällt nämlich auf, dass junge Frauen zwischen 15 und 19 fünfmal häufiger mit HIV infiziert sind als junge Männer derselben Altersgruppe. Das liegt vermutlich daran, dass junge Frauen häufiger Sex mit älteren Männern haben, bei denen die Infektionsrate relativ hoch ist. Das *»Sugar daddy«*-Programm informiert die Schüler einfach nur darüber, wer mit höherer Wahrscheinlichkeit das HI-Virus in sich trägt. Folge war ein drastischer Rückgang des Geschlechtsverkehrs mit älteren Männern, den *»sugar daddies«;* interessanterweise hatten die Mädchen dann häufiger geschützten Sex mit gleichaltrigen Jungs. Nach einem Jahr betrug die Schwangerschaftsrate an Schulen ohne dieses Programm 5,5 Prozent und 3,7 Prozent an Schulen mit. Dieser Rückgang ließ sich fast ganz mit einem 66-prozentigen Rückgang der Schwangerschaften durch einen älteren Partner erklären.[27]

Das dritte Programm bezahlte den Mädchen die Schuluniform und erleichterte ihnen so den weiteren Schulbesuch. Die Raten für Teenagerschwangerschaften sanken an Schulen, wo die Schuluniformen kostenlos waren, binnen eines Jahres von 14 Prozent auf 11 Prozent. Anders ausgedrückt: Von drei Mädchen, die dank der kostenlosen Schuluniform weiter zur Schule gehen konnten, »verschoben« zwei ihre erste Schwangerschaft. Merkwürdigerweise beschränkte sich dieser Effekt völlig auf die Einrichtungen, an denen die Lehrer nicht in der ABCD-Strategie geschult worden waren. An Schulen, an denen es sowohl das HIV-/AIDS-Aufklärungs- als auch das Uniform-Programm gab, wurden die Mädchen nicht seltener schwanger als an Schulen ohne Programm. Offenbar hat das HIV-/AIDS-Aufklärungsprogramm, das die sexuelle Aktivität der Jugendlichen dämpfen sollte, die positive Wirkung der kostenlosen Uniformen aufgehoben.

Wenn man die verschiedenen Ergebnisse im Zusammenhang betrachtet, zeichnet sich ein plausibles Bild ab: Kenianische Mädchen wissen sehr wohl, dass ungeschützter Sex zu Schwangerschaften führen kann. Doch wenn sie glauben, der Kindsvater werde sich nach der Geburt seines Kindes um sie kümmern, dann ist Schwangerwerden gar nicht so schlimm. Für ein Mädchen, das sich keine Schuluniform leisten und deshalb nicht weiter zur Schule gehen kann, stellt es in der Tat eine durchaus reizvolle Alternative dar, ein Kind zu bekommen und eine eigene Familie zu gründen, statt in seiner Herkunftsfamilie für alle anderen den Dienstboten zu machen – die übliche Beschäftigung für unverheiratete junge Frauen, die nicht mehr zur Schule gehen. Aus diesem Grund sind ältere Männer für sie auch die attraktiveren Partner (zumindest solange sie nicht wissen, dass bei diesen die Wahrscheinlichkeit für eine HIV-Infektion höher ist) als junge Männer, die es sich noch nicht leisten können zu heiraten. Die Schuluniformen drücken die Fertilitätsziffern, indem sie den Mädchen einen längeren Schulbesuch ermöglichen und damit einen Grund für eine Schwangerschaft beseitigen. Dieser Effekt wird durch das ABCD-Programm aufgehoben, das vorehelichen Sex verteufelt und der Ehe das Wort redet; dadurch konzentrieren sich die Mädchen darauf, einen Ehemann zu finden, was mehr oder weniger auf einen *sugar daddy* hinausläuft.

So viel scheint sicher: Die meisten Armen, und sogar sehr junge Frauen, treffen bewusste Entscheidungen, was ihre Sexualität und ihre Reproduktion angeht, und sie finden Wege – auch wenn diese nicht immer angenehm sind –, sie zu kontrollieren. Wenn junge Frauen schwanger werden, obwohl sie einen ziemlich hohen Preis dafür zahlen, dann steckt eine aktive Entscheidung dahinter.

Wer entscheidet?

Sobald man über Entscheidungen bezüglich Reproduktion spricht, stellt sich sofort die Frage, wer diese Entscheidung trifft. Zu einer solchen Entscheidung gehören zwei, aber an den Frauen bleibt der Löwenanteil der physischen Kosten für die Geburt der Kinder hängen. Verständlicherweise unterscheiden sich ihre Reproduktionswünsche deutlich von denen von Männern. Wenn man Männer und Frauen in getrennten Interviews zur gewünschten Familiengröße befragt, geben Männer regelmäßig mehr Kinder und weniger Bedarf an Verhütungsmitteln an als ihre Frauen. Da in diesem Punkt nicht immer Einigkeit besteht, spielt es eine große Rolle, wie viel Gewicht die Meinung der Frau in der Familie hat. Zum Beispiel kann man sich gut vorstellen, dass eine Frau, die viel jünger und viel weniger gebildet ist als ihr Mann (was auf die meisten früh heiratenden Frauen zutrifft), es schwer hat, sich gegen ihn durchzusetzen. Doch es hängt auch davon ab, ob sie einem Beruf nachgehen kann, ob sie die Möglichkeit hat, sich scheiden zu lassen, und wovon sie im Falle einer Scheidung lebt. Diese Faktoren wiederum stehen in engem Zusammenhang mit den gesetzlichen, sozialen, politischen und ökonomischen Rahmenbedingungen, unter denen sie und ihr Ehemann leben und die durch staatliche Maßnahmen verändert werden können. Als man in Peru beispielsweise ehemals landlosen Bauern Eigentumsrechte verlieh, nahm die Kinderzahl in den Haushalten, die solche Rechte erhalten hatten, ab (im Gegensatz zu denen, die nichts bekommen hatten) – allerdings nur, wenn der Name der Frau zusammen mit dem des Mannes in die entsprechende Urkunde eingetragen war.[28] Eine mögliche Erklärung dafür ist, dass die Frau mit der Erwähnung in der Urkunde innerhalb der Familie eine bessere Verhandlungsposition erhielt und damit auch mehr Einfluss auf Entscheidungen zur Kinderzahl bekam.

Wegen des Interessenkonflikts zwischen Männern und Frauen senkt die Verfügbarkeit von Verhütungsmitteln an sich die Fruchtbarkeitsrate manchmal nicht wesentlich, doch kleine Veränderungen in der *Art und Weise*, wie sie abgegeben werden, können unter Umständen größere Effekte erzielen. Nava Ashraf und Erica Field gaben an 836 verheiratete Frauen in Lusaka, der Hauptstadt von Sambia, Gutscheine aus, die ihnen den kostenlosen und direkten Zugang zu Verhütungsmitteln ermöglichten; dies geschah im Rahmen eines Treffens mit einer auf Familienplanung spezialisierten Krankenschwester. Ein Teil der Frauen hatte sich allein mit der Krankenschwester verabredet, die anderen bekamen den Gutschein im Beisein ihres Ehemannes. Der Unterschied im Ergebnis war enorm: Bei Frauen, die bei dem Treffen allein waren, stieg (verglichen mit denen, deren Mann dabei war) die Wahrscheinlichkeit, eine Familienberatungsstelle aufzusuchen, um 23 Prozent, die Wahrscheinlichkeit, um eine nicht offen erkennbare Verhütungsform (Dreimonatsspritze oder Implantation eines sogenannten Verhütungsstäbchens) zu bitten, stieg um 38 Prozent und die für eine ungewollte Schwangerschaft in den nächsten neun bis vierzehn Monaten sank um 57 Prozent.[29] Das Matlab-Programm zur Geburtenkontrolle war wohl deshalb so erfolgreich, weil die Frauen zu Hause aufgesucht wurden (vermutlich wenn ihre Männer nicht da waren) und sie dank der Gesundheitshelferinnen die Möglichkeit bekamen, ohne das Wissen des Ehemanns zu verhüten. Frauen, die aufgrund religiöser Vorschriften (Parda) das Haus nur in Begleitung ihres Ehemannes verlassen dürfen, hätten nur mit ihm zusammen die Familienberatungsstelle aufsuchen können, was ihre Entscheidung sicher beeinflusst hätte.

Die relativ großen Auswirkungen des Matlab-Programms, vor allem am Anfang, lassen sich möglicherweise auch damit erklären, dass sie den sozialen Wandel beschleunigten. Veränderungen auf dem Gebiet von Fruchtbarkeit und Reproduktion dauern auch deshalb so lang, weil noch andere außer Mann und Frau dabei mitreden. Soziale und religiöse Normen spielen eine Rolle, und Abweichungen davon werden oft mit Verachtung, Spott oder religiösen Sanktionen bestraft. Deshalb ist es wichtig, was die Gemeinschaft als angemessenes Verhalten betrachtet. In den Regionen, in denen das Matlab-Programm durchgeführt wurde, trat der Wandel dieser Ansichten schneller ein als andernorts: Die Gesundheitshelfer – in der Regel recht gebildete und sehr engagierte Frauen – verkörperten einerseits selbst die neue Norm und berichteten andererseits von den sich verändernden Normen im Rest der Welt.

Kaivan Munshi untersuchte, welche Rolle soziale Normen in Matlab für Verhütungsentscheidungen spielen. Er zitiert eine junge Frau, die ihm erzählte, wie sie mit Gleichaltrigen darüber diskutierte, »wie viele Kinder wir haben wollten, welche Methode für uns am geeignetsten wäre, … ob wir überhaupt verhüten sollten oder nicht, all diese Fragen … Wir wussten von anderen, dass sie verhüteten. Wenn ein Paar das tut, spricht sich das irgendwie herum«.[30]

Munshi stellte fest, dass die Frauen in den Matlab-Dörfern, in denen es einen Gesundheitshelfer gab, eher bereit waren, Kontrazeptiva zu benutzen, wenn andere Frauen derselben Religionsgemeinschaft in den letzten sechs Monaten in nennenswertem Umfang Verhütung betrieben hatten. Obwohl Hindus und Muslime vom selben Gesundheitshelfer beraten wurden und genau denselben Zugang zu Kontrazeptiva hatten, begannen Hindus zu verhüten, wenn andere Hindus das taten, und Muslime nutzten Kontrazeptiva, wenn andere Muslime das taten. Die Verwendung von Verhütungsmitteln durch Hindus hatte keinen Einfluss auf das Verhalten muslimischer Nachbarn und umgekehrt. Daraus schloss Kaivan Munshi, dass Frauen in ihren jeweiligen Gemeinschaften lernen, was sozial akzeptiert ist und was nicht.

Die Veränderung sozialer Normen kann in traditionellen Gesellschaften eine hochkomplexe Angelegenheit sein. Oft ist es schon heikel, bestimmte Fragen zu stellen (Verstößt Verhütung gegen den Glauben? Werde ich davon dauerhaft unfruchtbar? Wie komme ich an Verhütungsmittel?), weil aus den Fragen die Absicht erkennbar wird. Das führt dazu, dass manchmal die unglaublichsten Quellen der Aufklärung dienen. In Brasilien, einem katholisch geprägten Land, hat es der Staat tunlichst vermieden, zur Geburtenkontrolle zu ermuntern. Doch zu den Lieblingsbeschäftigungen der Brasilianer(innen) gehört das Fernsehen; besonders beliebt sind die Telenovelas, die zur besten Sendezeit auf Rede Globo, einem der wichtigsten Kanäle, ausgestrahlt werden. Seit den siebziger Jahren, bis weit hinein in die neunziger, expandierte Rede Globo gewaltig und mit ihm das Telenovela-Publikum. Auf dem Gipfel der Popularität der Telenovelas in den achtziger Jahren hatten die Figuren dieser Seifenopern wenig mit den Durchschnittsbrasilianern gemein, weder was die soziale Schicht noch was das Verhalten betraf. Eine Brasilianerin hatte 1970 im Durchschnitt sechs Kinder, die meisten unter fünfzigjährigen Frauen in den Telenovelas dagegen keine und der Rest eines. Sobald eine Region diesen Sender empfangen konnte, sank die Geburtenzahl deutlich ab, und Kinder, die dort zur Welt kamen, wurden nach den Filmfiguren benannt.[31] Nicht zuletzt schufen die Telenovelas eine ganz andere Vision vom guten Leben als die, die die Brasilianer bis dahin kannten – mit historischen Konsequenzen. Ganz zufällig war das nicht, denn in der sittenstrengen brasilianischen Gesellschaft boten die Seifenopern ein beliebtes Ventil für viele kreative und progressive Künstler.

Auch auf die Gefahr hin, vielleicht einmal zu viel wie Harry Trumans viel zitierter *»two-handed economist«* zu klingen, scheint die Antwort auf die Frage »Haben die Armen Kontrolle über ihre Reproduktion?« dem Einerseits-Andererseits-Prinzip zu folgen. Auf den ersten Blick lautet die Antwort: Ja, sie treffen bewusste Entscheidungen, und selbst der schlechte Zugang zu Verhütungsmitteln ist dabei offenbar kein großes Hindernis. Gleichzeitig werden ihre Entscheidungen doch häufig von Faktoren beeinflusst, die außerhalb ihrer direkten Kontrolle liegen: Insbesondere Frauen werden oft von ihren Ehemännern, Schwiegermüttern oder sozialen Normen gedrängt, mehr Kinder zu bekommen, als sie eigentlich möchten. Das heißt, es bedarf ganz anderer Strategien als die, die von Sanjay Gandhi oder wohlmeinenden internationalen Organisationen unserer Tage verfolgt wurden bzw. werden. Soziale Normen zu beeinflussen ist sicher schwieriger, doch wie das brasilianische Beispiel gezeigt hat, durchaus möglich. Allerdings können die sozialen Normen auch die ökonomischen Interessen innerhalb einer Gesellschaft widerspiegeln. Wollen die Armen vielleicht oft nur deshalb viele Kinder, weil es sich dabei um eine Investition handelt, die sich für sie auszahlt?

Kinder als Finanzinstrumente

Für viele Eltern bedeuten Kinder die ökonomische Zukunft: Versicherungspolice, Sparbuch plus ein paar Lotterielose, alles in einem winzigen Bündel zusammengerollt.

Pak Sudarno, der Müllsammler aus dem indonesischen Slum Cica Das, der sein jüngstes Kind auf die Sekundarschule schickte, weil es ihm den Versuch wert zu sein schien, hatte insgesamt neun Kinder und noch viel mehr Enkelkinder. Als wir ihn fragten, ob er sich freue, so viele Kinder zu haben, sagte er: »Ja, auf jeden Fall.« Bei neun Kindern, so erklärte er uns, könne er einigermaßen sicher sein, dass wenigstens ein paar von ihnen gut gerieten und sich um ihn kümmern würden, wenn er alt sei. Selbstverständlich steigt mit der Zahl der Kinder auch das Risiko, dass mit einem etwas nicht in Ordnung ist. So war es auch bei Pak Sudarno: Eines der Kinder litt an schweren Depressionen und war vor drei Jahren verschwunden. Darüber war Pak traurig, doch er hatte ja noch die anderen acht, um ihn darüber hinwegzutrösten.

In reichen Ländern besteht für Eltern keine Veranlassung, so zu denken, da sie auf andere Weise für Alter und Krankheit vorsorgen können: Es gibt staatliche und private Kranken- und Rentenversicherungen, Investmentfonds und Sparpläne unterschiedlichster Art. Wir werden später noch ausführlich darauf zu sprechen kommen, weshalb viele dieser Möglichkeiten jemandem wie Pak Sudarno verwehrt bleiben. Belassen wir es im Augenblick bei der Feststellung, dass es für die meisten Armen weltweit ganz selbstverständlich ist, dass sich die Kinder (und die Familie im weiteren Sinn, also Geschwister, Cousins, Cousinen und so weiter) um sie kümmern werden, wenn sie alt sind oder anderweitig Hilfe benötigen. In China lebte 2008 mehr als die Hälfte der alten Menschen bei ihren Kindern (bevor die Familienplanung einsetzte und viele Kinder politisch noch erwünscht waren, lag dieser Anteil für Eltern mit sieben bis acht Kindern bei 70 Prozent).[32] Die Kinder, vor allem die männlichen, unterstützten ihre Eltern regelmäßig mit Geld.

Wenn Kinder zumindest teilweise zu den Vorsorgeaufwendungen gehören, sollte man annehmen, dass die Sparquote steigt, sobald die Fertilitätsrate in einem Land sinkt. China mit seiner staatlich verordneten Beschränkung der Familiengröße liefert das eindrucksvollste Beispiel für dieses Phänomen. Nachdem China in den Jahren direkt nach der Revolution hohe Fertilitätsraten gefördert hatte, begann es 1972, Geburtenkontrolle zu propagieren, und führte 1978 die Ein-Kind-Politik ein. Mit zwei chinesischstämmigen Koautorinnen, Nancy Qian (einem Einzelkind aus der Zeit der Ein-Kind-Politik) und Xin Meng (einem von vier Kindern aus der Zeit davor), untersuchte Abhijit, wie sich die Sparquoten entwickelten, nachdem zu einer restriktiven Familienplanung aufgerufen worden war.[33] Familien, in denen das erste Kind nach 1972 auf die Welt kam, hatten im Durchschnitt ein Kind weniger als Familien, deren erstes Kind davor geboren wurde, und eine um 10 Prozentpunkte höhere Sparquote. Nach diesen Ergebnissen kann man bis zu einem Drittel der exorbitant angestiegenen Sparquote in China (von 5 Prozent im Jahr 1978 auf 34 Prozent im Jahr 1994) auf die gesunkene Fertilitätsrate zurückführen. Besonders deutlich war der Effekt in Familien, in denen als erstes Kind ein Mädchen geboren wurde; das passt zu der Auffassung, dass sich die Söhne um ihre alten Eltern kümmern sollten.

Der Effekt war gewaltig, doch das chinesische »Experiment« war auch ziemlich extrem: Die Familiengröße wurde plötzlich, unfreiwillig und in großem Umfang verringert. Dennoch konnte man in der Matlab-Region in Bangladesch Ähnliches beobachten. 1996 besaßen Familien in den Dörfern, in denen es Zugang zu Verhütungsmitteln gab, wesentlich mehr Vermögenswerte unterschiedlichster Art (Schmuck, Land, Tiere, Hausmodernisierungen) als Familien in Dörfern ohne diesen Zugang. Im Durchschnitt war das Vermögen einer Familie in der »Verhütungsregion« um 55 000 Taka (3 600 PPP-USD, das ist mehr als das doppelte bangladeschische Bruttoinlandsprodukt pro Kopf) größer als in der Kontrollregion. Darüber hinaus existiert auch eine Beziehung zwischen der Fertilitätsrate und dem Geldbetrag, den Eltern von ihren Kindern erhalten: Wo verhütet wurde, bekamen Eltern im Schnitt 2146 Taka weniger pro Jahr von ihren Kindern.[34]

Wenn die geringere Kinderzahl in so hohem Maß durch Ersparnisse ersetzt wird, haben wir auch eine Erklärung für den überraschenden Befund, dass die wenigeren Kinder nicht automatisch gesünder sind oder mehr Bildung erhalten. Eltern, die weniger Nachwuchs haben, müssen damit rechnen, später auch weniger Unterstützung zu bekommen, das heißt, sie müssen vorab mehr beiseitelegen, und dieses Geld fehlt natürlich für Investitionen in die vorhandenen Kinder. Und wenn Investitionen in Kinder eine wesentlich höhere Rendite bringen als Geldanlagen (denn so teuer ist es ja nicht, ein Kind zu ernähren), dann werden Familien – auf lange Sicht gesehen – tatsächlich ärmer, wenn sie weniger Kinder haben.

Die gleiche Logik sagt uns, dass Eltern weniger in das Leben einer Tochter investieren, wenn sie davon ausgehen, dass diese als »Vorsorgemaßnahme« weniger geeignet ist als ein Sohn – etwa weil sie ihren Töchtern bei der Hochzeit eine Mitgift zahlen müssen oder weil Frauen nach der Hochzeit unter der wirtschaftlichen Kontrolle ihres Ehemannes stehen. Familien entscheiden nicht nur über die optimale Kinderzahl, sondern auch über das Geschlechterverhältnis. Die meisten von uns glauben immer noch, dass wir uns das Geschlecht eines Kindes nicht aussuchen können, aber das ist ein Irrtum: Selektive Abtreibungen sind inzwischen vielerorts möglich und extrem billig, damit haben die Eltern die Möglichkeit, einen weiblichen Fötus abzutreiben. Die Wände entlang der Hauptverkehrsstraßen von Delhi sind übersät mit Aufklebern, die für (illegale) Dienstleistungen zur Geschlechtsbestimmung werben: »Es kostet Sie jetzt 500 Rupien und spart Ihnen später 50 000 Rupien!« (für die Mitgift). Aber schon bevor es die selektive Abtreibung gab, existierte in Gegenden, in denen Kinderkrankheiten leicht tödlich enden, wenn man sie nicht richtig behandelt, eine bewusste oder unbewusste

Vernachlässigung, durch die man ungewollte Kinder sehr zuverlässig loswerden konnte.

Selbst wenn ihre Kinder nicht vor oder nach der Geburt sterben, zeugen Eltern, die männlichen Nachwuchs bevorzugen, oft so lange Kinder, bis sie so viele Jungs haben, wie sie möchten. Aus diesem Grund wachsen Mädchen häufig in größeren Familien auf als Jungs, und viele werden in eine Familie hineingeboren, die eigentlich einen Jungen haben wollte. Mädchen werden in Indien kürzer gestillt, das heißt, sie beginnen früher, Wasser zu trinken, und sind damit auch früher lebensbedrohlichen Erkrankungen ausgesetzt, die durch Wasser übertragen werden, wie etwa Durchfall.[35] Das ist die meist unbeabsichtigte Folge der Tatsache, dass Frauen, die voll stillen, nicht schwanger werden. Nach der Geburt eines Mädchens (vor allem wenn es noch keine männlichen Geschwister hat) hören Mütter oft früher auf zu stillen, weil die Eltern möchten, dass die Frau möglichst bald wieder schwanger wird.

Unabhängig davon, auf welche Weise Mädchen und weibliche Föten diskriminiert werden, bleibt es eine Tatsache, dass es weltweit weniger Mädchen gibt, als rein biologisch zu erwarten wäre. In einem mittlerweile klassischen Artikel, der in den achtziger Jahren im *New York Review of Books* erschienen ist, hatte Amartya Sen ausgerechnet, dass 100 Millionen Frauen auf der Welt fehlen.[36] Das war zu einer Zeit, als selektive Abtreibungen noch nicht möglich waren, seitdem ist es nur noch schlimmer geworden. In einigen Regionen Chinas kommen heutzutage 124 Jungs auf 100 Mädchen. Zwischen 1991 und 2001 (als die letzte Volkszählung stattfand) stieg in Indien die Zahl der Jungen unter sieben Jahren von 105,8 auf 107,8 pro 100 Mädchen des gleichen Alters. In drei der reichsten indischen Bundesstaaten – gleichzeitig auch drei der Bundesstaaten mit der stärksten Diskriminierung von Mädchen – war das Missverhältnis noch größer: 126,1, 122,0 und 113,8 Jungs auf 100 Mädchen.[37] Sogar bei Umfragen (die für dieses Phänomen mit ziemlicher Sicherheit zu niedrige Daten ermitteln) werden in diesen Bundesstaaten besonders hohe Abtreibungszahlen angegeben: In Familien mit zwei Töchtern endeten 6,6 Prozent der Schwangerschaften mit einer gezielten Abtreibung, in 7,2 Prozent kam es zu einem »spontanen Abort« (Fehlgeburt).

Die Ausmaße des Problems sind dort geringer, wo der Wert von Mädchen für den Heirats- oder Arbeitsmarkt höher geachtet wird. In Indien heiraten Mädchen üblicherweise nicht innerhalb ihres Dorfes. Meist gibt es bestimmte Gebiete, nicht zu nah am Dorf, aber auch nicht zu weit weg, in die die Mädchen nach ihrer Heirat ziehen. Daher kann man hier gut sehen, was passiert, wenn es in einem solchen »Heiratseinzugsgebiet« zu wirtschaftlichem Aufschwung kommt, der es vermutlich einfacher macht, eine wohlhabende Familie zu finden, in die die Tochter einheiraten kann. Andrew Forster und Mark Rosenzweig gingen dieser Frage nach und stellten fest, dass die Unterschiede in der Sterblichkeit von Mädchen und Jungen abnehmen, wenn sich die Heiratsaussichten der Mädchen verbessern. Umgekehrt führte Wirtschaftswachstum im Heimatdorf dazu, dass es sich noch mehr lohnte, in Jungs zu investieren (da diese ja im Dorf bleiben), so dass die Sterblichkeitsunterschiede zwischen Mädchen und Jungen noch größer wurden.[38]

Das wohl beeindruckendste Beispiel, wie Familien auf den relativen Wert von Söhnen und Töchtern reagieren, stammt aus China, das heute eine der größten Schieflagen im Geschlechterverhältnis aufweist. Zu Zeiten Maos konzentrierte sich die zentralistisch geplante Landwirtschaft auf Grundnahrungsmittel. In den ersten Jahren der Reform- und Öffnungspolitik (1978–1980) wurde den Familien dann erlaubt, Agrarprodukte für den Weiterverkauf anzubauen, dazu gehörten unter anderem Tee und Obst. Zum Teepflücken braucht man geschickte Finger, deshalb waren im Teeanbau Frauen nützlicher als Männer. Dafür sind Männer in Obstplantagen besser zu gebrauchen, weil sie schwerere Lasten tragen können. Nancy Qian verglich die Daten zu Kindern, die in der Zeit vor bzw. nach der Reform geboren worden waren, und konnte zeigen, dass die Zahl der Mädchen in den Teeanbauregionen (feucht und bergig) anstieg, während sie in den besser für Obstplantagen geeigneten Gebieten absank.[39] In Landstrichen, die weder für Tee noch für Obst besonders geeignet waren und wo das Einkommen aus der Landwirtschaft durch die Bank stieg, ohne dass ein bestimmtes Geschlecht bevorzugt wurde, veränderte sich das Geschlechterverhältnis nicht.

Was aus all dem noch nicht richtig deutlich wird, ist das Ausmaß an direkter und indirekter Gewalt, die in einer funktionierenden traditionellen Familie herrscht. Bis in die jüngste Zeit wurde dieser Umstand von den meisten (wenn nicht sogar allen) Wirtschaftswissenschaftlern ignoriert, die diese Black Box lieber geschlossen halten wollten. Verlassen sich doch die meisten Gesellschaften darauf, dass die Eltern schon dafür sorgen, dass ihre Kinder zu essen bekommen, in die Schule gehen und sich in die Gesellschaft integrieren. Können wir wirklich darauf vertrauen, dass sie das tatsächlich tun – wohl wissend, dass dies dieselben Eltern sind, die es fertigbringen, ihre kleinen Töchter sterben zu lassen?

Die Familie zwischen Einzel- und Gruppeninteressen

Für ihre Modelle gehen Ökonomen der Einfachheit halber gerne den bequemen Weg und ignorieren die Tatsache, dass eine Familie mehr ist als nur eine Person. Wir behandeln die Familie meist als eine Einheit und nehmen an, dass sie Entscheidungen trifft, als wäre sie ein Individuum. Der Vater, das Familienoberhaupt, entscheidet für Ehefrau und Kinder, was die Familie isst, wer wie lange in die Schule geht, wer was erbt und so weiter. Er kann noch so fürsorglich sein, alle Entscheidungsgewalt liegt eindeutig bei ihm. Aber wie jeder weiß, der in einer Familie aufgewachsen ist, läuft es in der Regel nicht so. Diese Vereinfachung führt zu falschen Schlüssen, und es hat weitreichende politische Konsequenzen, wenn man die komplizierte Familiendynamik außer Acht lässt. Weiter oben haben wir beispielsweise gesehen, dass der Umstand, dass Frauen als Miteigentümerinnen in Urkunden, die Landbesitz dokumentieren, eingetragen werden, für die Entscheidung über die Kinderzahl eine gewichtige Rolle spielt, nicht etwa weil sich dadurch der Kinderwunsch der Frauen verändert hätte, sondern weil ihre Meinung mehr zählt.

Das Einfachstmodell vernachlässigt wichtige Mechanismen, wie Familie funktioniert. Als das klar wurde, begann man in den achtziger und neunziger Jahren umzudenken:[40] Die Entscheidungsfindung innerhalb der Familie wurde mehr und mehr als das Ergebnis von Verhandlungen zwischen Familienmitgliedern (oder zumindest zwischen den beiden Eltern) angesehen. Die Partner verhandeln miteinander, was angeschafft wird, wohin die Urlaubsreise geht, wer wie viele Stunden arbeitet und wie groß die Kinderschar sein soll; dabei versuchen sie jedoch, die Interessen beider Seiten so weit wie möglich zu berücksichtigen. Dieses Familienmodell wird üblicherweise als »effizienter Haushalt« bezeichnet. Es erkennt an, dass Familie etwas Besonderes ist, ihre Mitglieder haben sich schließlich nicht gerade erst getroffen, und sie bleiben voraussichtlich für längere Zeit zusammen. Es sollte daher in ihrem Interesse sein, alle Entscheidungen gemeinsam auszuhandeln, damit es ihnen als Familie so gut wie möglich geht. Wenn die Familie zum Beispiel ein kleines Unternehmen führt (einen Bauernhof oder einen Laden), dann sollte sie immer versuchen, daraus so viel Gewinn wie möglich zu erwirtschaften, und sich erst danach darum kümmern, wie das Geld auf die Mitglieder verteilt wird.

Christopher Udry testete diese Hypothese im ländlichen Burkina Faso, wo jedes Familienmitglied (Ehemann und Ehefrau oder Ehefrauen) ein eigenes Stück Land bearbeitet.[41] Von einem effizienten Haushalt würde man erwarten, dass alle Ressourcen (Arbeitskraft, Düngemittel und so weiter) so auf die einzelnen Parzellen verteilt werden, dass das Familieneinkommen maximiert wird. Udrys Daten widerlegten diese Annahme ganz eindeutig: Das von Frauen bewirtschaftete Land erhielt stets weniger Dünger, weniger männliche Arbeitskraft und weniger Arbeitseinsatz seitens der Kinder als die von Männern betreuten Flächen. Infolgedessen produzierten diese Haushalte ständig weniger, als sie eigentlich könnten. Mit einer Handvoll Dünger lässt sich der Ertrag einer Parzelle merklich steigern, doch es bringt kaum etwas, die Düngermenge darüber hinaus wesentlich zu erhöhen – ein bisschen Dünger auf allen Anbauflächen ist effektiver als viel Dünger auf einem einzigen Feld. Doch in Burkina Faso wurde der meiste Dünger auf den Feldern der Ehemänner ausgebracht: Mit einer besseren Verteilung des Düngers plus etwas mehr Arbeitseinsatz auf den Parzellen der Frauen könnten die Familien ihre Produktion um 6 Prozent steigern, ohne auch nur einen Cent zusätzlich auszugeben. Die Familien warfen das Geld buchstäblich weg, weil sie sich nicht über den bestmöglichen Einsatz ihrer Ressourcen einigen konnten.

Der Grund für dieses Verhalten: Obwohl sie eine Familie bilden, pflanzt der Ehemann auf seinem Feld, was er konsumieren möchte, und seine Frau macht das genauso.[42] An der Elfenbeinküste bauen Männer und Frauen traditionell unterschiedliche Feldfrüchte an. Männer ziehen Kaffee und Kakao, Frauen dagegen Bananen, Gemüse und andere Grundnahrungsmittel. Der Ertrag der verschiedenen Feldfrüchte hängt in unterschiedlicher Weise von den Wetterbedingungen ab. Je nach Verlauf der Regenfälle kann ein Jahr zum Beispiel gut für die von Männern angebauten Produkte sein und schlecht für die Produkte der Frauen. In einer Studie, die sie mit Christopher Udry zusammen durchführte, fand Esther heraus, dass in guten »Männerjahren« mehr Geld für Alkohol, Tabak und Luxusartikel für Männer (wie traditionelle Kleidungsstücke) ausgegeben wird. In guten »Frauenjahren« fließt mehr in Dinge, die Frauen lieben, aber auch in Lebensmittelkäufe für die Familie. Was bei diesen Ergebnissen besonders überraschte: Die Eheleute scheinen sich nicht gegenseitig abzusichern. Wohl wissend, dass sie lange zusammen sein werden, könnte der Mann seine Frauen in einem guten Männerjahr ja mit ein paar Extragaben beglücken und darauf hoffen, dass die sich revanchieren, wenn sich das Wetter einmal für seine

Feldfrüchte als weniger vorteilhaft erweist. Informelle gegenseitige Absicherungen dieser Art gibt es an der Elfenbeinküste: Sie kommen *zwischen* Familien derselben ethnischen Gruppe vor,[43] aber warum nicht innerhalb der Familie?

Ein Forschungsergebnis von der Elfenbeinküste gibt uns einen Hinweis, warum Familien anders sind. Es gibt einen dritten Akteur in diesem Familiendrama – den unscheinbaren Yams, ein Grundnahrungsmittel in dieser Region. Yams ist ein typisches »Männergewächs«, doch der Ehemann kann nicht frei darüber verfügen, wie der französische Anthropologe Claude Meillassoux erklärt.[44] Yams stellt die Ernährungsgrundlage des Haushalts dar. Man verkauft ihn nur, um damit das Schulgeld oder Medizin für die Kinder zu bezahlen, aber nicht für Zigaretten oder eine neue Bluse. In einem guten Yamsjahr konsumiert die Familie mehr Yams, was nicht wirklich überrascht, aber sie gibt auch mehr Geld für Lebensmittel vom Markt und für Bildung aus. Der Yams sorgt dafür, dass jeder in der Familie genug zu essen hat und Bildung erhält.

Das Besondere an Familien ist also nicht, dass ihre Mitglieder gut miteinander verhandeln, eher im Gegenteil: Sie halten sich an einfache, sozial leicht durchsetzbare Regeln wie »Du sollst den Yams deines Kindes nicht für neue Nikes eintauschen«, die ihre zentralen Interessen sichern, ohne dass sie die ganze Zeit diskutieren müssen. Unter diesem Gesichtspunkt lassen sich auch andere Ergebnisse besser verstehen. Wir haben beobachtet, dass die Familie mehr isst, wenn die Frauen auf ihren Feldern mehr Geld erwirtschaften. Dem könnte eine andere Regel zugrunde liegen, die Meillassoux beschreibt: Die Frau hat die Aufgabe, die Familie mit Essen zu versorgen; von ihrem Mann erhält sie dafür einen fixen Betrag und daraus muss sie das Beste machen.

Die Familie wird also nicht durch perfekte Harmonie oder die Möglichkeit, Ressourcen und Verantwortlichkeiten effizient zu verteilen, zusammengehalten, sondern durch einen ausgesprochen lückenhaften, sehr einfachen und oft ziemlich lockeren »Vertrag«, der besagt, welche Verpflichtungen welches Familienmitglied einem anderen gegenüber hat. Wahrscheinlich unterliegt dieser Vertrag einer sozialen Kontrolle, schließlich können Kinder nicht auf Augenhöhe mit ihren Eltern verhandeln und Frauen nicht mit ihren Ehemännern, aber die Gesellschaft profitiert, wenn sich alle Familienmitglieder um eine gerechte Aufteilung der Ressourcen bemühen. Der Vertrag ist vermutlich deshalb so lückenhaft, weil es zu schwierig wäre, etwas Komplexeres durchzusetzen. Es lässt sich nicht kontrollieren, ob Eltern ihren Kindern die richtige Menge Yams geben, aber die Gesellschaft kann Eltern bestrafen oder ächten, die Yams verkaufen, um sich neue Schuhe zu leisten.

Regeln, die nur über soziale Normen durchgesetzt werden, sind deshalb problematisch, weil sich solche Normen allmählich verändern. Damit besteht die Gefahr, dass sie sich irgendwann – mit unter Umständen tragischen Folgen – von der Realität abkoppeln. In Indonesien trafen wir im Jahr 2008 ein Paar mittleren Alters vor seinem Haus, einer kleinen, auf Pfählen errichteten grün-weißen Bambuskonstruktion. Direkt daneben stand ein anderes grün-weißes Haus, viel größer, luftiger und aus Beton gebaut. Es gehörte ihrer Tochter, die als Haushaltshilfe im Nahen Osten arbeitete. Das Paar war offensichtlich sehr arm: Der Mann litt unter chronischem Husten und hatte ständig Kopfschmerzen, was ihm das Arbeiten fast unmöglich machte. Aber er konnte sich keinen Arzt leisten. Ihr jüngeres Kind hatte die Schule abbrechen müssen, weil sie die Fahrkarten für den Bus in die Stadt nicht mehr bezahlen konnten. Plötzlich kam ein kleines Mädchen in den Raum, etwa vier Jahre alt, offensichtlich gesund und wohlgenährt. Es trug ein hübsches Kleid und Schuhe, an denen kleine Lichter blinkten, während es in dem Zimmer hin und her rannte. Wie sich herausstellte, betreuten die Großeltern das Kind, solange ihre Tochter weg war. Die Tochter schickte wohl Geld für ihr Kind, aber nichts für ihre Eltern. Wie es scheint, wurde das Paar so Opfer einer Norm, die sich noch nicht verändert hatte: Von verheirateten Töchtern erwartete niemand, dass sie sich um ihre Eltern kümmern, trotz der unübersehbaren Ungerechtigkeit;

aber Großeltern fühlten sich weiterhin verpflichtet, für ihre Enkel zu sorgen.

Obwohl das Modell Familie mit vielen erkennbaren Schwächen behaftet ist, hat die Gesellschaft kein anderes für das Aufziehen von Kindern. Und obwohl Renten- und Krankenversicherungen die Alten in den heute armen Ländern eines Tages vielleicht aus der Abhängigkeit von ihren Kindern befreien können, ist damit nicht unbedingt gesagt, dass sie (oder ihre Kinder) dadurch glücklicher werden. Politisches Handeln sollte Familie nicht ersetzen, sondern ihre Möglichkeiten ergänzen und uns – wo nötig – vor missbräuchlicher Berufung auf Familie und Tradition schützen. Um das wirkungsvoll tun zu können, ist es unverzichtbar, zunächst einmal zu verstehen, wie Familien funktionieren.

Zum Beispiel weiß man inzwischen, dass staatliche Förderprogramme, die Frauen Geld in die Hand geben (wie das mexikanische PROGRESA-Programm), Kinder viel besser erreichen. In Südafrika erhielten alle Männer über 65 und alle Frauen über 60 nach dem Ende der Apartheid eine großzügig bemessene staatliche Rente, wenn sie keine private Rente bezogen. Viele dieser alten Menschen lebten mit Kindern und Enkelkindern zusammen, und das Geld wurde in der Familie geteilt. Doch Enkeltöchter profitierten nur dann davon, wenn sie mit ihrer Großmutter zusammenlebten: Diese Mädchen litten deutlich seltener an Mangelernährung. Dieser Effekt war nicht zu beobachten, wenn der Großvater die Rente erhielt. Und er war auch nur dann zu beobachten, wenn die Großmutter *mütterlicherseits* die Rente bezog.[45]

Von uns Autoren ist zumindest einer der Auffassung, dass man diesen Befund als größeren Egoismus bei Männern interpretieren kann. Doch es könnte genauso gut sein, dass die sozialen Normen und Erwartungen, die – wie wir dargelegt haben – eine wichtige Rolle bei der Entscheidungsfindung in Familien spielen, hier durchschlagen. Möglicherweise erwartet man von Frauen, aber nicht von Männern, dass sie Geld, das ihnen das Glück in den

Schoß weht, für die Familie verwenden. Wenn das stimmt, kommt es nicht nur darauf an, wer das Geld bekommt, sondern auch, wie es verdient wurde: Unter Umständen haben Frauen nicht das Gefühl, das Geld, das sie mit ihrer Hände Arbeit verdient haben, gehöre ihrer Familie und ihren Kindern. Paradoxerweise liegt es vielleicht genau an der traditionellen Rolle der Frau in der Familie, dass sich mit staatlichen Maßnahmen, die Frauen stärken, etwas erreichen lässt.

Kommen wir auf die Frage zurück, ob die Armen wirklich so große Familien wollen. Pak Sudarno wollte neun Kinder. An seiner Großfamilie war weder ein Mangel an Selbstbeherrschung, fehlender Zugang zu Verhütungsmitteln noch eine gesellschaftliche Norm »schuld« (obwohl die Tatsache, dass er diese Entscheidung treffen musste, in diese Richtung geht; seine Frau hat uns nicht verraten, was sie sich gewünscht hätte). Gleichzeitig glaubte er, dass seine neun Kinder ihn arm gemacht haben. Das heißt, »eigentlich« wollte er doch nicht so viele Kinder. Er brauchte sie allein deshalb, weil er sicherstellen wollte, dass sich wenigstens eines von ihnen um ihn kümmern würde, wenn er alt wäre. In einer idealen Welt hätte er weniger Kinder gehabt, er hätte sie so gut er konnte großgezogen, aber er wäre später nicht von ihnen abhängig gewesen.

Zwar würden viele ältere Menschen in den Vereinigten Staaten gerne mehr Zeit mit ihren Kindern und Enkelkindern verbringen (zumindest wenn man den Sitcoms Glauben schenkt), doch die Chance, dank Kranken- und Rentenversicherung relativ unabhängig von ihnen über die Runden zu kommen, wirkt sich sicherlich wohltuend auf ihr Selbstbewusstsein und den Erhalt ihrer Würde aus. Es ist nicht mehr notwendig, viele Kinder in die Welt zu setzen, nur damit man im Alter versorgt ist. Die Menschen können so viele Kinder haben, wie sie wirklich möchten, und wenn sich tatsächlich herausstellen sollte, dass sich keines von ihnen um sie kümmern kann oder will, gibt es noch das Sozialversicherungsnetz, das sie auffängt.

Die wirksamste Bevölkerungspolitik könnte also darin bestehen, dafür zu sorgen, dass niemand mehr so viele (insbesondere männliche) Kinder haben muss. Effektive soziale Sicherungssysteme (wie Kranken- und Rentenversicherungen) oder auch eine Entwicklung des Finanzsektors, die es den Menschen ermöglicht, profitabel für den Ruhestand zu sparen, könnten zu einer deutlichen Senkung der Fruchtbarkeitsziffern und möglicherweise auch zu weniger Diskriminierung von Mädchen führen. Im zweiten Teil des Buches wollen wir zeigen, wie man das schaffen könnte.

TEIL 2

Das institutionelle und gesellschaftliche Umfeld

6 Barfüßige Hedgefonds-Manager

Risiken sind im Leben der Armen allgegenwärtig. Oft führen sie kleine Läden, betreiben im kleinen Stil Landwirtschaft oder verdingen sich als Gelegenheitsarbeiter, ohne die Sicherheiten, die eine feste Anstellung bietet. In ihrem Leben kann eine unfreiwillige Arbeitsunterbrechung fatale Folgen haben.

Im Sommer 2008 lebte Ibu Tina mit ihrer kranken Mutter, ihren zwei Brüdern und vier Kindern zwischen drei und neunzehn Jahren in einem winzigen Haus in Cica Das, dem riesigen Slum der indonesischen Stadt Bandung. Die drei jüngeren Kinder gingen zumindest offiziell zur Schule, das älteste hatte abgebrochen. Die beiden unverheirateten Brüder, ein Tagelöhner auf dem Bau und ein Taxifahrer, konnten die Familie gerade so über Wasser halten, aber eigentlich war nie genug Geld da für Schulgeld, Essen, Kleidung für die Kinder oder Medikamente für die alte Mutter.

Doch das war nicht immer so gewesen. In ihren jungen Jahren hatte Ibu Tina in einer Kleiderfabrik gearbeitet, nach ihrer Heirat half sie ihrem Mann in dessen Bekleidungsgeschäft. Sie hatten vier Angestellte, und das Geschäft lief gut. Die Probleme begannen, als ihnen ein Geschäftspartner, dem sie vertrauten, einen ungedeckten Scheck über 20 Millionen Rupien (3 750 PPP-USD) andrehte. Sie gingen zur Polizei, doch die Beamten verlangten erst einmal 2,5 Millionen Rupien Schmiergeld, ehe sie sich bequemten, mit den Ermittlungen zu beginnen. Nachdem das Geld gezahlt war, verhafteten sie den Betrüger. Der kam für eine Woche ins Gefängnis, wurde aber freigelassen, als er versprach, seine Schulden zu bezahlen. Er zahlte vier Millionen Rupien an Ibu

Tina (von denen die Polizei noch einmal zwei Millionen für sich beanspruchte) und versprach, den Rest nach und nach zurückzuzahlen. Dann verschwand er und ward nicht mehr gesehen. Ibu Tina und ihr Mann hatten also 4,5 Millionen Rupien bezahlt, um vier Millionen Rupien zurückzuerhalten.

In den nächsten drei, vier Jahren gaben sie sich alle Mühe, wieder auf die Beine zu kommen. Schließlich gelang es ihnen, aus einem staatlichen Programm zur Förderung kleiner Geschäfte und Kooperativen (*Pemberdayaan Usaha Kecil dan Koperasi,* PUKK) ein Darlehen über 15 Millionen Rupien (2800 PPP-USD) zu erhalten, mithilfe dessen sie wieder in den Kleiderhandel einstiegen. Einer ihrer ersten Kunden bestellte Shorts. Sie kauften die Hosen bei einer Kleiderfabrik, ließen sie bügeln und verpacken, doch dann sprang der Käufer ab und ließ sie auf Tausenden von Shorts sitzen, die niemand haben wollte.

Diese Pechsträhne belastete ihre Ehe schwer, und kurz nach dem zweiten Misserfolg ließen sie sich scheiden. Ibu Tina zog mit ihren vier Kindern und den unverkauften Hosen zu ihrer Mutter. Als wir sie kennenlernten, hatte sie sich noch immer nicht von dem Schock erholt und sagte, für einen Neuanfang fehle es ihr schlicht an Energie. Sie hoffte, irgendwann, wenn sie sich besser fühlte, eine kleinen Lebensmittelladen im Haus ihrer Mutter zu eröffnen, wo sie vielleicht auch ein paar von den Shorts für den muslimischen Feiertag Idu l-Fitr, das Fest des Fastenbrechens, verkaufen könnte.

Zu allem Unglück brauchte ihre älteste Tochter eine Menge Zuwendung. Vier Jahre zuvor, im Alter von 15, war sie von einem Obdachlosen aus der Nachbarschaft entführt worden. Der Mann ließ sie zwar nach ein paar Tagen frei, doch das Mädchen war traumatisiert und verließ das Haus nicht mehr, es konnte weder eine Schule besuchen noch arbeiten gehen.

Hatte Ibu Tina einfach nur besonders viel Pech gehabt? In gewisser Weise schon. Die Entführung ihrer Tochter hielt sie für einen grausamen Zufall (obwohl das auch etwas damit zu tun hatte, dass ihr Haus in der Nähe der Eisenbahn lag, wo sich viele Obdachlose aufhielten), doch ihr berufliches Unglück war in ihren Augen symptomatisch für das Leben kleiner Geschäftsleute.

Unwägbarkeiten im Leben der Armen

Ein gemeinsamer Freund aus der Welt der Hochfinanz pflegt zu sagen, die Armen seien wie Hedgefonds-Manager – sie leben mit vielen Risiken. Der einzige Unterschied sei die Höhe ihres Einkommens. Hier untertreibt er natürlich ganz gewaltig: Kein Hedgefonds-Manager haftet zu 100 Prozent für seine Verluste, im Gegensatz zu den allermeisten kleinen Ladenbesitzern oder Bauern. Außerdem müssen die Armen das Kapital für ihre Unternehmungen entweder von den angehäuften »Reichtümern« ihrer Familie abziehen oder irgendwo einen Kredit aufnehmen, eine Situation, mit der Hedgefonds-Manager in der Regel nicht konfrontiert werden.

Sehr viele Arme betreiben ein kleines Geschäft oder etwas Landwirtschaft. Unser 18-Länder-Vergleich ergab, dass durchschnittlich 50 Prozent der armen Städter ein Geschäft hatten, während zwischen 25 und 98 Prozent der Armen auf dem Land Bauern waren (eine Ausnahme stellt Südafrika dar, wo die schwarze Bevölkerung traditionell keine Landwirtschaft betreiben durfte). Ein beträchtlicher Teil dieser bäuerlichen Haushalte hatte daneben noch ein anderes Geschäft. Das von den Armen bewirtschaftete Land wird in der Regel nicht bewässert, das heißt, das Einkommen aus der Landwirtschaft ist in hohem Maße vom Wetter abhängig. Eine Dürre oder auch nur eine spät einsetzende Regenzeit kann auf nicht bewässertem Land zu einer Missernte führen und das halbe Jahreseinkommen kosten.

Bauern und Ladenbesitzer sind nicht die Einzigen, deren Einkommen unsicher ist. Die andere wichtige Form der Erwerbstätigkeit der Armen ist die Gelegenheitsarbeit, die pro Tag bezahlt wird. Gelegenheitsarbeiter machen mehr als die Hälfte der Ärmsten in ländlichen Regionen aus, die in einem Beschäftigungsverhältnis stehen. In der Stadt sind es 40 Prozent. Wenn er Glück hat, bekommt ein Tagelöhner für mehrere Wochen oder gar Monate einen Job auf einer Baustelle oder einer Farm, meist wird er aber nur für ein paar Tage oder wenige Wochen angeheuert. Ein Gelegenheitsarbeiter weiß nie, ob er einen neuen Job hat, wenn der momentane zu Ende ist. Wenn das Geschäft schlecht läuft, werden diese Jobs als erste eingespart. Bald nachdem Dünger- und Ölpreise gestiegen waren, sparten die Bauern bei der Arbeitskraft, und Pak Solhin, den wir in Kapitel 2 kennengelernt haben, verlor seinen Job. Aus diesem Grund kommen die Gelegenheitsarbeiter auf zum Teil sehr viel weniger Arbeitstage pro Jahr als angestellte Arbeiter. Eine Untersuchung im indischen Bundesstaat Gujarat fand heraus, dass Gelegenheitsarbeiter im Schnitt 254 Tage pro Jahr beschäftigt sind (verglichen mit 354 Tagen bei angestellten Arbeitern und 338 Tagen bei Selbstständigen), im unteren Drittel der Statistik waren es nur 137 Tage.[1]

Großen landwirtschaftlichen Katastrophen wie der Dürre in Bangladesch im Jahr 1974 (als die Kaufkraft der Löhne um 50 Prozent sank und nach manchen Schätzungen bis zu einer Million Menschen starben)[2] oder der Nahrungsmittelknappheit in Afrika (zum Beispiel während der Dürre in Niger 2005/2006) schenken die Medien naturgemäß besondere Aufmerksamkeit, doch selbst in »normalen« Jahren schwanken die Einnahmen aus der Landwirtschaft beträchtlich. In einem normalen Jahr können die in der Landwirtschaft gezahlten Löhne in Bangladesch bis 18 Prozent unter oder über dem Durchschnitt liegen.[3] Und je ärmer das Land, desto größer die Schwankungen. In Indien ist die Schwankungsbreite der in der Landwirtschaft gezahlten Löhne beispielsweise 21-mal größer als in den Vereinigten Staaten.[4] Kein Wunder: Amerikanische Bauern sind versichert, sie erhalten Subventionen und sie profitieren von den standardmäßigen Sozialversicherungsprogrammen. Sie brauchen ihre Landarbeiter nicht zu feuern, wenn die Ernte schlecht ausfällt.

Als wären die Launen des Wetters nicht schlimm genug, schwanken auch die Preise für landwirtschaftliche Produkte ganz erheblich. Zwischen 2005 und 2008 kam es zu einem nie dagewesenen Anstieg der Lebensmittelpreise. Während der globalen Finanzkrise brachen sie zwar ein, aber nur um in den letzten zwei Jahren wieder auf das Vorkrisenniveau anzusteigen. Hohe Nahrungsmittelpreise sollten im Prinzip für die Produzenten (die Armen auf dem Land) günstig und für die Verbraucher (die Armen in der Stadt) ungünstig sein. Doch im Sommer 2008, einem Jahr, in dem die Preise für Dünger und Lebensmittel gleichermaßen hoch waren, hatte eigentlich jeder unserer Gesprächspartner in Indien und Indonesien das Gefühl, den Schwarzen Peter gezogen zu haben: Die Bauern sagten, ihre Ausgaben seien stärker gestiegen als die Einnahmen, die Arbeiter klagten, dass sie keine Arbeit fänden, weil die Bauern sparten, und gleichzeitig wussten die Städter nicht, wie sie ihre Lebensmittel bezahlen sollten. Das Problem waren nicht nur die Preise, sondern auch die Ungewissheit. Bauern etwa, die für teures Geld Dünger kaufen mussten, wussten nicht, ob sie bei der Ernte immer noch hohe Preise für ihre Produkte erzielen würden.

Das Risiko beschränkt sich für die Armen nicht auf Einkommen oder Essen; ihre Gesundheit, die wir in einem der vorangegangenen Kapitel diskutiert haben, ist eine weitere Quelle der Unsicherheit. Dazu gesellen sich politisch motivierte Gewalt, Kriminalität (wie im Fall von Ibu Tinas Tochter) und Korruption.

Im Alltag der Armen gibt es so viele Risiken, dass sie manche Ereignisse, die wir im Westen als katastrophal empfinden, kaum wahrzunehmen scheinen. Im Februar 2009 warnte Weltbankpräsident Robert Zoellick die Staatenlenker der Welt: »Die globale ökonomische Krise [ausgelöst durch den Zusammenbruch von Lehman Brothers im September 2008] droht in vielen Entwicklungsländern zu einer humanitären Krise zu werden, wenn diese keine gezielten Maßnahmen ergreifen, um die Schwachen in ihrer Gesellschaft zu schützen. Während sich alles auf Bankenrettung und Konjunkturförderprogramme konzentriert, sollten wir nicht vergessen, dass die Armen in den Entwicklungsländern viel gefährdeter sind, wenn deren Wirtschaften ins Taumeln geraten.«[5] Weiter heißt es, mit einem Sinken der globalen Nachfrage verlören die Armen die Märkte für ihre landwirtschaftlichen Produkte sowie ihre Gelegenheitsjobs auf Baustellen und ihre Anstellung in Fabriken. Die Budgets für Schulen, Krankenhäuser und staatliche Hilfsprogramme würden unter dem gleichzeitigen Druck von sinkenden Steuereinnahmen und einem Kollaps internationaler Hilfen zusammengestrichen werden.

Mit Somini Sengupta, seinerzeit Indienkorrespondentin der *New York Times,* reisten wir im Januar 2009 nach Malda, einem ländlichen Bezirk im Bundesstaat Westbengalen. Sengupta, die in Kalifornien aufgewachsen ist, aber perfekt Bengali spricht, wollte eine Geschichte darüber schreiben, welche Auswirkungen die globale Krise auf die Armen hat. Sie hatte gehört, dass viele Arbeiter auf Delhis Baustellen aus Malda kamen, und sie wusste, dass es mit der Baubranche in Delhi abwärts ging. Also reisten wir von Dorf zu Dorf und befragten die jungen Männer dort nach ihren Erfahrungen.

Jeder kannte jemanden, der weggegangen war. Von den Wanderarbeitern selbst waren viele zu Hause, weil gerade Muharram war, der erste Monat des islamischen Kalenders. Alle berichteten uns höchst bereitwillig von ihren Erlebnissen. Mütter erzählten uns von den fernen Städten im Süden oder im Norden Indiens, Orte wie Ludhiana (Punjab), Coimbatore (Tamil Nadu) und Vadodara (Gujarat), wo ihre Söhne und Enkel nun lebten und arbeiteten. Wir hörten auch tragische Geschichten: Eine Frau erzählte uns von ihrem Sohn, der in Delhi an einer mysteriösen Krankheit gestorben war, und dennoch klang ihre Stimme euphorisch. »Gibt es Arbeit in der Stadt?«, fragte Sengupta wieder und wieder. Ja, viel Arbeit. »Habt ihr etwas gehört, dass die Jobs weniger werden?« Nein, in Mumbai ist alles prima. Und so weiter. Wir gingen zur Bahnstation, um nachzusehen, ob jemand nach Hause kam, weil er seinen Job verloren hatte. Am Bahnhof trafen wir drei junge Männer, die gerade nach Mumbai fahren wollten. Einer von ihnen war noch nie dort gewesen, die beiden anderen, »Veteranen«, versicherten ihm, es sei überhaupt kein Problem, dort einen Job zu finden. Das Ende vom Lied: Somini Sengupta schrieb keine Geschichte darüber, wie die Armen unter der globalen Krise litten.

Der springende Punkt ist nicht, dass während der Krise in Mumbai weniger Baustellenjobs angeboten wurden – das war sicher der Fall –, doch für die meisten dieser jungen Männer ging es zunächst nur darum, überhaupt eine Chance zu haben. Es gab immer noch Jobs, und zwar solche, in denen sie doppelt so viel Geld am Tag verdienen konnten wie in ihrem Dorf. Verglichen mit der Situation zu Hause – die ständige Angst, keine Arbeit zu bekommen, das scheinbar endlose Warten auf die Regenzeit – kam ihnen das Leben als wandernder Bauarbeiter noch ziemlich attraktiv vor.

Natürlich hat die globale Krise auch die Unsicherheiten für die Armen vergrößert, aber eben nur minimal angesichts der Risiken, mit denen sie Tag für Tag leben müssen, auch dann wenn es keine Krise gibt, die der Weltbank Sorgen bereitet. 1998, während der indonesischen Krise, verlor die Rupie 75 Prozent ihres Wertes, Lebensmittelpreise stiegen um 250 Prozent und das Bruttoinlandsprodukt fiel um 12 Prozent, aber für die Reisbauern, die in der Regel zu den ärmsten Leuten gehören, erhöhte sich in dieser Zeit die Kaufkraft.[6] Am schlimmsten traf es die Staatsbediensteten und andere Menschen mit festem Einkommen. Selbst in den Jahren der großen Finanzkrise in Thailand (1997/1998), als die Wirtschaft um 10 Prozent schrumpfte, gaben zwei Drittel von 1000 Befragten an, der Hauptgrund für ihr gesunkenes Einkommen sei die Dürre.[7] Nur 26 Prozent nannten den Verlust des Arbeitsplatzes, und mit ziemlicher Sicherheit waren nicht alle Arbeitsplatzverluste Folge dieser Krise. Auch hier hat man wieder den Eindruck, dass es für die Armen nicht viel schlechter lief als sonst, und zwar genau deshalb, weil es ihnen auch schon unter normalen Umständen ziemlich schlecht geht. Sie haben mit Problemen zu kämpfen, die sie nur allzu gut kennen. Für die Armen ist das Gefühl, sich inmitten einer gigantischen Finanzkrise zu befinden, ein Dauerzustand.

Aber das Leben der Armen birgt nicht nur mehr Risiken als das von weniger Armen, vergleichbare Schicksalsschläge haben für sie meist auch stärkere Auswirkungen. Erstens sind Einschnitte beim Konsum für jemanden, der sowieso schon wenig konsumiert, wesentlich schmerzlicher. Wenn ein nicht ganz so armer Haushalt sein Konsumverhalten einschränken muss, verzichtet die Familie vielleicht auf ein paar Handyeinheiten, kauft seltener Fleisch oder schickt die Kinder auf eine weniger teure Schule. Das tut natürlich weh. Aber für Arme bedeutet ein hoher Einkommensverlust unter Umständen tiefe Einschnitte bei den Ausgaben für Grundbedürfnisse: Im vergangenen Jahr mussten die Erwachsenen in 45 Prozent der extrem armen Haushalte, die wir im ländlichen Udaipur-Distrikt befragten, zeitweise ihre Mahlzeiten verkleinern. Und das ist etwas, das sie äußerst ungern tun. Interviewpartner, die ihre Mahlzeiten hatten verkleinern müssen, beschrieben sich selbst als sehr viel unglücklicher als andere, die das nicht tun mussten.

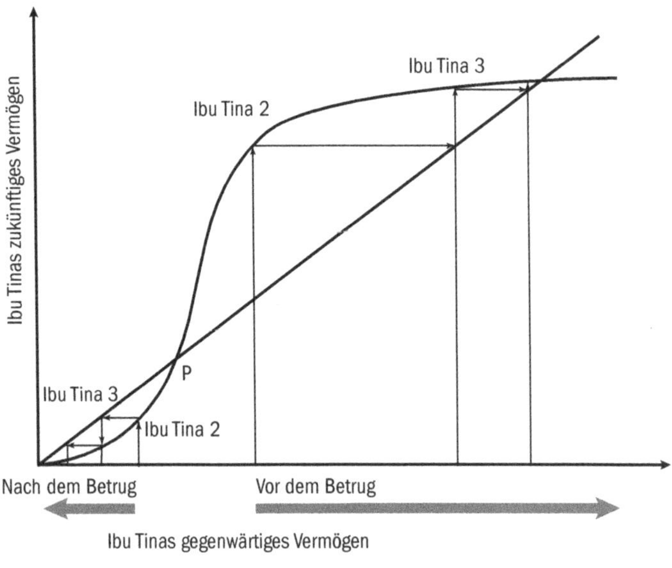

Abbildung 3: Auswirkungen des Betrugs auf Ibu Tinas Vermögen

Zweitens kann ein negatives Ereignis, wenn die Beziehung zwischen dem heutigen und dem zukünftigen Einkommen die Form einer S-Kurve hat, sehr viel schlimmere Auswirkungen haben als bloß vorübergehende Traurigkeit. Abbildung 3 zeigt die Beziehung zwischen den heutigen und den zukünftigen Vermögensverhältnissen von Ibu Tina, der indonesischen Geschäftsfrau.

Wie wir in Kapitel 1 gesehen haben, kann es eine Armutsfalle geben, wenn sich Investitionen für die, die wenig investieren können, kaum und für die, die genug investieren können, mehr auszahlen. Ibu Tina befand sich in einer solchen Situation. Bei ihr hatte die Beziehung zwischen heutigem und zukünftigem Vermögen die Form einer S-Kurve, weil ihr Geschäft eine gewisse Größe brauchte, um profitabel zu sein (in Kapitel 9 werden wir sehen, dass dies ein wesentliches Merkmal von Geschäften ist, die Arme betreiben; Ibu Tinas Geschichte ist also kein Einzelfall). Vor dem Betrug hatten sie und ihr Mann vier Angestellte und genug Geld, um Material und Nähmaschinen für die Herstellung von Kleidern zu kaufen. Das war sehr profitabel. Danach konnten sie nur noch vorgefertigte Shorts kaufen und sie verpacken, eine Tätigkeit, die sehr viel weniger (oder gar nicht) profitabel ist. Vor der Geschichte mit dem geplatzten Scheck befanden sich Ibu Tina und ihr Ehemann außerhalb des Bereichs der Armutsfalle. Wenn wir ihrem Weg über die Zeit folgen, sehen wir, dass sie auf gutem Weg zu einem ordentlichen Einkommen waren. Durch den Betrug jedoch verloren sie ihr gesamtes Vermögen. Dadurch gerieten sie in den Bereich der Armutsfalle. Danach verdienten sie so wenig Geld, dass sie mit der Zeit immer ärmer wurden. Als wir Ibu Tina begegneten, war sie auf die Unterstützung durch ihre Brüder angewiesen. Ein Schicksalsschlag kann in einer S-förmigen Welt dauerhafte Folgen haben. Wenn die Beziehung zwischen dem heutigen und dem zukünftigen Einkommen die Form einer S-Kurve besitzt, kann eine Familie vom Weg in Richtung Mittelschicht in die dauerhafte Armut abstürzen.

Häufig wird diese Entwicklung von einem psychischen Prozess verstärkt. Für jemanden, der die Hoffnung verloren hat und glaubt, dass es wahrscheinlich keinen Ausweg gibt, ist es sehr schwer, die Disziplin aufzubringen, die man benötigt, um aus dem tiefen Loch wieder herauszuklettern. Das haben wir sowohl bei Ibu Tina als auch bei Pak Solhin gesehen, dem früheren Landarbeiter aus Kapitel 2, der nun gelegentlich Fische fängt. Beide machten nicht den Eindruck, als seien sie in der psychischen Verfassung, sich selbst am Schopf aus dem Sumpf zu ziehen und neu zu beginnen. In Udaipur trafen wir einen Mann, der auf eine Standardfrage in unserem Fragebogen antwortete, »Sorge, Angst und Traurigkeit« hätten ihn so bedrückt, dass er einen Monat lang seiner normalen Tätigkeit nicht mehr habe nachgehen können. Wir fragten ihn nach dem Grund, und er antwortete, sein Kamel sei gestorben, seitdem sei er in tiefer Trauer. Vielleicht war es etwas naiv, aber wir fragten weiter, ob er etwas gegen seine Niedergeschlagenheit unternommen habe (ob er zum Beispiel mit einem Freund, einem Gesundheitshelfer oder einem traditionellen Heiler geredet habe). Er antwortete leicht verärgert: »Ich habe ein Kamel verloren. Da ist es doch normal, traurig zu sein. Dagegen kann man nichts machen.«

Häufig sind verschiedene psychische Kräfte am Werk: Das Gefühl, Gefahren ausgesetzt zu sein (nicht nur finanziellen, sondern auch solchen für Leib und Leben), macht uns Sorgen, und Sorgen verursachen Stress und Depressionen. Bei Armen werden sehr viel häufiger Depressionssymptome beobachtet. Wer gestresst ist, hat größere Schwierigkeiten sich zu konzentrieren, was zu geringerer Produktivität führt. Es gibt sogar einen starken statistischen Zusammenhang zwischen Armut und dem Cortisolspiegel im Blut; Cortisol wird vom Körper produziert und ist ein Stressanzeiger. Umgekehrt sinken die Cortisolspiegel, wenn die Haushalte Hilfe erhalten. Kinder, deren Familien Geld von PROGRESA, dem mexikanischen Bargeldtransfer-Programm, erhielten, wiesen signifikant niedrigere Cortisolwerte auf als vergleichbare Kinder, deren Familien nicht durch dieses Programm unterstützt wurden. Dieser Befund ist wichtig, denn Cortisol kann die kognitiven Fähigkeiten und die Fähigkeit, Entscheidungen zu treffen, tatsächlich direkt beeinträchtigen: Die stressbedingte Freisetzung von Cortisol hat Auswirkungen auf verschiedene Gehirnregionen, zum Beispiel den präfrontalen Cortex, die Amygdala und den Hippocampus. Sie alle spielen eine wichtige Rolle für die kognitiven Funktionen, so ist der präfrontale Cortex etwa für die Unterdrückung von impulsiven Reaktionen verantwortlich. Es kann daher nicht verwundern, dass Versuchspersonen, die man im Labor künstlich unter Stress setzt, seltener die ökonomisch vernünftige Entscheidung treffen, wenn man ihnen verschiedene Handlungsalternativen anbietet.[8]

Formen der Absicherung

Wie können die Armen mit diesen Unsicherheiten umgehen? Eine nachvollziehbare Reaktion auf sinkende Löhne ist es, mehr zu arbeiten. Dabei kann man sich aber leicht ins eigene Fleisch schneiden. Wenn alle armen Arbeiter in schlechten Zeiten mehr arbeiten wollen (zum Beispiel wegen einer Dürre oder weil die Ausgaben gestiegen sind), dann machen sie sich gegenseitig Konkurrenz, wodurch die Löhne weiter sinken. Noch schwieriger wird es, wenn sie keine Arbeit außerhalb des Dorfes finden. Dieselbe Dürre hat daher stärker negative Auswirkungen auf abgeschiedene indische Dörfer, wo Arbeiter weniger Möglichkeiten haben, außerhalb nach einem Job zu suchen. An solchen Orten ist »mehr arbeiten« keine wirkliche Option, um den Lohnverlust auszugleichen.[9]

In dieser Situation fährt man oft besser, wenn man versucht, die Risiken zu mindern, indem man sich wie ein Fondsmanager ein diversifiziertes Portfolio zulegt, und hier beweisen die Armen großen Einfallsreichtum. Der einzige Unterschied ist, dass sie keine Finanzinstrumente diversifizieren, sondern Aktivitäten. Was immer wieder überrascht, ist die unglaubliche Zahl unterschiedlicher Beschäftigungen und Tätigkeiten, denen die Mitglieder von armen Familien nachgehen. Als man die Bewohner von

27 Dörfern in Westbengalen befragte, gaben selbst Haushalte, die Ackerland besaßen, an, nur 40 Prozent ihrer Zeit auf den Feldern zu verbringen.[10] Im Durchschnitt (Median) hatten die untersuchten Familien drei arbeitende Mitglieder, die sieben Beschäftigungen nachgingen. Natürlich haben auf dem Land fast alle Familien mehr oder weniger mit Landwirtschaft zu tun, doch in der Regel ist es nicht ihre einzige Einkommensbasis. Auf diese Weise lassen sich Risiken verringern – wenn eine Tätigkeit ausfällt, können andere den Verlust auffangen –, obwohl es noch andere Gründe für die Diversifizierung gibt, wie wir später sehen werden.

Auch das Bewirtschaften verschiedener Parzellen in verschiedenen Teilen des Dorfes statt eines einzigen großen Ackers bedeutet eine gewisse Risikostreuung. Wenn Schädlinge oder Pflanzenkrankheiten einen Teil des Dorfes heimsuchen, bleiben unter Umständen andere Teile verschont. Wenn die Regenzeit ausbleibt, haben die Pflanzen auf Feldern mit einem höheren Grundwasserstand bessere Chancen zu überleben. Tatsächlich können verschiedene Bereiche ein und desselben Dorfes unterschiedliche Mikroklimate aufweisen, die von der Sonnenexposition, der Hangneigung, der Höhenlage und der Feuchtigkeit abhängen.

Auch das zeitweilige Abwandern kann unter diesem Blickwinkel gesehen werden. Nur selten ziehen ganze Familien zusammen in die Stadt. Meistens wandern nur einige Familienmitglieder ab – in Indien und Mexiko in der Regel die Männer und die halbwüchsigen Söhne, in China, Thailand und den Philippinen dagegen oft die älteren Töchter –, während der Rest vor Ort bleibt. Damit wird sichergestellt, dass das Vermögen der Familie nicht völlig vom Job einer einzigen Person in der Stadt abhängt, gleichzeitig kann die Familie ihre Beziehungen im Dorf aufrechterhalten, was sich, wie wir noch sehen werden, häufig als nützlich erweist.

Ein weiteres Mittel zur Risikominimierung ist konservatives Verhalten beim Bewirtschaften der Felder oder bei der Führung der Geschäfte. Selbst wenn ein armer Bauer wüsste, dass es eine neue, ertragreichere Sorte seines wichtigsten Getreides gäbe, würde er sich dagegen entscheiden. Ein Vorteil des Festhaltens am Gewohnten ist, dass der Bauer kein neues Saatgut kaufen muss, er hat Samenkörner von der letzten Ernte zurückbehalten, die er aussäen kann. Neues Saatgut dagegen ist ziemlich teuer. Das neue Saatgut kann die Investition um ein Vielfaches wettmachen, wenn alles gut geht, aber ein Bauer muss immer damit rechnen, dass es zu einer Missernte kommt (etwa wenn der Regen zu spät einsetzt), und dann wäre die Investition in das neue Saatgut verloren.

Die Familien versuchen, bei der Risikostreuung kreativ zu sein. Bäuerliche Haushalte in Indien nutzen die Heirat zur »Risikodiversifizierung« innerhalb ihrer jeweiligen Clans. Frauen ziehen nach der Hochzeit ins Dorf ihrer Schwiegereltern, so entsteht eine Verbindung zwischen der Familie, aus der sie stammen, und der, in die sie einheiraten, und die beiden Familien können sich bei Bedarf gegenseitig um Hilfe bitten.[11] Häufig verheiraten Bauern ihre Töchter in Dörfer, die nah genug sind, um die Verbindung zu halten, aber weit genug entfernt sind, um etwas andere Wetterverhältnisse zu haben. So können sie einander helfen, wenn der Regen in einem Dorf ausbleibt, aber im anderen fällt. Eine weitere Art der Absicherung ist die Kinderzahl: Pak Sudarno hatte neun Kinder, damit er einigermaßen sicher sein konnte, dass sich wenigstens eines davon später um ihn kümmern würde.

All diese Versuche der Armen, sich gegen Risiken abzusichern, sind häufig ziemlich kostspielig. Für den landwirtschaftlichen Bereich ist das gut belegt: Betriebsausgaben verwenden arme indische Bauern konservativer, aber weniger effizient, wenn sie in Gegenden leben, in denen der Niederschlag stärker schwankt.[12] In Regionen, wo der Regen sehr zuverlässig einsetzt, erzielen arme Bauern einen um 35 Prozent höheren Gewinn. Die Unsicherheiten treffen aber nur Arme in dieser Weise: Für reichere Bauern lässt sich kein Zusammenhang zwischen der Höhe des Gewinns und den Schwankungen im Niederschlag nachweisen, vermutlich weil sie sich Ernteverluste leisten können und daher auch Risiken eingehen.

Eine andere Strategie armer Bauern ist das Pachten von Land, das bedeutet, dass der Besitzer einen Teil der Kosten für die Bewirtschaftung übernimmt und dafür einen Teil der Ernte erhält. Dadurch wird das Risiko für den Bauern geringer, der »Leistungsanreiz« allerdings auch: Wenn er weiß, dass der Landeigentümer beispielsweise die Hälfte von allem erhält, was der Acker hergibt, ist der Bauer weniger motiviert, sehr hart zu arbeiten. Eine indische Studie hat gezeigt, dass Bauern 20 Prozent weniger Arbeitskraft auf gepachtetes Land verwenden als auf solche Flächen, deren Ernte sie ganz für sich behalten dürfen.[13] Das hat zur Folge, dass gepachtete Felder weniger intensiv und weniger effizient bewirtschaftet werden.

Verschiedene Jobs nebeneinander zu haben, wie viele Arme, ist ebenfalls unergiebig. Man kann kein Spezialist für etwas werden, wenn man sich nicht spezialisiert. Frauen, die drei verschiedene Geschäfte betreiben, und Männer, die keinen festen Job in der Stadt annehmen können, weil sie sich die Möglichkeit offenhalten wollen, alle paar Wochen in ihr Dorf zurückzukehren, begeben sich der Möglichkeit, Fähigkeiten und Erfahrungen in ihren Haupttätigkeiten zu erwerben. Damit verpassen sie auch die Chance, durch die Spezialisierung auf etwas, das sie richtig gut können, mehr Geld zu verdienen.

Die Risiken, die die Armen tragen, verursachen also nicht nur dann hohe Kosten, wenn sie von einem Schicksalsschlag getroffen werden: Die Furcht, dass etwas Schlimmes geschehen könnte, lähmt sie häufig so, dass sie das ihnen innewohnende Potenzial gar nicht ausschöpfen können.

Gegenseitige Unterstützung

Ein anderer und vermutlich viel besserer Weg für Arme, mit Unsicherheiten umzugehen, ist die gegenseitige Unterstützung. Die meisten Armen leben in Dörfern oder Stadtvierteln, wo sie ein ausgedehntes Netzwerk von Leuten haben, die sie gut kennen: die Verwandtschaft, Mitglieder ihrer Religionsgemeinschaft oder Angehörige derselben ethnischen Gruppe. Natürlich gibt es Ereignisse, die alle in diesem Netzwerk gleichermaßen treffen können, wie eine schlechte Regenzeit zum Beispiel, andere dagegen ereilen nur Einzelne. Wenn diejenigen, denen es gut geht, denen helfen, die gerade Probleme haben, und unter umgekehrten Vorzeichen selber Hilfe erfahren, dann hat jeder etwas davon: Sich gegenseitig zu helfen muss keine reine Nächstenliebe sein.

Eine von Christopher Udry durchgeführte Studie zeigt Möglichkeiten und Grenzen einer solchen informellen Absicherung auf. Udry verbrachte ein ganzes Jahr in einem kenianischen Dorf und konnte die Bewohner dazu bewegen, jedes Geschenk und jeden Geldbetrag, den sie sich gegenseitig liehen, sowie die damit verknüpften Bedingungen zur Rückzahlung aufzuschreiben.[14] Außerdem fragte er sie jeden Monat nach negativen Ereignissen. Udry stellte fest, dass im Durchschnitt jede Familie zu jedem Zeitpunkt an 2,5 andere Familien Geld verliehen oder von diesen geliehen hatte. Außerdem wurden die Rückzahlungsbedingungen an die jeweilige Situation von Leihendem und Verleiher angepasst. Wenn dem Schuldner etwas Schlimmes widerfahren war, zahlte er weniger zurück (oft weniger als die ursprünglich geliehene Summe), saß jedoch der ursprüngliche Geldgeber in der Patsche, zahlte der Schuldner nicht selten *mehr* zurück, als er musste. Das eng verzahnte gegenseitige Geben und Nehmen minderte das Risiko für den Einzelnen beträchtlich. Dennoch hatte auch diese informelle Solidarität ihre Grenzen. Nach einem Schicksalsschlag ging der Konsum in den betroffenen Familien selbst dann zurück, wenn sich das Gesamteinkommen ihres Netzwerks nicht verändert hatte.

Zu diesen informellen Absicherungen liegt eine Fülle von Forschungsergebnissen vor, und von der Elfenbeinküste bis nach Thailand beobachtet man immer wieder dasselbe: Die traditionellen Solidaritätsnetzwerke helfen zwar, Schicksalsschläge abzufangen, doch die Absicherung, die sie bieten, ist alles andere als vollkommen. Im Falle einer guten Absicherung sollte eine Familie, in Abhängigkeit von ihren jeweiligen finanziellen Möglichkeiten, stets in etwa gleich viel konsumieren können: In guten Zeiten hilft sie anderen, und in schlechten Zeiten erhält sie selbst Hilfe von anderen. Das deckt sich jedoch nicht mit unseren Beobachtungen.

Vor allem gegen schwere Erkrankungen sind die Armen extrem schlecht abgesichert. In einem indonesischen Haushalt sinkt der Konsum um 20 Prozent, wenn ein Familienmitglied ernstlich krank wird.[15] Eine philippinische Studie belegt, dass die Dorfsolidarität bei schweren, aber nicht tödlichen Erkrankungen besonders schlecht funktioniert.[16] Wenn eine Familie eine schlechte Ernte hat oder wenn jemand den Job verliert, kommen ihnen die anderen Familien des Dorfes zu Hilfe. Die Betroffenen erhalten Geschenke, zinslose Darlehen und andere Formen der Unterstützung. Doch das gilt nicht bei schweren Erkrankungen, damit wird die Familie allein gelassen.

Die fehlende Unterstützung im Krankheitsfall erstaunt umso mehr, als sich die Familien ansonsten ja gegenseitig helfen. In einem der vorangegangenen Kapitel haben wir von Ibu Emptat erzählt, deren Mann Probleme mit den Augen hatte. Sie musste ihr Kind von der Schule nehmen, weil sie seine Asthmamedikamente nicht bezahlen konnte. Als wir Ibu Emptat in ihrem kleinen Dorf auf Java trafen, berichtete sie, dass sie von ihrem örtlichen Geldverleiher 100 000 Rupien (18,75 PPP-USD) aufgenommen hatte, um die Behandlung für ihren Mann zu bezahlen. Inzwischen waren ihre Schulden wegen der Zinsen auf eine Million Rupien angewachsen, und sie lebte in großer Angst, weil der Geldverleiher gedroht hatte, ihnen alles wegzunehmen, was sie besaßen. Im Laufe des Gesprächs stellte sich heraus, dass ihr eine ihrer Töchter gerade einen Fernsehapparat geschenkt hatte. Die Tochter hatte sich für 800 000 Rupien (150 PPP-USD) einen neuen gekauft und den alten (der noch gut funktionierte) ihren Eltern gegeben. Wir waren verblüfft: Wäre es nicht sinnvoller gewesen, die Tochter hätte das alte Gerät behalten und ihren Eltern stattdessen das Geld geben, das diese dem Geldverleiher schuldeten? Wir fragten: »Kann dir nicht eines deiner Kinder beim Bezahlen der Schulden helfen?« Ibu Emptat schüttelte den Kopf und erwiderte, die hätten ihre eigenen Probleme, Familie, um die sie sich kümmern müssten – unausgesprochen war sie der Auffassung, dass sie die Art des Geschenkes nicht hinterfragen durfte. Anscheinend war es für sie normal, dass ihr bei Gesundheitsausgaben niemand Hilfe anbot.

Was hält die Menschen davon ab, anderen noch mehr zu helfen? Warum sind manche Risiken nicht oder nur unzureichend abgedeckt?

Für die mangelnde Bereitschaft, Nachbarn und Freunden bedingungslos Hilfe anzubieten, gibt es gute Gründe. Sie könnten ja, wenn sie sich der Unterstützung sicher sind, in Versuchung kommen, sich weniger anzustrengen – in der Versicherungswirtschaft nennt man das ein *moralisches* oder *subjektives Risiko*. Oder jemand könnte vorgeben, Hilfe zu brauchen, obwohl das nicht stimmt. Oder man befürchtet, dass der andere seinen Teil der informellen Vereinbarung nicht einhält: Ich helfe dir, aber wenn ich deine Hilfe brauche, hast du keine Zeit.

All das sind Gründe, weshalb man mit seinem Hilfsangebot zurückhaltend sein könnte, aber sie erklären nicht, weshalb jemand, der schwer erkrankt ist (wofür er in der Regel nichts kann), keines erhält. Die meisten Wirtschaftswissenschaftler glauben, die informellen Absicherungen beruhten darauf, dass wir hoffen, für unsere jetzt gewährte Unterstützung irgendwann in der Zukunft selbst Hilfe zu erhalten. Doch vielleicht ist das nicht alles. Möglicherweise helfen wir unseren Nachbarn in Extremsituationen auch dann, wenn wir nicht davon ausgehen, einmal in eine ähnliche Lage zu geraten, zum Beispiel weil es einfach unmoralisch wäre, es nicht zu tun. Betsy Hartman und Jim Boyce haben ein Buch über das Leben im ländlichen Bangladesch geschrieben.[17] Es spielt Mitte der siebziger Jahre und beschreibt zwei Nachbarfamilien, eine Hindu- und eine Moslemfamilie, die sich nicht besonders nahestanden. Als die Hindufamilie ihren Hauptverdiener verlor, musste sie hungern. In ihrer Verzweiflung kroch die Hindufrau durch den Zaun in den Garten der muslimischen Nachbarn und stahl dort immer wieder einmal etwas Gemüse.

Hartman entdeckte, dass diese das sehr wohl wussten, aber beschlossen hatten, ein Auge zuzudrücken. »Ich weiß, dass sie eigentlich ein guter Mensch ist«, sagte der Mann, »und wenn ich in ihrer Lage wäre, würde ich vermutlich auch stehlen. Bei solchen Kleinigkeiten rege ich mich nicht auf. Ich denke ›Die Person, die das genommen hat, ist hungriger als ich‹.«

Die Tatsache, dass Menschen auch helfend eingreifen, wenn sie sich moralisch verpflichtet fühlen und nicht nur weil sie eine entsprechende Gegenleistung in der Zukunft erwarten, erklärt vielleicht, warum informelle Netzwerke nicht dafür ausgelegt sind, bei schweren Erkrankungen einzuspringen. Sogar die ärmsten Familien, die gerade genug zu essen haben, teilen das, was sie besitzen, mit einem Nachbarn, der Hunger leidet. Doch jemanden beispielsweise bei der Bezahlung eines Krankenhausaufenthalts zu unterstützen, ginge weit über das einfache Teilen hinaus: Daran müssten sich, angesichts der zumeist hohen Kosten, viele Haushalte beteiligen. Das heißt, es ist durchaus sinnvoll, teure Krankheitsfälle vom moralischen Imperativ »Du sollst deinen Nachbarn helfen« auszunehmen, denn für deren Regelung wären wesentlich kompliziertere soziale Kontrakte notwendig.

Betrachtet man die Absicherung im Wesentlichen als moralische Verpflichtung, einem Menschen in Not beizustehen, wird verständlich, weshalb die nigerianischen Dorfbewohner einander auf individueller Basis halfen, statt alles in einen gemeinsamen Topf zu stecken, obwohl diese Form der Risikostreuung viel effektiver wäre. So lässt sich vielleicht auch erklären, warum Ibu Emptats Tochter ihrer Mutter zwar den Fernseher schenkte, aber nicht die Kosten für die Behandlung ihres Vaters übernahm. Sie wollte nicht das Kind sein, das sich um die Gesundheit ihrer Eltern kümmert (und sie wollte nicht auf die Großzügigkeit ihrer Geschwister bauen). Daher entschied sie sich für eine nette Geste, ohne sich zu übernehmen.

Wo sind die Versicherungsgesellschaften für die Armen?

Angesichts der hohen Kosten von Risiken und der begrenzten Absicherung durch informelle Solidaritätsnetzwerke stellt sich die Frage, weshalb Arme keinen besseren Zugang zu richtigen Versicherungen, also solchen bei einer Versicherungsgesellschaft abgeschlossenen, haben. Versicherungen mit Versicherungsvertrag findet man bei Armen so gut wie nie. Krankenversicherungen, Versicherungen gegen wetterbedingte Ernteausfälle oder den Verlust des Viehbestands, die für Bauern in reichen Ländern ganz selbstverständlich sind, haben in Entwicklungsländern Seltenheitswert.

Nachdem mittlerweile jeder schon einmal von Mikrokrediten gehört hat, bieten sich Versicherungen für Arme geradezu als Geschäftsmodell für kreative Kapitalisten mit edler Gesinnung an (in einem *Forbes*-Kommentar war von einem »jungfräulichen natürlichen Markt«[18] die Rede). Die Armen haben unglaublich viele Risiken zu gewärtigen und sollten daher willens sein, eine vernünftig bemessene Prämie für die Versicherung von Leib und Leben, Vieh und Ernte zu bezahlen. Mit Milliarden von potenziellen Versicherungsnehmern könnte diese Geschäftsidee selbst bei minimalem Profit pro Einzelpolice zu einem phänomenalen Erfolg werden, gleichzeitig würde den Armen der Welt enorm geholfen. Das Einzige, was noch fehlt, ist jemand, der die Sache in die Hand nimmt: Das motivierte internationale Organisationen (wie die Weltbank) und große Stiftungen (wie die *Gates Foundation*), Hunderte Millionen von Dollar zu investieren, um die Entwicklung von Versicherungsmöglichkeiten für Arme zu fördern.

Wenn man Versicherungen anbieten will, hat man mit einer ganzen Reihe von Schwierigkeiten zu kämpfen, die keineswegs nur in der Welt der Armen auftreten. Es handelt sich um grundsätzliche Probleme, die in armen Ländern jedoch größer sind, weil es dort schwieriger ist, die Anbieter zu regulieren und die Versicherungsnehmer zu überprüfen. Wir haben das subjektive oder moralische Risiko bereits erwähnt: Unter Umständen verändern die Menschen ihr Verhalten (bewirtschaften ihr Land nachlässiger, gehen öfter zum Arzt und so weiter), wenn sie wissen, dass sie nicht die vollen Konsequenzen ihres Tuns tragen müssen. Selbst ohne Krankenversicherung nehmen die Armen, wie wir gesehen haben, ständig irgendeine Form der Gesundheitsversorgung in Anspruch. Was würde geschehen, wenn diese Dienste umsonst wären? Und würden Ärzte nicht vielleicht unnötigerweise Tests und Medikamente verordnen, vor allem wenn sie selbst ein Labor besitzen (was auf viele Ärzte in den USA und in Indien zutrifft) oder Apotheken ihnen »Prämien« anbieten? So scheint alles in eine Richtung zu laufen: Die Patienten wollen, dass etwas getan wird, darum bevorzugen sie Ärzte, die schnell den Rezeptblock zücken, und Ärzte verdienen mehr, wenn sie mehr verschreiben. Eine auf Kostenerstattung ausgerichtete Krankenversicherung für die ambulante medizinische Versorgung in einem Land installieren zu wollen, in dem das Gesundheitswesen bestenfalls schwach reguliert ist und in dem sich jeder problemlos als »Doktor« niederlassen kann, hieße, sehenden Auges in den Bankrott zu steuern.

Ein anderes Problem ist die »negative Auslese«. Wenn es keine Versicherungspflicht gibt, werden sich die, die schon ahnen, dass sie einmal Probleme haben werden, mit höherer Wahrscheinlichkeit versichern lassen. Das ist in Ordnung, wenn sich auch die Versicherer dessen bewusst sind, denn dann können sie das Risiko entsprechend in ihre Prämie einrechnen. Doch wenn die Versicherungsgesellschaften diejenigen, die die Abschlüsse tätigen, weil sie die Leistung sofort brauchen, nicht identifizieren können, bleibt ihnen nichts anderes übrig, als die Prämien für alle Versicherten zu erhöhen. Das jedoch verschlimmert die Situation, da die höheren Prämien alle die abschrecken, die meinen, dass sie die Versicherung wahrscheinlich nicht brauchen. Damit verschärft sich das ursprüngliche Problem. Aus diesem Grund ist es beispielsweise extrem schwierig, in den Vereinigten Staaten eine halbwegs bezahlbare Krankenversicherung abzuschließen, wenn man nicht das Glück hat, über seinen Arbeitgeber versichert zu werden. Und aus diesem Grund streben Programme für bezahlbare Krankenversicherungen meist Pflichtversicherungen an – denn wenn sich jeder versichern muss, bleiben die Versicherer nicht auf den Kunden mit den schlechten Risiken sitzen.

Das dritte Problem ist der glatte Betrug: Wie kann man verhindern, dass ein Krankenhaus dem Versicherer massenhaft falsche Schadensfälle präsentiert oder für einen Patienten wesentlich höhere Kosten abrechnet, als für seine Behandlung tatsächlich angefallen sind? Und was sollte einen Bauern, der seinen Wasserbüffel versichert hat, davon abhalten zu behaupten, das Tier sei verendet? Nachiket Mor und Bindu Ananth von der ICICI *Foundation* sind die zwei Personen im indischen Finanzsektor, die sich am stärksten für die Entwicklung besserer Finanzdienstleistungen für Arme engagieren. Sie berichteten uns, nicht ohne Selbstironie, von ihrem ersten, schon Jahre zurückliegenden und grandios gescheiterten Versuch, eine Viehversicherung anzubieten: Nachdem der erste Schwung Versicherungsnehmer sein Vieh ausnahmslos verlustig gemeldet hatte, beschlossen sie, dass der Besitzer in Zukunft ein Ohr des Tiers als Beleg für seinen Tod vorlegen musste. Die Folge war ein florierender Markt für Kuhohren: Jeder toten Kuh, egal ob versichert oder nicht, wurden die Ohren abgeschnitten und dann an Leute verkauft, die eine Viehversicherung abgeschlossen hatten. Auf diese Weise konnte man die Versicherung kassieren und seine Kuh behalten. Im Sommer 2009 besuchten wir eine Tagung, auf der Nandan Nilekani, der Gründer und Ex-Vorstandsvorsitzende des indischen Software-Giganten *Infosys*, der von der indischen Regierung den Auftrag erhalten hatte, jeden Inder mit einem »eindeutigen Identitätsnachweis« auszustatten, seinen Plan zur eindeutigen Identifizierung vorstellte. Er versicherte seinen Zuhörern, dass die Abdrücke der zehn Finger und ein Foto der Iris beider Augen charakteristisch genug seien, um jeden Menschen eindeutig zu identifizieren. Nachiket Mor hörte aufmerksam zu. Als Nilekani einen Moment innehielt, sagte er laut: »Ein Jammer, dass Kühe keine Finger haben.«

Doch es gibt Risikoarten, die leichter zu versichern sein sollten als andere. Das Wetter zum Beispiel. Einem Bauern sollte an einer Versicherung gelegen sein, die ihm (in Abhängigkeit von der Prämie) eine fixe Summe zahlt, wenn die Niederschläge, die an einer nahe gelegenen Wetterstation gemessen werden, unter einem festgesetzten kritischen Niveau bleiben. Da niemand das Wetter beeinflussen kann und anders als in der Medizin auch keine Entscheidungen getroffen werden müssen, welche Maßnahmen notwendig sind oder nicht, bleibt kein Spielraum für ein moralisches Risiko oder Betrug.

Im Bereich des Gesundheitswesens scheinen katastrophale Ereignisse (wie schwere Erkrankungen oder Unfälle) leichter zu versichern zu sein als die ambulante Versorgung. Niemand verlangt aus Jux und Tollerei nach einer Operation oder einer Chemotherapie, und die Behandlung lässt sich leicht nachweisen. Dennoch besteht weiter die Gefahr der Überbehandlung, aber die Versicherer können die Kosten für jede Behandlung deckeln. Das große Problem bleibt nach wie vor die Selektion: Versicherungen wollen nicht nur kranke Leute versichern.

Wie kann man die negative Selektion verhindern? Der Trick besteht darin, mit einem Pool von Leuten zu beginnen, der aus ganz anderen Gründen zustande gekommen ist – Angestellte einer Firma, Mikrokreditnehmer, Parteimitglieder … –, und zu versuchen, diese Gruppe als Ganzes zu versichern.

Aus diesem Grund dachten Anbieter von Mikrofinanzdienstleistungen (*microfinance institutions*, MFI) darüber nach, Krankenversicherungen in ihr Angebot aufzunehmen. Sie verfügen über einen großen Pool von Kreditnehmern, denen man Versicherungen anbieten könnte. Und weil größere Gesundheitsprobleme manchmal dazu führen, dass die ansonsten ziemlich zuverlässigen Mikrokreditkunden in Verzug kommen, wäre eine Krankenversicherung für sie gleichzeitig auch eine gewisse Absicherung für den Mikrofinanzdienstleister. Außerdem wäre es einfach, die Prämien zu kassieren, da sich die Sachbearbeiter sowieso wöchentlich mit den Schuldnern treffen – eigentlich mussten sie die Prämie nur in den Kredit einrechnen.

Im Jahr 2007 startete SKS *Microfinance*, das größte Mikrofinanzunternehmen in Indien, ein Pilotprojekt zur Krankenversicherung; es trug den Namen »Swayam Shakti« und beinhaltete Mutterschaftsgeld sowie die Kostenübernahme für Krankenhausaufenthalte und die Behandlung von Unfällen. Um negative Selektion zu vermeiden, war die Versicherung für die ausgewählten Gruppen obligatorisch. Außerdem deckelte man die Kosten und legte den Kunden dringend nahe, sich nur in solchen Krankenhäusern behandeln zu lassen, mit denen SKS langfristige Kooperationen vereinbart hatte; beide Maßnahmen sollten die Betrugsmöglichkeiten einschränken. Um den Kunden die Vereinbarung noch schmackhafter zu machen, konnten sie die Krankenhäuser »bargeldlos« nutzen: Sofern ihre Erkrankung durch die Versicherung abgedeckt war, brauchten sie nichts zu bezahlen, das regelte SKS direkt mit den Krankenhäusern.

Als SKS das Produkt einführte, wollte man die Versicherung für die Mikrokreditnehmer obligatorisch machen. Aber die Kunden sträubten sich, und so beschloss man, die Versicherungspflicht erst zu verlangen, wenn der Kredit zum ersten Mal verlängert wurde. Das führte dazu, dass manche Schuldner ihre Kredite nicht verlängerten und SKS überall dort Kunden verlor, wo man die Versicherung anbot. Nach wenigen Monaten verlängerten nur noch 50 statt vorher 60 Prozent der Mikrokreditnehmer ihre Kredite bei SKS. Die Geschäftsführerin eines Konkurrenzunternehmens fragte uns nach unserer Arbeit mit SKS, und als wir erklärten, wir wollten herausfinden, welchen Einfluss die Forderung nach einer Versicherungspflicht auf die Mikrokreditnehmer habe, lachte sie und sagte: »Das kann ich Ihnen sagen! Überall, wo SKS die Versicherung zur Bedingung macht, haben wir eine Menge neuer Kunden. Die Leute gehen von SKS weg und kommen zu uns!« Etwa ein Viertel der Kunden, die zwar weiter bei SKS Geld leihen, aber keine Versicherung abschließen wollten, fand ein Hintertürchen: Sie verlängerten ihren Kredit, kurz bevor die Versicherung ablief und die Jahresprämie fällig wurde. Auf diese Weise hatten sie formal gesehen noch Versicherungsschutz, wenn sie ihren Kredit verlängerten, und mussten die neue Prämie nicht zahlen. Wegen des anhaltenden Widerstands beschloss SKS, das Produkt nur noch auf freiwilliger Basis anzubieten. Aber eine freiwillige Versicherung, die nur von wenigen Kunden abgeschlossen wird, ist wieder anfällig für negative Selektion und moralisches Risiko. Die Kosten pro Versichertem explodierten, und ICICI *Lombard*, die Gesellschaft, für die SKS die Versicherung anbot, bat SKS, keine neuen Kunden mehr zu versichern, weil die Verluste zu groß waren. Andere Organisationen, die ähnliche Konzepte probierten, berichten von ganz ähnlichen Problemen: Die Kunden lehnten die Pflichtversicherung ab.

Die Mikro-Krankenversicherung ist nicht die einzige Versicherung, die auf Schwierigkeiten stieß. Ein Forscherteam, zu dem auch unser MIT-Kollege Robert Townsend gehörte, wollte untersuchen, welche Auswirkungen der Zugang zu einer sehr einfachen Wetterversicherung hatte. Ähnlich wie die, die wir weiter vorne beschrieben haben, zahlt die Wetterversicherung einen gewissen Betrag aus, wenn weniger als eine festgesetzte Menge Regen fällt.[19] Das Produkt wurde in zwei indischen Bundesstaaten, Gujarat und Andhra Pradesh, vermarktet, die beide sehr trocken sind und häufig von Dürren heimgesucht werden. Die Versicherungen wurden von zwei bekannten und angesehenen Mikrofinanzinstituten verkauft. Die Unternehmen probierten verschiedene Wege aus, um den Bauern die Versicherungen anzubieten. Die Zahl der Vertragsabschlüsse war jedoch unglaublich gering: Maximal 20 Prozent der angesprochenen Bauern schlossen eine Versicherung ab, und diese Quote wurde nur dann erreicht, wenn ein Mitarbeiter des Instituts von Haus zu Haus ging, um das Produkt zu verkaufen. Selbst die, die eine Versicherung abschlossen, waren extrem zurückhaltend: Die meisten Bauern erwarben Policen, die nur 2 bis 3 Prozent der Ernteausfälle durch ausbleibenden Regen abdeckten.

Warum wollen arme Menschen keine Versicherung?

Ein möglicher Grund für die geringe Nachfrage nach Versicherungen: Die Regierung hat den Markt kaputt gemacht. So argumentieren üblicherweise die Nachfragewallahs: Wenn Märkte nicht funktionieren, ist wahrscheinlich eine Überversorgung durch Regierungen und internationale Organisationen daran schuld. Denn wenn es zu einem Unglück kommt, leisten diese guten Seelen freundlichen Beistand, und darum brauchen die Menschen eigentlich keine Versicherung.

In schlechten Monsunjahren wetteifern indische Distrikte tatsächlich um die Anerkennung als »von Dürre betroffene Gebiete«, weil sie so an staatliche Hilfen kommen können. Auf staatlichen Baustellen werden Jobs geschaffen, man verteilt Nahrungsmittel und so weiter. Doch das ist nur ein kleiner Teil dessen, was Arme benötigen. So wird die Regierung nur bei großen Katastrophen aktiv, aber nicht wenn ein Wasserbüffel stirbt oder jemand von einem Auto überfahren wird. Und selbst die Katastrophenhilfe reicht meistens nicht aus, wenn sie bei den Armen ankommt.

Ein anderer möglicher Grund wäre, dass die Armen das Prinzip von Versicherungen nicht richtig verstehen. In der Tat funktionieren Versicherungen völlig anders als die Geschäfte, die die Armen sonst tätigen: Man bezahlt für etwas, von dem man hofft, dass man es nicht braucht. Als wir uns mit den SKS-Kunden unterhielten, hörten wir oft, sie seien verärgert, dass sie ihre Versicherungsprämien nicht zurückerhielten, obwohl sie im vergangenen Jahr keinen Schadensfall gemeldet hätten. Sicher könnte man die hinter Versicherungen stehende Idee besser erklären, andererseits ist nur schwer vorstellbar, dass Menschen, denen es gelungen ist, das Schlupfloch im SKS-System zu entdecken, das Grundprinzip von Versicherungen nicht verstehen. Im Rahmen seiner Bemühungen, Wetterversicherungen zu verkaufen, entwickelte Robert Townsend einen Test, mit dem er herauszufinden versuchte, ob sein Gegenüber verstand, wie eine Versicherung arbeitet. Bei seinem Besuch las er dem Bauern die Beschreibung einer hypothetischen Versicherung (eine Temperaturversicherung) vor und stellte dem potenziellen Kunden dann mehrere einfache Szenarien vor und fragte, wann die Versicherung wohl zahlen würde und wann nicht. Seine Gesprächspartner gaben in drei Viertel der Fälle die richtige Antwort. Schwer zu sagen, ob ein Durchschnittsamerikaner oder -franzose besser abgeschnitten hätte. Daher überrascht es nicht, dass die Versuche, die Wetterversicherung besser zu erklären, keinen Einfluss auf die Bereitschaft der Bauern hatten, eine solche abzuschließen.[20]

Die Bauern hatten sehr wohl verstanden, wie die Versicherung funktioniert, sie wollten sie schlicht nicht haben. Allerdings waren sie in ihrer Entscheidung manchmal relativ leicht zu beeinflussen. Ein einfacher Hausbesuch, ohne besondere Verkaufsanstrengungen, vermochte den Anteil derer, die eine Wetterversicherung abschlossen, zu vervierfachen. Auf den Philippinen schlossen zufällig ausgewählte Haushalte, die zuvor einen Fragebogen mit vielen gesundheitsbezogenen Fragen ausgefüllt hatten, wesentlich häufiger eine Krankenversicherung ab als solche, die keinen Fragebogen erhalten hatten. Vermutlich hatten diese Fragen die Leute daran erinnert, was alles passieren kann.[21]

Warum lassen sich die Armen – trotz der Winke mit dem Zaunpfahl – so selten von den Vorteilen einer Versicherung überzeugen, obwohl für sie so viel auf dem Spiel steht?

Das Hauptproblem ist unserer Meinung nach, dass der Markt – aus den Gründen, die wir weiter vorne erläutert haben – nur Versicherungen gegen katastrophale Ereignisse anbieten kann. Das zieht eine Reihe von Schwierigkeiten nach sich.

Glaubwürdigkeit ist immer ein Problem bei Versicherungsprodukten: Da der Versicherungsvertrag eine Vorauszahlung verlangt, damit der Versicherte später vom Versicherer nach dessen Ermessen Geld zurückerhält, muss der Kunde dem Versicherer absolut vertrauen. Im Fall der Wetterversicherung wurde das Marketingteam manchmal von einem Mitarbeiter der Organisation *Basix* begleitet, die die Bauern alle kennen, und manchmal kam es alleine. Es zeigte sich, dass die Anwesenheit des *Basix*-Mitarbeiters einen positiven Effekt auf die Abschlussquoten hatte, was den Schluss erlaubt, dass Vertrauen eine Rolle spielt.

Leider liegt der Mangel an Vertrauen in der Natur des Produkts und der Art und Weise, wie Versicherungsunternehmen auf einen mutmaßlichen Betrug reagieren, begründet. Im Winter 2009 suchten wir einige SKS-Kunden auf, die sich entschlossen hatten, ihre Versicherung nicht zu verlängern. Eine Frau sagte, sie habe es getan, weil sich die SKS geweigert hatte, die Kosten zu übernehmen, als sie wegen einer Mageninfektion ins Krankenhaus musste. Die Police deckte nur katastrophale Ereignisse ab, und eine Mageninfektion, so furchtbar sie im Einzelfall auch sein mag, zählte nicht dazu. Doch diesen Unterschied hatte die Kundin nicht verstanden, schließlich war sie ins Krankenhaus gegangen und dort behandelt worden. Außerdem erzählte sie von einer Frau aus einer anderen Kreditnehmergruppe (wie die meisten Anbieter von Mikrokrediten hatte SKS seine Kunden in Gruppen organisiert), deren Mann an einer schweren Infektion gestorben war, nachdem seine Frau bereits einiges Geld für Medikamente und Ärzte ausgegeben hatte. Nach seinem Tod reichte sie die Rechnungen bei der Krankenversicherung ein, doch die weigerte sich zu zahlen, weil der Mann nicht einen Tag im Krankenhaus verbracht hatte. Empört über diesen Vorfall, beschloss eine ganze Gruppe von Frauen, keine Prämien mehr zu zahlen. Vom juristischen Standpunkt aus hatte die Versicherung natürlich das Recht, die Zahlung zu verweigern, doch kann man sich andererseits etwas Katastrophaleres vorstellen?

Ähnliche Probleme treten auch bei den Wetterversicherungen auf. Wenn das Getreide verdorrt und die Bauern hungern, die Niederschläge in der Wetterstation aber über der festgesetzten Marke liegen, bekommt niemand etwas von der Versicherung. Hier spielen auch die mikroklimatischen Bedingungen eine Rolle: Immer wenn die durchschnittliche regionale Regenmenge eines Jahres noch knapp über der Marke liegt, gibt es gleichzeitig auch Farmer, die – rein zufällig – unter Dürre leiden. Für die ist es alles andere als einfach, das Verdikt der Wetterstation zu akzeptieren, zumal in einem Umfeld, in dem Korruption an der Tagesordnung ist.

Das andere Problem ist die Zeitinkonsistenz, der wir im Gesundheitskapitel bereits begegnet sind. Wenn es darum geht, ob wir eine Versicherung abschließen oder nicht, müssen wir heute darüber nachdenken (und die Prämie zahlen), doch die Rückzahlung erfolgt, wenn überhaupt, in der Zukunft. Diese Art des vorausschauenden Denkens fällt uns Menschen ausgesprochen schwer. Das Problem verschärft sich noch im Fall einer Versicherung gegen ein katastrophales Ereignis: Die Rückzahlung erfolgt dann nicht nur in der Zukunft, sondern auch noch in einer besonders unerfreulichen Zukunft, die sich niemand wirklich vorstellen mag. Vielleicht ist es eine Schutzreaktion, dass wir solch unerfreuliche Gedanken gerne ausblenden, es könnte auch erklären, weshalb die Abschlussquoten für Versicherungen höher waren, als man die Menschen dazu zwang, darüber nachzudenken, indem man sie einen entsprechenden Fragebogen ausfüllen ließ.

Darum werden Mikroversicherungen vermutlich nicht zum nächsten aussichtsreichen Milliarden-Kunden-Markt werden: Es gibt einige gute Gründe, weshalb sich die meisten Armen noch nicht mit der Art von Produkten anfreunden können, die man ihnen anbieten will. Andererseits sind sie eindeutig unzumutbar hohen Risiken ausgesetzt.

Aus diesem Grund müssen die Regierungen handeln. Damit ist nicht gemeint, dass Regierungen den privaten Versicherungsmarkt ersetzen sollen, aber sie werden wohl eingreifen müssen, damit sich überhaupt ein echter Markt entwickeln kann. Private Unternehmen sollen weiterhin genau die Produkte verkaufen, die sie im Augenblick anbieten (Versicherungen gegen katastrophale Ereignisse mit strikter Deckelung, Wetterversicherungen, die sich an festen Werten orientieren, und so weiter). Aber zunächst sollte die Regierung für die Armen einen Teil der Prämienzahlung übernehmen. Das könnte funktionieren, wie das Beispiel Ghana zeigt: Als man hier den Bauern Wetterversicherungen mit stark subventionierten Prämien anbot, machten fast alle mit. Weil die Angst vor einschneidenden Lebensereignissen dazu führt, dass die Armen teure Vermeidungsstrategien fahren, könnten sich subventionierte Versicherungsprämien in Form höherer Einkommen für die Armen bezahlt machen. Ghanaische Bauern, die solche verbilligten Versicherungen hatten, verwendeten häufiger Dünger auf ihren Feldern als Bauern, die keine besaßen, und sie machten am Ende den besseren Schnitt. Zum Beispiel gaben sie viel seltener an, dass sie auf eine Mahlzeit verzichten mussten.[22] Wenn die Menschen sehen, wie die Versicherung funktioniert, und die Nachfrage wächst, kann man daran denken, die Subventionen langsam abzubauen. Doch selbst wenn das nicht möglich sein sollte, wären diese öffentlichen Gelder – angesichts der enormen Verbesserungen, die sich erreichen ließen, wenn die Armen nicht die Hedgefonds-Manager ihres Lebens spielen müssten – zum Wohle aller gut angelegt.

7 Männer aus Kabul und Eunuchen aus Indien

Nebeneinander hockende Obst- und Gemüseverkäufer an jeder Straßenecke sind ein vertrauter Anblick in den Städten der meisten Entwicklungsländer. Die Verkäufer (in der Regel Frauen) haben einen kleinen Karren oder nur eine Plane auf dem Boden, wo sie ihre Tomaten, Zwiebeln oder was immer sie anbieten aufhäufen. Ihren Vorrat kaufen sie am Morgen bei einem Großhändler, üblicherweise auf Kredit, tagsüber versuchen sie, die Waren an den Mann bzw. an die Frau zu bringen, und am Abend bezahlen sie den Großhändler. Manchmal wird auch der Karren, auf dem sie die Ware transportieren und ausstellen, tageweise gemietet.

In reichen Ländern funktionieren viele Geschäfte auf dieselbe Weise: Mithilfe eines Kredits für das Betriebskapital produziert und erwirbt man Güter und zahlt dann aus dem Erlös den Kredit zurück. Der entscheidende Unterschied ist, wie viel die Armen, verglichen mit den Reichen, für einen Kredit bezahlen. Eine typische Straßenverkäuferin in der indischen Stadt Chennai, die am Morgen Gemüse im Wert von 1000 Rupien (51 PPP-USD) beim Großhändler mitnimmt, gibt ihm am Abend dafür durchschnittlich 1046,9 Rupien. Das sind 4,69 Prozent Zinsen *am Tag.*[1] Um zu ermessen, was das bedeutet, rechnen Sie bitte einmal kurz mit: Wenn Sie sich heute 100 Rupien (5,10 PPP-USD) leihen, die Sie bis morgen behalten, müssen Sie 104,69 Rupien zurückzahlen. Wenn Sie den Betrag einen weiteren Tag behalten und danach zurückzahlen, müssen Sie 109,6 Rupien auf den Tisch legen. Nach 30 Tagen hätten Sie bereits 400 Rupien Schulden und nach einem Jahr 1842459409 Rupien (93,5 Millionen PPP-USD). Das heißt, wenn Sie sich den Gegenwert von 5 Dollar leihen und ein Jahr nicht zurückzahlen, haben Sie am Ende fast 100 Millionen Dollar Schulden.

Diese extrem hohen Kreditzinsen waren es, die die Gründer des Mikrofinanzwesens auf den Plan riefen. Zum Beispiel Padmaja Reddy. Die Geschäftsführerin von *Spandana,* einem der größten indischen Mikrofinanzinstitute, erzählte uns, dass sie die Idee für ein solches Unternehmen nach einem Gespräch mit einer Müllsammlerin in Guntur, einer Stadt in Andhra Pradesh, hatte. Ihr war klar geworden, dass die Müllsammlerin, wenn sie denn nur das Geld zum Erwerb eines Karrens hätte, bereits binnen weniger Wochen in der Lage wäre, sich zig Karren zu kaufen, allein mit dem Geld, das sie nun nicht mehr täglich für die Karrenmiete bezahlen musste. Doch die Müllsammlerin besaß nicht genug Geld, um sich einen Karren zu kaufen. *Warum,* fragte sich Padmaja, *lieh ihr niemand das Geld dafür?* Die Müllsammlerin erklärte, die Bank würde jemandem wie ihr niemals etwas leihen. Und bei einem Geldverleiher wären die Zinsen so hoch, dass es sich nicht lohnte. Am Ende entschloss sich Padmaja, ihr einen Kredit zu geben. Die Müllsammlerin zahlte ihn getreulich ab, und ihr Geschäft florierte. Schon bald standen die Kreditsuchenden vor Padmajas Tür Schlange, sie kündigte ihre Stellung und gründete *Spandana.* 13 Jahre später, im Jahr 2010, hatte *Spandana* 4,2 Millionen Kreditnehmer und ein Kreditvolumen von 4,2 Milliarden Rupien.

Padjamas Geschichte weist viele Parallelen zu der von Muhammad Yunus auf, der als Vater des modernen Mikrofinanzwesens gefeiert wird: Banken geben sich nicht mit armen Leuten ab. Diese Lücke im Finanzsystem wird von Geldverleihern und Kaufleuten erkannt und gnadenlos ausgenutzt, indem sie unverschämt hohe Zinsen verlangen. In unserer Geschichte ist die Mikrofinanzierung eine phantastisch einfache Idee. Jemand, der nicht auf Kosten der Armen Geld machen will, tritt in den Markt ein und verlangt von den Armen gerade so viel Zins, dass sich sein eigenes Geschäft finanziell trägt, vielleicht einen kleinen Gewinn erzielt, aber nicht mehr. Da sich der Zinseszinseffekt so stark auswirkt, kann bereits eine kleine Zinssenkung das Leben der Kunden verändern. Nehmen wir die Gemüseverkäuferinnen: Angenommen jede von ihnen bekäme einen Kredit über 1000 Rupien (51 PPP-USD). Selbst wenn sie dafür einen immer noch saftigen Zinssatz von, sagen wir, 10 Prozent pro Monat zahlen müssten, könnten sie ihr Gemüse doch jetzt bar kaufen und nicht auf Kredit. In einem Monat hätte jede der Frauen bereits 4000 Rupien (203 PPP-USD) gespart, die sie sonst dem Großhändler als Zinsen zahlen müsste, und damit mehr als genug, um ihren Kredit bei dem Mikrofinanzinstitut zurückzuzahlen. Sie könnten ihre Geschäfte ausbauen und schon bald der Armut entfliehen, zumindest theoretisch.

Doch selbst diese einfache Geschichte wirft Fragen auf. Es gibt viele Obst- und Gemüsegroßhändler in Chennai. Warum ist nicht einer von ihnen – oder ein unternehmerischer Geldverleiher – auf die Idee gekommen, den Zinssatz für die Frauen minimal zu senken? Er hätte den gesamten Markt beherrschen können und immer noch genug Gewinn gemacht. Warum mussten die Gemüseverkäuferinnen auf Leute wie Muhammad Yunus und Padmaja Reddy warten?

So gesehen sind die Fürsprecher des Mikrofinanzwesens zu bescheiden: Sie haben offenbar weit mehr getan, als Wettbewerb in einen monopolistischen Markt zu bringen. Andererseits sind sie eventuell auch zu optimistisch, was das Potenzial von Kleinstkrediten zur Armutsbekämpfung angeht. Trotz all der persönlichen Geschichten von Obstverkäufern, die zu Obstmagnaten wurden, über die auf diversen Websites von Mikrofinanzinstituten berichtet wird, gibt es immer noch unzählige arme Obstverkäufer in Chennai. Viele von ihnen gehen nicht zu einem Mikrofinanzinstitut, um sich Geld zu leihen, obwohl es in ihrer Stadt mehrere solche Institute gibt. Verzichten sie damit auf die Möglichkeit, aus der Armut herauszukommen, oder ist das Mikrofinanzwesen doch nicht das Wundermittel, für das wir es halten?

Warum es (nicht so) einfach ist, den Armen Geld zu leihen

Nur sehr wenige arme Haushalte bekommen Darlehen von »normalen« Kreditinstituten wie Banken oder Sparkassen. Bei einer Umfrage, die wir in Udaipur, einer ländlichen Region in Indien, durchführten, zeigte sich, dass zwei Drittel der Armen einen Kredit aufgenommen hatten. Kreditgeber waren in 23 Prozent der Fälle Verwandte und in 37 Prozent Ladenbesitzer, einen Geldverleiher hatten 18 Prozent der Kreditnehmer aufgesucht, ein richtiges Geldinstitut nur 6,4 Prozent. Für den niedrigen Anteil an Bankkrediten ist keineswegs ein schlechter Zugang zu Banken verantwortlich, denn eine ähnliche Verteilung findet man auch in der Stadt Hyderabad, wo Haushalte, die von weniger als 2 Dollar pro Tag leben, vor allem bei Geldverleihern (52 Prozent), Nachbarn und Freunden (24 Prozent) oder Familienmitgliedern (13 Prozent) Geld borgen. Nur 5 Prozent ihrer Kredite stammen von einem Kreditinstitut. In allen Ländern, deren Daten wir in unserem 18-Länder-Vergleich erfasst haben, besaßen weniger als 5 Prozent der armen Landbewohner und weniger als 10 Prozent der armen Städter einen Bankkredit.

Kredite aus informellen Quellen sind üblicherweise teuer. In Udaipur zahlen die von uns befragten Armen, die von weniger als 99 US-Cent pro Tag leben, im Durchschnitt 3,84 Prozent Zinsen pro Monat (das entspricht einem Zinssatz von 57 Prozent pro Jahr) für einen Kredit aus einer informellen Quelle. Dagegen nehmen sich selbst US-amerikanische Kreditkartenzinsen, die bekanntermaßen sehr hoch sind, noch bescheiden aus. Der Zinssatz für die Standardkreditkarte der *Bank of America* liegt bei etwa 20 Prozent pro Jahr. Die Armen, die zwischen 99 Cent und 2 Dollar pro Kopf und Tag zur Verfügung haben, zahlen etwas weniger: 3,13 Prozent pro Monat. Für diesen Unterschied gibt es zwei Gründe: Zum einen greifen die nicht ganz so Armen seltener auf informelle Geldquellen zurück als die bitter Armen, und richtige Geldinstitute sind billiger. Zum anderen berechnen die informellen Kreditgeber Armen in der Regel höhere Zinsen als weniger Armen: Bei ihnen sinkt der durchschnittliche monatliche Zinssatz mit jedem Hektar Land, den der Kreditnehmer besitzt, um 0,4 Prozent

Die Zinssätze variieren je nach Land und Branche, aber das Grundprinzip ist überall gleich: Der Jahreszins bewegt sich in der Regel zwischen 40 und 200 Prozent (manchmal auch mehr), und die Armen bezahlen mehr als die Reichen. Dass so viele Leute zu diesen Zinssätzen Geld leihen, ist einigermaßen verblüffend. Es gibt Millionen von Menschen, die bereit wären, sich Geld zu einem Zinssatz zu leihen, den der durchschnittliche amerikanische Sparer liebend gerne für seine Ersparnisse bekäme. Warum rennen ihnen die Investoren nicht mit Geldkoffern bepackt die Türen ein?

Nicht dass man es nicht versucht hätte. Von den Sechzigern bis in die späten achtziger Jahre gab es in vielen Entwicklungsländern von der Regierung geförderte Kreditprogramme, üblicherweise mit subventionierten Zinssätzen, die auf die arme Landbevölkerung abzielten. Ab 1977 musste in Indien beispielsweise eine Bank für jede Filiale, die sie in einer Stadt eröffnete, vier weitere in ländlichen Gebieten ansiedeln, wo es bislang keine Bank gab. Außerdem wurden die Banken angewiesen, 40 Prozent ihres Portfolios an »bevorzugte Branchen« zu verleihen: kleine Betriebe, Landwirte, Kooperativen und Ähnliches. Robin Burgess und Rohini Pande zeigten, dass in Regionen, wo aufgrund dieser Politik mehr Bankfilialen entstanden waren, die Armut schneller abnahm.[2]

Nur funktionierten diese erzwungenen Programme zur Kreditgewährung nicht so, wie man es sich vorgestellt hatte. Die Ausfallraten waren beängstigend hoch (40 Prozent in den achtziger Jahren). Die Kreditvergabe hatte oft mehr mit politischen Prioritäten als mit ökonomischen Bedürfnissen zu tun (viele Kredite an Bauern wurden dann gewährt, wenn Wahlen anstanden und man befürchten musste, dass es eng werden würde).[3] Und das Geld landete nicht selten in den Taschen der örtlichen Eliten. Sogar Burgess und Pande, deren Studie im Großen und Ganzen positiv ausfiel, kamen zu dem Schluss, dass es weit mehr als eine Rupie kostet, das Einkommen eines Armen durch das Eröffnen von Bankfilialen um eine Rupie zu erhöhen. Und aus späteren Untersuchungen lässt sich ableiten, dass die Regionen, die mehr Bankfilialen erhalten hatten, im Endeffekt auf lange Sicht ärmer geworden waren.[4] Die Anweisung, Filialen auf dem Land zu gründen, wurde 1992 im Zuge der wirtschaftlichen Liberalisierung Indiens aufgehoben. Und auch in den meisten anderen Entwicklungsländern lässt sich ein ähnlicher Trend zum Einstellen der staatlichen Förderung von Programmen zur Kreditgewährung beobachten.

Das Experiment eines sozialen Bankwesens ist möglicherweise deshalb gescheitert, weil sich Regierungen besser nicht in subventionierten Kreditgeschäften engagieren sollten. Die Versuchung ist zu groß, Kredite als kleine Gefälligkeiten einzusetzen: Kann man jemandem einen größeren Gefallen tun, als ihm einen Kredit zu verschaffen, den er nicht zurückzuzahlen braucht? Aber warum verleihen Privatbanken kein Geld an kleine Unternehmer? Diese würden bis zu 4 Prozent pro Monat dafür bezahlen, was viel mehr ist, als eine Bank üblicherweise für einen Kredit erhält. Das würde sich doch lohnen. Mittlerweile gibt es in den USA Websites, die es potenziellen Geldgebern in reichen Ländern ermöglichen, Unternehmern in armen Ländern Geld zu leihen. Haben diese Leute womöglich etwas begriffen, was anderen entgangen ist?

Oder umgekehrt: Können informelle Geldgeber vielleicht etwas, das Bankhäuser nicht können? Was könnte das sein? Und warum ist es billiger, Geld an Reiche zu verleihen?

Von der Schwierigkeit, sein Geld zurückzubekommen

Eine Standarderklärung für die Tatsache, dass manche Leute höhere Zinssätze zahlen müssen, lautet: »weil bei ihnen das Ausfallrisiko höher ist«. Das zeigt ein einfaches Rechenbeispiel: Angenommen ein Geldverleiher muss für 100 Rupien, die er verleiht, durchschnittlich 110 Rupien zurückbekommen, nur um im Geschäft zu bleiben (weil er damit seine eigenen Kosten deckt). Ohne Ausfälle könnte er den Zins auf 10 Prozent ansetzen. Aber wenn die Hälfte seiner Kunden den Kredit nicht zurückzahlt, muss er von der anderen Hälfte mindestens 220 Rupien bekommen; deshalb verlangt er einen Zins von 120 Prozent. Im Gegensatz zu staatlich subventionierten Bankkrediten sind die Ausfallraten bei informellen Krediten allerdings ziemlich gering. Sie werden oft verspätet zurückgezahlt, aber Komplettausfälle sind wirklich selten. Eine Studie untersuchte auf dem Land lebende Geldverleiher in Pakistan: Ihre Ausfallrate lag im Mittel (Median) bei gerade einmal 2 Prozent, und das, obwohl sie durchschnittlich 78 Prozent Zins verlangten.[5]

Das Problem ist, dass sich diese niedrigen Ausfallraten nicht von selbst ergeben, sondern vom Geldverleiher hart erarbeitet werden müssen. Verliehenes Geld zurückzubekommen ist nie einfach. Wenn der Kreditnehmer den mit dem Darlehen erzielten Erlös vergeudet oder wenn er Pech hatte und über keine flüssigen Mittel verfügt, dann gibt es auch nichts zu holen – und der Kreditgeber kann herzlich wenig tun, um sein Geld zurückzubekommen. Unter diesen Umständen ist es für den Kunden verführerisch, so zu tun, als habe er kein Geld, selbst wenn das nicht stimmt, was die Angelegenheit für den Geldverleiher noch schlimmer macht. Wenn er das ungeprüft durchgehen lässt, bekommt er sein Geld nie zurück, selbst wenn das Projekt des Kreditnehmers ein Erfolg wird.

Überall auf der Welt versuchen sich Kreditgeber gegen die verschiedenen Formen des Kreditausfalls zu schützen, indem sie eine Anzahlung (im Fall von Ratenkäufen), Sicherheiten oder eine Eigenbeteiligung (der Unternehmer steuert einen Teil des Gründungskapitals aus der eigenen Tasche bei) verlangen. Wenn der Kreditnehmer die Schuld nicht begleicht, erhält der Kreditgeber die Sicherheiten. Je mehr für den Kunden auf dem Spiel steht, desto geringer ist die Versuchung, sich mit dem Geld aus dem Staub zu machen. Umgekehrt heißt das, je größer das Pfand ist, das der Kunde anbieten kann, desto größer kann auch das

Darlehen sein. Damit sind wir beim Zusammenhang zwischen der Darlehensgröße und dem bereits vorhandenem Vermögen des Kreditnehmers angekommen, wie er im Allgemeinen üblich ist (zumindest bis anzahlungsfreie Hypotheken in Mode kamen). In Frankreich sagt man: *»On ne prête pas qu'aux riches.«* (»Geld leiht man nur den Reichen.«)

Doch das bedeutet nur, dass arme Kreditnehmer weniger Geld aufnehmen können, es erklärt noch nicht, warum sie so hohe Zinsen zahlen sollen oder warum sich Banken weigern, ihnen Kredit zu geben. Hier spielt noch etwas anderes mit hinein. Um die Kreditraten einziehen zu können, muss der Geldgeber einiges über seinen Kunden wissen. Manches wüsste er gerne schon vor der Kreditvergabe, zum Beispiel ob der Kunde vertrauenswürdig ist. Andere Informationen, wie der Aufenthaltsort oder die Art des Geschäfts, sind wichtig, wenn man die Raten eintreiben muss. Unter Umständen möchte der Kreditgeber seinen Klienten auch im Auge behalten und ihn von Zeit zu Zeit aufsuchen, um sich davon zu überzeugen, dass das Geld für den vereinbarten Zweck ausgegeben wird, und um das Geschäft nötigenfalls in die gewünschte Richtung anzuschieben. All das kostet Zeit, und Zeit ist Geld. Deshalb muss der Zinssatz hoch genug sein, um diese Kosten abzudecken.

Viele dieser Kosten hängen jedoch nicht von der Höhe des Darlehens ab. Selbst wenn es sich nur um einen kleinen Kredit handelt, kommt man nicht umhin, eine Reihe von Informationen über den potenziellen Kunden einzuholen. Je kleiner das Darlehen, desto größer ist (im Verhältnis dazu) der Aufwand für Information und Überwachung, und desto höher wird der Zinssatz ausfallen, weil diese Kosten mit den Zinsen gedeckt werden müssen.

Als ob das nicht schlimm genug wäre, setzt damit ein Prozess ein, den die Ökonomen als »Multiplikatoreffekt« bezeichnen: Wenn der Zinssatz steigt, versucht sich der Kreditnehmer noch eher um die Rückzahlung des Kredits zu drücken. Das heißt, er muss noch sorgfältiger überwacht werden, was wieder die Kosten für den Kreditgeber erhöht. Dadurch steigt der Zinssatz noch weiter, was noch stärkere Kontrolle nötig macht und so weiter. Es entsteht so etwas wie ein Aufwärtssog, und die Zinsen können förmlich explodieren. Oder – und das geschieht in der Praxis häufig – der Kreditgeber stellt fest, dass es sich nicht rechnet, Geld an Arme zu verleihen. Ihre Kredite sind zu klein, um rentabel zu sein.

Damit wird so manches klarer. Weil die Kosten der Informationsbeschaffung die stärkste Einschränkung für die Kreditvergabe an Arme darstellen, ist es plausibel, dass sie meistens bei Menschen Geld leihen, die sie bereits kennen: Nachbarn, Arbeitgeber, Geschäftspartner oder örtliche Geldverleiher. So merkwürdig es klingt, Arme leihen manchmal bei Leuten Geld, die ihnen richtig schaden können, wenn sie nicht zahlen: weil solche Geldverleiher weniger Zeit aufbringen müssen, um ihre Kunden zu überwachen (die trauen sich nämlich nicht wegzulaufen), und darum einen niedrigeren Zinssatz anbieten können. Im Kalkutta der sechziger und siebziger Jahre waren viele Geldverleiher sogenannte *kabuliwalas* (Männer aus Kabul). Diese hochgewachsenen Männer in afghanischer Tracht pflegten mit einer über der Schulter hängenden Stofftasche von Tür zu Tür zu gehen, vorgeblich um getrocknete Früchte und Nüsse zu verkaufen, in Wirklichkeit jedoch, um unter der Hand Geldgeschäfte zu tätigen. Aber warum lieh man sich das Geld nicht bei jemandem aus dem Ort? Sehr wahrscheinlich weil diese Männer den Ruf hatten, wild und unerbittlich zu sein, ein Stereotyp, das in einer Geschichte zementiert wird, die alle bengalischen Kinder aus ihrem Lesebuch kennen. Darin tötet ein gutherziger, aber gewalttätiger *kabuliwala* jemanden, der versuchte, ihn zu betrügen. Dieselbe Logik erklärt, weshalb die Mafia in den USA für viele Menschen der »Kreditgeber letzter Instanz« war.

Ein plastischeres Beispiel für die Macht, die einer Drohung innewohnt, ist in einer Geschichte nachzulesen, die am 22. August 1999 im Londoner *Sunday Telegraph* abgedruckt war. Die Überschrift lautete: *Pay Up – or We Will Send the Eunuchs to See You.*[6]

(»Gib das Geld zurück – oder wir schicken die Eunuchen bei dir vorbei«) Der Artikel beschreibt, wie sich Schuldeneintreiber in Indien eines alten Aberglaubens über Eunuchen bedienen, um säumige Schuldner endlich zur Zahlung zu bewegen. Da die Leute glauben, es bringe Unglück, die Genitalien eines Eunuchen zu sehen, erhalten diese die Anweisung, vor dem Haus des Schuldners zu erscheinen und damit zu drohen, »blankzuziehen«, wenn dieser sich weiter unkooperativ zeige.

Mit den hohen Kosten der Informationsbeschaffung über den potenziellen Kunden lässt sich auch erklären, weshalb es in jedem Dorf mehrere Geldverleiher gibt; der Wettbewerb drückt die Preise für Kredite nicht. Sobald ein Geldverleiher einen Kunden auf Herz und Nieren geprüft und dieser einen guten Eindruck bei ihm hinterlassen hat, wird es schwierig zu wechseln. Wenn der Schuldner zu einem anderen Geldverleiher gehen wollte, müsste dieser mit der Überprüfung wieder von vorne anfangen, was teuer wäre und die Zinsen in die Höhe triebe. Zudem würde der Geldverleiher den neuen Kunden argwöhnisch betrachten: Warum gibt jemand eine vorhandene Geschäftsbeziehung auf, obwohl es für ihn dadurch teurer wird? Der Geldverleiher wäre in dem Fall doppelt vorsichtig, was sich wiederum im Zinssatz niederschlüge. Das heißt, dass Kreditnehmer mehr oder weniger an den Geldverleiher gebunden sind, den sie kennen, obwohl sie theoretisch die Wahl zwischen mehreren hätten. Diesen Umstand nutzen Geldverleiher ebenfalls zu ihrem Vorteil aus.

Damit wird auch klar, warum Banken kein Geld an Arme verleihen. Bankangestellte sind nicht in der Lage, alles Notwendige mit der gebotenen Sorgfalt zu prüfen: Sie leben nicht im Dorf, sie kennen die Leute nicht und sie wechseln häufig. Anständige Banken können nicht mit *kabuliwalas* konkurrieren. Sie können nicht ohne Weiteres damit drohen, säumigen Kunden die Kniescheibe zu zerschmettern oder gar Eunuchen zu schicken. Der indische Zweig der Citibank bekam ernstliche Schwierigkeiten, als bekannt wurde, dass sie *goondas* (lokale Schlägertrupps) engagiert hatte, um Schuldner zu bedrohen, die ihren Autokredit nicht zurückzahlten. Doch eine Klage vor Gericht hilft auch nicht wirklich weiter. 1988 berichtete die indische Gesetzgebungskommission, dass 40 Prozent der Anträge auf Vermögensliquidation (bei zahlungsunfähigen Schuldnern) mehr als acht Jahre anhängig waren.[7] Versetzen Sie sich in die Lage des Kreditgebers: Sogar wenn dieser sich sicher ist, die Klage gegen die zahlungsunfähige Firma zu gewinnen, wird es Jahre dauern, bis er an die Sicherheiten kommt (Zeit, die der Schuldner nutzen kann, um sein Betriebsvermögen verschwinden zu lassen). Aus der Sicht des Kreditgebers mindert all das natürlich den Wert, den das Vermögen eines Kreditnehmers bei Aufnahme des Darlehens hat. Nachiket Mor, seinerzeit einer der stellvertretenden Direktoren der ICICI Bank, erzählte uns einmal von seiner, wie er geglaubt hatte, brillanten Idee, wie man Bauern dazu bekommen könnte, ihre Kredite zurückzuzahlen. Bevor er das Darlehen auszahlte, verlangte er von ihnen einen vorausdatierten Scheck über denselben Betrag. Dahinter steckte die Überlegung, dass die Bank, wenn der Bauer den Kredit nicht zurückzahlte, die Polizei losschicken könnte, um die Einlösung des Schecks zu verlangen, denn einen Scheck nicht zu bedienen ist eine Straftat. Das funktionierte eine Weile ganz gut. Doch als die Polizei feststellte, dass sie auf einmal Hunderte von geplatzten Schecks zu verfolgen hatte, teilte sie der Bank freundlich mit, das sei nun wirklich nicht ihr Job.

Aber selbst wenn es der Bank gelingt, ihr Geld zurückzubekommen, kann noch etwas schiefgehen: Banken schätzen es nicht, mit Schlagzeilen wie »Bauer begeht Selbstmord« in Verbindung gebracht zu werden. Und um dem Ganzen noch die Krone aufzusetzen, erlassen Regierungen mit Vorliebe Schulden, wenn Wahlen vor der Tür stehen. All dies zusammengenommen, muss man sich nicht wundern, dass Banken lieber darauf verzichten, Armen Kredite zu gewähren, und dieses Geschäftsfeld den Geldverleihern überlassen. Doch obwohl Geldverleiher ihr Geld leichter zurückbekommen, müssen sie doch sehr viel mehr für das verliehene Geld bezahlen als eine Bank. Das liegt daran, dass wir unsere Ersparnisse aus Sicherheitsgründen lieber bei einer Bank deponieren, selbst wenn wir nur wenig Zinsen bekommen, während kaum jemand in Erwägung ziehen würde, sein Erspartes einem Geldverleiher anzuvertrauen. Das, der Multiplikatoreffekt und das Monopol, das Geldverleiher oft haben, erklärt, weshalb die Armen so hohe Zinssätze zahlen müssen.

Das Neue an den Projekten von Muhammad Yunus und Padmaja Reddy war also nicht, den Armen einfach Geld zu besseren Zinssätzen anzubieten – es war der Weg, *wie* man das am besten tut.

Mikroverständnis für ein Makroprogramm

Die Anfänge in den Siebzigern waren bescheiden, mit dem *Bangladesh Rehabilitation Assistance Committee* (inzwischen fast nur noch als BRAC bekannt) und der *Grameen Bank,* doch heute sind die Mikrokredite ein globales Phänomen. Sie haben zwischen 150 und 200 Millionen Kreditnehmer, vor allem Frauen, erreicht und sind für noch viel mehr verfügbar. Das Phänomen wird manchmal – beinahe wie eine Gestalt aus der griechischen Sagenwelt – als Tier mit zwei Köpfen beschrieben, von denen einer nach Profit strebt und der andere eine soziale Mission verfolgt. Und wie es aussieht mit beeindruckenden Erfolgen an beiden Fronten. Zum einen erhielten Muhammad Yunus und die *Grameen Bank,* nach einer ganzen Reihe von Auszeichnungen, 2006 als krönenden Höhepunkt den Friedensnobelpreis; zum anderen war der Börsengang von *Compartamos,* einem großen mexikanischen Mikrofinanzdienstleister, im Jahr 2007 ein (umstrittener) Triumph für die kommerzielle Seite. Der Börsengang brachte *Compartamos* 467 Millionen US-Dollar ein, obwohl dabei auch deren Zinssätze von 100 Prozent und mehr ins Blickfeld gerieten. (Yunus äußerte öffentlich sein Missfallen und nannte die *Compartamos*-Geschäftsführer die neuen Wucherer, doch andere Mikrofinanzinstitute sind bereits in ihre Fußstapfen getreten: Im Juli 2010 ging SKS *Microfinance,* das größte indische

Mikrofinanzinstitut, an die Börse und sammelte 354 Millionen US-Dollar ein.)

Man kann verstehen, dass Yunus der Anschein von Wucher nicht gefiel, aber in gewissem (positivem) Sinn *ist* die Mikrokreditvergabe nichts anderes als der klassische Geldverleih im neuen, sozialen Gewand. Wie die traditionellen Geldverleiher behalten die Mikrofinanzinstitute (MFI) ihren Kunden gut im Auge, nur beziehen sie andere Schuldner, die ihn kennen, in die Kontrolle ein. Ein typischer MFI-Vertrag beinhaltet Darlehen für eine Gruppe von Schuldnern, die gegenseitig für ihre Kredite haften und deshalb ein Interesse daran haben, dass die anderen zahlen. Manche Organisationen verlangen, dass die Kunden schon miteinander bekannt sind, wenn sie einen Kredit aufnehmen wollen, andere bringen sie zusammen, indem sie wöchentliche Treffen vereinbaren. Diese Treffen dienen dazu, dass sich die Kunden untereinander kennenlernen und sich bereitwilliger gegenseitig unterstützen, wenn einmal jemand in eine vorübergehende Notlage gerät.[8]

Wie die Geldverleiher drohen auch die Mikrofinanzinstitute damit, jemandem, der überhaupt nicht zahlt, nie wieder einen Kredit zu gewähren, und sie zögern nicht, ihre Beziehungen im sozialen Netz eines Dorfes spielen zu lassen, um einen widerspenstigen Kunden unter Druck zu setzen. Doch im Gegensatz zu den Geldverleihern gehört das Androhen physischer Gewalt nicht zu ihren offiziellen Strategien.[9] Oft scheint die Scham aber bereits zu genügen. Eine Schuldnerin, die wir in Hyderabad trafen, hatte Probleme, ihre bei verschiedenen MFIs aufgenommenen Kredite abzuzahlen. Aber sie sagte, sie habe noch nie eine Zahlung versäumt, selbst wenn sie sich dafür Geld bei ihren Kindern leihen musste oder einen Tag lang nichts aß: Ihr graute vor der Vorstellung, der Kreditbeauftragte der Bank könnte vor ihrer Tür stehen und vor den Augen der gesamten Nachbarschaft »Krach schlagen«.

In einem Punkt unterscheiden sich Mikrofinanzinstitute ganz klar von den traditionellen Geldverleihern: Sie arbeiten ohne deren Flexibilität. Geldverleiher lassen die Schuldner wählen, wie sie borgen und zurückzahlen – einige zahlen einmal pro Woche etwas zurück, andere wann immer sie Geld übrig haben, und manche zahlen nur die Zinsen, bis sie die Hauptschuld auf einmal zurückzahlen können. Bei einem Mikrofinanzinstitut muss ein Kunde dagegen typischerweise jede Woche einen festen Betrag zurückzahlen, beginnend eine Woche nach Auszahlung des Kredits, und diejenigen, die zum ersten Mal einen Kredit aufnehmen, erhalten in der Regel auch alle denselben Betrag. Außerdem muss der Schuldner seine Zahlung während des wöchentlichen Treffens leisten, das für jede Gruppe immer zur selben Zeit stattfindet. Dieses Verfahren hat den Vorteil, dass man die Zahlungen sehr leicht kontrollieren kann. Der Kreditbeauftragte muss nur nachzählen, ob er die von dieser Gruppe zu erwartende Summe erhalten hat, was meistens der Fall ist, dann ist er fertig und kann mit der nächsten Gruppe weitermachen. Auf diese Weise kann ein Kreditbeauftragter die Zahlungen von 100 bis 200 Kunden pro Tag einziehen, während ein Geldverleiher den ganzen Tag wartet und nicht weiß, wann das Geld hereinkommt. Weil die Geldtransaktionen so einfach sind, brauchen die MFIs für diese Tätigkeit keine Leute mit höherer Schulbildung, was die Kosten niedrig hält. Darüber hinaus werden die Kreditbeauftragten nach einem Prämiensystem entlohnt, das sich daran orientiert, wie viele neue Kunden jemand angeworben hat und ob alle Schuldner zahlen.

Dank all dieser Neuerungen konnten die Verwaltungskosten für die Kreditvergabe gesenkt werden, die – wie wir oben gesehen haben – sonst durch den Multiplikatoreffekt aufgebläht werden und das Geldleihen für Arme so wahnsinnig teuer machen. So gelingt es den meisten Mikrofinanzinstituten in Südasien, den Armen Kredite für einen Jahreszins von circa 25 Prozent zu gewähren (und damit Geld zu verdienen), während die örtlichen Geldverleiher üblicherweise zwei- bis viermal so viel verlangen. In anderen Teilen der Welt sind die Zinssätze höher (was möglicherweise daran liegt, dass die Gehälter der Kreditbeauftragten höher sind), manchmal höher als 100 Prozent pro Jahr, doch sie liegen immer noch unter den anderen Alternativen, die den Armen dort zur Verfügung stehen. In brasilianischen Städten beispielsweise werden Mikrokredite für etwa 4 Prozent im Monat (60 Prozent pro Jahr) angeboten, die einfachste Alternative, Finanzierung durch Kreditkartenschulden, kostet zwischen 12 und 20 Prozent pro Monat (bzw. 289 bis fast 800 Prozent pro Jahr). Kreditausfälle sind – man glaubt es kaum – extrem selten, wenigstens solange die politische Lage stabil ist. Der Anteil ausfallgefährdeter Kredite, das heißt: Kredite, die eventuell platzen könnten, aber nicht zwangsläufig müssen, lag in Südasien unter 4 Prozent und in den meisten lateinamerikanischen und afrikanischen Ländern bei höchstens 7 Prozent.[10] Mit 150 bis 200 Millionen Kunden hat sich das Mikrofinanzwesen einen der vordersten Plätze auf der Liste der Armutsbekämpfungsprogramme verdient. Aber funktioniert es auch?

Funktionieren Mikrokredite?

Die Antwort auf diese Frage hängt davon ab, was Sie mit »funktionieren« meinen. Für die Enthusiasten unter den Förderern des Mikrofinanzwesens bedeutet es »das Leben der Menschen verändern«. Der »Rat zur Unterstützung der Armen« (*Consultative Group to Assist the Poor,* CGAP), eine Organisation, die bei der Weltbank angesiedelt ist und sich für Mikrokredite stark macht, schrieb auf ihrer Website: »Wir haben immer mehr Belege dafür, dass die Verfügbarkeit von Finanzdienstleistungen für arme Haushalte – Mikrofinanzdienste – dabei hilft, die Millenium-Entwicklungsziele zu erreichen.«[11] (Zu diesen Zielen gehören unter anderem die Grundschulausbildung für alle Kinder, die Senkung der Kindersterblichkeit und die Verbesserung der Gesundheit von Müttern.) Die Grundidee dahinter ist, Frauen wirtschaftlich zu stärken, weil sich Frauen eher um solche Themen kümmern als Männer.

Anders als die CGAP behauptet, gab es bis vor kurzem jedoch

leider kaum Belege für Antworten auf diese Frage, gleich welcher Art. Was die CGAP als Belege bezeichnete, waren in Wahrheit lediglich Fallbeispiele, die oft von den Mikrofinanzinstituten selbst geliefert wurden. Vielen Förderern des Mikrofinanzwesens scheint dies jedoch zu genügen. Wir haben uns mit einem prominenten Risikokapitalgeber und Investor aus der IT-Branche unterhalten, der zu den Förderern des Mikrofinanzwesens gehört (er war einer der ersten Geldgeber von SKS *Microfinance*). Er sagte uns, er brauche keine weiteren Belege, er habe genug »anekdotische Daten« gesehen, um Bescheid zu wissen. Doch solche Daten genügen nicht, um die Skeptiker zu überzeugen, unter denen sich auch breite Regierungskreise befinden, die Angst haben, Mikrokredite könnten sich als moderne Form des Wuchers herausstellen. Im Oktober 2010, gerade zwei Monate nach dem erfolgreichen SKS-Börsengang, warf die Regierung von Andhra Pradesh dem Unternehmen vor, für den Selbstmord von siebenundfünfzig Bauern verantwortlich zu sein. Angeblich seien diese durch die rabiaten Eintreibungsmethoden der Kreditbeauftragten auf unzumutbare Art und Weise unter Druck gesetzt worden. Einige Kreditbeauftragte von SKS und *Spandana* wurden verhaftet, und die Regierung erließ ein Gesetz, das das Verfahren der wöchentlichen Kreditrückzahlungen schwieriger machte. Unter anderem durften die Rückzahlungen nur noch in Gegenwart einer gewählten Amtsperson erfolgen – was die Schuldner ganz klar als Signal verstanden, dass sie nichts zurückzuzahlen brauchten. Anfang Dezember saßen die Kreditbeauftragten der größten Mikrofinanzinstitute (SKS, *Spandana, Share*) immer noch untätig herum, und die Verluste wuchsen und wuchsen. Die positiven Berichte und die Versicherung von Vikram Akula, dem Vorstandsvorsitzenden von SKS, dass die 57 toten Bauern nicht mit ihren Kreditraten in Verzug waren, so dass sie aller Wahrscheinlichkeit nach nicht von den Kreditbeauftragten in den Selbstmord getrieben wurden, änderten kaum etwas an der Lage.

Ein Grund, weshalb den Mikrofinanzinstituten gute Argumente zu ihrer Verteidigung fehlten, war, dass sie es nicht für nötig befunden hatten, handfeste Beweise für den Erfolg ihres Tuns zu sammeln. Als wir (ab etwa 2002) an MFIs herantraten und anboten, ihre Arbeit zu evaluieren, erhielten wir meist ablehnende Antworten der Art »Wir brauchen ebenso wenig eine Evaluation wie ein Apfelverkäufer«. Damit meinten sie, wenn die Kunden wiederkommen, muss der Kredit ihnen auch geholfen haben. Und weil sich die Mikrofinanzinstitute finanziell selber tragen, also nicht von der Großzügigkeit von Spendern abhängen, brauchten sie auch nicht genau zu wissen, *wie* gut sie sind. Aber das stimmt so nicht ganz. Die meisten MFIs werden sehr wohl von großzügigen Spendern und vom Enthusiasmus ihrer Angestellten subventioniert, die sich im festen Glauben engagieren, dass Mikrokredite *den Armen besser helfen als andere Maßnahmen.* Manchmal werden sie auch seitens der Politik gefördert. In Indien zählen die Mikrofinanzinstitute zu den »bevorzugten Branchen«, das heißt Banken erhalten beträchtliche finanzielle Anreize, damit sie Firmen aus diesen Branchen Geld zu konzessionären (das heißt weniger strengen) Bedingungen leihen, was einer massiven indirekten Subvention gleichkommt.

Außerdem ist es keineswegs selbstverständlich, dass Menschen bei langfristigen Entscheidungen, wie der, einen Kredit aufzunehmen, absolut rational handeln – die US-amerikanischen Medien sind voll von Berichten über Leute, die in große Schwierigkeiten gerieten, weil sie ihre Kreditkarten überstrapaziert hatten. Vielleicht muss man die Menschen vor den Kreditgebern schützen, wie manche Aufsichtsbehörden glauben. Die Regierung von Andhra Pradesh war jedenfalls der Meinung, dass Schuldner nicht wissen, worauf sie sich einlassen, wenn sie einen Kredit aufnehmen, den sie nicht zurückzahlen können.

Zum Teil wegen dieser Kritik, zum Teil aber auch, weil viele Leiter von Mikrofinanzinstituten wirklich wissen wollten, ob sie den Armen tatsächlich helfen, begannen einige MFIs damit, ihre eigenen Programme zu evaluieren. An einer dieser Evaluierungen, der von *Spandana* in Hyderabad, waren wir beteiligt. *Spandana* ist eine der profitabelsten Organisationen in diesem Bereich und gehörte zu denen, die die Regierung von Andhra Pradesh besonders aufs Korn genommen hatte. Padmaja Reddy, Gründerin und Vorstandsvorsitzende von *Spandana,* ist eine kleine, vor Energie sprühende und unglaublich intelligente Frau. Ihre Eltern waren wohlhabende Bauern in der Region Guntur. Ihr Bruder war der Erste aus dem Dorf, der den Highschool-Abschluss erwarb, und wurde ein sehr erfolgreicher Arzt. Er überredete seine Eltern, Padmaja aufs College gehen und dann den Master of Business Administration (M.B.A.) machen zu lassen. Weil sie den Armen helfen wollte, begann sie, für eine Nichtregierungsorganisation zu arbeiten. In dieser Zeit begegnete sie der Müllsammlerin, von der wir weiter oben erzählt haben und die für sie der Anlass war, ins Mikrokreditgeschäft einzusteigen. Da die NGO, für die sie tätig war, das nicht wollte, gründete sie *Spandana.* Trotz ihres Erfolgs und ihres Engagements für das Mikrofinanzwesen beschreibt Padmaja Reddy den möglichen Nutzen als bescheiden. Den Zugang zu Mikrofinanzdienstleistungen hält sie für wichtig, weil sie den Armen eine Zukunftsplanung erlaubt, die vorher so nicht möglich war und die den ersten Schritt in ein besseres Leben bedeutet. Ganz gleich ob die Menschen Maschinen, Werkzeuge oder einen Fernseher für ihr Wohnzimmer kaufen, der große Unterschied ist, dass sie auf ihren Traum von einem besseren Leben hinarbeiten, indem sie sparen, organisieren, noch härter arbeiten, wenn es notwendig ist, und sich nicht einfach treiben lassen.

Vielleicht lag es daran, dass Padmaja schon immer darauf geachtet hatte, keine zu großen Versprechungen zu machen, dass sie ihre Zustimmung zu einer Evaluierung des *Spandana*-Programms gab. Unserer Untersuchung kam zugute, dass *Spandana* gerade in einigen Teilen von Hyderabad expandierte.[12] Von 104 Vierteln wurden 52 nach dem Zufallsprinzip ausgewählt, in denen *Spandana* aktiv werden sollte. Die anderen dienten als Vergleichsgruppe.

Wir verglichen diese beiden Gruppen von Haushalten, fünfzehn bis achtzehn Monate nachdem *Spandana* damit begonnen hatte, Kredite zu vergeben, und es war eindeutig, dass die Mikrofinanzierungen funktionierten. In den Vierteln, in denen *Spandana* arbeitete, war die Wahrscheinlichkeit höher, dass jemand ein Geschäft eröffnet oder langlebige Güter, wie ein Fahrrad, einen Kühlschrank oder einen Fernseher, gekauft hatte. In den Haushalten im Viertel, die kein neues Geschäft eröffnet hatten, wurde mehr konsumiert, in denen mit einem neuen Geschäft sank der Konsum; offenbar schnallte man dort den Gürtel enger, um die neue Chance optimal zu nutzen. Wir fanden nur wenige Hinweise darauf, dass das Geld leichtfertig ausgegeben wurde, was manche Beobachter befürchtet hatten, ganz im Gegenteil: Die Familien schränkten ihre Ausgaben für die kleinen »unnötigen« Dinge ein, wie Tee und Snacks. Das könnte man so interpretieren (wie Padmaja vorhergesagt hatte), dass die Menschen nun eine klarere Vorstellung hatten, was und wohin sie wollten.

Andererseits gab es keine Anzeichen für eine radikale Veränderung. Wir fanden keine Hinweise darauf, dass sich Frauen deutlich gestärkt gefühlt hätten, zumindest war es nicht messbar. Sie hatten zum Beispiel nicht mehr Einfluss darauf, wie das Geld innerhalb der Familie ausgegeben wurde. Die Ausgaben für Bildung oder Erziehung änderten sich nicht, ebenso wenig die Wahrscheinlichkeit, dass Kinder auf Privatschulen angemeldet wurden. Und selbst wenn es zu einer merklichen Veränderung gekommen war, wie etwa in den Fällen, in denen jemand ein Geschäft eröffnet hatte, waren die Auswirkungen nicht dramatisch. In fünfzehn Monaten stieg der Anteil von Familien, die ein Geschäft eröffneten, von knapp 5 Prozent auf etwas mehr als 7 Prozent. Das ist nicht nichts, aber auch alles andere als revolutionär.

Als Wirtschaftswissenschaftler waren wir ganz zufrieden mit diesen Ergebnissen: Das Hauptziel der Mikrokredite schien erreicht worden zu sein. Sie hatten keine Wunderdinge vollbracht, aber sie funktionierten. Jetzt brauchte man weitere Studien, um sicherzustellen, dass es sich nicht um einen Zufallstreffer gehandelt hatte, und natürlich war es auch wichtig, die langfristige Entwicklung zu beobachten, aber so weit, so gut. Für uns haben Mikrokredite ihren Platz unter den Schlüsselinstrumenten im Kampf gegen die Armut redlich verdient.

Interessanterweise wurden die zentralen Ergebnisse in den Medien und in der Blogosphäre ganz anders interpretiert. Dort wurden vor allem die negativen Befunde zitiert und als Beweise dafür angeführt, dass Mikrokredite nicht hielten, was man sich von ihnen versprochen hatte. Einige Mikrofinanzinstitute akzeptierten die Ergebnisse, wie sie waren (allen voran Padmaja Reddy, die sagte, das sei genau das, was sie erwartet hatte, und die auch gleich neue Studien finanzierte, in denen die langfristigen Auswirkungen untersucht werden sollen), während die großen internationalen Mitspieler in die Offensive gingen.

Kurz nachdem die Ergebnisse unserer Studie öffentlich gemacht worden waren, hielten Vertreter der sechs größten Mikrofinanzinstitute weltweit (*Unitus*, ACCION *International, Foundation for International Community Assistance* [FINCA], *Grameen Foundation, Opportunity International* und *Women's World Banking*) in Washington eine Konferenz ab. Wir wurden dazu eingeladen, und unser Kollege Iqbal Dhaliwal ging hin in der Annahme, man würde sich darüber unterhalten, was die Ergebnisse bedeuten. Doch es stellte sich heraus, dass die »Big Six« nur wissen wollten, wann mit den Ergebnissen der anderen Studien zu diesem Thema zu rechnen sei, damit sie ein »Spezialeinsatzkommando« zusammenstellen konnten, das darauf reagieren würde (offensichtlich waren sie davon überzeugt, dass alle Studien negative Ergebnisse bringen würden). Ein paar Wochen später startete das Spezialeinsatzkommando seinen ersten Versuch zur Schadensbegrenzung. Die MFIs reagierten mit sechs Anekdoten von erfolgreichen Kreditnehmern auf unsere Studie und eine weitere von Dean Karlan und Jonathan Zinman, deren Ergebnisse sogar noch mäßiger ausgefallen waren.[13] Es folgte ein Kommentar von Brigit Helms, damals Geschäftsführerin von *Unitus*, in der *Seattle Times*, in dem sie sagte: »Diese Studien hinterlassen den falschen Eindruck, dass der verbesserte Zugang zu grundlegenden Finanzdienstleistungen nichts bringt.«[14] Diese

Aussage war einigermaßen überraschend, da unsere Ergebnisse doch ganz im Gegenteil zeigen, dass Mikrokredite nützliche Finanzprodukte sind. Doch das ist anscheinend nicht genug. Nachdem sie jahrzehntelang den Mund zu voll genommen hatten, ziehen es viele der führenden Mitspieler in der Welt der Mikrofinanzdienste nun offensichtlich vor, sich aufs Dementieren zu verlegen, statt Bilanz zu ziehen, sich neu zu sortieren und zuzugeben, dass Mikrokredite nur eine von mehreren Waffen im Kampf gegen die Armut sind.

Zum Glück verhält sich der Rest der Mikrofinanzwelt anders. Auf einer Konferenz in New York im Herbst 2010, auf der ganz ähnliche Ergebnisse präsentiert wurden, waren sich die Teilnehmer einig, dass Mikrokredite ihre Stärken und ihre Schwächen haben, und dass es nun darum gehen müsse, herauszufinden, wie Mikrofinanzdienstleister ihre Angebote noch weiter verbessern können.

Die Grenzen der Mikrokredite

Warum hatten die Mikrokredite keine durchschlagendere Wirkung? Warum haben nicht mehr Familien ein Geschäft eröffnet, wo sie das benötigte Kapital doch nun zu erschwinglichen Kreditraten bekommen konnten? Es liegt zum Teil daran, dass viele Arme nicht willens oder fähig sind, ein Geschäft zu führen, selbst wenn sie das Geld dafür leihen können. (Warum das so ist, gehört zu den zentralen Themen von Kapitel 9 über Unternehmertum.) Noch verwirrender ist, dass, obwohl drei oder mehr Institute in den Slums von Hyderabad Mikrokredite anboten, nur etwa ein Viertel der Familien bei ihnen Geld lieh, während über die Hälfte zu traditionellen Geldverleihern ging und wesentlich mehr Zinsen bezahlte – etwa so viele wie vor der Einführung der Mikrokredite. Wir behaupten nicht, wir könnten bis ins Letzte erklären, warum Mikrokredite nicht besser genutzt werden, aber wahrscheinlich hat es genau mit den Faktoren zu tun, die das Verfahren so billig und so effektiv machen: die starren Regeln und der niedrige Zeitaufwand für die Kundenbetreuung.

Zu den Besonderheiten des Standardmodells für Mikrokredite gehört, dass die Mitglieder einer Schuldnergruppe füreinander haften. Es kann durchaus sein, dass sich Frauen, die ihre Nase nicht in anderer Leute Geschäft stecken wollen, einer solchen Gruppe nicht anschließen möchten. Andere zögern vielleicht, Leute, die sie nicht gut kennen, in ihre Gruppe aufzunehmen, was auf eine Diskriminierung von Neulingen hinausläuft. Die gemeinschaftliche Haftung bremst die aus, die gerne ein höheres Risiko eingehen würden. In einer Gruppe soll es immer so sicher wie möglich zugehen.

Die wöchentlichen Rückzahlungen beginnen, eine Woche nachdem der Kredit ausgezahlt wurde. Auch das ist nicht ideal für Menschen, die das Geld dringend brauchen, aber noch nicht genau wissen, wann sie in der Lage sein werden, es zurückzuzahlen. Die Mikrofinanzinstitute haben das erkannt und machen manchmal Ausnahmen, wenn es um Ausgaben für krankheitsbedingte Notfälle geht. Doch Krankheit ist natürlich nur einer der möglichen Gründe für einen »Notfall-Kredit«. Was, wenn Ihrem Sohn beispielsweise völlig überraschend ein Platz in einem Kurs angeboten wird, der für sein berufliches Fortkommen wirklich hilfreich wäre, die Kursgebühr aber eine Million Rupien (179 PPP-USD) beträgt und bis nächsten Sonntag bezahlt sein muss? Sehr wahrscheinlich würden Sie sich das Geld beim örtlichen Geldverleiher holen, die Kursgebühr bezahlen und dann nach einem weiteren Job Ausschau halten, damit Sie den Kredit abbezahlen können. Mit einem Mikrokredit könnten Sie nicht so flexibel reagieren.

Der Rückzahlungsmodus hält Kreditnehmer auch davon ab, Projekte in Angriff zu nehmen, die sich erst nach einiger Zeit rentieren, denn sie brauchen jede Woche eine bestimmte Menge Bargeld, um die festgelegten Raten zahlen zu können. Rohini Pande und Erica Field überredeten ein indisches Mikrofinanzinstitut, die in Kolkata ansässige *Village Welfare Society*, einer zufällig ausgewählten Gruppe von Kunden zu gestatten, mit der Rückzahlung des Kredits erst zwei Monate nach der Auszahlung zu beginnen und nicht schon nach einer Woche. Als sie die Kunden mit der »Schonfrist« mit denen verglichen, die nach dem üblichen Schema zurückzahlten, stellten sie fest, dass Erstere häufiger riskantere und größere Geschäftspläne in Angriff nahmen, wie zum Beispiel den Kauf einer Nähmaschine, statt einfach nur ein paar Saris für den Weiterverkauf zu erstehen.[15] Unterm Strich heißt das, dass sie vermutlich mehr Geld verdienen können. Doch trotz eines deutlichen Anstiegs der Kundenzufriedenheit beschloss das MFI, wieder zum klassischen Modell zurückzukehren, weil die Ausfallraten in den neuen Gruppen zwar immer noch sehr niedrig, aber doch 8 Prozentpunkte höher waren als die in den bisherigen.

Man kann all diese Beobachtungen vielleicht so zusammenfassen: Die Fixierung der meisten Mikrofinanzinstitute auf »null Ausfall« ist für die meisten Schuldner eine zu strenge Vorgabe. Insbesondere entsteht so eine Spannung zwischen dem Wesen des Mikrokredits und echtem Unternehmertum, zu dem es eben auch gehört, Risiken einzugehen und – unter Umständen – zu scheitern. Manchmal hört man, dass das amerikanische Modell, in dem ein Konkurs relativ harmlos über die Bühne geht (oder zumindest ging) und kein allzu großes Stigma hinterlässt (im Gegensatz zum europäischen Modell), viel mit der Vitalität seiner unternehmerischen Kultur zu tun hat. Die MFI-Regeln dagegen dulden kein Versagen.

Haben die Mikrofinanzinstitute recht, wenn sie auf »null Ausfall« beharren? Oder würden sie vielleicht besser fahren, sowohl in sozialer als auch in finanzieller Hinsicht, wenn sie die strengen Rückzahlungsregeln etwas lockern würden? Die meisten MFI-Chefs sind davon überzeugt, dass dies nicht funktionieren würde und eine Aufweichung der Bedingungen katastrophale Folgen hätte. Vermutlich haben sie recht. Schließlich arbeiten sie immer noch in einem Umfeld, in dem es schwierig ist, Regressansprüche durchzusetzen, wenn ein Schuldner nicht zahlt. Das heißt, genau wie Banken müssen sie sich auf die langsam mahlenden und knirschenden Mühlen der Justiz verlassen. In vielerlei Hinsicht beruht der Erfolg der Mikrofinanzinstitute auf einem unausgesprochenen sozialen Pakt, in dem die Gemeinschaft die Rückzahlung der Schulden garantiert und die MFIs weiter Kredite anbieten. Auf diese Weise wurde allmählich Vertrauen aufgebaut, was auch ein Grund dafür sein könnte, weshalb viele Mikrofinanzinstitute nach und nach von der Bedingung gemeinschaftlicher Haftung Abstand genommen haben. Und tatsächlich belegt eine Studie, dass es keinen Unterschied zwischen der Zahlungsdisziplin von Kunden mit oder ohne vertraglich vereinbarte Gemeinschaftshaftung gibt, solange sie sich regelmäßig treffen. Wenn die Treffen allerdings nicht wöchentlich, sondern monatlich stattfinden, so hat eine andere Studie herausgefunden, entwickeln sich die sozialen Beziehungen innerhalb der Gruppe nicht so schnell und die Ausfallraten steigen langsam an.[16]

Doch ein soziales Gleichgewicht, das auf der Kombination von gemeinsamer Verantwortung und andauernden Beziehungen beruht, ist notwendigerweise empfindlich. Wenn die zwei Gründe, warum ich zahle, lauten »Weil jeder zahlt« und »Weil ich dann auch später wieder einen Kredit bekomme«, dann verknüpfe ich meine Zahlungsmoral mit meiner Einschätzung dessen, was andere tun werden, und mit der Zukunft des potenziellen Geldgebers. Wenn ich also überzeugt wäre, dass alle anderen nicht bezahlen, müsste ich annehmen, dass die Organisation demnächst zusammenbricht und ich demzufolge keine weiteren Kredite von ihr erhielte. Folglich kann die bestehende Situation sehr schnell kippen, wenn es zu einem Meinungsumschwung kommt.

Diese Erfahrung musste *Spandana* im Distrikt Krishna in Andhra Pradesh machen, dem Ausgangspunkt der indischen Mikrofinanzbewegung. Einige Politiker und Verwaltungsleute dieses Distrikts wollten ihr eigenes Mikrofinanzinstitut nach vorn bringen und beschlossen daher, sich der Konkurrenz zu entledigen. Im Jahr 2005 waren die dortigen regionalen Zeitungen urplötzlich voller Geschichten über Padmaja Reddy (manchen Berichten zufolge handelte es sich um Fälschungen, die lediglich die Aufmachung der echten Blätter imitierten). Einige berichteten, sie sei nach Amerika geflohen, andere behaupteten, sie habe ihren Ehemann umgebracht. Daraus zogen die Leute den Schluss, dass *Spandana* am Ende sei und es folglich keinen Grund gab, den Kredit zurückzuzahlen, den sie bekommen hatten. Wir haben mit eigenen Augen einen »Artikel« gesehen, in dem behauptet wird, Padmaja selbst habe gesagt, die Schuldner könnten die Zahlungen einstellen, sie habe genug Geld gemacht und würde jetzt gehen.

Es war ein von oben gelenkter Versuch, die öffentliche Meinung zu beeinflussen, mit dem Ziel, die Organisation komplett zu untergraben. Die Menschen glauben zu machen, dass ein Mikrofinanzinstitut keine Zukunft hat, ist die sicherste Methode, um genau das zu erreichen – denn dann liegt es im Interesse jedes einzelnen Schuldners, die Zahlungen einzustellen. Padmaja war bestürzt (obwohl sie über die Vorstellung lachen musste, sie würde vor ihren Verpflichtungen nach Amerika fliehen – schließlich hatten die Schuldner ihr Geld und nicht umgekehrt), aber sie wollte nicht aufgeben. Sie fuhr kreuz und quer durch den Bundesstaat, ließ sich bei den Schuldnertreffen in jedem noch so kleinen Dorf sehen und gab zu verstehen: »Ich bin immer noch hier und ich habe nicht vor wegzugehen.«

Auf diese Weise konnte die Krise abgewendet werden. Doch nur wenige Monate später, im März 2006, kam es zu einem neuen »Skandal«, der zu einer Bedrohung von viel größerer Tragweite wurde. Dieses Mal wurden *Spandana* und *Share,* einer der Mitbewerber, beschuldigt, für die Selbstmorde einiger Bauern verantwortlich zu sein. In Zeitungsartikeln hieß es, die Kreditbeauftragten hätten die Kunden gedrängt, sich zu überschulden, und dann übermäßigen Druck auf sie ausgeübt. Die Mikrokreditinstitute wiesen die Anschuldigungen natürlich zurück, aber noch ehe die Sache aufgeklärt war, erließ der Verwaltungschef des Distrikts Krishna eine Verordnung, die eine Rückzahlung der Kredite an *Spandana* oder *Share* verbot ... Binnen weniger Tage stellten fast alle Kunden in Krishna ihre Zahlungen ein. Zu diesem Zeitpunkt hatte *Spandana* im Distrikt Krishna etwa 590 Millionen Rupien (34,5 Millionen PPP-USD) an Darlehen ausstehen, das entsprach 15 Prozent von *Spandanas* Bruttokreditportfolio im Jahr 2006 in Indien.

Zwar wurden die Vorstände mehrerer Mikrofinanzinstitute bei den Vorgesetzten des Verwaltungschefs vorstellig und erreichten, dass die Verordnung zurückgenommen wurde, aber der Schaden war angerichtet. Die Schuldner zahlen, weil andere zahlen, und wenn sie einmal die Zahlung eingestellt haben, ist es schwer, sie wieder dazu zu bewegen. Nach einem Jahr lagen die Außenstände noch bei 70 Prozent. Die Kreditbeauftragten gingen wieder in die betroffenen Dörfer und boten ihren Kunden neue Kredite an, vorausgesetzt sie zahlten die alten (ohne zusätzliche Zinsen) zurück. Diese Angebote zogen in einigen Dörfern, so dass es inzwischen gelungen ist, die Außenstände um die Hälfte zu reduzieren. Aber der Druck, sich so zu verhalten wie die anderen, ist nicht zu übersehen.[17] In manchen Dörfern zahlen alle. In anderen weigern sich alle, sogar diejenigen, die nur wenige Zahlungen leisten müssten, um wieder einen neuen Kredit zu bekommen. Selbst in der Gruppe derjenigen, die nur noch eine Rate zurückzahlen müssten, um einen neuen Kredit zu erhalten (so dass sie durch die Zahlung von etwa 150 Rupien die Möglichkeit hätten, weitere 8 000 zu bekommen, die sie entweder zurückzahlen oder – durch neuerliche Zahlungsverweigerung – in die Tasche stecken könnten), weigert sich ein Viertel, den ausstehenden Betrag zu begleichen. Diese Schuldner gehören in der Regel zu Gruppen, in denen niemand etwas zurückzahlt.

Die Rückzahlungskrise von Krishna wiederholte sich in den Jahren 2008 und 2009, wenn auch ohne offenkundige politische Beteiligung, in den Bundesstaaten Karnataka bzw. Orissa und führte zum Bankrott von KAS, einem weiteren großen Mikrofinanzinstitut. Alle Schuldner stellten ihre Zahlung an KAS ein, als die Firma insolvent ging und keine neuen Kredite ausgeben konnte. Im Herbst 2010 wiederholte sich in Andhra Pradesh die Krise von 2006, nur in einem noch größeren Maßstab. Wieder nutzten Politiker die Selbstmorde von Bauern als Vorwand, um gegen die Mikrofinanzinstitute vorzugehen, wieder stellten die Schuldner die Zahlungen ein, und wieder griff die Regierung ein. Dieses Mal standen einige der größten MFIs (SKS, *Spandana* und *Share*) am Rande des Bankrotts. Angesichts solcher Geschehnisse fragt man sich schon, ob die MFIs nicht doch gut daran tun, sich auf ihre Grundüberzeugungen zu konzentrieren; so gesehen, ist es nur konsequent, wenn sie der Zahlungsmoral höchste Priorität einräumen. Konzilianz – selbst wenn jemand damit nur ermutigt werden soll, ein notwendiges Risiko einzugehen – kann zur Auflösung des sozialen Pakts führen, ohne den die Institute die Rückzahlungsraten nicht hoch und die Zinssätze nicht relativ niedrig halten könnten.

Wenn die Mikrofinanzinstitute notgedrungen auf Rückzahlungsdisziplin bestehen müssen, sind sie natürlich nicht die idealen Partner für Unternehmer, denen etwa Größeres vorschwebt als ein Mikrounternehmen. Auf jeden erfolgreichen Unternehmer im Silicon Valley oder anderswo kommen viele, die gescheitert sind. Das Mikrofinanzierungsmodell ist, wie wir gesehen haben, einfach nicht darauf ausgelegt, große Summen in die Hände von Menschen zu legen, die scheitern könnten. Dabei handelt es sich weder um eine Panne noch um einen Denkfehler im Mikrokreditmodell, sondern um eine unumgängliche Nebenwirkung der Regeln, die es ermöglichen, einer großen Zahl von Menschen Geld zu einem niedrigen Zinssatz zu leihen.

Womöglich sind Mikrokredite nicht einmal ein besonders gutes Mittel, um Unternehmer zu entdecken, die sich dann aufmachen und eine große Firma gründen. Die Mikrofinanzinstitute tun alles, um ihre Kunden zu sicherem Verhalten zu erziehen, von daher sind sie nicht die Richtigen, um risikofreudige Menschen aufzuspüren. Selbstverständlich gibt es immer auch Gegenbeispiele, Sie finden sie auf den Websites aller MFIs, die Geschichten von Einzelhandelsketten, die aus kleinen Lädchen hervorgegangenen sind, aber sie sind äußerst dünn gesät. Die Darlehen, die *Spandana* gewährt, bewegen sich zwischen 7000 Rupien (320 PPP-USD) beim ersten Mal und 10 000 Rupien (460 PPP-USD) nach drei Jahren, Kredite über 15 000 Rupien (686 PPP-USD) haben Seltenheitswert. Auch bei der *Grameen Bank* sind die meisten Kredite – nach 30 Jahren am Markt – immer noch sehr klein.

Wie können größere Firmen finanziert werden?

Aber vielleicht spielt es keine Rolle, dass das Mikrofinanzwesen nicht darauf ausgelegt ist, größere Darlehenswünsche zu erfüllen. Wie wir gesehen haben, sind die Kreditbedingungen für die ärmsten Kreditnehmer üblicherweise viel strenger als für die, die etwas mehr besitzen. Möglicherweise handelt es sich ja um einen natürlichen Wachstumsprozess: Das erste Geld leiht man sich bei einem Mikrokreditinstitut, und wenn das Geschäft blüht, wechselt man zu einer Bank.

Leider hat es nicht den Anschein, als ob bereits etablierte Geschäftsleute leichter an Kredite kämen. Das gilt insbesondere, wenn sie für traditionelle Geldverleiher und Mikrofinanzinstitute zu groß und für reguläre Banken zu klein sind. Die folgende Geschichte ereignete sich im Sommer 2010 in der chinesischen Stadt Hangzhou. Miao Lei war ein wohlhabender Geschäftsmann, er hatte ein Ingenieursstudium absolviert und verdiente sein Geld damit, bei Firmen in der Region Computersysteme einzurichten. Sein Problem war, dass er immer zuerst Hardware und Software kaufen musste und das Geld dafür erst nach der Einrichtung der Systeme bekam. Niemand gab ihm einen Kredit. Einmal erhielt er die Möglichkeit, für einen besonders lukrativen Auftrag ein Gebot abzugeben, aber ihm war klar, dass er dafür vorab mehr Geld brauchen würde, als er flüssig hatte. Doch die Versuchung war zu groß, und er gab sein Angebot ab. Miao erinnert sich noch gut an den Tag, nachdem seine Firma die Ausschreibung gewonnen hatte: Er rannte von Pontius zu Pilatus, um das Geld aufzutreiben, aber es war nichts zu machen. Den Auftrag platzen zu lassen hätte das Ende seiner Karriere bedeutet.

In seiner Verzweiflung beschloss er, ein noch riskanteres Spiel zu wagen. Es gab noch eine weitere Ausschreibung, von einem Staatsbetrieb, und er wusste, wenn er diese Ausschreibung gewann, würde er einen Vorschuss erhalten, mit dem er den anderen Auftrag vorfinanzieren konnte. Und das Geld, das er mit dem ersten Auftrag verdiente, würde – hoffentlich – reichen, um den zweiten vorzufinanzieren. Das Angebot, das er abgab, war mehr als knapp kalkuliert, aber er wollte lieber etwas Geld verlieren und dafür die Ausschreibung gewinnen. Den Abend, an dem er darauf wartete zu erfahren, ob sein Angebot angenommen wurde oder nicht, wird er nicht vergessen. Er hatte seine Angestellten früh nach Hause geschickt und ging stundenlang in seinem Büro auf und ab. Am Ende gewann er die Ausschreibung, und alles lief glatt. Das Geld begann zu fließen, und als seine Einkünfte 20 Millionen Yuan überschritten hatten, klopften die Banker unaufgefordert mit Kreditangeboten an seine Tür. Als wir mit ihm sprachen, leitete er vier verschiedene Unternehmen.

Miao Lei hatte einen Universitätsabschluss und ein vernünftiges Geschäftsmodell, trotzdem musste er ein unglaublich hohes Risiko eingehen, um zu überleben. Narayan Murthy und Nandan Nilekani sind Absolventen des renommierten *Indian Institute of Technology*, aber sie bekamen kein Darlehen zur Gründung ihrer Firma *Infosys*, weil der Bankangestellte beanstandete, sie könnten kein Inventar als Sicherheit anbieten. Heute gehört *Infosys* zu den größten Softwarekonzernen der Welt.

Waren diese drei Ausnahmen? Man darf wohl eher annehmen, dass es noch sehr viel mehr Menschen wie sie gibt, die es nur deshalb nicht geschafft haben, weil sie nicht die richtige Finanzierung zur richtigen Zeit bekamen.

Sogar solche Unternehmen, denen der Start gelingt, die überleben und zu einer gewissen Größe heranwachsen, haben offenbar weiter unter eingeschränktem Zugang zu Kapital zu leiden. Die südindische Stadt Tiruppur ist Indiens T-Shirt-Hauptstadt (70 Prozent aller in Indien gefertigten Strickwaren werden hier produziert). Die Firmen in der Region genießen weltweit einen guten Ruf: Einkäufer aus aller Herren Länder kommen hierher, um Großaufträge für ihre Kollektionen zu vergeben. Klar, dass die Stadt talentierte Textilunternehmer aus ganz Indien anzieht. Aber es gibt auch eine Menge einheimischer Fabrikanten, Sprösslinge wohlhabender Landbesitzer aus der Gounder-Kaste. Die Zugezogenen sind, wenig verwunderlich, die Experten in dieser Branche, und ihre Firmen arbeiten wesentlich wirtschaftlicher als die der Gounder: Auf jedem Kapitalniveau produzieren und exportieren sie mehr. Überraschend dagegen ist, dass Gounder in der Regel mit dreimal mehr Kapital beginnen als Auswärtige.[18] Anstatt den Leuten von außerhalb, den Fachleuten auf diesem Geschäftsfeld, Geld zu leihen, gründeten die Gounder selbst entsprechende Firmen, obwohl sie damit keine Erfahrung hatten. Warum taten sie das? Oder warum sprangen Banken nicht ein, um den Zugezogenen zu helfen, größere Firmen zu gründen? Die Antwort lautet, dass selbst größere Firmen (Firmen, die sich im Besitz von Auswärtigen befinden, verfügen über ein durchschnittliches Grundkapital von 2,9 Millionen Rupien oder 347 000 PPP-USD) mit den Problemen zu kämpfen haben, die wir oben geschildert haben. Die Gounder gründeten ihre eigenen Unternehmen, weil sie ihrer Gemeinschaft vertrauten, aber nicht wussten, ob sie von Fremden ihr Geld zurückbekommen würden.

In den Entwicklungsländern hat man dieses Problem erkannt und versucht, die Banken mit Vorschriften dazu zu bringen, Darlehen an diese etwas größeren Unternehmen zu vergeben. Diese Regelung für »bevorzugte Branchen«, die wir weiter oben bereits erwähnt haben, bezieht sich auf kleine und mittlere Unternehmen, die zum Teil schon ziemlich groß sein können (die größten Unternehmen, die noch unter diese Bestimmung fallen, sind größer als 95 Prozent aller indischen Firmen). Dank einer Neuregelung 1998 konnten auch etwas größere Unternehmen davon profitieren, sie investierten die neuen Darlehen und verdienten eine Menge Geld. Eine Erhöhung der Kredite um 10 Prozent führte zu einer Gewinnsteigerung von 9 Prozent, *nach der Rückzahlung des Kredits.*[19] Das ist eine phantastische Rendite. Leider geht der Trend heute nichtsdestoweniger dahin, diese Form der Verleihpflicht wieder zurückzunehmen, zum Teil weil sich die Banken beklagen, die Kreditvergabe an diese Firmen sei zu teuer und zu riskant.

Aber es gibt ein paar Leute, die versuchen, neue Geschäftsideen aufzuspüren und zu fördern. Miao Lei, der chinesische Geschäftsmann, tut genau das, vermutlich aufgrund seiner eigenen Erfahrungen: Er kauft Anteile von vielversprechenden jungen Unternehmen. Doch von einer Mikrofinanzrevolution für kleine und mittlere Firmen sind wir noch weit entfernt; bislang hat noch niemand herausgefunden, wie sich so etwas im großen Maßstab rentabel gestalten ließe. Verbesserungen kann es geben, wenn sich das geschäftliche Umfeld verändert, zum Beispiel die Arbeit der Gerichte. Als man in Indien beschleunigte Gerichtsverfahren einführte, wurden in der Folge Schulden viel schneller eingetrieben, die Kreditsummen stiegen und die Zinsen sanken. Dennoch ist auch das kein Wundermittel. Nach der Einführung spezieller Gerichte zur Eintreibung von Schulden, nahm die Kreditvergabe an die größten Firmen zu, während die für kleine sogar zurückging.[20] Grund dafür ist vermutlich, dass die Bankangestellten es lohnender finden, Darlehen an die größten Firmen zu vergeben, nun da die Bank sicher sein konnte, dass sie im Zweifelsfall Zugriff auf die Sicherheiten erhält.

Schließlich liegen die Probleme auch in den Bankstrukturen begründet. Da es sich – notwendigerweise – um große Organisationen handelt, ist es schwierig für Banken, ihre Angestellten zu motivieren, Firmen genau unter die Lupe zu nehmen, Projekte zu begutachten und lohnende Investitionen zu tätigen. Wenn Kreditbeauftrage beispielsweise für Ausfälle bestraft werden (was bis zu einem bestimmten Grad sinnvoll ist), dann fangen diese an, nach bombensicheren Projekten zu suchen, die aller Wahrscheinlichkeit nach nicht von kleinen, unbekannten Unternehmen vorgeschlagen werden. Ein Miao Lei oder ein Narayan Murthy würde so keine Finanzierung bekommen.

Trotz aller Schwierigkeiten hat die Mikrokreditbewegung gezeigt, dass es möglich ist, Geld an arme Menschen zu verleihen. Darüber, ob die MFI-Kredite das Leben der Armen verändern, kann man zwar durchaus diskutieren, doch ist es schon als beachtlicher Erfolg zu werten, dass das Mikrokreditwesen derartige Ausmaße angenommen hat. Es gibt nicht viele andere Programme für Arme, die es geschafft haben, so viele Menschen zu erreichen. Wegen der Struktur des Programms, auf der der Erfolg des Geldverleihens an Arme beruht, können wir aber nicht damit rechnen, dass es auch zum Ausgangspunkt für die Finanzierung größerer Geschäftsideen werden wird. Das ist die nächste große Herausforderung für das Finanzwesen in Entwicklungsländern: Möglichkeiten für die Finanzierung von Unternehmen mittlerer Größe zu finden.

8 Sparen – Stein für Stein

Wenn man in einem Entwicklungsland von einem Stadtzentrum in Richtung der weniger wohlhabenden Vorstädte fährt, fallen einem fast überall die vielen unfertigen Häuser auf. Es gibt Häuser mit vier Wänden, aber ohne Dach, Häuser mit Dach, aber ohne Fenster, Rohbauten mit ein oder zwei angefangenen Wänden, Häuser, aus deren Dächern Balken herausragen, Anstriche, die irgendjemand begonnen, aber nicht zu Ende gebracht hat. Und doch sind nirgendwo Zementmischer oder Maurer zu sehen. An den meisten dieser Häuser wurde seit Monaten nichts mehr getan. In einigen der neueren Stadtviertel im marokkanischen Tanger gibt es so viele ruhende Baustellen, dass die fertiggestellten und frisch gestrichenen Häuser förmlich ins Auge springen.

Fragt man die Eigentümer, warum sie ein unfertiges Haus haben, sagen sie meistens schlicht: So sparen wir. Das kommt uns irgendwie bekannt vor. Immer wenn Abhijits Großvater etwas Geld übrig hatte, baute er ein Zimmer an sein Haus an. So entstand nach und nach, Raum für Raum, das Haus, in dem Abhijits Familie heute noch lebt. Ärmere Leute können kein ganzes Zimmer auf einmal bauen. Abhijits Familie hatte einen Fahrer, der sich gelegentlich einen Tag frei nahm. Dann kaufte er einen Sack Zement, einen Sack Sand und einen Haufen Ziegelsteine und verbrachte seinen freien Tag mit Maurerarbeiten. Er baute viele Jahre an seinem Haus, immer 100 Steine auf einmal.

Auf den ersten Blick scheint ein unfertiges Haus nicht die attraktivste Form des Sparens zu sein. In einem Haus ohne Dach kann man nicht wohnen, ein halb fertiges Haus kann im Monsunregen einstürzen, und wenn man wegen eines Notfalls Geld braucht, bevor das Haus fertig ist, und man es in diesem Zustand verkaufen muss, dann ist der Rohbau unter Umständen weniger wert, als das Baumaterial gekostet hat. Aus all diesen Gründen würde man meinen, es sei praktischer, Geld beispielsweise bei einer Bank zu sparen, bis genug zusammengekommen ist und man wenigstens einen überdachten Raum auf einmal bauen kann.

Wenn die Armen immer noch Stein für Stein sparen, haben sie vermutlich keine bessere Möglichkeit. Kann es daran liegen, dass die Banken keinen Weg gefunden haben, an die Ersparnisse der Armen zu kommen? Steht uns womöglich eine »Mikrosparrevolution« bevor? Oder haben wir etwas übersehen, das aus einem unfertigen Haus eine interessante Investition macht? Und sollten wir nicht vor dem unglaublichen Durchhaltevermögen der Menschen den Hut ziehen, die oft von weniger als 99 US-Cent pro Tag leben und jahrelang auf die kleinen Annehmlichkeiten des Lebens verzichten, nur damit ihr Haus fertig wird? Oder sollten wir uns darüber wundern, dass sie nicht mehr sparen, um schneller bauen zu können, wenn die Stein-für-Stein-Methode der einzige Weg zum Eigenheim ist?

Warum die Armen nicht mehr sparen

Arme haben Probleme, Kredite für ihre Vorhaben zu bekommen, und kaum die Möglichkeit, sich gegen Risiken abzusichern – sollten sie da nicht versuchen, so viel wie möglich zu sparen? Ersparnisse könnten ihnen als Puffer dienen, wenn die Ernte schlecht ausfällt oder jemand krank wird. Sie könnten auch der Schlüssel für die Eröffnung eines Geschäfts sein.

An diesem Punkt hört man häufig den Einwand: »Wie sollen die Armen denn sparen, wenn sie kein Geld haben?« Doch das ist nur auf den ersten Blick vernünftig. Die Armen sollten sparen, weil sie wie alle anderen auch eine Gegenwart und eine Zukunft haben. Sie haben heute wenig Geld, richtig, aber sie gehen vermutlich davon aus, dass sie auch morgen wenig Geld haben werden – es sei denn, sie erwarten, dass sich in der Nacht ein warmer Geldregen über sie ergießt. Genau genommen wäre Sparen für sie wichtiger als für Reiche, weil sie auf diese Weise zumindest die Chance hätten, von einem kleinen Polster vor einer zukünftigen Katastrophe bewahrt zu werden. Ein solches Polster könnte beispielsweise verhindern, dass arme Familien im indischen Distrikt Udaipur Mahlzeiten ausfallen lassen müssen, wenn das Geld zur Neige geht, was sie nach ihren eigenen Worten sehr unzufrieden macht. Ganz ähnlich in Kenia: Wenn ein Marktverkäufer an Malaria erkrankt, bleibt der Familie nichts anderes übrig, als einen Teil der Betriebsmittel zu verkaufen, um die Medikamente zu bezahlen. Doch dem wiedergenesenen Patienten erschwert das die Rückkehr zur Arbeit, weil er dann nichts oder kaum noch etwas zu verkaufen hat. Hätte man das nicht vermeiden können, indem man immer etwas Geld für Medikamente beiseitelegt?

Das war genau das Bild, das man im viktorianischen Zeitalter von den Armen hatte: zu ungeduldig und unfähig, ein Stück weit vorauszudenken. Konsequenterweise glaubte man, die einzige Möglichkeit, die Armen vom Abgleiten in ein Lotterleben abzuhalten, sei die Androhung extremen Elends, sollten sie je den Pfad der Tugend verlassen. Dafür hatten sie grauenhafte Armenhäuser (in denen man die Bedürftigen unterbrachte) und die aus Charles Dickens' Erzählungen bekannten Schuldgefängnisse. Diese Auffassung von Armen als Leuten, die irgendwie anders »gestrickt« sind und deren Hang zu kurzsichtigem Verhalten dafür verantwortlich ist, dass sie arm bleiben, hat sich über die Jahre fast unverändert gehalten. Wir finden eine moderne Variante dieser Auffassung unter den Kritikern der Mikrofinanzinstitute, die diesen vorwerfen, sie würden die Schwächen der Armen ausnutzen. Ganz anders Gary Becker, Nobelpreisträger und Vater der modernen Familienökonomie, der 1997 in einem Artikel schrieb, Besitz und Wohlstand ermutigten die Menschen, in mehr Gelassenheit zu investieren. Umgekehrt bedeutet das natürlich, dass Armut die Menschen (auf Dauer) ungeduldig macht.[1]

Es gehört zu den großen Vorzügen der relativ jungen Bewegung von Mikrokreditfans und anderen, dass man in jedem Armen den geborenen Kapitalisten erkennt und ihn nicht länger als Volltrottel oder Bruder Leichtfuß betrachtet. In Kapitel 6 haben wir uns mit Risiken und Versicherungen beschäftigt, dabei haben wir gesehen, dass sich die Armen ständig Gedanken um ihre Zukunft machen (vor allem über sich abzeichnende Katastrophen) und alle möglichen klugen oder teuren Maßnahmen ergreifen, um die potenziellen Risiken zu begrenzen. Denselben Einfallsreichtum legen Arme an den Tag, wenn es um ihre Finanzen geht. Nur in seltenen Fällen haben sie ein Konto bei einer Bank oder Sparkasse – in unserem 18-Länder-Vergleich waren das in Indonesien (dem Land, das genau in der Mitte lag) 7 Prozent der Armen auf dem Land und 8 Prozent der Armen in der Stadt. In Brasilien, Panama und Peru liegt der Anteil unter einem Prozent. Trotzdem sparen diese Menschen. Stuart Rutherford, der Gründer von *SafeSave*, einem Mikrofinanzinstitut in Bangladesch, das sich darauf konzentriert, den Armen sparen zu helfen, berichtet in zwei wunderbaren Büchern (*The Poor and Their Money*, »Die Armen und ihr Geld«, und *Portfolios of the Poor*, »Die Portfolios der Armen«) darüber, wie sie das tun.[2] Die Grundlagen für dieses Buch lieferten 250 arme Familien in Bangladesch, Indien und Südafrika, die ein ganzes Jahr lang jede einzelne ihrer finanziellen Transaktionen festhielten und an die Forscher berichteten, die sie alle zwei Wochen aufsuchten. Zu deren wichtigsten Erkenntnissen gehört, dass die Armen zahlreiche pfiffige Wege zum Sparen finden. Zusammen mit anderen Sparern bilden sie »Sparclubs«, wo jeder jedem hilft, seine Sparziele zu erreichen. In einigen Teilen Indiens sind Selbsthilfegruppen sehr beliebt, die es auch in vielen anderen Ländern gibt; in diesen Sparclubs können Mitglieder aus den angesammelten Ersparnissen auch Kredite erhalten. In Afrika sind »rotierende Spar- und Kreditvereine« (*Rotating Savings and Credit Association*, ROSCA) am weitesten verbreitet; sie werden dort auch als *»merry-go-round«* (Karussell) oder – in französischsprachigen Ländern – als *»tontine«* (Leibrentengesellschaft, eigentlich ein Vorläufer der Rentenversicherung) bezeichnet. ROSCA-Mitglieder treffen sich regelmäßig und zahlen bei jeder Zusammenkunft den gleichen Geldbetrag in einen gemeinsamen Topf. Bei jedem Treffen bekommt, reihum, ein anderes Mitglied den gesamten Topf. Bei anderen Sparformen wird beispielsweise ein »Einlagensammler« dafür bezahlt, die Beiträge der einzelnen Sparer einzusammeln und zur Bank zu bringen, manchmal deponiert man das Geld auch beim örtlichen Geldverleiher oder man hinterlegt es bei sogenannten Geldwächtern, meistens Bekannte, die kostenlos oder gegen eine geringe Gebühr kleinere Geldbeträge verwahren. Nicht zuletzt stellt auch der etappenweise Hausbau eine Art des Sparens dar. In den Vereinigten Staaten existiert eine Reihe ganz ähnlicher Sparkonzepte, meist innerhalb von Immigrantengruppen, die noch nicht lange im Land sind.

Jennifer Auma, eine Marktfrau aus der kleinen Stadt Bumala in Westkenia, ist ein Musterbeispiel für dieses ausgeklügelte System. Auma verkauft Mais, Sorghumhirse und Bohnen. Während unseres Gesprächs sortiert sie unentwegt weiter ihre Bohnen, die roten ins eine Töpfchen, die weißen ins andere. Als wir mit ihr sprachen, war sie Mitglied in nicht weniger als sechs ROSCAs, die sich in Größe und Häufigkeit der Treffen unterschieden. In einem steuerte sie 1000 Kenia-Shilling (KES; das sind 17,50 PPP-USD) pro Monat bei, in einem anderen zahlte sie zweimal pro Monat 580 KES (500 KES für den Topf, 50 für den Zucker für den Tee, der untrennbarer Bestandteil der Treffen ist, und 30 für den Sozialfond.). In einem dritten Zirkel lag ihr Beitrag bei 500 KES pro Monat, plus noch einmal 200 extra. Außerdem gab es noch einen wöchentlichen ROSCA zu 150 KES, einen mit drei Terminen pro Woche (zu jeweils 50 KES) und einen, der sich täglich traf (je 20 KES). Wie sie uns erklärte, diente jeder ROSCA einem ganz bestimmten Zweck. Die kleinen waren für ihre Miete (später baute sie sich ein Haus), die größeren für langfristige Ziele (wie Ausbaumaßnahmen am Haus) oder für Schulgebühren. In Aumas Augen hatten ROSCAs viele Vorteile gegenüber einem klassischen Sparkonto: Sie kosten keine Gebühren, sie konnte kleine Beträge einzahlen und sie kam in der Regel viel schneller an das gesammelte Geld aus dem Topf, als wenn sie dieselben wöchentlichen Beträge allein für sich gespart hätte. Außerdem konnte man in der ROSCA-Gruppe immer jemanden um Rat fragen.

Aber die sechs ROSCAs waren noch lange nicht alles, was Auma in ihrem persönlichen Portfolio hatte. Anfang Mai 2009 (etwa zwei Monate bevor wir sie trafen) hatte sie aus dem Sparpool eines ihrer ROSCAs einen Kredit aufgenommen, mit dem sie Mais im Wert von 6000 KES (105 PPP-USD) gekauft hatte. Sie besaß ein Sparkonto bei der Dorfsparkasse, das allerdings gerade fast leer war, weil sie mit dem Geld von diesem Konto Anteile an der Sparkasse im Wert von 12000 KES (210 PPP-USD) gekauft hatte. Jeder Anteil berechtigte sie, bis zu 4 KES Kredit bei der Dorfsparkasse aufzunehmen. Zusammen mit Anteilen, die sie bereits früher erworben hatte, konnte sie nun ein Darlehen von 70000 KES (1222 PPP-USD) aufnehmen und sich ein Haus bauen. Außerdem hatte sie noch Geldverstecke an verschiedenen Stellen im Haus, die für kleinere Notfälle wie etwa Medikamente bestimmt waren, aber sie räumte ein, dass sie dieses Geld gelegentlich auch nahm, um Gäste zu bewirten. Schließlich und endlich schuldeten ihr eine Reihe von Leuten Geld, so hatte sie noch 1200 KES von Kunden und 4000 KES von einem früheren Mitglied ihrer Gemeinschaftshaftungsgruppe in der Dorfsparkasse zu bekommen. Der Mann hatte einen Kredit platzen lassen, als er der Bank noch 60000 KES (1050 PPP-USD) schuldete, was die anderen Gruppenmitglieder zwang, für ihn einzuspringen, und nun zahlte er nur langsam an alle zurück.

Als mit einem Bauern verheiratete Marktfrau lebte Jennifer Auma wahrscheinlich von weniger als 2 US-Dollar pro Tag. Und doch verfügte sie über eine Vielzahl fein aufeinander abgestimmter Finanzinstrumente. Wir sind dieser Art von Finanzgenie immer wieder begegnet.

Der Einfallsreichtum, den die Armen an den Tag legen, könnte schlicht der Tatsache geschuldet sein, dass sie keinen Zugang zu konventionelleren und einfacheren Alternativen haben. Banken geben sich nicht gerne mit kleinen Konten ab, vor allem wegen der anfallenden Verwaltungskosten. Geldinstitute mit Einlagengeschäft sind strengen Regelungen unterworfen, und das aus gutem Grund: So soll verhindert werden, dass sich windige Unternehmer mit den Ersparnissen der Kunden aus dem Staub machen. Doch das bedeutet auch, dass für das Führen eines jeden Kontos eine gewisse Menge Papierkram zu erledigen ist, was – gemessen an dem Geld, das die Bank mit diesen Minikonten verdienen kann – schnell zu aufwändig wird. Jennifer Auma erklärte uns, ihr Konto bei der Dorfsparkasse sei für kleine Geldbeträge nicht gut geeignet, weil die Gebühren für das Abheben zu hoch seien. Für Abhebungen unter 500 KES musste sie 30 KES bezahlen, für Beträge zwischen 500 und 1 000 KES waren 50 KES fällig und 100 KES für darüber hinausgehende Beträge. Angesichts solcher Bankgebühren verzichten die meisten Armen auf ein Konto, selbst wenn sie eines einrichten könnten. Überdies kommen häufig noch hohe Gebühren für die Kontoeröffnung hinzu.

Wenn Arme wegen des fehlenden Zugangs zu richtigen Bankkonten auf komplizierte und kostspielige Alternativen zurückgreifen, könnte das auch dazu führen, dass sie weniger Geld zurücklegen als mit einem Bankkonto. Um herauszufinden, ob dem so ist, bezahlten Pascaline Dupas und Jonathan Robinson für eine zufällig ausgewählte Gruppe von kleinen Geschäftsleuten (Fahrer von Fahrradtaxis, Marktfrauen, Zimmerleute und ähnliche) die Kontoeröffnungsgebühren bei einer Dorfsparkasse in Bumala. Die Bank lag am zentralen Marktplatz, wo all diese Leute ihre Geschäfte betrieben. Das Geld wurde nicht verzinst, dafür kostete jede Abhebung eine Gebühr.[3]

Von den Männern nutzen nur einige wenige die angebotenen Konten, doch fast zwei Drittel der Frauen zahlten wenigstens einmal Geld ein. Und diese Frauen sparten mehr als vergleichbare Frauen, denen man kein Bankkonto angeboten hatte, sie investierten mehr in ihre Geschäfte und griffen seltener auf ihr Betriebskapital zurück, wenn sie krank wurden. Nach sechs Monaten waren sie in der Lage, durchschnittlich 10 Prozent mehr Essen für sich und ihre Familie zu kaufen, und das jeden Tag.

Selbst wenn die Armen raffinierte Wege finden, um etwas Geld zurückzulegen, wären sie – dieser Untersuchung zufolge – besser dran, wenn das Eröffnen eines Bankkontos nicht so teuer wäre. Derzeit kostet eine Kontoeröffnung in Kenia 450 KES; auf die Konten, die wenigstens einmal benutzt wurden, wurden durchschnittlich 5 000 KES eingezahlt. Das heißt, wenn Dupas und Robinson die Kosten für die Kontoeröffnung nicht übernommen hätten, hätten die armen Kunden eine »Gebühr« von fast 10 Prozent bezahlen müssen, nur um überhaupt in den Genuss eines Kontos zu kommen, nicht gerechnet die Gebühren für Abhebungen. Vielen Kunden entstehen noch weitere Kosten, wenn sie zur Bank gehen wollen, weil sich diese meist weit von ihrem Wohnort entfernt in einer Stadt befindet. Damit Sparkonten für Arme wirtschaftlich sinnvoll sind, müssten die Verwaltungskosten der Banken für kleine Konten deutlich sinken.

Die (nicht nur) in Indien sehr beliebten »Selbsthilfegruppen« stellen eine Möglichkeit dar, die Kosten zu senken. Sie folgen der Idee, dass, wenn ihre Mitglieder ihre Ersparnisse zusammenlegen und Einzahlungen bzw. Abhebungen koordinieren, der Geldbetrag auf dem Konto höher und die Bank eher geneigt ist, sich damit zu befassen. Auch Technik kann eine Rolle spielen. Ein *M-Pesa* genanntes System ermöglicht es Kunden in Kenia, auf ein an ihr Mobiltelefon gekoppeltes Konto Geld einzuzahlen und darüber auch Überweisungen zu tätigen. Eine Frau wie Jennifer Auma könnte beispielsweise bei einem der vielen regionalen Krämerläden, die als *M-Pesa*-Agenten fungieren, Bargeld einzahlen. Dieser würde das Geld ihrem *M-Pesa*-Konto gutschreiben. Wenn Jennifer dann ihrem Cousin in Lamu eine entsprechende SMS schreibt, kann dieser damit zu seinem *M-Pesa*-Agenten vor Ort gehen und erhält den darin genannten Betrag. Sobald das Geld ausgezahlt ist, bucht der Agent den Betrag von Jennifers Konto ab. Wenn sich erst einmal Banken an das *M-Pesa*-System angeschlossen haben, könnten die Menschen über ihren *M-Pesa*-

Agenten vor Ort Geld von und auf ihre Sparkonten transferieren, ohne dass sie den langen Weg zur Bank auf sich nehmen müssten.

Natürlich macht Technik die notwendigen Vorschriften über den Umgang mit Bankkonten nicht überflüssig. Doch ein Teil des Problems liegt darin, dass im Augenblick nur hochbezahlte Bankangestellte mit dem Geld von Kunden umgehen dürfen. Das ist wahrscheinlich unnötig. Die Bank könnte stattdessen auch einen lokalen Händler beauftragen, die Einzahlungen entgegenzunehmen. Solange dieser dem Kunden dafür eine Quittung aushändigt, *die anzuerkennen die Bank gesetzlich verpflichtet ist,* ist der Kunde geschützt. Es läge dann bei der Bank, dafür zu sorgen, dass der Händler nicht mit den Ersparnissen der Kunden verschwindet. Wenn die Banken bereit wären, dieses Risiko einzugehen – und viele Banken würden das liebend gerne tun –, warum sollte die Bankenaufsicht etwas dagegen haben? Dieser Gedanke hat in den letzten Jahren immer mehr Anhänger gefunden, und einige Staaten haben neue Gesetze erlassen, die diese Art des Einlagengeschäfts erlauben, Indien beispielsweise den *Banking Correspondent Act* (»Bankpartner-Gesetz«). Damit könnte das gesamte Spargeschäft revolutioniert werden.

Auf internationaler Ebene gibt es im Moment viele Bemühungen, allen voran von der *Bill & Melinda Gates Foundation,* den Zugang zu Sparkonten für Arme zu verbessern. Mikrosparen ist auf dem besten Weg, die nächste Mikrofinanzrevolution zu werden. Aber ist der Zugang zu konventionellen Sparkonten das einzige Problem? Genügt es, sich darauf zu konzentrieren, Sparen leicht und sicher zu machen? Aus den Ergebnissen von Pasqualine Dupas und Jonathan Robinson kann man ablesen, dass dies wohl nicht alles ist. Das Erste, was irritiert: Die meisten Männer machten keinen Gebrauch von den kostenlosen Konten. Aber auch viele Frauen nutzten sie nicht oder kaum: 40 Prozent zahlten nie etwas ein, nur knapp die Hälfte machte mehr als eine Einzahlung, und viele, die das Konto anfänglich nutzten, hörten nach einer Weile damit auf. Eine andere kenianische Studie bot Ehepaaren bis zu drei kostenlose Konten an (eines für jeden Partner und ein Gemeinschaftskonto)[4], doch nur 25 Prozent der Paare zahlte überhaupt auf eines der Konten Geld ein. Bei Paaren, die eine ebenfalls kostenlose Karte für die Benutzung des Geldautomaten erhielten, um Einzahlungen und Abhebungen einfacher und billiger zu machen, stieg der Prozentsatz auf gerade einmal 31 Prozent. Sparkonten sind durchaus hilfreich, so viel steht fest. Aber die schlechten Rahmenbedingungen sind nicht der einzige Grund, warum Arme nicht sparen.

Im vorigen Kapitel haben wir bereits ein anderes Beispiel gesehen, bei dem Menschen eine lohnende Gelegenheit gehabt hätten zu sparen, es aber nicht taten: die Obst- und Gemüseverkäufer von Chennai, die sich jeden Morgen 1000 Rupien (45,75 PPP-USD) für einen Zinssatz von 4,69 Prozent pro Tag liehen. Nehmen wir einmal an, die Verkäufer würden beschließen, drei Tage lang zwei Tassen Tee pro Tag weniger zu trinken. Damit könnten sie 5 Rupien pro Tag sparen und die Summe, die sie sich leihen müssen, entsprechend verringern. Nach einem Tag mit verringertem Teekonsum müssten sie sich 5 Rupien weniger leihen und hätten am Abend 5,23 Rupien weniger zurückzuzahlen (die nicht geliehenen 5 Rupien plus die 23 Paise Zinsen), die es ihnen – zusammen mit den 5 Rupien, die sie am zweiten Tag nicht für Tee ausgegeben hatten – ermöglichen würden, 10,23 Rupien weniger zu leihen. Bis zum vierten Tag hätten sie 15,71 Rupien, die sie nicht leihen bräuchten, sondern zum Kaufen von Obst und Gemüse verwenden könnten. Angenommen die Verkäuferinnen würden dann wieder dazu übergehen, ihre zwei Tassen Tee mehr zu trinken, aber weiterhin die 15,71 Rupien aus den drei Tagen mit verringertem Teekonsum ins Geschäft stecken (das heißt entsprechend weniger Geld leihen): Dann würde das eingesparte Geld weiter akkumulieren (so wie aus den zehn Rupien nach zwei Tagen 10,71 Rupien geworden waren), und nach exakt 90 Tagen wären die Verkäuferinnen völlig schuldenfrei. Sie würden über 40 Rupien *pro Tag* sparen, das entspricht etwa einem halben Tageslohn. Und das alles für sechs Tassen Tee!

Die Verkäufer sitzen eigentlich unter einem Geldbaum, wie man ihn sich fast nicht schöner vorstellen könnte. Warum schütteln sie ihn nicht ein bisschen? Und wie lässt sich ihr Verhalten mit den ausgeklügelten Sparplänen von Jennifer Auma in Deckung bringen?

Die Psychologie des Sparens

Die offenkundigen Widersprüche werden nachvollziehbarer, wenn man versteht, wie die Menschen über die Zukunft denken. Andrei Shleifer ist der wohl beste Vertreter der Theorie, dass viele Leute manchmal dumme Sachen machen (er hat den Begriff »*noise traders*«, zu Deutsch »Rauschhändler«, geprägt oder zumindest bekannt gemacht, der das Verhalten naiver Börsenhändler charakterisiert, die von ausgebufften Kollegen gnadenlos ausgetrickst werden). Als er aus Kenia zurückkehrte, berichtete er uns von seinen Beobachtungen dort. Ihm waren gewaltige Unterschiede aufgefallen zwischen landwirtschaftlichen Betrieben, die von Nonnen geführt wurden, und denen ihrer Nachbarn: Die Felder der Nonnen standen in Saft und Kraft, während die der Nachbarn weit weniger beeindruckend aussahen. Die Nonnen verwendeten Dünger und Hybridsaatgut. Warum, so fragte er uns, schafften es die Bauern nicht, es den Nonnen gleichzutun? Waren sie vielleicht zu ungeduldig (vermutlich waren die Nonnen schon von Berufs wegen geduldiger, da sie ihren Lohn erst im Leben nach dem Tod erwarten)?

Shleifer war auf etwas gestoßen, das uns schon lange ein Rätsel war. In Studien, die Michael Kremer, Jonathan Robinson und Esther über mehrere Jahre durchgeführt hatten, zeigte sich, dass nur etwa 40 Prozent der Bauern im Distrikt Busia in Westkenia (nicht weit entfernt von Sauri, dem Dorf, wo Jeffrey Sachs und Angelina Jolie den jungen Bauern Kennedy getroffen hatten, der noch nie Dünger verwendet hatte, bis er ihn über dieses Projekt erhielt) überhaupt jemals Dünger eingesetzt hatten, und im Schnitt hatten nur 25 Prozent jedes Jahr Dünger verwendet.[5] In einem anderen Versuch erhielten zufällig ausgewählte Bauern kostenlos Dünger, den sie auf einem Teil ihrer Felder ausbringen sollten. Später wurden die Ernteerträge der gedüngten und der ungedüngten Parzellen desselben Bauers verglichen. Dabei zeigte sich, dass der Ertrag mit Dünger, selbst nach konservativer Schätzung, über 70 Prozent höher ausfällt: Für jeden Dollar, den ein Bauer für Dünger ausgibt, kann er im Durchschnitt Mais im Wert von 1,70 Dollar zusätzlich ernten. Das ist zwar nicht so viel, wie die Obst- und Gemüseverkäufer sparen könnten, aber immerhin genug, dass sich die Mühe lohnen würde. Warum setzen die Bauern dann nicht häufiger Dünger ein? Möglicherweise wissen sie nicht genau, wie er zu verwenden ist. Oder sie unterschätzen, was er ihnen einbringen würde. Wenn das jedoch der Grund wäre, sollten zumindest die Bauern, die den kostenlosen Dünger (und eine Einweisung in seine Anwendung) erhalten und deutlich höhere Erträge erzielt hatten, sehr daran interessiert sein, in den nächsten Pflanzzeiten von sich aus Dünger zu verwenden. Tatsächlich stellten Esther, Michael Kremer und Jonathan Robinson fest, dass die Wahrscheinlichkeit, in der darauf folgenden Saison Dünger einzusetzen, bei den Bauern, denen man zuvor Dünger geschenkt hatte, um 10 Prozentpunkte stieg. Aber das Ergebnis bedeutet auch, dass die weitaus meisten ihre Felder wieder ohne Dünger bewirtschafteten. Dabei könnte man nicht sagen, dass sie das Düngerexperiment unbeeindruckt gelassen hätte. Die große Mehrheit der Bauern, die daran teilgenommen hatten, behauptete, der Versuch habe sie überzeugt und sie würden auf jeden Fall düngen.

Als wir einige Bauern fragten, warum sie am Ende doch keinen Dünger verwendeten, sagten die meisten, sie hätten nicht genug Geld auf der Hand gehabt, als die Pflanzzeit kam und sie ihn gebraucht hätten. Das überrascht, denn man kann Dünger in kleinen Mengen kaufen (und einsetzen), diese Möglichkeit steht also auch Bauern mit kleinen Ersparnissen offen. Vermutlich ist das Problem wieder einmal, dass es den Bauern schwerfällt, selbst geringe Geldbeträge von der Ernte bis zur nächsten Aussaat zurückzuhalten. So erklärten es uns auch Michael und Anna Modimba, ein Ehepaar, das in der Nähe von Budalengi in Westkenia Mais anbaut. Sie hatten ihre Felder in der letzten Saison gedüngt, aber nicht in der davor, weil sie damals kein Geld hatten, um Dünger zu kaufen. Zu Hause sparen ist schwierig, sagten sie, denn es kommt immer irgendetwas dazwischen, wofür man Geld benötigt (jemand wird krank oder braucht etwas zum Anziehen oder ein Gast muss bewirtet werden), und es ist schwer, Nein zu sagen.

Am selben Tag trafen wir einen anderen Bauern, Wycliffe Otieno, der eine Lösung für dieses Problem gefunden hatte. Er entschied immer direkt nach der Ernte, ob er Dünger kauft oder nicht. Wenn die Ernte so gut ausfiel, dass er das Schulgeld bezahlen und Lebensmittel für die Familie kaufen konnte, verkaufte er den Rest der Ernte sofort und erstand mit dem Geld Hybridsaatgut und – wenn dann noch etwas übrig war – Düngemittel. Das Saatgut und den Dünger bewahrte er bis zur nächsten Pflanzzeit auf. Wycliffe erzählte uns, dass er den Dünger immer im Voraus kauft, weil er, wie die Modimbas, aus Erfahrung wusste, dass im Haus aufbewahrtes Geld nicht gespart werden würde: Es passiert immer irgendetwas Unvorhergesehenes, und dann ist das Geld weg.

Wir fragten ihn, was er macht, wenn er Dünger gekauft (aber noch nicht ausgebracht) hat und jemand krank wird. Ob er dann nicht in Versuchung komme, ihn mit Verlust wieder zu verkaufen? Er sagte, es sei noch nie nötig gewesen, den Dünger wieder zu verkaufen. Stattdessen überprüfte er in der Regel, ob eine Ausgabe tatsächlich so dringend erforderlich war, wenn er gerade kein Geld im Haus hatte. Und wenn wirklich etwas gekauft oder bezahlt werden musste, dann schlachtete er ein Huhn oder arbeitete noch etwas härter als Fahrradtaxifahrer (sein Nebenjob, wenn es die Arbeit auf den Feldern zuließ). Obwohl die Modimbas noch nie Dünger im Voraus gekauft hatten, teilten sie Wycliffes Auffassung. Wenn sie ein Problem, aber kein Geld hätten (sagen wir, weil sie Dünger angeschafft hatten), dann würden sie sich etwas einfallen lassen – vielleicht etwas bei Freunden leihen oder »das Problem aufschieben«, aber sicher nicht den Dünger verkaufen. Sie meinten, für sie wäre es nicht schlecht, wenn man sie zwingen würde, nach anderen Lösungen zu suchen, statt das zu Hause liegende Geld aufzubrauchen.

Um Leuten wie den Modimbas zu helfen, entwickelten Esther, Michael Kremer und Jonathan Robinson ein Programm, das sie *Savings and Fertilizer Initiative* (SAFI) nannten. Direkt nach der Ernte, wenn die Bauern Geld haben, erhalten sie die Möglichkeit, einen Gutschein für Dünger zu erwerben.[6] ICS *Africa*, eine niederländische Nichtregierungsorganisation, die in der Region aktiv ist, setzte das Programm um. Die Düngemittel wurden zum Marktpreis verkauft, aber ein ICS-Mitarbeiter suchte die Bauern zu Hause auf, um ihnen die Gutscheine zu verkaufen, und der Dünger wurde ihnen dann gebracht, wenn sie ihn haben wollten. Durch das Programm stieg der Anteil der Bauern, die Dünger verwendeten, um mindestens 50 Prozent. Damit war es erfolgreicher als der Versuch, die Düngemittel für den halben Preis anzubieten. Wie Michael und Anna Modimba und Wycliffe Otieno es vorhergesagt hatten, kauften die Bauern sehr gerne Dünger, wenn er ihnen zum richtigen Zeitpunkt vor die Tür gestellt wurde.

Aber damit war noch immer nicht erklärt, warum sie den Dünger nicht von sich aus kauften. Die große Mehrheit der Bauern, die Gutscheine erworben hatten, löste ihn sofort ein und hoben den Dünger für den späteren Einsatz auf. Mit anderen Worten, wenn sie den Dünger erst einmal hatten, verkauften sie ihn nicht mehr – ganz so wie Wycliffe Otieno gesagt hatte. Aber wenn die Bauern wirklich Dünger haben wollten, warum gingen sie dann nicht los und kauften sich selber welchen? Wir fragten die Modimbas, und die erklärten uns, dass die Läden direkt nach der Ernte oft keinen Dünger vorrätig hätten, sondern ihn erst später bekämen, kurz vor der nächsten Aussaat. Michael Modimba formulierte es so: »Wenn wir Geld haben, haben sie keinen Dünger. Wenn sie Dünger haben, haben wir kein Geld.« Für Wycliffe Otieno stellte sich das Problem nicht in dieser Form: Weil er als Fahrradtaxifahrer ständig in der Stadt unterwegs war, konnte er regelmäßig nachfragen, ob Dünger hereingekommen war, und ihn dann in dem Laden kaufen, der ihn gerade zufällig hatte. Für die Modimbas war das Nachfragen in Läden sehr viel schwieriger. Sie lebten etwa eine Stunde Fußmarsch von der nächsten Stadt entfernt und kamen nicht oft dorthin. Allein wegen der kleinen Unbequemlichkeit, dass sie die Anlieferung von Dünger in Erfahrung bringen mussten (indem sie einen Freund baten, im Laden nachzufragen, oder selbst dort anriefen), waren ihre Ersparnisse und ihre Erträge nicht so hoch, wie sie sein könnten. Mit unserer Intervention haben wir nichts anderes getan, als dieses geringfügige Hindernis auszuräumen.

Sparen und Disziplin

Wie die Erfahrungen der indischen Gemüseverkäufer und der kenianischen Bauern zeigen, scheint das Sparen vielen Menschen schwerzufallen, selbst wenn sie gute Möglichkeiten dazu hätten. Das legt den Gedanken nahe, dass das Sparen nicht allein von äußeren Bedingungen verhindert wird, sondern dass das Problem zumindest teilweise in der menschlichen Psyche begründet sein muss. Die meisten von uns können sich sicher gut daran erinnern, wie sie einmal versucht haben, ihren erbosten Eltern zu erklären, dass sie einfach nur so neben der Plätzchendose gesessen haben und die Plätzchen irgendwie verschwunden sind. Sicher wussten wir, dass wir Ärger bekommen würden, wenn wir die Plätzchen essen, aber die Versuchung war zu groß.

Im Kapitel 3 über Gesundheit und Prävention haben wir darüber gesprochen, dass das menschliche Gehirn mit Gegenwart und Zukunft sehr unterschiedlich umgeht. Kurz gesagt, haben wir anscheinend zwar eine Vorstellung davon, wie wir in der Zukunft handeln *sollten,* doch die deckt sich oft nicht mit unserem tatsächlichen heutigen und zukünftigen Handeln. Diese sogenannte Zeitinkonsistenz sorgt zum Beispiel dafür, dass wir heute Geld ausgeben und gleichzeitig *planen,* in der Zukunft zu sparen. Man könnte auch sagen, wir hoffen, dass unser »zukünftiges Ich« mehr Geduld aufbringen wird als unser »heutiges Ich«

Eine andere Form von Zeitinkonsistenz ist, heute zu kaufen, worauf man Lust hat (Alkohol, süßes oder fettes Essen, billigen Schmuck), aber sich vorzunehmen, die wichtigeren Ausgaben (Schulgeld, Moskitonetze, Dachreparatur) morgen zu tätigen. Mit anderen Worten: Wir können uns noch so schön ausmalen, was wir uns einmal kaufen werden – es ist nicht immer das, wofür wir am Ende heute Geld ausgeben. Zu wissen, dass man morgen wieder einen über den Durst trinken wird, bereitet kaum jemandem Vergnügen, es macht einen eher unglücklich. Aber wenn es dann morgen ist, können viele nicht Nein sagen. So gesehen, ist Alkohol für viele Menschen ein sehr *verführerisches Produkt,* eines, das sofort konsumiert werden will, ohne groß Vorfreude zu gewähren. Ein Fernsehgerät dagegen hat diesen Versuchungscharakter nicht: Viele Arme planen und sparen monate- oder jahrelang, um sich ein solches Gerät kaufen zu können.

Eine Gruppe aus Wirtschaftswissenschaftlern, Psychologen und Neurowissenschaftlern wollte nachweisen, dass es für diese Diskrepanz im Entscheidungsverhalten eine physiologische Grundlage gibt.[7] Sie nahmen unterschiedlich datierte Geschenkgutscheine und ließen die Versuchsteilnehmer zwischen verschiedenen Varianten wählen. Jeder musste mehrere Entscheidungen treffen. Zum Beispiel: »Wollen Sie 20 Dollar jetzt oder 30 Dollar in zwei Wochen?« (Gegenwart vs. Zukunft), »Wollen Sie 20 Dollar in zwei Wochen oder 30 Dollar in vier Wochen?« (nahe Zukunft vs. fernere Zukunft), »Wollen Sie 20 Dollar in vier Wochen oder 30 Dollar in sechs Wochen?« (fernere Zukunft vs. noch fernere Zukunft). Der Clou an diesem Experiment war, dass die Kandidaten ihre Entscheidungen in einem Kernspintomographen liegend treffen mussten. Auf diese Weise konnten die Forscher beobachten, welche Hirnregionen dabei aktiviert wurden. Sie stellten fest, dass die zum limbischen System gehörenden Teile des Gehirns (von denen man annimmt, dass sie für spontane

»Bauch«-Entscheidungen verantwortlich sind) nur aktiviert wurden, wenn sich die Probanden zwischen einer Belohnung heute oder einer in der Zukunft entscheiden mussten. Der seitliche präfrontale Cortex dagegen (ein eher berechnender Teil des Gehirns) reagierte bei allen Entscheidungen mit ähnlicher Intensität, unabhängig davon, wie die Alternativen terminiert waren.

Ein Gehirn, das so funktioniert, sollte für eine Menge gescheiterter guter Absichten sorgen. Und die sind in der Tat überall anzutreffen – von den Neujahrsvorsätzen bis zur ungenutzten Mitgliedschaft im Fitnessclub. Dennoch scheinen sich viele Menschen, wie zum Beispiel die Modimbas oder Wycliffe Otieno, dieser Inkonsistenz absolut bewusst zu sein. Sie legten ihr Geld in Form von Düngemitteln an, um diese Klippe zu umschiffen. Auch waren sie sich anscheinend bewusst, dass es sich bei manchen »Notfällen« in Wirklichkeit um solche verführerischen Produkte handelt, denn sie merkten, dass es in dem betreffenden Moment einfacher ist, das Geld auszugeben statt »das Problem« aufzuschieben oder zu Hause zu bleiben statt sich aufzumachen, um noch etwas zusätzlich zu verdienen.

In Hyderabad haben wir Slumbewohner gebeten, uns zu sagen, ob es Produkte gibt, bei deren Kauf sie sich gerne stärker zurückhalten würden. Sie nannten prompt Tee, Snacks, Alkohol und Tabak. Aus dem, was sie uns erzählten, sowie aus unseren gesammelten Daten ging eindeutig hervor, dass sie einen beträchtlichen Teil ihres Haushaltsbudgets für diese Dinge ausgaben. Dieses Wissen um die eigenen Schwächen begegnete Esther, Michael und Jonathan auch, als sie Teilnehmer des kenianischen Düngemittelprogramms vor der Ernte fragten, wann sie vorbeikommen sollten, um ihnen die Gutscheine zu verkaufen. Die meisten sagten, sie sollten früh kommen. Die Bauern wussten, dass sie direkt nach der Ernte Geld haben, dieses aber bald »verschwunden« sein würde.

Angesichts von so viel Selbsterkenntnis ist es nicht verwunderlich, dass viele Sparformen der Armen darauf abzielen, das Geld nicht nur vor dem Zugriff anderer zu schützen, sondern auch vor ihrem eigenen. Wenn Sie ein bestimmtes Ziel vor Augen haben (den Kauf einer Kuh, eines Kühlschranks oder die Finanzierung eines Dachs), ist es das Beste, in einen ROSCA einzutreten, dessen Spartopf genau die Größe hat, mit der Sie dieses Ziel erreichen können: Sobald Sie sich diesem Sparclub angeschlossen haben, müssen Sie nämlich wöchentlich oder monatlich einen bestimmten Betrag einzahlen, und wenn Sie mit dem Topf an der Reihe sind, erhalten Sie genau so viel Geld, wie Sie für den Kauf Ihres Wunsches brauchen, und Sie können ihn sich sofort erfüllen, ohne dass Ihnen das Geld durch die Finger rinnt. Ein Haus Stein um Stein zu bauen ist eine andere Möglichkeit, die Ersparnisse fest und sicher anzulegen.

Wenn es mit unserer Selbstdisziplin nicht sehr weit her ist, kann es sich lohnen, jemanden dafür zu bezahlen, uns zum Sparen zu zwingen. Beispielsweise könnten wir das Risiko auf uns nehmen, dass der Regen den Mörtel aus unserer frisch errichteten Mauer wäscht, nur damit wir das Geld dafür nicht weiter in der Hand halten und womöglich auf die verrückte Idee kommen, damit eine große Party zu veranstalten. Es klingt zwar absurd, aber es gibt Kunden von Mikrofinanzinstituten, die Geld leihen, um zu sparen. Im Slum von Hyderabad sind wir einer Frau begegnet, die sich bei *Spandana* 10 000 Rupien (621 PPP-USD) geliehen und den gesamten Darlehensbetrag sofort auf ein Sparkonto eingezahlt hatte. Damit hatte sie Kreditzinsen in Höhe von 24 Prozent jährlich an *Spandana* zu leisten, während sie für ihr Sparguthaben etwa 4 Prozent bekam. Als wir sie fragten, warum das für sie sinnvoll sei, erklärte sie, ihre jetzt sechzehnjährige Tochter solle in zwei Jahren heiraten. Die 10 000 Rupien seien für die Mitgift vorgesehen. Als wir weiter fragten, warum sie das Geld, das sie für den Kredit an *Spandana* aufbringen muss, nicht gleich jede Woche auf ihr Sparkonto einzahle, sagte sie, das sei schlicht unmöglich: Es komme immer irgendetwas dazwischen.

Immer noch etwas verwirrt über dieses ziemlich ungewöhnliche Arrangement stellten wir Fragen über Fragen. Das lockte eine Gruppe anderer Frauen an, die wegen unserer Unwissenheit sichtlich amüsiert waren. Ob wir denn nicht wüssten, dass das ganz normal sei? Der springende Punkt war, wie wir schließlich erfuhren, dass die Verpflichtung, die Schulden bei *Spandana* abzubezahlen (die ja ansonsten eingetrieben würden), den Schuldnern eine Disziplin aufzwingt, die sie sonst nicht aufbringen würden.

Aber natürlich sollten Menschen nicht 20 Prozent oder mehr pro Jahr bezahlen müssen, nur damit sie sparen können. Finanzprodukte, die zwar ähnlich verpflichtend sind wie Mikrokreditverträge, aber ohne die damit einhergehenden Zinsen, sollten daher für viele Menschen eine große Hilfe darstellen. Eine Forschergruppe entwickelte ein solches Finanzprodukt in Zusammenarbeit mit einer Bank, die auf den Philippinen für Arme arbeitet:[8] Es handelte sich um ein neuartiges Sparkonto, das auf die Sparziele des jeweiligen Kunden zugeschnitten war. Das Ziel konnte entweder ein Betrag oder ein Zeitpunkt sein, und der Kunde musste sich verpflichten, nichts abzuheben, bis der Betrag oder der Zeitpunkt erreicht war. Der Kunde entschied, welches Sparziel er auf welche Art und Weise erreichen wollte. Die Bedingungen wurden einmal festgelegt und konnten dann nicht mehr geändert werden. Die Zinsen für dieses Konto waren nicht höher als die für ein normales Konto. Das neuartige Konto wurde einer zufällig ausgewählten Gruppe von Kunden angeboten. Einer von vier nahm das Angebot an. Von diesem Viertel entschieden sich mehr als zwei Drittel für das Zeitziel und die anderen für die Sparsumme als Ziel. Nach einem Jahr waren die Sparguthaben derjenigen, denen man das Spezialkonto angeboten hatte, im Schnitt 81 Prozent höher als die von Leuten, denen diese Möglichkeit nicht vorgestellt worden war – und das, obwohl nur ein Viertel derer, die das Angebot erhalten hatten, auch ein Konto eröffneten. Wahrscheinlich hätte der Effekt sogar noch größer ausfallen können, denn es gab zwar die Verpflichtung, kein Geld abzuheben, aber keinen Anreiz für die Kunden, weiteres Geld einzuzahlen, daher ruhten viele der Konten nach ihrer Eröffnung.

Dennoch entschieden sich die meisten Leute, dieses spezielle

Angebot nicht anzunehmen. Sie wollten sich einfach nicht verpflichten, kein Geld abzuheben, bis das Sparziel erreicht war. Dasselbe Problem sahen Pascaline Dupas und Jonathan Robinson in Kenia: Viele nutzten die angebotenen Konten am Ende nicht, einige mit der Begründung, dass ihnen die Abhebegebühr zu hoch sei und sie das Geld nicht auf dem Konto festlegen wollten. Das wirft ein Licht auf ein interessantes Paradox: Es gibt Möglichkeiten, mit den eigenen Disziplinproblemen fertig zu werden, doch um sie zu nutzen, ist in der Regel ein erster selbstdisziplinierender Schritt nötig. Pascaline Dupas und Jonathan Robinson konnten das in einer weiteren Studie mit den Marktleuten aus dem kenianischen Bumala sehr schön zeigen.[9] Sie hatten beobachtet, dass vielen kleinen Geschäften Umsatz verloren geht, wenn der Inhaber (oder ein Mitglied seiner Familie) krank wird und Medikamente kaufen muss. Sie suchten nach einer Möglichkeit, den Menschen zu helfen, indem man bestimmte Ersparnisse für solche Eventualitäten oder für den Kauf von Artikeln zur Gesundheitsvorsorge (wie Desinfektionsmittel oder Moskitonetze) reserviert. Darum nahmen sie Kontakt mit ROSCA-Mitgliedern auf und boten ihnen eine abschließbare Kassette zum Sparen für gesundheitliche Notfälle an. Den Schlüssel für die Kassette gaben sie manchmal zufällig ausgewählten Personen, manchmal behielt ihn die Mitarbeiterin der NGO, die im Bedarfsfall kam, die Kassette öffnete und das für medizinische Zwecke benötigte Geld herausgab. Dank der Gesundheitskassette gaben die Menschen mehr Geld für Vorsorgemaßnahmen aus. Das funktionierte aber nicht, wenn die Kassette *verschlossen* war, stellten Pascaline Dupas und Jonathan Robinson überrascht fest: Dann legten die Leute nur wenig Geld hinein. Darauf angesprochen sagten sie, sie würden kein Geld oder nur kleine Beträge in die Kasse legen, weil sie Angst hätten, nicht an das Geld zu kommen, wenn sie es bräuchten.

Sich eines Problems bewusst zu sein bedeutet nicht notwendigerweise, dass man es lösen kann. Es kann auch heißen, dass wir ganz genau wissen, wo wir versagen werden.

Armut und die Logik der Selbstdisziplin

Weil man Selbstdisziplin nicht kaufen kann, versuchen sich selbstkritische Menschen mit anderen Schutzmaßnahmen vor möglichen zukünftigen Versuchungen zu schützen. Eine naheliegende Strategie lautet: Lieber heute nicht so viel sparen, morgen verschwenden wir es sowieso. Genauso gut können wir der Versuchung heute nachgeben, statt damit bis morgen zu warten. Diese perverse Logik der Versuchung funktioniert für Arme und Reiche in absolut derselben Weise, aber wir haben gute Gründe zu der Annahme, dass die Folgen für die Armen schwerwiegender sind als für die Reichen.

Bei Versuchungen handelt es sich meistens um »bauchgesteuerte« Wünsche (Dinge wie Sex, süßes oder fettes Essen, Zigaretten, wenn auch nicht notwendigerweise in dieser Reihenfolge). Was das angeht, ist es für Reiche viel leichter, an den Punkt zu kommen, an dem alle ihre Gelüste befriedigt sind. Stehen sie dann vor der Entscheidung, Sparen ja oder nein, können sie davon ausgehen, dass alles Geld, das sie zurücklegen, in langfristige Ziele fließen wird. Wenn stark gesüßter Tee als Inbegriff eines verführerischen Produkts gelten kann, was er für die Frauen aus Hyderabad augenscheinlich war, dann haben die Reichen kein Problem damit – und zwar nicht weil sie für Versuchungen nicht empfänglich wären, sondern weil sie sich bereits so viel Tee (oder vergleichbare Ersatzstoffe) leisten können, dass sie sich keine Gedanken darüber machen müssen, ob sie ihre sauer verdienten Ersparnisse vielleicht gerade in ein paar Tassen Tee versenken.

Dazu kommt, dass viele Produkte, die Arme wirklich gerne hätten, wie ein Kühlschrank, ein Fahrrad oder eine bessere Schule für ihr Kind, relativ teuer sind. Das heißt, immer wenn sie über ein bisschen Geld verfügen, haben die verführerischen Produkte gute Chancen, sich gegen die großen Pläne durchzusetzen (*Du wirst nie genug Geld für einen Kühlschrank zusammenbekommen,* flüstert die Stimme in ihrem Kopf. *Kauf dir lie-*

ber eine Tasse Tee …). Es ist ein Teufelskreis: Sparen ist für Arme weniger attraktiv, weil die Ziele für sie oft in weiter Ferne liegen, und sie sich der Versuchungen auf dem Weg dorthin sehr wohl bewusst sind. Aber wenn sie nicht sparen, bleiben sie natürlich arm.[10]

Für die Armen könnte es noch aus einem anderen Grund schwierig sein, sich zu beherrschen. Sparentscheidungen sind für jeden schwer, egal ob reich oder arm. Um solche Entscheidungen treffen zu können, muss man über die Zukunft nachdenken (was viele Arme wegen der unerfreulichen Aussichten vermutlich nicht gerne tun), verschiedene Eventualitäten gedanklich durchspielen und mit der Ehefrau oder dem Kind diskutieren. Je reicher wir sind, desto häufiger werden solche Entscheidungen für uns getroffen. Arbeiter und Angestellte zahlen in die Sozialversicherung ein, und oft gibt auch ihr Arbeitgeber noch etwas zu einem Vorsorge- oder Rentenplan dazu. Wenn sie mehr sparen wollen, müssen sie das nur einmal beschließen, und das Geld wird automatisch von ihrem Bankkonto abgebucht. Den Armen fehlt diese Hilfestellung: Selbst bei Sparkonten, die es ihnen erleichtern sollen, ein Ziel zu erreichen, ist ein aktiver Schritt – die Geldeinzahlung – erforderlich. Jemand, der jede Woche oder jeden Monat einen bestimmten Betrag sparen möchte, muss wieder und wieder diese Selbstdisziplin aufbringen. Selbstdisziplin ist wie ein Muskel: Er ermüdet, wenn er beansprucht wird. Aus diesem Grund sollte es nicht überraschen, wenn es Armen schwerer fällt zu sparen.[11] Hinzu kommt, dass die Armen unter erheblichem Stress leiden (wir haben in Kapitel 6 schon darüber gesprochen); unter Stress steigt der Cortisolspiegel, und man handelt impulsiver. Für das Wenige, das sie haben, müssen sich die Armen also auch noch wesentlich mehr plagen.

Aus beiden Gründen können wir davon ausgehen, dass Reiche einen höheren Prozentsatz ihres Reinvermögens (im Sinne von Besitz plus Einkommen) sparen können. Und weil Sparen heute wesentlich zum Reinvermögen von morgen beiträgt, entsteht

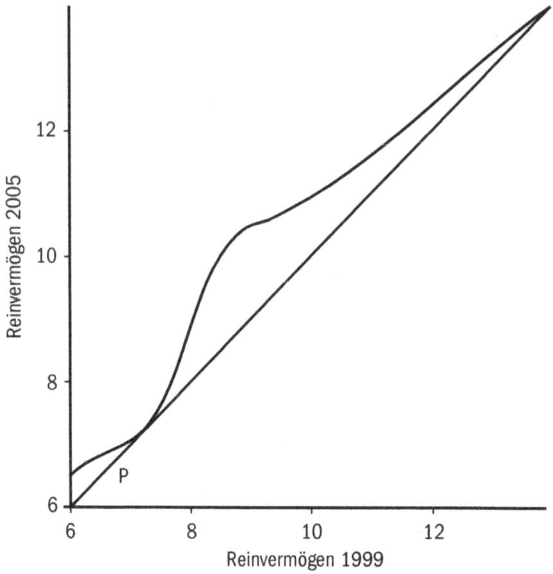

Abbildung 4: Vermögen in Thailand 1999 und 2005 (logarithmische Darstellung)

häufig eine S-förmige Beziehung zwischen dem Reinvermögen von heute und dem von morgen. Die Armen sparen relativ wenig, deshalb sind ihre zukünftigen Ressourcen eher gering. Wenn Menschen reicher werden, beginnen sie, einen höheren Prozentsatz ihrer Ressourcen zu sparen, das bedeutet, dass sie in der Zukunft – relativ gesehen – über mehr Ressourcen verfügen werden als Arme. Und wenn sie schließlich richtig reich sind, müssen sie einen viel geringeren Anteil ihres Vermögens sparen, um sich ihre Zukunftsträume zu erfüllen, als Leute aus der Mittelschicht (die sich beispielsweise nur so ein Haus kaufen können).

Wir finden diese S-förmige Beziehung zwischen dem Reinvermögen von heute und dem von morgen in der realen Welt. In Abbildung 4 sind die Ressourcen thailändischer Haushalte im Jahr 1999 gegen die von 2005 aufgetragen.[12] Die Kurve ähnelt einem flachen, langgezogenen S (zugegeben, man muss hier die Phantasie etwas bemühen). Menschen, die heute zu den Reicheren gehören (über mehr Ressourcen verfügen), sind – wenig überraschend – im Durchschnitt morgen noch reicher. Interessanter ist, dass die Kurve am unteren Ende, im Bereich der sehr geringen Ressourcen relativ flach ist, dann steigt sie plötzlich stark an, bevor sie wieder abflacht.

Diese S-förmige Beziehung erzeugt, wie wir bereits gesehen haben, eine Armutsfalle. Diejenigen, die direkt links von der Stelle P, wo die Vermögenskurve die 45°-Linie berührt, beginnen, bleiben hier stehen, sie werden nicht mehr reicher werden: Sie können nichts zurücklegen und sitzen in der Armutsfalle. Diejenigen, die sich direkt rechts von P befinden, sparen dagegen mehr, als sie brauchen, um ihre Stellung zu halten: Sie werden reicher. Die Armen bleiben hier also arm, weil sie nicht genug sparen können.

Wie kann man sich aus der Falle befreien?

Das Sparverhalten hängt sehr stark davon ab, was sich die Menschen von der Zukunft erwarten. Arme, die das Gefühl haben, es könnte ihnen gelingen, ihre Träume Wirklichkeit werden zu lassen, haben allen Grund, ihren alltäglichen »Luxuskonsum« zurückzuschrauben und in diese Zukunft zu investieren. Wer jedoch glaubt, dass er nichts zu verlieren hat, trifft oft Entscheidungen, die diese Ausweglosigkeit widerspiegeln. Damit lassen sich nicht nur die Unterschiede zwischen Arm und Reich erklären, sondern auch die Unterschiede zwischen verschiedenen armen Menschen.

Die Obst- und Gemüseverkäufer sind ein gutes Beispiel dafür. Dean Karlan und Sendhil Mullainathan bezahlten für eine zufällig ausgewählte Gruppe dieser Verkäufer (in Indien und auf den Philippinen) sämtliche Schulden.[13] Viele von ihnen schafften es, eine Zeitlang schuldenfrei zu bleiben; nach zehn Wochen waren es auf den Philippinen noch 40 Prozent. Das heißt, diese Verkäufer waren geduldig genug, sich die Schulden für eine Weile vom Hals zu halten. Doch nach und nach verschuldeten sich fast alle wieder. Meistens war es ein negatives Ereignis (eine Erkrankung, ein anderer Notfall), das sie wieder in die Schulden zurücktrieb.

Und sobald das der Fall war, kamen sie nicht wieder von allein von den Schulden herunter. Diese Asymmetrie zwischen der Fähigkeit, von Schulden frei zu bleiben, und dem Unvermögen, aus der Verschuldung herauszukommen, erklärt, welche Rolle die Entmutigung für die Probleme mit der Selbstdisziplin spielt.

Umgekehrt können Optimismus und Hoffnung den entscheidenden Unterschied machen. Dabei muss Hoffnung nichts Großes sein: Das Wissen, dass man sich den Fernseher kaufen können wird, den man sich so gewünscht hat, kann genügen. Als wir an der Evaluation des Mikrofinanzprogramms von *Spandana* arbeiteten, nahm uns Padmaja Reddy einmal mit in die Slums von Guntur, dem Ursprungsort der Organisation, damit wir ihre Kunden kennenlernen konnten. Gegen 10.30 Uhr kamen wir auf einem kleinen offenen Platz an, wo etwa ein Dutzend Frauen beieinander stand. Als Padmaja, die sie offensichtlich kannten, fragte, was sie gerade taten, begannen sie zu kichern. Es war ihnen peinlich, wir konnten sehen, wie sie sich gegenseitig anschubsten, aber dann kam es doch heraus: Sie kochten Tee. Padmaja stimmte in das Lachen der Frauen ein, aber dann – immer noch lächelnd – hielt sie eine kurze Rede, wie sie ihre Zukunft verbessern könnten, wenn sie weniger Tee und Snacks kaufen würden.

Die meisten Mikrokreditinstitute sehen es nicht gern, wenn das geliehene Geld in Konsumartikel wandert – manche bemühen sich sogar sehr sicherzustellen, dass das Geld für Anschaffungen ausgegeben wird, die das Einkommen verbessern. Padmaja dagegen ist glücklich, solange ihre Kunden es für die Verwirklichung von langfristigen Zielen verwenden. Langfristige Ziele ins Auge zu fassen und sich daran zu gewöhnen, diese mit kurzfristigen Opfern zu erreichen, das sind in ihren Augen die ersten Schritte, einen der frustrierendsten Aspekte der Armut zu überwinden.

Weil Padmaja, wie oben beschrieben, die negativen Konsequenzen des ungezügelten Teekonsums so sehr betonte, fragten wir die Frauen (noch bevor wir das *Spandana*-Programm evaluierten), für welche Dinge sie gern weniger Geld ausgeben würden. Als wir mit der Studie begannen, sagte Padmaja ganz zuversichtlich voraus, sobald die Leute wüssten, dass sie eine Chance hatten, ihr Teegeld in etwas anzulegen, das ihnen viel wichtiger war, würden sie diese »Luxusausgaben« problemlos zurückfahren. Wir hielten es nicht für nötig, sie daran zu erinnern, dass dies der gängigen Auffassung diametral entgegenstand, leicht zugängliche Kredite für die Armen seien eine Katastrophe, weil es ihnen dadurch möglich würde, problemlos ihren spontanen Wünschen nachzugeben, aber wir dachten auf jeden Fall daran, als wir uns etwa achtzehn Monate, nachdem die ersten Kredite gewährt worden waren, die Daten ansahen. Wir hätten uns wirklich keine Gedanken machen müssen. Padmaja wusste, wie ihre Kunden »ticken«. Wie wir in Kapitel 7 über Kredite gesehen haben, zieht der Zugang zu Mikrokrediten ganz eindeutig einen verringerten Kauf der Produkte nach sich, die uns die Frauen genannt hatten: Tee, Snacks, Zigaretten und Alkohol. Die monatlichen Ausgaben für diese Güter sanken um 100 Rupien (5 PPP-USD) pro Familie, die im Rahmen dieses Programms einen zusätzlichen Mikrokredit aufnahmen, oder um 85 Prozent der Ausgaben eines durchschnittlichen Haushalts. Mit dem Verzicht auf diese Art von Ausgaben ließe sich etwa ein Zehntel der monatlichen Rate für einen Kredit über 10 000 Rupien (450 PPP-USD) inklusive eines monatlichen Zinssatzes von 20 Prozent bestreiten. Später fanden wir ganz ähnliche Ergebnisse für die Kunden des Mikrofinanzinstituts *Al Amana* im ländlichen Marokko: Sie schränkten ihre Ausgaben für Feste ein (manche sogar die Ausgaben in allen Bereichen) und begannen zu sparen.[14]

Natürlich ist die Vergabe von Mikrokrediten nur einer von vielen Wegen, wie wir Armen helfen können, daran zu glauben, dass einige langfristige Ziele tatsächlich erreichbar sind. Bessere Bildung für ihre Kinder hätte vermutlich den gleichen Effekt. Ebenso ein fester und sicherer Job, auf dieses Thema werden wir im nächsten Kapitel zu sprechen kommen. Helfen würde auch eine

Kranken- oder Wetterversicherung, die Armen müssten dann keine Angst haben, dass ihr hart erarbeiteter Notgroschen mit einem Schlag aufgebraucht ist. Oder ein soziales Sicherungsnetz: eine minimale Unterstützung für Menschen, deren Einkommen unter eine bestimmte Grenze rutscht; das würde ihnen zumindest die Sorge nehmen, wie sie an Geld für das nackte Überleben kommen. Das Gefühl von Sicherheit, die jede dieser Maßnahmen zu vermitteln vermag, würde die Menschen aus zwei Gründen zum Sparen ermutigen: Es gäbe ihnen Hoffnung, dass die Zukunft auch Gutes bereithält, und es würde den Stresslevel senken, der die Entscheidungsfähigkeit direkt beeinflusst.

Wichtiger ist, dass ein wenig Hoffnung und etwas Sicherheit und Ermutigung einen mächtigen Ansporn darstellen können. Wir können ein Leben in Sicherheit führen, ein Leben, das von Zielen, die wir aller Voraussicht nach erreichen werden (ein neues Sofa, einen großen Flachbildschirm, einen Zweitwagen), und Einrichtungen, die uns helfen, diese Ziele zu erreichen (Sparkonten, Rentenfonds, Bausparkassen) strukturiert wird – da fällt es leicht, Motivation und Disziplin für eine Charaktereigenschaft zu halten wie die viktorianische Gesellschaft. Mit dem Ergebnis, dass man immer Angst hat, mit den trägen Armen zu nachsichtig zu sein. Wir behaupten, dass das Problem in der Regel genau umgekehrt gelagert ist: Es ist unmöglich, die Motivation aufrechtzuerhalten, wenn alles, was man sich erträumt, unerreichbar zu sein scheint. Unter Umständen würde es genügen, die Ziellinie etwas näher heranzurücken, um die Armen zum Loslaufen zu bewegen.

9 Widerwillige Unternehmer

Ein Geschäftsmann, neben dem wir während eines Flugs zufälligerweise saßen, erzählte uns, dass er Mitte der siebziger Jahre in den USA seinen M.B.A. (Master of Business Administration) gemacht habe. Doch kaum nach Indien zurückgekehrt, habe ihm sein Onkel eine Lektion in wahrem Unternehmertum erteilt. Eines Morgens hatte dieser ihn zur Börse in Mumbai mitgenommen, das damals noch Bombay hieß. Als sie vor dem modernen Hochhaus angekommen waren, in dem sich die Börse befindet, gingen sie nicht hinein. Stattdessen forderte ihn sein Onkel auf, vier Frauen zu beobachten, die auf dem Gehweg vor dem Hochhaus saßen und auf die Straße blickten. Der angehende Geschäftsmann und sein Onkel standen also einige Minuten und sahen den Frauen zu. Die meiste Zeit taten sie nichts. Manchmal jedoch, wenn der Verkehr stillstand, standen die Frauen auf, kratzten etwas von der Straße, steckten es in mitgebrachte Plastiktüten und kehrten wieder auf ihre Posten zurück. Nachdem das eine Weile so gegangen war, fragte ihn sein Onkel, ob er das Geschäftsmodell verstanden habe. Aber er stand vor einem Rätsel. Sein Onkel musste es ihm erklären: Die Frauen gingen jeden Morgen vor Sonnenaufgang an den Strand und sammelten dort nassen Sand ein. Den breiteten sie vor Einsetzen des Berufsverkehrs gleichmäßig auf der Fahrbahnoberfläche aus. Wenn die Autos später darüberfuhren, trocknete die Wärme der Reifen den Sand. Die Frauen mussten dann nichts weiter tun, als gelegentlich aufzustehen und die oberste, trockene Sandschicht abzukratzen. Bis neun oder zehn Uhr hatten sie eine ansehnliche Menge trockenen Sand gesammelt und kehrten in ihren

Slum zurück, wo sie ihn in kleinen Päckchen aus weggeworfenem Zeitungspapier verkauften: Die Frauen im Slum benutzen den trockenen Sand als Scheuerpulver für ihre Töpfe. Das, so meinte der Onkel, sei wahres Unternehmertum: Wenn du so gut wie nichts hast, nutze deinen Einfallsreichtum, um aus nichts etwas zu machen.

Die Frauen aus den Slums, die ihren Lebensunterhalt quasi mit dem rollenden Verkehr in Bombay bestritten, sind ein Sinnbild für die unglaubliche Innovationsfähigkeit und den Unternehmergeist, den Arme so oft an den Tag legen. Es wäre ein Leichtes, dieses Buch mit Geschichten über die Kreativität und die Hartnäckigkeit von Kleinunternehmern zu füllen. Solche Bilder haben die Mikrofinanz- und die Social-Business-Bewegung beflügelt, die davon ausgehen, dass Arme geborene Unternehmer sind und wir die Armut beseitigen können, indem wir ihnen ein geeignetes Umfeld bieten und ein bisschen Starthilfe geben. Oder wie es John Hatch formulierte, der Gründer von FINCA (*Foundation for International Community Assistance*), einem der weltgrößten Mikrofinanzinstitute: »Gebt armen Gemeinden die Möglichkeiten an die Hand und geht aus dem Weg.«

Dennoch kann es immer wieder zu Überraschungen kommen, wenn man den Weg frei gemacht hat, die Armen aber anscheinend noch nicht bereit sind loszulegen. Seit dem Jahr 2007 arbeiten wir mit *Al Amana* zusammen, einem der größten marokkanischen Mikrofinanzinstitute; für sie evaluieren wir, welche Auswirkungen der Zugang zu Mikrokrediten in ländlichen Gemeinden hat, die vorher über keinerlei formelle Geldquellen verfügten. Nach etwa zwei Jahren wurde klar, dass *Al Amana* in den Dörfern nicht so viele Kunden gewann, wie man gedacht hatte. Obwohl es keine Alternativen gab, interessierte sich nur eine von sechs möglichen Familien für einen Kredit. Um herauszufinden, warum das so war, reisten wir mit ein paar Mitarbeitern von *Al Amana* in ein Dorf namens Hafret Ben Tayeb, wo niemand einen Kredit aufgenommen hatte, und befragten einige Familien. Unter anderem wurden wir von Allal Ben Sedan empfangen, Vater von drei Söhnen und zwei Töchtern, alle erwachsen. Er besaß vier Kühe, einen Esel und 80 Olivenbäume. Einer seiner Söhne arbeitete bei der Armee, einer kümmerte sich um die Tiere, der dritte saß meist untätig herum (seine Hauptbeschäftigung war das Schneckensammeln, wenn Saison war). Wir fragten Ben Sedan, ob er einen Kredit aufnehmen möchte, um noch ein paar Kühe zu kaufen, um die sich sein arbeitsloser Sohn dann kümmern könnte. Er erklärte uns, dass sein Feld dafür zu klein sei – wenn er mehr Kühe kaufte, hätte er keine Weide für sie. Bevor wir gingen, wollten wir noch wissen, ob es denn irgendetwas gäbe, das er mithilfe eines Kredits gerne machen würde. »Nein«, antwortete er. »Wir brauchen nichts. Wir haben Kühe und Oliven, die wir verkaufen. Das reicht für unsere Familie.«

Ein paar Tage später trafen wir Fouad Abdelmoumni, den Gründer von *Al Amana*, einen äußerst warmherzigen und klugen Mann, der wegen seiner Vergangenheit als Aktivist jahrelang als politischer Gefangener im Gefängnis gesessen hatte und sich nun voll und ganz der Verbesserung der Lebensbedingungen der Armen widmete. Wir sprachen über die erstaunlich geringe Nachfrage nach Mikrokrediten. Bei dieser Gelegenheit erzählten wir ihm die Geschichte von Ben Sedan, der der Meinung war, dass er das Geld nicht brauchte. Fouad entwarf einen leicht umsetzbaren Businessplan für ihn. Mit dem Kredit könnte er einen Stall bauen und vier junge Kühe kaufen. Die brauchten nicht auf dem Feld zu grasen, man könnte sie im Stall füttern. Nach acht Monaten ließen sich die Kühe mit saftigem Gewinn verkaufen. Fouad war davon überzeugt, dass Ben Sedan der Plan einleuchten würde, wenn man ihn ihm erklärte, und dass er dann auch einen Kredit haben wollte.

Was uns überraschte, war der Kontrast zwischen Fouads Enthusiasmus und dem Beharren von Ben Sedan, dass seine Familie nichts brauchte. Dabei schien es ihm nichts auszumachen, arm zu bleiben: Er war sehr stolz auf seinen Sohn, der eine Krankenpflegeausbildung gemacht hatte und jetzt als Sanitäter bei der Armee beschäftigt war. Sein Sohn, so dachte er, hatte eine echte Chance auf ein besseres Leben. Hatte Fouad also recht? Brauchte Ben Sedan nur jemanden, der ihm einen Businessplan unterbreitete? Oder lehrt uns die Geschichte von Ben Sedan etwas Wichtiges – immerhin war der Mann fast sein ganzes Erwachsenenleben lang im »Kuhgeschäft« tätig?

Muhammad Yunus, der Gründer der weltberühmten *Grameen Bank*, nennt Arme oft unternehmerische Naturtalente. Zusammen mit der an Geschäftsleute gerichteten Aufforderung des verstorbenen Wirtschaftswissenschaftlers Coimbatore Krishnarao Prahalad, sie sollten sich mehr auf das konzentrieren, was dieser als den »Boden der Pyramide«[1] bezeichnete, macht es die These von den unternehmerischen Armen für Big Business und Hochfinanz ausgesprochen attraktiv, sich auf dem Feld der Armutsbekämpfung zu engagieren. Das klassische staatliche Handeln wird durch private Initiativen ergänzt, oft auf Anregung einzelner Firmenchefs (wie etwa Pierre Omidyar von der Internetplattform *ebay*), das den Armen dabei helfen soll, ihr unternehmerisches Potenzial zu entfalten.

Zentraler Bestandteil von Yunus' Weltsicht, die auch von vielen anderen in der Mikrofinanzbewegung geteilt wird, ist die Überzeugung, dass jeder Mensch das Zeug zum erfolgreichen Unternehmer hat. Genauer gesagt gibt es zwei Gründe, warum Arme unternehmerisch eigentlich in einer besonders guten Ausgangssituation sind. Zum einen hat ihnen noch niemand eine Chance gegeben, so dass ihre Ideen vermutlich frisch und unverbraucht sind. Zum zweiten hat der Markt den Boden der Pyramide bislang weitgehend ignoriert. Aus diesem Grund, so die Argumentation, sollten Innovationen, die das Leben der Armen verbessern, gute Chancen haben, und wer wüsste besser als Arme, wie diese beschaffen sein müssen?

Kapitalisten ohne Kapital

In der Tat besitzt jedes Mikrofinanzinstitut, das etwas auf sich hält, eine Website, auf der man Geschichten von erfolgreichen Mikrofinanzkunden lesen kann, die eine überraschende Gelegenheit beim Schopf gepackt und damit ihr Glück gemacht haben. Es gibt sie wirklich, wir sind einigen dieser Menschen begegnet, zum Beispiel in der Stadt Guntur im indischen Bundesstaat Andhra Pradesh. Dort lernten wir eine Kundin von *Spandana* kennen, die mit Müllsammeln und -recyclen ein sehr erfolgreiches Geschäft betrieb. Begonnen hatte sie als Müllsammlerin, das ist so ziemlich die niedrigste soziale und ökonomische Stufe, auf der man in Indien stehen kann. Mit ihrem ersten Kredit von *Spandana* zahlte sie nur den Kredit an den Geldverleiher zurück, dessen Zinsen sie auffraßen. Sie wusste, dass die Geschäfte, die ihr den Müll abkauften, diesen sortierten, bevor sie ihn an die Recycler weiterveräußerten: die Metallgewinde und die Wolframfäden aus kaputten Glühbirnen, Plastik, organische Abfälle und so weiter, jeder Abfalltyp ging an einen bestimmten Recycler. Nachdem ihr der erste Kredit Luft verschafft hatte, beschloss die Müllsammlerin, das Sortieren selbst zu übernehmen, um so noch etwas Geld zusätzlich zu verdienen. Mit einem zweiten Kredit und dem, was sie dank des ersten hatte sparen können, kaufte sie einen Karren, mit dem sie mehr Müll einsammeln konnte. Natürlich musste dann auch mehr Material sortiert werden, und irgendwie schaffte sie es, ihren Mann dafür einzuspannen, der seine Tage bislang mit Trinken zubrachte. Gemeinsam verdienten sie deutlich mehr Geld, und mit ihrem dritten Kredit begannen sie, den Müll von anderen Sammlern aufzukaufen. Als wir die Frau kennenlernten, stand sie an der Spitze eines weitverzweigten Netzwerks von Müllsammlern; sie sammelte nicht mehr selbst, sondern organisierte das Ganze. Auch ihr Ehemann arbeitete jetzt ganztags: Wir sahen ihn auf einem Stück Metall herumklopfen, er wirkte nüchtern, wenn auch ein bisschen missmutig.

Die Mikrofinanzinstitute werben mit den Geschichten ihrer erfolgreichsten Kreditnehmer, aber es gibt auch erfolgreiche Unternehmer, die keinen Zugang zu Mikrokrediten hatten. Xu Aihua gehörte 1982 zu den besten Absolventen der Mittelschule in ihrem Dorf in der Nähe von Shaoxing in der chinesischen Provinz Zhejiang. Ihre Eltern waren Kleinbauern und besaßen wie fast jeder dort sehr wenig Geld. Die junge Frau war so intelligent, dass das Dorf beschloss, sie für ein Jahr auf die nicht weit entfernte Modeschule zu schicken (was das genau bedeutet, ist schwer zu sagen, denn zu jener Zeit trugen alle noch Mao-Anzüge). Dahinter stand die Idee, sie könnte nach ihrer Rückkehr eine Führungsrolle übernehmen, im Ort und in dem gerade gegründeten Dorfunternehmen (man befand sich gerade in den ersten Jahren der Liberalisierung in China). Doch als sie nach einem Jahr Ausbildung zurückkehrte, bekamen die Dorfältesten kalte Füße – sie war eben doch nur ein Mädchen und noch nicht einmal zwanzig Jahre alt. Also schickte man sie ungerührt nach Hause, ohne Job.

Xu Aihua hatte keine Lust, untätig herumzusitzen. Sie wollte etwas tun, aber ihre Eltern waren zu arm, um sie zu unterstützen. Also lieh sie sich ein Megaphon und ging mit der Durchsage durchs Dorf, für 15 Yuan (13 PPP-USD) würde sie Mädchen das Nähen beibringen. Auf diese Weise gewann sie 100 Schülerinnen. Mit dem Geld kaufte sie eine gebrauchte Nähmaschine und Stoffe, die der nahe gelegene Staatsbetrieb übrig hatte, und begann zu unterrichten. Als der Kurs zu Ende war, behielt sie die acht besten Schülerinnen und eröffnete ein Geschäft. Die jungen Frauen kamen jeden Morgen mit ihrer Nähmaschine auf dem Rücken (sie hatten ihre Eltern dazu gebracht, ihnen eine zu kaufen) und begannen, zuzuschneiden und zu nähen. Sie stellten Uniformen für die lokalen Fabrikarbeiter her. Anfangs arbeiteten sie bei Xu Aihua zu Hause, aber als das Geschäft expandierte und immer mehr Schüler und Angestellte dazukamen, zogen sie in ein Gebäude um, das Xu Aihua von der Gemeinde anmietete.

Bis 1991 hatte sie so viel von ihren Gewinnen angespart, dass sie sechzig automatische Nähmaschinen für zusammen 54 000

Yuan (27 600 PPP-USD) anschaffen konnte. Ihr gebundenes Kapital hatte sich in acht Jahren mehr als verhundertfacht; das sind 80 Prozent pro Jahr. Selbst wenn wir eine Inflationsrate von 10 Prozent annehmen würden, wäre ein um die Inflationsrate bereinigtes Nettowachstum von 70 Prozent pro Jahr mehr als beeindruckend. Sie war jetzt eine angesehene Unternehmerin. Bald darauf konnte Xu Aihua die ersten Exportverträge abschließen, und heute verkauft sie an *Macy's, Benetton, J. C. Penney* und andere große Ketten. Im Jahr 2008 investierte sie zum ersten Mal in Immobilien – im Wert von 20 Millionen Yuan (4,4 Millionen PPP-USD) –, weil sie, wie sie sagte, im Gegensatz zu den meisten anderen Leuten etwas Geld übrig hatte.

Die Geschichte von Xu Aihua darf man natürlich nicht verallgemeinern: Sie war ausgesprochen intelligent und ihr Dorf hatte sie zur Schule geschickt. Trotzdem gibt es jede Menge Geschichten über erfolgreiche, von Armen gegründete Unternehmen. Und es herrscht gewiss auch kein Mangel an Unternehmern. Den Daten unseres 18-Länder-Vergleichs zufolge haben 50 Prozent der extrem Armen in städtischen Gebieten (die von weniger als 99 US-Cent am Tag leben) ein Geschäft. Sogar von den auf dem Land lebenden Ärmsten führen viele – von 7 Prozent in Udaipur bis 50 Prozent in Ecuador – ein Geschäft, das nichts mit Landwirtschaft zu tun hat, dazu kommen noch die vielen, die Landwirtschaft betreiben. Die Zahl der Unternehmer unter den nicht ganz so Armen in denselben Ländern ist etwa genauso groß. Vergleichen wir das mit Zahlen der Organisation für wirtschaftliche Entwicklung und Zusammenarbeit (*Organisation for Economic Co-operation and Development*, OECD): 12 Prozent der Erwerbstätigen bezeichnen sich als selbstständig. Wenn man allein von den Angaben zur Beschäftigung ausgeht, scheinen in armen Ländern in fast allen Einkommensgruppen mehr Menschen unternehmerisch tätig zu sein als in den entwickelten Ländern – eine Beobachtung, die Tarun Khanna von der Harvard Business School zu seinem Buch *Billions of Entrepreneurs* (»Milliarden von Unternehmern«) inspirierte.[2]

Die schiere Zahl von Menschen, die ein Geschäft betreiben, ist beeindruckend. Trotzdem scheint alles gegen Arme als Unternehmer zu sprechen. Sie haben (schon definitionsgemäß) wenig Eigenkapital und kaum Zugang zu Versicherungen, Banken und anderen erschwinglichen Finanzquellen. Für Menschen, die sich nicht genug bei Freunden und Angehörigen leihen können, sind Geldverleiher die Hauptquelle für nicht gebundene Finanzierungen (ein Lieferantenkredit ist ein Beispiel für eine gebundene Finanzierung, denn er ist an die Bedingung geknüpft, dass damit etwas gekauft wird, er darf nicht für Lohnzahlungen verwendet werden) und sie verlangen mindestens 4 Prozent Zinsen pro Monat. Folge ist, dass Arme seltener in der Lage sind, die zum Betreiben eines Geschäfts notwendigen Investitionen zu tätigen, und anfälliger für all die zusätzlichen Risiken, die sich daraus ergeben. Die Tatsache, dass sie dennoch fast ebenso häufig Geschäfte eröffnen wie wohlhabendere Zeitgenossen, wird oft als Zeichen ihres Unternehmergeists interpretiert.

Wenn es die Armen schaffen, trotz der enorm hohen Zinsen, die sie zu zahlen haben, noch so viel Geld zu verdienen, dass sie ihre Kredite abbezahlen können (und das tun sie sehr zuverlässig, wie wir gesehen haben), müssen sie aus jeder investierten Rupie mehr als eine Rupie herausholen. Andernfalls würden sie sich ja kein Geld leihen. Das bedeutet, das Geld, das sie in ihre Geschäfte investieren, bringt einen ziemlich hohen Ertrag: 50 Prozent pro Jahr sind keine Seltenheit, und das ist schon deutlich mehr als man durch Investieren in den Dow Jones gewinnen kann (vor allem in diesen Tagen, aber selbst dessen langfristige Rendite liegt nur bei etwa 9 Prozent pro Jahr).

Selbstverständlich leiht sich nicht jeder Geld. Vielleicht tun das nur die paar Unternehmer, die mit ihren Geschäften besonders hohe Gewinne einfahren, und alle anderen verzeichnen sehr niedrige Erträge. Ein in Sri Lanka durchgeführtes Projekt legt eine andere Vermutung nahe. Man hatte die Inhaber von kleinen Geschäften – Krämerläden, Werkstätten, Klöpplerinnen und andere – eingeladen, an einer Lotterie teilzunehmen. Die Gewinner (zwei Drittel der Teilnehmer) sollten einen Zuschuss für ihr Geschäft erhalten, und zwar in Höhe von 10 000 oder 20 000 Rupien (250 bzw. 500 PPP-USD).[3]

Gemessen an internationalen Standards waren die Zuschüsse winzig, aber für diese Art von Geschäften hatten sie eine ganz vernünftige Größenordnung; bei vielen hatte das Anfangskapital bei etwa 250 US-Dollar gelegen. Die glücklichen Gewinner der Zuschüsse mussten nicht lange überlegen, um eine Verwendung für das Geld zu finden. Im Durchschnitt erzielten die Geschäfte mit dem Zuschuss von 250 US-Dollar einen Gewinn von 60 Prozent pro Jahr. Danach wurde das gleiche Experiment in Mexiko durchgeführt.[4] Hier waren die Gewinne sogar noch höher, sie erreichten zwischen 10 und 15 Prozent pro Monat.

Ein anderes Programm, das von BRAC, einem großen Mikrofinanzinstitut in Bangladesch, entwickelt und mittlerweile in einer ganzen Reihe von Entwicklungsländern nachgeahmt wurde, zeigt, dass selbst die Ärmsten der Armen kleine Geschäfte führen können, wenn man ihnen die richtigen Hilfen anbietet. Und diese kleinen Geschäfte können ihr Leben verändern. Das Programm zielte auf die Personen, die von den anderen Dorfbewohnern als die Ärmsten ihres Ortes genannt wurden: Viele von ihnen waren auf die Mildtätigkeit ihrer Mitmenschen angewiesen. Mikrofinanzinstitute leihen solchen Leuten üblicherweise kein Geld, weil man befürchtet, sie könnten nicht in der Lage sein, ein Geschäft zu führen und ihren Kredit zurückzuzahlen. Das von BRAC entwickelte Programm sah für diese Personengruppe ein »handfestes« Startkapital (zwei Kühe, ein paar Ziegen, eine Nähmaschine und so weiter), für wenige Monate eine kleine finanzielle Unterstützung (als Betriebskapital und damit niemand in Versuchung geriet, sein Startkapital zu veräußern) und eine sehr intensive persönliche Betreuung vor: regelmäßige Treffen, Alphabetisierungskurse und die Ermutigung, jede Woche einen kleinen Betrag zu sparen. Varianten dieses Programms werden derzeit in sechs Ländern mit randomisierten kontrollierten Studien evaluiert. An einer dieser Studien haben wir mitgewirkt; unser Partner war *Bandhan*, ein Mikrofinanzinstitut im indischen Bundesstaat Westbengalen. Vor Beginn des Programms besuchten wir die Familien, die dafür ausgewählt worden waren, und bekamen überall Geschichten von Verzweiflung und Hoffnungslosigkeit zu hören: ein Ehemann war ein Trinker, der ständig seine Frau schlug; ein anderer war bei einem Unfall ums Leben gekommen und hinterließ eine junge Familie; eine Witwe war von ihren Kindern im Stich gelassen worden, und so weiter. Aber nach zwei Jahren stellten wir beeindruckende Unterschiede fest: Verglichen mit anderen extrem armen Haushalten, denen keine Hilfe zuteilwurde, hatten die Begünstigten mehr Tiere und andere Vermögenswerte; sie verdienen mehr Geld mit ihren Tieren, aber sie arbeiten auch mehr Stunden und verdienen mehr mit Arbeit für andere. Ihre monatlichen Ausgaben haben sich um 10 Prozent erhöht, wobei der Löwenanteil auf das Essen entfällt, und die Versuchspersonen klagen nun auch seltener, dass sie nicht genug zu essen hätten. Was aber noch stärker beeindruckt: Ihr ganzer Blick aufs Leben scheint sich verändert zu haben. Sie beschreiben ihre gesundheitliche, ihre psychische und ihre ökonomische Lage jetzt viel positiver. Sie sparen mehr und sie sagen häufiger als vorher, dass sie sich Geld leihen möchten – sie erfüllen nun auch die Voraussetzungen, um bei einem Mikrofinanzinstitut einen Kredit zu erhalten –, und sie trauen sich zu, ihren Besitz zu verwalten.

Natürlich ist niemand aus dieser Personengruppe auch nur im Entferntesten reich geworden. Die Menschen haben lediglich ihren Konsum innerhalb von zwei Jahren um 10 Prozent steigern können; das heißt, sie sind nach wie vor arm. Aber das Geschenk und die Unterstützung, die sie bekamen, scheinen einen *Circulus virtuosus* in Gang gesetzt zu haben: Offenbar sind sogar Menschen, die mit extremem Elend geschlagen wurden, in der Lage, Verantwortung für ihr Leben zu übernehmen und sich auf den Weg heraus aus der Armut zu machen, wenn man ihnen die Chance dazu gibt.[5]

Die Geschäfte der Armen

Angesichts solcher Ergebnisse lässt man sich gerne vom Enthusiasmus eines Muhammad Yunus oder eines Fouad Abdelmoumni anstecken, die ganz großes Potenzial für Investitionen in die Armen sehen: So viele haben es, allen Widrigkeiten zum Trotz, geschafft, Unternehmen zu gründen und aus fast nichts eine ganze Menge zu machen. Doch zwei dunkle Schatten trüben dieses ansonsten sehr sonnige Bild. Zum einen sind die meisten der von Armen geführten Betriebe sehr, sehr klein, und zum anderen erwirtschaften diese winzigen Geschäfte in der Regel nur extrem wenig Geld.

Klein und unrentabel

Unser 18-Länder-Vergleich zeigt, dass die große Mehrheit der von Armen geführten Geschäfte keine Angestellten hat; die Zahl der bezahlten Angestellten liegt im Schnitt zwischen 0 im ländlichen Marokko und 0,57 im städtischen Mexiko. Auch das Betriebsvermögen war meistens sehr gering. In Hyderabad verfügten nur 20 Prozent der Geschäfte über eigene Räumlichkeiten, kaum eines hatte Maschinen oder Fahrzeuge. Das Betriebsvermögen bestand häufig aus einem Tisch, einer Waage und einem Handkarren.

Sicher, wenn diese Menschen große, erfolgreiche Unternehmen hätten, wären sie nicht länger arm. Das Problem ist – ungeachtet der außergewöhnlichen Erfolgsgeschichte der Müllsammlerin in Guntur oder der Schneiderin Xu Aihua –, dass die überwiegende Mehrheit der von Armen betriebenen Geschäfte nie so groß werden, dass sie sich einen Angestellten leisten oder nennenswerte Anschaffungen tätigen können. In Mexiko führten beispielsweise 15 Prozent der Menschen, die von weniger als 99 US-Cent pro Tag leben, im Jahr 2002 ein Geschäft. Als dieselben Familien drei Jahre später erneut aufgesucht wurden, existierten nur noch 41 Prozent dieser Geschäfte. Von den Geschäften, die zu beiden Zeitpunkten existierten und 2002 keinen Angestellten hatten, hatten im Jahr 2005 20 Prozent einen. Aber fast die Hälfte derer, die 2002 einen Angestellten hatte, hatte 2005 keinen mehr. In Indonesien ist die Situation ganz ähnlich: Nur zwei Drittel der von Armen geführten Geschäfte überlebten länger als fünf Jahre. Und bei denen, die länger durchhielten, nahm der Anteil derer, die einen oder mehr Angestellte hatten, in den fünf Jahren nicht zu.

Ein weiteres Charakteristikum der Unternehmungen von Armen ist, dass sie in der Regel nicht viel Geld erwirtschaften. Wir haben Umsatz und Gewinn für kleine Geschäfte in Hyderabad berechnet: Der durchschnittliche Umsatz lag bei 11751 Rupien (730 PPP-USD) pro Monat, mit einem Median von 3600 Rupien. Der Gewinn – nach Abzug der Miete, aber ohne Berücksichtigung der unbezahlten Arbeitszeit von Familienmitgliedern – betrug im Durchschnitt 1859 Rupien (115 PPP-USD), mit einem Median von 1035 Rupien: Es sieht so aus, als könnte ein im Median liegendes Geschäft gerade genug Geld erwirtschaften, um einer Person ein Einkommen von 34 Rupien oder 2 PPP-USD pro Tag zu verschaffen. Aus den Daten, die wir in Hyderabad erhoben haben, geht hervor, dass 15 Prozent der Geschäfte nach Abzug der Miete im zurückliegenden Monat Geld verloren hatten. Und als wir die Arbeitszeit der Familienangehörigen einrechneten (mit 8 Rupien pro Stunde, was bei einem Acht-Stunden-Tag fast an den Mindestlohn herankommt), verschob sich der Durchschnittsgewinn leicht ins Negative. In Thailand liegt der Median des Gewinns für ein Geschäft dieser Größenordnung bei 5000 Baht (305 PPP-USD), wenn man die Betriebskosten abzieht und die Arbeitszeit von Familienangehörigen nicht einrechnet. 7 Prozent aller von Familien geführten Geschäfte hatten im zurückliegenden Jahr Geld verloren, wieder *ohne die Arbeitszeit der Angehörigen einzurechnen.*[6]

Die mangelnde Rentabilität der Unternehmungen von Armen erklärt auch, weshalb Mikrokredite offenbar keine radikalen Veränderungen im Leben der Kunden herbeiführen (wie wir in Kapitel 7, zum Beispiel bei der randomisierten kontrollierten Studie zum *Spandana*-Programm, gesehen haben). Wenn die von Armen betriebenen Geschäfte generell unrentabel sind, wird plausibel, warum Kredite, die ihnen die Geschäftsgründung ermöglichen sollen, keine deutliche Verbesserung ihrer Gesamtsituation nach sich ziehen.

Von Grenz- und Gesamterträgen

Aber halt, waren wir nicht davon ausgegangen, dass der Ertrag von Investitionen in diese Kleinunternehmen sehr hoch ist?

Das Verwirrende hier ist der unterschiedliche Gebrauch des Wortes »Ertrag«. Ökonomen unterscheiden zwischen dem *Grenzertrag* von einem Dollar und dem *Gesamtertrag* eines Unternehmens. Der Grenzertrag beantwortet die Frage: »Wie würden sich Ihre Einnahmen abzüglich der Betriebsausgaben (ohne Kosten für Zinsen) verändern, wenn Sie einen Dollar mehr oder einen Dollar weniger investieren würden?« Der Grenzertrag spielt eine Rolle, wenn Sie darüber nachdenken, ob Sie Ihre Investitionen ein wenig erhöhen (oder etwas zurückfahren) sollen: Angenommen, durch die Verringerung Ihrer Investitionen um einen Dollar müssten Sie einen Dollar weniger leihen und dadurch vier Cent weniger Kredit und Zinsen zurückzahlen – das würden Sie sicher nur dann tun, wenn der Grenzertrag unter 4 Prozent liegt. Für Menschen, die sich für einen Zinssatz von 4 Prozent pro Monat Geld leihen, heißt das, dass ihr Grenzertrag mindestens 4 Prozent pro Monat sein muss. Die Armen haben bewiesen, dass sie mit Krediten und Kreditrückzahlungen umgehen können, und die hohen Gewinne, die sie mit den 250-Dollar-Zuschüssen in dem Sri-Lanka-Experiment erzielt haben, zeigen uns, dass die Geschäfte der Armen einen hohen Grenzertrag aufweisen. Es könnte sich lohnen, ein wenig zu expandieren.

Unter dem Gesamtertrag eines Unternehmens versteht man dagegen die gesamten Erlöse abzüglich der betrieblichen Aufwendungen (Materialkosten, Löhne und so weiter); es ist das, was unter dem Strich übrig bleibt. Auf den Gesamtertrag sollten Sie als Erstes schauen, wenn es darum geht, ob Sie eine bestimmte Art von Geschäft betreiben wollen oder nicht. Wenn der Gesamtertrag den Wert Ihrer Arbeitszeit und die Kosten für das Geschäft nicht abdeckt und Sie nicht sicher sein können, dass sich das in absehbarer Zeit spürbar bessert, dann sollten Sie die Finger davon lassen.

Der scheinbare Widerspruch klärt sich auf, wenn man weiß, dass Grenzerträge hoch sein können, selbst wenn die Gesamterträge niedrig sind. Die Kurve OP in Abbildung 5 stellt die Beziehung zwischen der Höhe der Investitionen in das Unternehmen (auf der waagrechten Achse OI aufgetragen) und den Gesamterträgen (»Produktion« auf der senkrechten Achse OR) dar; Ökonomen bezeichnen diese Beziehung auch als *Produktionsfunktion*. Der Gesamtertrag (»Produktion«) ist für jedes investierte Kapital der Größe K so hoch wie die Kurve, der Grenzertrag dagegen ergibt sich aus dem Höhenunterschied der Kurve, wenn man von K nach K+1 geht. Er sagt uns, um wie viel der Grenzertrag wächst, wenn wir die Investitionen in unser Unternehmen etwas erhöhen.

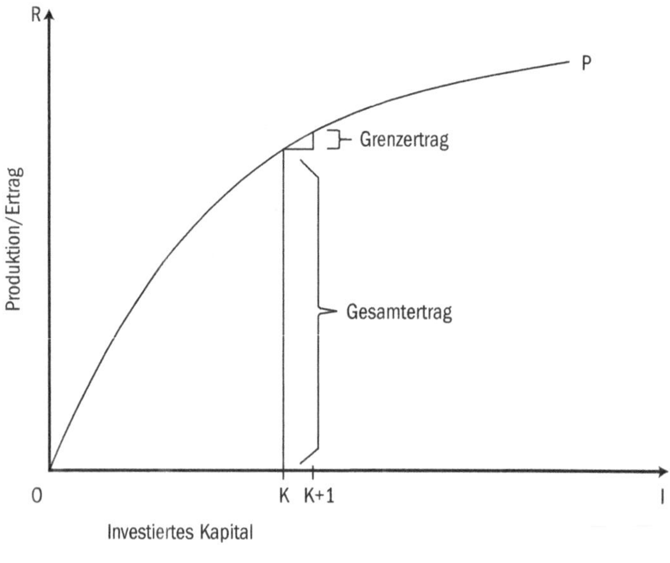

Abbildung 5: Grenz- und Gesamtertrag

Die Kurve in Abbildung 5 ähnelt der L-Kurve, über die wir in Kapitel 1 gesprochen haben (siehe S. 30): Die Erträge sind zunächst hoch und sinken dann. Am steilsten ist die Kurve OP nahe dem Punkt O, wenn die Investitionen gering sind, und sie flacht langsam ab, je mehr sie sich P nähert. Das heißt, eine Erhöhung des investierten Betrags bringt am meisten, wenn die erste Investition gering war, und rentiert sich dann immer weniger. Oder andersherum: Der Grenzertrag ist hoch, wenn die Investition klein ist.

Nehmen wir, um das Ganze anschaulicher zu machen, eine Frau, die gerade in ihrem Haus einen Laden eröffnet hat. Sie hat dafür ein paar Regale und einen Tresen angeschafft. Dann ist ihr das Geld ausgegangen, und nun hat sie nichts zum Verkaufen. Der Gesamtertrag ihres Geschäfts ist 0, er vermag die Kosten für die Ladeneinrichtung nicht zu decken. Dann leiht ihr ihre Mutter 100 000 Rupien (18 PPP-USD), mit denen sie ein paar Schachteln Kekse kauft, die sie in ihre Regale legt. Die Kinder aus der Nachbarschaft stellen fest, dass die Frau ihre Lieblingskekse im Angebot hat, und kaufen alle. Sie nimmt 150 000 Rupien ein und erzielt so einen Grenzertrag von 1,5 Rupien pro Rupie aus dem Kredit ihrer Mutter; das sind netto 50 Prozent, nicht schlecht für eine Woche. Der Gesamtertrag liegt aber nur bei 50 000 Rupien, und das reicht nicht, um die Kosten für ihre Regale und ihre Arbeitszeit zu decken.

Unsere Ladenbesitzerin nimmt also einen Kredit von 3 Millionen Rupien auf, mit denen sie so viele Kekse und andere Süßigkeiten kauft, dass ihre Regale gut gefüllt sind. Die Kinder erzählen ihren Freunden von dem Laden, und die Frau kann den größten Teil ihres Warenbestands verkaufen. Da es jedoch eine Weile dauert, bis all die neuen Kunden vorbeikommen, werden einige der Kekse weich und können nicht mehr verkauft werden. Doch ihre Einnahmen belaufen sich immer noch auf 3,6 Millionen Rupien pro Woche. Der Grenzertrag ist nun viel niedriger als 50 Prozent. Ihre zweite Investition war 30-mal größer als die erste (3 Millionen gegen über 100 000 Rupien), aber ihre Einnahmen waren nur zwölfmal so hoch. Dennoch hat sie einen Gesamtertrag von 600 000 Rupien (107 PPP-USD) erzielt, das ist genug, um dem Laden eine Chance zu geben.

Genau so stellt sich die Situation für viele Arme dar. Die leeren Regale, zum Beispiel, sind keineswegs unserer Phantasie entsprungen. Wir haben einen Laden am Stadtrand von Gulbarga im indischen Bundesstaat Karnataka besucht, etwa fünf Autostunden von Hyderabad entfernt. Das gesamte Angebot bestand aus überwiegend leeren Plastikbehältern in einem schwach erleuchteten Raum. Wir brauchten nicht lange für die Bestandsaufnahme:

Warenbestand eines Dorfladens in einer ländlichen Region in Indien

1 Dose mit Salzgebäck
3 Dosen mit Kaubonbons
1 Dose und 1 kleiner Sack mit verpackten Bonbons
2 Dosen Kichererbsen
1 Dose mit Einzelportionen Instantkaffee
1 Packung Brot (5 Scheiben)
1 Packung *papadam* (ein Gebäck aus Linsenmehl)
1 Packung Knäckebrot (20 Scheiben)
2 Schachteln Plätzchen
36 Streichhölzer
20 Stück Seife
180 Einzelportionen *pan parag* (Kautabak mit Betelnuss)
20 Teebeutel
40 Päckchen *haldi* (Gelbwurzelpulver)
5 kleine Flaschen Talkumpuder
3 Schachteln Zigaretten
55 kleine Päckchen *bidis* (dünne, aromatisierte Zigaretten)
35 größere Päckchen *bidis*
3 Packungen Waschpulver (à 500 Gramm)
15 kleine Schachteln Butterkekse
6 Einzelportionen Shampoo

Wir hielten uns zwei Stunden in dem Laden auf, in dieser Zeit kamen zwei Kunden. Der eine kaufte eine einzelne Zigarette, der andere ein paar Streichhölzer. Den Grenzertrag könnte man sicher deutlich erhöhen, indem man den Warenbestand vergrößert, vor allem wenn die Familie nach Produkten suchen würde, die andere Läden im selben Dorf nicht führen. Aber der Gesamtertrag des Geschäfts war sehr gering: Bei diesem Umsatz lohnte es sich wahrlich nicht, den ganzen Tag im Laden zu sitzen.

In Entwicklungsländern gibt es unzählige solcher Geschäfte, oft mehrere in einem Dorf und Tausende entlang der Durchgangsstraßen von großen Städten – und alle haben ein sehr eingeschränktes Warenangebot. Für die Obst- und Gemüseverkäufer und die Imbissstände gilt dasselbe. Wenn man um neun Uhr morgens die Hauptstraße des größten Slums von Guntur entlanggeht, stolpert man förmlich über die Frauen, die in einer Reihe nebeneinander sitzend *dosas* verkaufen, Pfannkuchen aus Reis- und Bohnenmehl, die in Südindien zum Frühstück gegessen werden. Sie werden, mit einer Gewürzpaste bestrichen und in Zeitungspapier oder ein Bananenblatt eingewickelt, für eine Rupie (etwa 5 Cent) verkauft. An dem Morgen, an dem wir dort waren, haben wir eine *Dosa*-Verkäuferin auf sechs Häuser gezählt. Die Folge war, dass viele dieser Frauen praktisch die meiste Zeit nur herumsaßen und auf Kunden warteten. Wenn sich drei von ihnen zusammengetan und die anderen nach Hause geschickt hätten, um irgendetwas anderes zu tun, hätten sie eindeutig mehr Geld verdient.

Das ist das Paradoxe an den Armen und ihren Geschäften: Einerseits haben sie Ideen und Energie und schaffen es, aus nichts eine Menge zu machen. Andererseits fließt die meiste Energie in Geschäfte, die winzig klein sind und sich so gut wie nicht von den anderen um sie herum unterscheiden. Das führt dazu, dass ihre Inhaber keine Chance haben, einen angemessenen Lebensunterhalt zu verdienen. Die kreativen Sandtrocknerinnen in Mumbai haben eine Möglichkeit entdeckt, die ihnen zur Verfügung stehenden Ressourcen profitabel zu nutzen: Zeit und Sand vom

Strand. Was der Onkel unseres Geschäftsmanns diesem nicht erzählte war, dass der Gewinn, den diese Tätigkeit abwarf, – Einfallsreichtum hin oder her – mit ziemlicher Sicherheit vernachlässigbar gering war.

Weil diese Unternehmen so winzig sind, ist auch der Gesamtertrag meist gering, obwohl der Grenzertrag hoch ist. Damit taucht eine neue Frage auf. Wenn der Grenzertrag hoch ist, ist es leicht, den Gesamtertrag wachsen zu lassen – einfach indem man mehr Geld in das Geschäft steckt. Warum wachsen all die kleinen Geschäfte dann aber nicht ständig?

Einen Teil der Antwort kennen wir bereits: Die meisten dieser Unternehmen können sich kaum Geld leihen – und wenn, dann nur zu sehr ungünstigen Konditionen. Aber das ist nicht alles. Zum einen gibt es zwar Millionen von Mikrokreditnehmern, aber noch viel mehr, die Geld leihen könnten, es aber nicht tun. Zu ihnen gehörte Ben Sedan, der sein Geld mit der Aufzucht von Kühen verdiente und sein Geschäft mit einem Mikrokredit hätte vergrößern können; doch er entschied sich dagegen. Sogar in Hyderabad, wo es mehrere konkurrierende Mikrofinanzinstitute gibt, bewarben sich nur 27 Prozent der in Frage kommenden Familien um einen Kredit und nur 21 Prozent der kleinen Ladenbesitzer hatten einen Mikrokredit aufgenommen.

Ein anderer Punkt: Selbst die, die nichts leihen können, können sparen. Nehmen wir den Ladenbesitzer aus Gulbarga und seine Familie. Sie lebten von etwa 2 US-Dollar pro Tag. Wie unsere Daten zeigen, geben Familien mit vergleichbarem Einkommen in Hyderabad etwa 10 Prozent ihres monatlichen Budgets für ihre Gesundheit aus, während Familien, die von weniger als 99 US-Cent pro Tag leben, nur 6,7 Prozent ausgeben. Wenn unser Ladenbesitzer die 3,7 Prozent Unterschied in den Gesundheitsausgaben gespart hätte, um sein Warenangebot zu vergrößern, hätte er dieses innerhalb eines Jahres verdoppeln können. Oder wenn er und seine Familie komplett auf Alkohol- und Zigarettenkonsum verzichten würden, könnten sie etwa 3 Prozent ihrer Ausgaben pro Kopf und Tag einsparen: Damit ließe sich der

Warenbestand innerhalb von 15 Monaten verdoppeln. Warum tun sie das nicht?

Das in Sri Lanka durchgeführte Experiment liefert ein weiteres anschauliches Beispiel dafür, dass die Finanzierung nicht das einzige Hindernis für eine Geschäftserweiterung darstellt. Wie Sie sich erinnern werden, verdienten die Unternehmer, die 250 US-Dollar Zuschuss erhalten hatten, eine Menge Geld – viel mehr pro investiertem Dollar als die meisten erfolgreichen US-Unternehmen. Der Haken an der Sache: Die Gewinne der Kleinunternehmer, die einen 500-Dollar-Zuschuss erhalten hatten, waren *nicht höher als die derjenigen, die nur 250 Dollar bekommen hatten – in absoluten Zahlen.* Zum Teil lag das daran, dass diejenigen, die 500 Dollar erhalten hatten, nicht alles in ihr Geschäft steckten. Sie investierten die Hälfte und verwendeten den Rest, um andere Anschaffungen für ihre Familie zu machen.

Was bedeutet das? Konnten die Geschäftsinhaber – trotz des hohen Grenzertrags – mit dem geschenkten Geld tatsächlich etwas Besseres anfangen?

Interessanterweise haben die sri-lankischen Kleinunternehmer die erste Tranche des Geldes investiert. Wäre es möglich, dass sie die zweite Tranche anderweitig verbrauchten, weil sie der Meinung waren, dass ihr Geschäft so viel nicht aufnehmen kann? Den gesamten Betrag zu investieren hätte eine Verdreifachung des durchschnittlichen Grundkapitals bedeutet; ein solcher Schritt könnte es erforderlich machen, einen Helfer einzustellen oder einen Lagerraum zu suchen, und beides würde dann weit mehr Geld kosten.

Dass die Geschäfte der Armen nicht wachsen, liegt unserer Meinung nach zumindest zum Teil in der Art der Geschäfte begründet. Denken Sie zurück an Abbildung 5, die zeigte, dass der Gesamtertrag niedrig sein kann, selbst wenn der Grenzertrag hoch ist. In Abbildung 6 sind zwei Versionen der Kurve aus Abbildung 5 zu sehen: Eine (bezeichnet als OP) ist anfangs steil und flacht sehr rasch ab. Die andere (OZ) steigt weniger steil, aber dafür über längere Zeit an.

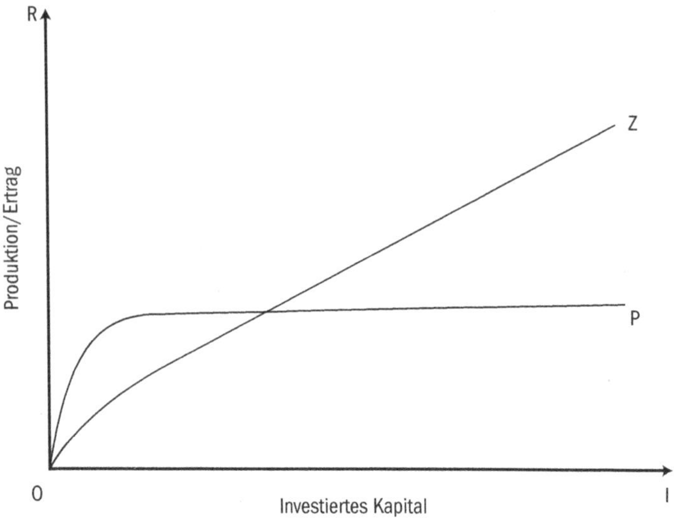

Abbildung 6: Zwei Produktionstechniken

Wenn die Kurve für Kleinunternehmen von Armen im wahren Leben aussieht wie die Kurve OP, dann können diese Geschäfte leicht wachsen, aber das Wachstumspotenzial flacht schnell ab. Um bei unserem Ladenbesitzer-Beispiel zu bleiben: Wenn Sie erst einmal einen Raum in Ihrem Haus für den Laden hergerichtet haben und dort jeden Tag ein paar Stunden zubringen, wird Ihr Gewinn wesentlich höher ausfallen, wenn Sie über genügend Waren und Kunden verfügen, als wenn Sie bei fast 0 stehen. Doch sobald Ihre Regale gefüllt sind, bringt Ihnen eine weitere Expansion vermutlich keinen ausreichend hohen Grenzertrag, um die hohen Zinsen abzufangen, die Sie auf den für die Expansion erforderlichen Kredit zahlen müssten. Aus diesem Grund bleiben solche Geschäfte immer klein. Wenn die Kurve dagegen mehr der OZ-Kurve ähnelt, haben Sie wesentlich mehr Spielraum für Erweiterungen. Nach unseren bisherigen Erkenntnissen sieht die Welt für die Armen eher nach OP aus.

Selbstverständlich wissen wir, dass nicht alles nach dem OP-

Schema abläuft – ansonsten würden wir nirgendwo große Firmen finden. Die Dorfläden, Schneider und Sari-Verkäufer wirken wie OP-Geschäfte, aber es muss andere Arten von Unternehmen mit produktiverem Kapital geben. Sicher ist es möglich, eine Einzelhandelskette oder eine Kleiderfabrik zu führen, wenn man die richtige Ausstattung kaufen kann, aber dafür bedarf es offenbar besonderer Fähigkeiten oder wesentlich höherer Anfangsinvestitionen. Man kann ein Unternehmen wie Microsoft in einer Garage beginnen und es dann immer weiter vergrößern, damit das aber klappt, müssen Sie mit einem neuen, innovativen Produkt an vorderster Front stehen. Für die meisten Menschen ist das nicht wirklich eine Option. Alternativ kann man in eine Produktionstechnik investieren, die es ermöglicht, im großen Maßstab tätig zu werden. Rufen Sie sich Xu Aihua in Erinnerung, die junge Chinesin, die mit einer Nähmaschine begann und ein Bekleidungsimperium aufbaute. Der Wendepunkt in ihrer Karriere waren die Exportaufträge. Ohne die wäre sie sicher bald an die Grenzen des lokalen Marktes gestoßen. Andererseits brauchte sie eine moderne Fabrik mit automatischen Nähmaschinen, um überhaupt für solche Aufträge in Frage zu kommen. Das zwang sie zu einer Investition, die hundertmal höher war als das Startkapital ihrer Firma.

Abbildung 7 symbolisiert diese beiden Produktionstechniken. Im linken Teil der Abbildung erkennen Sie die Kurve OP, aber weiter rechts kommt eine neue Technik ins Spiel (Kurve QR), die keinerlei Erträge generiert, bis ein Minimum (Q) an Investitionen getätigt ist, dann aber hohe Erträge bringt. Wir haben Teile der beiden Kurven OP und QR fett gezeichnet, so dass eine neue Linie OR entsteht – sie repräsentiert den Ertrag bei einer bestimmten Investitionshöhe. Wenn Sie nur wenig investieren, landen Sie auf OP; es gibt keinen Grund in QR zu investieren, weil dort zunächst keine Erträge anfallen. Wenn Sie mehr investieren, entwickelt sich OP zu einem schlechten Geschäft, denn der Grenzertrag bleibt eine Weile niedrig. Doch sobald Sie genug Geld haben, können Sie auf QR überwechseln. Das ist Xu Aihuas

Geschichte: Sie begann mit ihrer gebrauchten Nähmaschine in OP und schaffte es irgendwann, auf QR und die automatischen Nähmaschinen überzuwechseln.

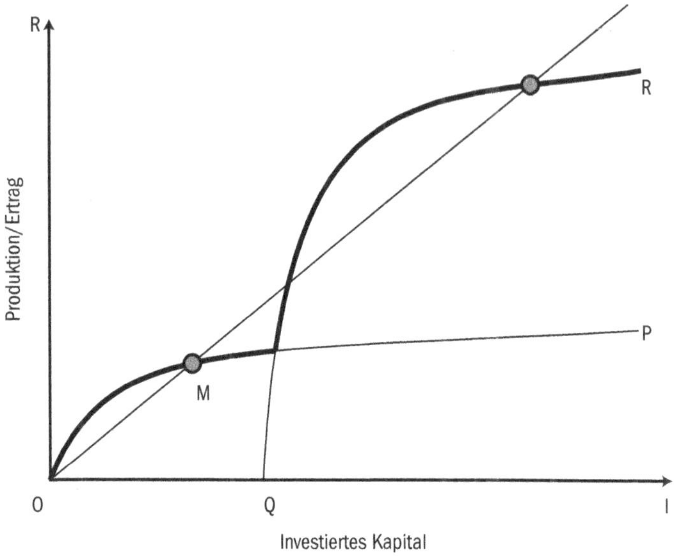

Abbildung 7: Kombination von zwei Produktionstechniken und die S-Kurve des Unternehmertums

Sehen Sie sich die Kurve OR an. Erinnert sie Sie nicht an die S-Kurve? Der Knick in der Mitte, das ist der Punkt, den Sie erreichen müssen, wenn Sie wirklich Geld verdienen wollen. In OR verbirgt sich wieder das bekannte Dilemma von S-Kurven: Investiert man wenig, verdient man wenig und bleibt zu arm, um deutlich mehr investieren zu können. Investiert man genug, um den Knick zu überwinden, wird man reich und kann mehr investieren, um noch reicher zu werden. Der springende Punkt ist, dass das Überwinden des Knicks für die meisten Leute keine echte Möglichkeit darstellt. Sie können zwar kleine Kredite bekommen, aber niemand (nicht einmal die Mikrofinanzinstitute, die, wie wir gesehen haben, auch lieber auf Nummer sicher gehen) wird ihnen so viel Geld leihen. Darüber hinaus braucht man, um überhaupt so weit zu kommen, einige Management- und sonstige Fähigkeiten, die diesen Menschen fehlen und die sie sich auch nicht mit Geld kaufen können. Daher sind sie dazu verurteilt, klein zu bleiben. Manchmal tritt die erste Abflachung der Erträge so schnell ein, dass die Kleinunternehmerin am Ende drei Geschäfte nebeneinander betreibt, statt eines davon zu vergrößern: Morgens verkauft sie *dosas,* untertags handelt sie mit Saris und am Abend fädelt sie Perlen zu Ketten auf.

Aber wie hat Xu Aihua es geschafft? Sie hatte ihren Maschinenpark acht Jahre lang jedes Jahr um 70 Prozent vergrößert, indem sie ihre Gewinne reinvestierte. Das heißt, ihre Gewinne mussten – *nach Abzug der Lohnkosten* – mindestens 70 Prozent des Werts ihrer Maschinen betragen, und ihre Gesamterträge müssen sogar noch höher ausgefallen sein. Das ist eine außerordentliche Rentabilität – die Kleinunternehmen in Hyderabad würden, wie wir festgestellt haben, sogar Geld verlieren, wenn sie auch nur ein Minimum an Lohn zu zahlen hätten. Für diese Diskrepanz gibt es unserer Meinung nach zwei Gründe: Erstens hat Xu Aihua außerordentliches Talent, und zweitens traf sie in den frühen Tagen der Öffnung Chinas auf wenig Konkurrenz und große Nachfrage. Sie war einfach zur rechten Zeit am rechten Ort.

Unternehmer sein ist zu schwer

Wenn wir mit unserer Diagnose richtig liegen, dann vergrößern Arme ihre Geschäfte deshalb nicht, weil es für die meisten von ihnen zu schwer ist: Sie können sich nicht genug leihen, um den Knick zu überwinden, und Sparen, bis sie diesen Punkt erreichen, würde zu lange dauern, es sei denn, ihre Geschäfte erzielten extrem hohe Gesamterträge. Nehmen wir an, Sie eröffnen mit 100 US-Dollar Startkapital ein Geschäft, und Sie müssten, wie Xu Aihua, hundertmal so viel investieren (10 000 Dollar), um sich neue Maschinen zu kaufen. Nehmen wir weiter an, Sie erwirtschaften sehr gute Profite in Höhe von 25 Prozent pro investiertem Dollar und Sie reinvestieren diese voll und ganz. Nach einem Jahr hätten Sie 125 Dollar für Ihre Investition, nach zwei Jahren 156 und nach drei Jahren 195. Es würde 21 Jahre dauern, bis Sie genug Geld hätten, um die Maschinen zu kaufen und den Knick zu überwinden. Wenn Sie in der Zwischenzeit ein bisschen Geld zum Leben brauchten und deshalb nur die Hälfte Ihres Gewinns sparen könnten, dann wären Sie in 40 Jahren noch nicht an dem Punkt angekommen. Ganz abgesehen von dem Stress, den das Führen eines Geschäfts mit sich bringt, der harten Arbeit und den langen Arbeitstagen.

Dazu kommt, dass einer Kleinstunternehmerin, wenn sie merkt, dass sie im unteren Teil der S-Kurve festsitzt und nie viel Geld verdienen wird, vermutlich auch die Motivation ausgeht. Stellen Sie sich einen Unternehmer vor, der sich unterhalb von Punkt M in Abbildung 7 befindet, beispielsweise den Ladenbesitzer, den wir in Gulbarga getroffen haben. Er könnte seinen Gewinn steigern, indem er mehr Geld spart und ein etwas attraktiveres Warenangebot einkauft. Doch selbst wenn er das tut, wird er über Punkt M nicht hinauskommen. Ist es das wert?

Selbst wenn das sein größter Wunsch wäre, sein Leben würde sich aller Wahrscheinlichkeit nach nicht wesentlich verändern. In Anbetracht der Tatsache, dass sein Geschäft immer klein bleiben und nie viel Geld einbringen wird, entschließt er sich womöglich, seine Kraft auf andere Dinge zu verwenden.

Mit den Investitionen ist es ähnlich wie mit den Ersparnissen: Die Armen sparen weniger als die Mittelschicht, weil sie wissen, dass ihre Ersparnisse nie ausreichen, um sich etwas Großes (wie einen Fernseher oder einen Kühlschrank) zu kaufen, das sie wirklich gerne hätten. Und sie investieren nicht so viel (nicht nur Geld, sondern auch Energie und Herzblut) in ihre Geschäfte, weil sie wissen, dass sie den »Quantensprung« nicht schaffen können. Das mag die Welten erklären, die zwischen der Einschätzung des marokkanischen Bauern Ben Sedan und der von Fouad Abdelmoumni liegen: Fouad kann durchaus recht damit haben, dass Ben Sedan noch nie darüber nachgedacht hat, seine Kühe in einem Stall zu halten. Vielleicht hat er aber daran gedacht und ist zu dem Schluss gekommen, dass sich der enorme Aufwand – von der Beschaffung des Kredits über den Bau eines Stalls für gerade mal vier Kühe und deren anschließenden Verkauf – nicht lohnt: Er und seine Familie würden nach wie vor relativ arm sein. In gewisser Weise haben beide recht: Fouad, weil seine Geschäftsidee durchaus funktionieren könnte, und Ben Sedan, weil es für ihn die Mühe nicht wert ist.

Dass die meisten Kleinstunternehmer nicht wirklich bereit sind, jedem Cent nachzujagen, könnte eventuell auch die enttäuschenden Ergebnisse von Businesstrainingsprogrammen erklären, die inzwischen von vielen Mikrofinanzinstituten als zusätzlicher Service für ihre Kunden angeboten werden. Bei den wöchentlichen Treffen erfahren die Kunden, wie sie ihre Buchführung verbessern und ihren Warenbestand managen können und was es mit den Zinssätzen auf sich hat. In Peru und in Indien wurden solche Programme evaluiert.[7] In beiden Ländern fanden die Forscher Verbesserungen in der Geschäftsführung, aber keine Veränderungen bei Umsatz, Gewinn oder Vermögen. Die Programme waren entwickelt worden, weil man beobachtet hatte, dass diese Geschäfte oft mehr schlecht als recht geführt werden. Wenn der Grund für die schlechte Geschäftsführung aber weniger das fehlende Wissen als vielmehr die fehlende Begeisterung ist, muss man sich nicht wundern, wenn solche Trainings nicht viel bringen. In der Dominikanischen Republik wurde neben dem normalen Trainingsmodul versuchsweise ein anderes Programm mit einem vereinfachten Lehrplan unterrichtet. Es konzentrierte sich darauf, den Unternehmern einfache Regeln an die Hand zu geben, wie die Ausgaben für Haushalt und Geschäft getrennt zu behandeln oder sich selbst ein Gehalt zu zahlen.[8] Auch hier erwies sich das reguläre Training als ineffektiv, doch die Vermittlung der einfachen Regeln führte zu einer Steigerung der Gewinne. Die Leute waren wohl bereit, einfache Regeln zu befolgen, die ihnen das Leben tatsächlich erleichterten und nicht auch noch größere geistige Anstrengungen von ihnen verlangten.

Diese Befunde zusammengenommen lassen erhebliche Zweifel an der Vorstellung aufkommen, dass der durchschnittliche kleine Geschäftsinhaber ein geborener »Unternehmer« im allgemeinen Wortsinn ist – jemand, dessen Geschäft Wachstumspotenzial besitzt, jemand, der willens und in der Lage ist, Risiken zu tragen, hart zu arbeiten und mit Nachdruck ein Ziel zu verfolgen, auch wenn sich immer wieder Schwierigkeiten auftun. Damit wollen wir selbstverständlich nicht behaupten, es gebe keine geborenen Unternehmer unter den Armen – wir haben selbst eine ganze Reihe von Gegenbeispielen kennengelernt –, aber es gibt eben auch die Vielen, die ein Geschäft betreiben, das nie etwas anderes als klein und unrentabel sein wird.

Einen Job kaufen

Das fordert natürlich die Frage heraus, warum so viele Arme dann überhaupt ein Geschäft führen? Eine Antwort auf diese Frage erhielten wir von Pak Awan und seiner Frau; das junge Paar lebte in Cica Das, dem Slum der indonesischen Stadt Bandung. Den beiden gehörte ein kleiner Laden, den sie in einem Zimmer im Haus seiner Eltern betrieben. Pak Awan arbeitete als Gelegenheitsarbeiter auf dem Bau, doch die meiste Zeit war er arbeitslos. Als wir das Paar im Sommer 2008 kennenlernten, hatte Pak Awan seit zwei Monaten keinen Job mehr gehabt. Sie hatten zwei kleine Kinder, die Familie brauchte mehr Geld, deshalb musste sich auch seine Frau auf Arbeitssuche machen. Sie hätte gerne in einer Fabrik gearbeitet, doch dafür war sie nicht ausreichend qualifiziert: In den Fabriken will man junge oder unverheiratete Leute oder solche mit Erfahrung. Über die entsprechende Erfahrung verfügte sie nicht, denn sie hatte nach der Highschool eine Ausbildung zur Sekretärin gemacht, da sie jedoch später die Einstellungstests nicht bestand, gab sie dieses Berufsziel auf. Es blieb ihnen nichts anderes übrig, als ein kleines Geschäft zu eröffnen. In einem ersten Versuch bereitete Paks Frau zu Hause kleine Snacks vor, die sie dann in der Stadt verkaufte. Aber sie suchte eine Beschäftigung, bei der sie daheim bleiben und auf die Kinder aufpassen konnte. Deshalb eröffneten sie mit einem Kredit, den Pak Awan von einer Kooperative bekam, der er angehört, den Laden, obwohl es bereits zwei andere in einer Entfernung von 50 Metern gab.

Pak Awan und seiner Frau machte es keinen Spaß, ein Geschäft zu führen. Sie hätten von der Kooperative einen zweiten Kredit bekommen können, um den Laden zu vergrößern, aber sie hatten abgelehnt. Dann wurde zu ihrem Pech noch ein weiterer, vierter Laden in der näheren Umgebung eröffnet und bedrohte ihre Lebensgrundlage, weil er ein breiteres Warenangebot hatte. Als wir sie trafen, waren sie gerade dabei, einen neuen Kredit aufzunehmen, damit sie mehr Waren kaufen konnten. Sie hofften für ihre Kinder, dass diese einmal einen Angestelltenjob bekommen würden, am besten in einer Behörde.

Die Unternehmungen der Armen scheinen oft weniger einem inneren (unternehmerischen) Drang zu entspringen als vielmehr eine Möglichkeit darzustellen, für sich selbst einen Job zu schaffen, wenn es keine »normalen« Beschäftigungsmöglichkeiten gibt. Viele der Geschäfte werden betrieben, weil irgendjemand in der Familie (vermeintlich) Zeit dafür hat und jedes noch so kleine Zusatzeinkommen gebraucht wird. Dieser Jemand ist meistens eine Frau, und typischerweise betreibt sie das Geschäft neben ihrer Hausarbeit; tatsächlich ist nicht immer klar, ob sie groß gefragt wird, wenn sich die Gelegenheit bietet, ein Geschäft zu eröffnen. Es ist noch nicht lange her, seit Männer im Westen zumindest in Lippenbekenntnissen anerkennen, was ihre »nicht arbeitenden« Frauen alles für sie tun; es wäre daher nicht verwunderlich, wenn ihre Geschlechtsgenossen in den Entwicklungsländern immer noch behaupteten, ihre Frauen hätten mehr Freizeit, als sie tatsächlich haben. Daher kann es sehr gut sein, dass viele Geschäftsinhaber, und zwar vor allem weibliche, diesen Job gar nicht gerne machen und sogar einen Horror davor haben, ihn auch noch auszuweiten. Aus diesem Grund könnten viele der weiblichen Geschäftsinhaber in Sri Lanka mit den 250 US-Dollar Zuschuss, die sie eigentlich für ihr Geschäft bekommen hatten, etwas anderes gemacht haben; die männlichen dagegen investierten das Geld und erzielten damit hohe Erträge.[9] Vielleicht sollte man die vielen Geschäfte der Armen nicht als Ausdruck ihres Unternehmergeistes betrachten, sondern als ein dramatisches Versagen der Wirtschaftssysteme, in denen sie leben und die ihnen nichts Besseres zu bieten haben.

Gute Jobs gesucht!

Vor einiger Zeit haben wir in die Fragebögen, die wir an Arme überall auf der Welt verteilen, die Frage aufgenommen: »Was wünschen Sie sich für Ihre Kinder?« Die Ergebnisse waren überraschend eindeutig, ganz gleich wen und wo wir fragten: Fast alle Armen träumen davon, dass ihre Kinder einmal Staatsbedienstete werden. In der indischen Stadt Udaipur sagten 34 Prozent der Eltern von sehr armen Familien, sie wünschten sich, dass ihr Sohn Lehrer an einer staatlichen Schule würde, 41 Prozent sähen ihn gerne in einem anderen Job im Staatsdienst und 18 Prozent träumten von einem Angestellten in einem Privatunternehmen. Die Mädchen sollten zu 31 Prozent Lehrerinnen werden und zu 31 Prozent einen anderen Beruf im Staatsdienst ausüben; 19 Prozent der Eltern wollten, dass ihre Tochter Krankenschwester wird. Für die Armen scheint Unternehmer kein erstrebenswerter Beruf zu sein.

Der ausgeprägte Wunsch nach einer Anstellung im Staatsdienst zeigt, wie groß die Sehnsucht nach Stabilität ist: Diese Jobs sind in der Regel sehr sicher, auch wenn sie nicht immer sehr spannend sind. Stabile Arbeitsverhältnisse machen anscheinend auch den Hauptunterschied zwischen den Armen und der Mittelschicht aus. In unserem 18-Länder-Vergleich hatten Leute aus der Mittelschicht wesentlich häufiger Jobs, in denen sie wöchentlich oder monatlich bezahlt wurden statt tageweise; das kann als grobes Kriterium zur Unterscheidung zwischen Gelegenheitsjob und fester Anstellung gelten. In pakistanischen Städten beispielsweise erhalten 74 Prozent der abhängig Beschäftigten, die von weniger als 99 US-Cent pro Tag leben, einen Wochen- oder Monatslohn, aber 90 Prozent derer, die zwischen 6 und 9 US-Dollar verdienen. Auf dem Land beziehen 44 Prozent der sehr armen abhängig Beschäftigten einen festen Lohn, aber 64 Prozent der Angestellten aus der Mittelschicht.

Sichere Jobs machen Wandel möglich. Im ländlich geprägten indischen Distrikt Udaipur leben die meisten Familien von weniger als 2 US-Dollar pro Tag. Doch eines Tages kamen wir in ein Dorf, das schon auf den ersten Blick anders aussah als die anderen Dörfer in der Region, genauer gesagt, es gab auffällige Unterschiede. Überall waren Zeichen relativen Wohlstands zu entdecken: ein Blechdach, zwei Mopeds in einem Hof, ein glatt gestriegelter Teenager in einer gebügelten Schuluniform. Wie sich herausstellte, war in der Nähe des Dorfes eine Zinkfabrik errichtet worden, und von jeder Familie, mit der wir sprachen, arbeitete mindestens ein Mitglied in der Fabrik. Der Vater eines Familienoberhaupts hatte irgendwie einen Job in der Kantine ergattert und es dann geschafft, eine Arbeit in der Fabrikhalle zu bekommen. Sein Sohn, jetzt ein Mann Ende fünfzig, gehörte zu den ersten Jungen aus dem Dorf (insgesamt waren es acht), die einen Highschool-Abschluss machten. Auch er ging in die Zinkfabrik und brachte es bis zum Vorarbeiter. Seine beiden Söhne besuchten ebenfalls die Highschool. Einer arbeitet in der Zinkfabrik, der andere hat einen Job in Ahmedabad, der Hauptstadt des benachbarten Bundesstaats Gujarat. Auch seine beiden Töchter machten den Highschool-Abschluss, bevor sie heirateten. Für diese Familie war die Ansiedlung der Zinkfabrik in ihrer Nachbarschaft ein echter Glücksfall, der einen *Circulus virtuosus* in Gang setzte – mit Investition in Humankapital und dem Aufstieg auf der Beschäftigungsleiter.

Eine Studie von Andrew Foster und Mark Rosenzweig zeigt, dass dies kein Einzelfall ist, sondern dass die Fabrikarbeit für den Anstieg der Löhne in indischen Dörfern eine wichtige Rolle spielt.[10] Von 1960 bis 1999 kam es in Indien zu einem schnellen

Produktivitätszuwachs in der Landwirtschaft, gleichzeitig stieg aber auch die Zahl der Menschen, die in Fabriken nahe der Dörfer Arbeit fanden, sehr rasch an; viele dieser Fabriken waren im Rahmen von Maßnahmen zur Förderung des ländlichen Raums errichtet worden. Die Zahl der Beschäftigten in diesen Fabriken verzehnfachte sich von den frühen achtziger Jahren bis 1999. Etwa die Hälfte der Dörfer, die Foster und Rosenzweig untersuchten und in denen es ursprünglich nur Landwirtschaft gegeben hatte, befanden sich 1999 in der Nähe einer Fabrik, und 10 Prozent der männlichen Arbeitskräfte aus diesen Dörfern waren in der Fabrik beschäftigt. Dörfer, in deren Umgebung sich eine Fabrik angesiedelt hatte, wiesen zuvor typischerweise ein niedriges Lohnniveau auf; die wachsende Beschäftigung in der Fabrik ließ die Löhne jedoch wesentlich stärker steigen als die Landwirtschaft, wo die Produktivität dank der Grünen Revolution zunahm. Die Armen profitierten überdurchschnittlich vom industriellen Wachstum, weil es sogar für ungelernte Arbeitskräfte gut bezahlte Tätigkeiten gab.

Ein solcher Job kann das Leben der Betroffenen von Grund auf verändern. Leute aus der Mittelschicht geben mehr Geld für Gesundheit und Bildung aus als Arme. Natürlich kann es sein, dass beharrliche, fleißige Menschen, die in die Zukunft ihrer Kinder investieren wollen, eher in der Lage sind, sich in guten Jobs zu halten. Doch wir vermuten, dass dies nicht die ganze Erklärung ist; wir meinen, dass diese Gewichtung der Ausgaben auch etwas damit zu tun hat, dass die Eltern in wohlhabenderen Haushalten in festen Beschäftigungsverhältnissen stehen: Ein fester Job allein kann die Lebensaussichten bereits entscheidend beeinflussen. Eine Studie zu Kindern von mexikanischen Frauen, die in sogenannten *Maquiladoras* arbeiten (Fabriken, die ausschließlich Exportartikel herstellen) belegt eindrucksvoll, wie sich eine feste Stelle auswirken kann.[11] *Maquiladoras* haben den Ruf, niedrige Löhne zu zahlen und die Leute auszubeuten. Für Frauen ohne Highschool-Bildung bieten sie aber trotz allem die Aussicht auf einen besseren Arbeitsplatz, besser als die Stellen im Verkauf, in der Gastronomie oder im Transportwesen, wo sie sonst üblicherweise schuften. Die Stundenlöhne sind in den *Maquiladoras* zwar nicht wesentlich höher, aber die Frauen arbeiten länger und regelmäßiger. David Atkin, ein Wissenschaftler der Yale University, verglich die Kinder von Frauen, in deren Stadt vor ihrem 16. Lebensjahr eine *Maquiladora* errichtet worden war, mit den Kindern von Frauen, die keine solche Arbeitsmöglichkeit hatten. Ergebnis: Die Kinder von Frauen aus *Maquiladora*-Städten waren deutlich größer als die von Frauen aus anderen Städten. Der Effekt ist so groß, dass er den Größenunterschied zwischen einem armen mexikanischen und einem gut ernährten amerikanischen Kind *vollständig* aufhebt.

Außerdem zeigt Atkins, dass der Effekt des *Maquiladora*-Jobs auf die *Höhe* des Familieneinkommens bei weitem nicht ausreicht, um den Größenzuwachs zu erklären. Vielleicht spielt das Gefühl, die eigene Zukunft steuern zu können, eine Rolle, ein Gefühl, das sich einstellt, wenn man weiß, dass das Einkommen jeden Monat sicher ist (wobei die Regelmäßigkeit wichtiger ist als die Höhe). Dadurch können die Frauen ihren eigenen Lebensweg planen und auch den ihrer Kinder. Möglicherweise ist das der Unterschied zwischen den Armen und der Mittelschicht: das Gefühl, eine Zukunft zu haben. David Atkin hat seiner Studie den Titel »Working for the Future« (»Für die Zukunft arbeiten«) gegeben, eine treffende Zusammenfassung.

In Kapitel 6 haben wir mehrere Beispiele dafür angeführt, wie sich Unsicherheiten auf das Verhalten von Familien auswirken: Arme Familien ergreifen Maßnahmen zur Begrenzung von Risiken, selbst wenn sie dafür auf Einkommen verzichten müssen. Hier sehen wir eine andere, womöglich noch weiter reichende Konsequenz: Offenbar brauchen Menschen ein Gefühl der Sicherheit und Stabilität, um auf längere Sicht planen zu können. Menschen, die keine wesentlichen Verbesserungen in ihrer zukünftigen Lebensqualität erkennen können, entscheiden sich unter Umständen dafür, es gar nicht erst zu versuchen, und bleiben demzufolge dort, wo sie sind, stehen. Rufen Sie sich in Erinnerung, dass viele Eltern (oft fälschlicherweise) glauben, der Nutzen von Bildung habe die Form einer S-Kurve. Das heißt, dass sie gar nicht erst anfangen, in Bildung zu investieren, wenn sie befürchten, dass sie die Investition nicht fortsetzen können. Wenn sie Angst haben, dass sie irgendwann nicht mehr in der Lage sind, das Schulgeld für ihre Kinder zu bezahlen – weil sie befürchten, dass sie ihr Geschäft aufgeben müssen –, dann sagen sie sich vielleicht, dass sie es gar nicht erst versuchen wollen.

Ein regelmäßiges, sicheres Einkommen erlaubt es, zukünftige Ausgaben zu planen, außerdem wird es dadurch leichter und billiger, Geld zu leihen. Wenn ein Familienmitglied einen festen Job hat, sind Schulen eher bereit, die Kinder aufzunehmen, im Krankenhaus bekommt man die kostspieligere Behandlung, weil man in der Lage ist, sie zu bezahlen, und andere Familienmitglieder können für ihre Geschäfte die für das Wachstum erforderlichen Investitionen tätigen.

Aus diesen Gründen sind »gute Jobs« so wichtig. Ein guter Job ist eine feste, ordentlich bezahlte Beschäftigung, eine Arbeit, die jemandem den nötigen geistigen Freiraum gibt, sich mit anderen Dingen zu beschäftigen als der reinen Existenzsicherung. Häufig wehren sich Ökonomen gegen diese Vorstellung, aus dem nachvollziehbaren Grund, dass gute Jobs in der Regel teure Jobs sind, und teure Jobs heißt meistens weniger Jobs. Aber wenn gute Jobs bedeuten, dass Kinder in einem Umfeld aufwachsen, in dem sie ihre Talente frei entfalten können, dann ist es das vielleicht wert, ein paar Jobs weniger zu schaffen.

Die meisten guten Jobs gibt es in der Stadt. Deshalb kann Umziehen der erste Schritt hin zu einem besseren Leben sein. Im Sommer 2009 unterhielten wir uns in einem Slum der indischen Stadt Hyderabad mit einer Mittfünfzigerin. Sie erzählte uns, sie sei nie zur Schule gegangen, und ihre Tochter, die sie mit 16 bekommen hatte, habe die Schule nach der dritten Klasse verlassen und bald geheiratet. Aber ihr zweiter Sohn, erwähnte sie fast beiläufig, studierte für den M.C.A. Wir hatten noch nie von einem M.C.A. gehört, und fragten sie, was das sei (wir vermuteten dahinter eine Form der Berufsausbildung). Sie wusste es nicht, dann aber tauchte ihr Sohn auf und erklärte uns, das sei ein Master of Computer Applications (Angewandte Informatik). Davor hatte er schon seinen Bachelor in Computer Science (Informatik) gemacht. Sein älterer Bruder hatte ebenfalls einen Collegeabschluss und einen Bürojob in einem privaten Unternehmen. Der Jüngste ging noch auf die Highschool und wollte sich fürs College bewerben. Sie hofften, ihn zum Studieren nach Australien schicken zu können, wenn sie einen der Vorzugskredite für Muslime erhielten.

Was war in dieser Familie geschehen, nachdem die erste Tochter die Schule abgebrochen und der erste Sohn die Highschool abgeschlossen hatte? Was hatte die Zukunftsaussichten der jüngeren Kinder so verändert? Der Vater war bei der Armee gewesen und in Ruhestand getreten, dank seiner alten Beziehungen fand er eine Anstellung als Wachmann bei einer Firma in Hyderabad. Weil er jetzt einen Job hatte, der keine häufigen Ortswechsel notwendig machte, ließ er seine gesamte Familie in die Stadt nachkommen (mit Ausnahme der Tochter, die bereits verheiratet war). In Hyderabad gibt es eine ganze Reihe guter und bezahlbarer Schulen für muslimische Kinder; das ist dem Umstand zu verdanken, dass der heutige Bundesstaat Hyderabad bis 1948 ein relativ unabhängiger Fürstenstaat mit einem muslimischen Herrscher war. Die Söhne wurden auf diese Schulen geschickt und entwickelten sich prächtig.

Warum tun das nicht viel mehr Leute? Schließlich sind die Schulen in den meisten Städten besser als die auf dem Land, auch in solchen, die keine so spezielle Geschichte haben wie Hyderabad. Und die Armen (vor allem die armen jungen Männer) ziehen auf der Suche nach einem Job sowieso weg. Von 60 Prozent der Familien, die wir im ländlichen Udaipur interviewten, hörten wir, dass im letzten Jahr mindestens ein Angehöriger in einer Stadt gearbeitet hatte. Aber nur wenige wandern für längere Zeit ab, im Durchschnitt (Median) bleiben sie für einen Monat weg, nur 10 Prozent kommen erst nach mehr als drei Monaten zurück. Die meisten Migranten lassen ihre Familien zurück. Üblicherweise sind sie für ein paar Wochen weg zum Arbeiten und dann wieder ein paar Wochen zu Hause. Eine dauerhafte Abwanderung, selbst innerhalb desselben Landes, kommt relativ selten vor: Der Anteil sehr armer Haushalte, in denen ein Familienmitglied andernorts geboren und der Arbeit wegen dauerhaft abgewandert war, lag in unserem 18-Länder-Vergleich bei gerade einmal 4 Prozent in Pakistan, bei 6 Prozent an der Elfenbeinküste und in Nicaragua und bei fast 10 Prozent in Peru. Eine Folge dieser zeitweiligen Migration ist, dass solche Arbeiter für ihre Arbeitgeber niemals so wichtig werden, dass man ihnen eine feste Stelle oder irgendeine Art von Weiterbildung anbietet; sie bleiben ihr ganzes Leben lang Gelegenheitsarbeiter. Aus diesem Grund ziehen ihre Familien nie in die Stadt und kommen nie in den Genuss besserer Schulen und des beruhigenden Gefühls, das eine feste Anstellung mit sich bringt.

Wir fragten einen Bauwanderarbeiter aus dem indischen Bundesstaat Orissa, der gerade zu Hause bei seiner Familie war, warum er nicht länger in der Stadt bleibe. Er sagte, weil er seine Familie nicht mitnehmen könne, die Wohnbedingungen seien zu ungesund. Andererseits wolle er aber auch nicht zu lange von ihr getrennt sein. In den meisten Städten in Entwicklungsländern gibt es kaum geplanten Wohnungsbau für die Ärmsten. Deshalb müssen sich die Armen in der Stadt ein Fleckchen Erde unter den Nagel reißen, sich irgendwo hineinquetschen, oft im Morast oder gar auf einer Mülldeponie. Verglichen damit sind die Orte, wo die Ärmsten auf dem Land leben, grüner, luftiger und ruhiger, die Häuser sind größer, und die Kinder haben Platz zum Spielen. Das Leben ist vielleicht nicht so aufregend, aber wenn man auf dem Dorf aufgewachsen ist, hat man dort seine Freunde. Außerdem braucht ein Mann, der für ein paar Wochen oder auch ein paar Monate allein in die Stadt geht, nicht unbedingt eine feste Bleibe: Er kann unter einer Brücke schlafen, unter einer Plane oder in dem Laden oder auf der Baustelle, auf der er arbeitet. Damit spart er das Geld für die Miete und kann öfter nach Hause fahren. Doch seiner Familie will er ein solches Leben nicht zumuten.

Und dann die Unsicherheit: Stellen Sie sich vor, Sie haben gerade Geld für eine Unterkunft in der Stadt ausgegeben und Ihre Familie zu sich geholt und dann verlieren Sie Ihren Job. Den Umzug können Sie sich sowieso eigentlich nur leisten, wenn Sie schon einen ordentlich bezahlten Job haben und sich etwas zusammensparen konnten. Aber was passiert, wenn Sie ernsthaft krank werden? Es stimmt zwar, dass die Gesundheitsversorgung in der Stadt besser ist, aber wer begleitet Sie im Zweifelsfall ins Krankenhaus oder kann Ihnen rasch etwas Geld leihen, wenn Sie es brauchen? Solange Ihre Familie noch im Dorf wohnt, können Sie sich auf Ihre Beziehungen dort verlassen, selbst wenn Sie in der Stadt krank werden und ins Krankenhaus müssen. Aber was passiert, wenn Sie alle Brücken abbrechen und dauerhaft wegziehen?

Das Abwandern ist viel einfacher, wenn Sie in der Stadt schon Leute kennen, bei denen Sie und Ihre Familie erst einmal wohnen können; sie helfen Ihnen, wenn jemand plötzlich krank wird oder bei der Arbeitssuche, vielleicht empfehlen sie Sie weiter oder sie stellen Sie selbst ein. Kaivan Munshi stellte fest, dass Leute aus mexikanischen Dörfern in Städte zogen, wo sich bereits andere aus ihrem Heimatort niedergelassen hatten, selbst wenn die ersten Migranten rein zufällig dort gelandet waren.[12] Selbstverständlich fällt es leichter wegzuziehen, wenn man schon einen festen Job oder eine andere sichere Einkommensquelle hat. Die Muslimfamilie aus Hyderabad hatte beides, die Pension von der Armee und den Job, den sie wiederum guten Beziehungen verdankte. Wenn in Südafrika die alten Eltern eine Rente bekommen, verlassen die tüchtigsten ihrer Kinder die Familie, gehen in die Stadt und lassen sich dort nieder.[13] Die Rente gibt ihnen offenbar Sicherheit und ermöglicht es ihnen, den Umzug zu bezahlen.

Wie können also mehr »bessere Jobs« geschaffen werden? Auf jeden Fall würde es helfen, den Weg in die Städte zu erleichtern; das heißt, auf politischer Ebene sind unbedingt Pläne zur

Flächennutzung und zur Schaffung preisgünstigen Wohnraums erforderlich. Auch funktionierende soziale Sicherungssysteme, staatliche Unterstützung wie private Absicherungen gleichermaßen, könnten die Migration erleichtern, indem sie die Abhängigkeit von sozialen Netzen verringern.

Da jedoch nicht jeder in der Lage sein wird, in die Stadt zu ziehen, ist es wichtig, nicht nur in den größten Städten mehr gute Jobs zu schaffen, sondern auch in den kleineren im ganzen Land. Das kann aber nur geschehen, wenn es in solchen Städten zuvor zu substanziellen Verbesserungen in der städtischen und industriellen Infrastruktur kommt. Auch die Gesetzgebung spielt eine wichtige Rolle: Das Arbeitsrecht soll Arbeitsplätze sicher machen, doch wenn es so streng ist, dass niemand mehr Leute einstellen will, ist es kontraproduktiv. Das größere Problem stellen aber vermutlich immer noch die Kredite dar, was mit der S-förmigen Kurve der Produktionstechniken zusammenhängt: Ein Geschäft aufzubauen, das viele Jobs schafft (und nicht nur einen für den Unternehmer allein), erfordert mehr Geld, als ein durchschnittlicher Geschäftsinhaber in einem Entwicklungsland bekommen kann, und wie wir in Kapitel 7 gesehen haben, ist es unklar, wie man den Finanzsektor dazu bewegen kann, diesen Menschen mehr Geld zu leihen.

Daraus folgt (auch wenn diese Idee unter Wirtschaftswissenschaftlern nicht besonders populär ist), dass es sinnvoll sein könnte, die Entstehung entsprechend großer Firmen staatlich zu fördern, etwa indem mittelgroße Unternehmen Kreditbürgschaften erhalten. Als in China Staatsunternehmen oder zumindest Teile des Inventars, der Ländereien und Gebäude beinahe stillschweigend den Beschäftigten übergeben wurden, hatte das einen ähnlichen Effekt. Fast dieselbe Industriepolitik verfolgte Korea, wenn auch weniger verbrämt. Dadurch kann ein *Circulus virtuosus* in Gang kommen: Sichere und höhere Löhne geben den Arbeitern die finanziellen Mittel, den geistigen Freiraum und den notwendigen Optimismus, um in ihre Kinder zu investieren und mehr zu sparen. Mit diesen Ersparnissen und dem dank eines festen Jobs leichteren Zugang zu Krediten wären die fähigsten von ihnen in der Lage, Unternehmen zu gründen, die groß genug wären, um auch anderen Menschen Arbeit zu geben.

Gibt es die Milliarde barfüßiger Unternehmer, an die die Vertreter der Mikrofinanzinstitute und die sozial denkenden Wirtschaftsbosse zu glauben scheinen, nun wirklich? Oder handelt es sich um eine Wunschvorstellung, die einer unklaren Definition des Begriffs »Unternehmer« entsprungen ist? Wohl gibt es mehr als eine Milliarde Menschen, die Landwirtschaft betreiben oder ein Geschäft führen, aber die meisten von ihnen tun das nur, weil sie keine andere Wahl haben. Den meisten gelingt es ganz gut, damit über die Runden zu kommen, aber sie verfügen weder über das Talent noch die Fähigkeiten oder die Risikobereitschaft, die erforderlich sind, um aus einem solchen kleinen Geschäft ein erfolgreiches Wirtschaftsunternehmen zu machen. Auf jede Xu Aihua, die mit nichts außer einer einfachen Ausbildung und einer Menge Talent ein Bekleidungsimperium schuf, kommen Millionen von Ben Sedans, die wissen, dass der Weg aus der Armut nicht aus einem Stall mit ein paar Kühen darin besteht, sondern aus einem Sohn mit einem sicheren Job bei der Armee. Mikrokredite und andere Hilfen für kleine Geschäfte werden weiterhin im Leben der Armen eine wichtige Rolle spielen, weil diese Geschäfte für einige von ihnen auch in absehbarer Zukunft die einzige Möglichkeit zum Überleben darstellen. Aber wir machen uns etwas vor, wenn wir glauben, dass sie Heerscharen von Menschen einen Weg aus der Armut ebnen.

10 Politik im Großen und im Kleinen

Sogar ausgesprochen gut gemeinte und gut durchdachte Maßnahmen verpuffen wirkungslos, wenn sie nicht richtig umgesetzt werden. Der Unterschied zwischen Wunsch und Wirklichkeit kann leider ziemlich groß sein. Regierungsversagen wird oft als Grund genannt, weshalb gute Strategien am Ende doch nicht funktionieren. Und schwache Regierungen müssen auch bei manchen Entwicklungshilfekritikern immer wieder als Begründung herhalten, warum Entwicklungshilfe und andere Versuche, die sozialen Verhältnisse von außen zu beeinflussen, die Dinge in armen Ländern eher schlechter als besser machen.[1]

Die ugandische Regierung zahlt den Schulen pro Schüler einen Zuschuss, damit sie ihre Schulgebäude in Schuss halten, Bücher kaufen und zusätzliche Maßnahmen für ihre Schüler finanzieren können, die sie für sinnvoll halten (die Lehrergehälter werden direkt von der Regierung bezahlt). Ritva Reinikka und Jakob Svensson suchten 1996 eine Antwort auf die einfache Frage: Wie viel von dem Geld, das die Regierung für die Schulen bereitstellte, kam auch dort an?[2] Das war nicht schwer herauszufinden. Sie schickten Befragungsteams los, die ermitteln sollten, wie viel Geld die Schulen jeweils erhalten hatten. Dann verglichen sie die Zahlen mit den offiziellen Angaben, wie viel Geld für welche Schule auf den Weg gebracht worden war. Das Ergebnis verschlug ihnen den Atem: Nur 13 Prozent der Zuschüsse hatten ihr Ziel erreicht, über die Hälfte der Schulen hatte gar nichts erhalten. Nachforschungen ergaben, dass ein Gutteil des Geldes höchstwahrscheinlich in den Taschen von Distriktbeamten gelandet war.

Angesichts solcher Ergebnisse (die von ähnlichen Studien in

mehreren anderen Ländern bestätigt wurden) könnte man leicht depressiv werden. Wir werden oft gefragt, warum wir das tun, was wir tun: »Was kümmert's euch?« Das sind die »kleinen« Fragen. William Easterly, um nur ein Beispiel zu nennen, kritisierte die randomisierten kontrollierten Studien (RTCs) in seinem Blog mit folgenden Worten: »RTCs sind für viele der großen Fragen im Bereich Entwicklung, wie die gesamtwirtschaftlichen Effekte von guten Institutionen oder guter makroökonomischer Politik, nicht durchführbar.« Und dann meint er: »Die Verwendung von RCTs hat Entwicklungshilfeforscher dazu gebracht, ihre Ansprüche herunterzuschrauben.«[3]

Diese Bemerkung spiegelt sehr gut die institutionelle Sichtweise wider, die in der Entwicklungsökonomie heute weitverbreitet ist. Demnach fehlt es nicht an guten Vorschlägen, vordringlicher sei es jedoch, Ordnung in das politische System zu bringen. Wenn das politische System funktioniert, werden auch gute Entscheidungen getroffen. Und umgekehrt können ohne ein funktionierendes politisches System keine guten Entscheidungen getroffen und in entsprechende Maßnahmen umgesetzt werden, zumindest nicht auf jeder Ebene. Es ist absolut witzlos, sich zu überlegen, wie ein Dollar an einer Schule verwendet werden kann, wenn 87 Cent davon sowieso nicht ankommen. Daraus wird der Schluss gezogen, dass »große Fragen« »große Antworten« erfordern – große soziale Veränderungen, um nicht Revolutionen zu sagen, wie den Übergang zu einer echten Demokratie.

Das andere Extrem vertritt Jeffrey Sachs, für ihn stellt die Korruption (wie zu erwarten) eine Armutsfalle dar: Armut führt zu Korruption, und Korruption führt zu Armut. Er schlägt deshalb vor, diese Armutsfalle zu beseitigen, indem man sich darauf konzentriert, den Armen in den Entwicklungsländern zu etwas mehr Wohlstand zu verhelfen: Entwicklungshilfe sollte für definierte Ziele gewährt werden, die sich leicht überwachen lassen (zum Beispiel Malariabekämpfung, Optimierung der Nahrungsmittelproduktion, sauberes Trinkwasser, verbesserte Hygiene). Ein höherer Lebensstandard, so Sachs, würde Zivilgesellschaften und Regierungen dazu bringen, sich an Recht und Gesetz zu halten.[4]

Das setzt voraus, dass es gelingt, solche Programme in großem Rahmen in armen, korrupten Ländern einzuführen. Nach Angaben von *Transparency International* rangierte Uganda, was Korruption angeht, im Jahr 2010 auf Platz 127 von 178; damit lag es hinter Eritrea, aber vor Nigeria und gleichauf mit Nicaragua und Syrien. Kann man Fortschritte auf dem Gebiet der Bildung erwarten, solange Uganda das wesentlich größere Problem der Korruption nicht gelöst hat?

Die Untersuchung von Reinikka und Svensson hatte interessante Folgen. Als ihre Ergebnisse in Uganda bekannt wurden, lösten sie einen Sturm der Entrüstung aus, mit der Folge, dass das Finanzministerium begann, in den großen überregionalen Zeitungen (und ihren regionalsprachlichen Ausgaben) monatlich darüber zu informieren, wie viel Geld für die Schulen an die Distrikte angewiesen wurde. Als Reinikka und Svensson ihre Umfrage 2001 wiederholten, erfuhren sie, dass die Schulen im Schnitt 80 Prozent der Gelder erhielten, die ihnen zustanden. Ungefähr die Hälfte der Schulleiter, die weniger bekommen hatten, als sie sollten, hatte sich offiziell beschwert, und am Ende erhielten die meisten ihr Geld. Man hörte nichts von Repressionen gegen sie oder gegen die Zeitungen, die die Geschichte gebracht hatten. Wie es scheint, hatten die Distriktbeamten das Geld fröhlich in die eigene Tasche wandern lassen, solange keiner hinsah, aber sofort damit aufgehört, als es Ärger gab. Das »Umlenken« der staatlichen Zuschüsse war im großen Stil möglich, weil sich offenbar niemand darüber Gedanken gemacht hatte.

Das Beispiel der ugandischen Schulleiter macht Hoffnung: Wenn Dorfschuldirektoren in der Lage waren, der Korruption Einhalt zu gebieten, muss man vielleicht nicht warten, bis die Regierung gestürzt oder die Gesellschaft von Grund auf verändert wird, um die praktische Politik zu verbessern. Durch sorgfältiges Nachdenken und strenges Evaluieren können wir Verfahren entwickeln, mit denen sich Korruption und Ineffizienz in Schach halten lassen. Wir »schrauben unsere Ansprüche nicht herunter«, nein, wir sind davon überzeugt, dass Fortschritt in kleinen Schritten stattfinden und die Summe all dieser kleinen Veränderungen am Ende in eine stille Revolution münden kann.

Politische Ökonomie

Korruption oder auch nur mangelnde Pflichterfüllung sind die Ursachen von Ineffektivität auf vielen Gebieten und mit weitreichenden Konsequenzen. Wenn Lehrer und Krankenschwestern nicht zur Arbeit erscheinen, können weder bildungs- noch gesundheitspolitische Maßnahmen umgesetzt werden. Wenn LKW-Fahrer ein kleines Schmiergeld zahlen und dann mit gewaltig überladenen Trucks durchs Land fahren dürfen, zermalmen sie Milliarden Dollar für Straßenbaumaßnahmen unter ihren Rädern.

Unser Kollege Daron Acemoglu und sein langjähriger Koautor James Robinson von der Harvard University gehören zu den tiefsinnigsten Vertretern der heute in den Wirtschaftswissenschaften gepflegten pessimistischen Auffassung, dass sich Länder nicht entwickeln können, solange die politischen Institutionen nicht »fixiert«, das heißt, festgelegt oder stabilisiert sind, doch Institutionen – und darunter versteht man nicht nur Einrichtungen, sondern auch Regelsysteme, an die sich alle halten und auf die sich alle verlassen können müssen – lassen sich nur schwer fixieren. Acemoglu und Robinson definieren Institutionen so: »Wirtschaftliche Institutionen schaffen ökonomische Anreize, Anreize für das Streben nach Bildung, für Geldanlagen und Investitionen, für Innovation und die Übernahme neuer Technologien und so weiter. Politische Institutionen stecken den Rahmen ab, innerhalb dessen Bürger Politiker kontrollieren können.«[5]

Sowohl Politikwissenschaftler als auch Ökonomen denken bei Institutionen immer groß. Man könnte sagten: Für sie werden Institutionen immer großgeschrieben: Wirtschaftliche

INSTITUTIONEN wie Eigentumsrecht und Steuersysteme, politische INSTITUTIONEN wie Demokratie oder Autokratie, Zentralismus oder Föderalismus, allgemeines oder eingeschränktes Wahlrecht. In ihrem Buch *Why Nations Fail* (»Warum Staaten versagen«),[6] das eine unter Politikwissenschaftlern weit verbreitete Sichtweise widerspiegelt,[7] behaupten Daron Acemoglu und James Robinson, diese (großen) Institutionen seien die wichtigsten Triebkräfte für Erfolg oder Misserfolg einer Gesellschaft. Gute wirtschaftliche Institutionen unterstützen Bürger dabei, zu investieren, zu sparen und neue Techniken zu entwickeln; die Gesellschaft prosperiert dadurch. Schlechte Institutionen bewirken das Gegenteil. Ein Problem ist, dass Regierungschefs, die über die Macht verfügen, wirtschaftliche Institutionen zu gestalten, nicht zwangsläufig ein Interesse daran haben, dass sich die Bürger ihres Staates zum eigenen Nutz und Frommen entfalten können. Sie haben unter Umständen persönlich mehr von einem Wirtschaftssystem, in dem sehr genau geregelt ist, wer was tun darf (und in dem sie zu ihrem Vorteil Ausnahmen gestatten); ein schwacher Wettbewerb kann ihnen vielleicht sogar die Macht sichern. Aus diesem Grund werden politische Institutionen gebraucht – sie sollten Regierende davon abhalten, die Wirtschaft mit Blick auf den eigenen Vorteil zu organisieren. Wenn sie gut funktionieren, erlegen politische Institutionen Regierenden so viele Beschränkungen auf, dass sie nicht allzu weit vom Pfad des öffentlichen Interesses abkommen können.

Unglücklicherweise setzen sich schlechte Institutionen meist in schlechten Institutionen fort, so entsteht ein Teufelskreis, der manchmal auch das »eherne Gesetz der Oligarchie« genannt wird. Diejenigen, die unter den aktuellen politischen Verhältnissen die Macht innehaben, sorgen dafür, dass die wirtschaftlichen Institutionen für sie arbeiten, und wenn sie reich genug sind, verwenden sie üblicherweise ihr Vermögen darauf, alle Versuche, sie von der Macht zu verdrängen, abzuwehren.

In den Augen von Acemoglu und Robinson ist der Fortbestand schlechter politischer Institutionen der Hauptgrund, weshalb sich viele Entwicklungsländer nicht weiterentwickeln. Diese Länder haben aus der Kolonialzeit schlechte Institutionen »geerbt«, die von den früheren Herren nicht mit dem Ziel eingerichtet wurden, das Land voranzubringen, sondern um möglichst viele seiner Ressourcen für die Kolonialmacht herauszupressen. Nach dem Ende der Kolonialzeit fanden es die neuen Herrscher praktisch, die existierenden ausbeuterischen Institutionen beizubehalten und für die eigenen Interessen zu nutzen; so kam ein Teufelskreis in Gang. In einem Artikel, der bereits zum Klassiker geworden ist, zeigten Daron Acemoglu, James Robinson und Simon Johnson zum einen, dass ehemalige Kolonien, in denen sich wegen der Häufigkeit von Tropenkrankheiten kaum Europäer niedergelassen hatten, während der Kolonialzeit die schlechtesten Institutionen besaßen (weil sie aus großer Entfernung ausgebeutet werden mussten), und zum anderen, dass diese schlechten Institutionen in der Unabhängigkeit bestehen blieben.[8]

Ein beeindruckendes Beispiel für den langen Schatten der politischen Institutionen fanden Abhijit und Lakshmi Iyer in Indien.[9] Während der britischen Kolonialherrschaft hatten sich in verschiedenen Distrikten, mehr oder weniger zufällig, unterschiedliche Systeme für die Erhebung der Grundsteuer etabliert (welches System gewählt wurde, hing vor allem von den Vorstellungen des britischen Verwaltungsbeamten ab, der für den betreffenden Distrikt zuständig war, und von den in Großbritannien zur Zeit der Inbesitznahme herrschenden Ansichten). Beim *Zamindari*-System war der örtliche Großgrundbesitzer für das Eintreiben der Pacht verantwortlich: Der konnte damit seine Macht vergrößern und die feudalen Strukturen festigen. Im *Rayatwari*-System war jeder Bauer für seine Grundsteuer selbst verantwortlich: In diesen Regionen entwickelte sich eine kooperativere, horizontale Sozialstruktur. Es fällt auf, dass dort, wo eine Elite dominiert – sogar 150 Jahre nachdem diese Form der Steuereintreibung praktiziert wurde –, mehr soziale Spannungen auftreten, die Ernteerträge niedriger ausfallen und weniger Schulen und

Krankenhäuser stehen, als in Dörfern, in denen man sich selbst um die Grundsteuer kümmerte.

Acemoglu und Robinson halten es nicht für undenkbar, dass ehemalige Kolonien aus diesem Teufelskreis aus schlechten politischen und schlechten ökonomischen Institutionen ausbrechen. Aber sie sagen, es sei nur mit vereinten Kräften und einer guten Portion Glück zu schaffen. Als Beispiele führen sie die Glorreiche Revolution in England und die Französische Revolution an. Dass es sich bei diesen beiden Ereignissen um gewaltige und mindestens 200 Jahre zurückliegende Umstürze handelt, entmutigt sie nicht völlig. Am Ende ihres Buches machen Acemoglu und Robinson verschiedene Vorschläge, wie sich Veränderungen *vielleicht* herbeiführen lassen, äußern sich aber sehr vorsichtig.

Es gibt noch zwei andere einflussreiche Standpunkte, die zwar Acemoglus und Robinsons grundsätzliche Haltung zum Primat der Institutionen teilen, aber nicht ihren tiefsitzenden Pessimismus. Die Vorschläge dieser beiden Gruppen könnten gegensätzlicher nicht sein: Die einen meinen, wenn Länder durch ihre schlechten Institutionen lahmgelegt werden, seien die reichen Länder verpflichtet, ihnen zu besseren Institutionen zu verhelfen, notfalls mit Gewalt. Die anderen dagegen sagen, jeder Versuch, Institutionen *oder Politik* von oben nach unten verändern zu wollen, sei zum Scheitern verurteilt, Veränderungen müssten von innen kommen.

Eine Möglichkeit, den Teufelskreis schlechter Institutionen zu durchbrechen, besteht darin, Veränderungen von außen zu »importieren«. Paul Romer, der vor einigen Jahren mit seinen Arbeiten zum Wirtschaftswachstum bekannt wurde, hatte eine scheinbar geniale Idee: Wenn du dein Land nicht führen kannst, vermiete es an jemanden, der es kann.[10] Doch ein ganzes Land zu lenken ist schwierig. Deshalb schlägt er vor, mit Städten zu beginnen, die klein genug sind, um sich gut managen zu lassen, und groß genug, dass die Veränderungen erkennbar werden. Angeregt vom Beispiel Hongkong, dessen Entwicklung die Briten höchst erfolgreich vorangetrieben hatten, ehe sie es an China zurückgaben, entwickelte Romer das Konzept der *»Charter Cities«*: Es sieht vor, dass ein Land eine unbebaute Fläche an einen fremden Staat übergibt, der dann dafür verantwortlich ist, darauf eine neue Stadt mit guten Institutionen entstehen zu lassen. Wenn man buchstäblich bei null anfängt, kann man einen Satz guter Grundregeln etablieren (seine Beispiele reichen von Gebühren für Verkehrsstaus bis Grenzkostenkalkulation für Strom, nicht zu vergessen den gesetzlichen Schutz des Eigentums). Da niemand gezwungen wird, in diese Städte zu ziehen, und alle Neubürger aus freien Stücken kommen (das Land war vor der Stadtgründung nicht besiedelt), darf sich auch keiner über die neuen Regeln beschweren.

Einen kleinen Schönheitsfehler hat das Konzept: Es ist keineswegs sicher, ob sich die Regierenden armer Länder ohne Weiteres auf Vereinbarungen dieser Art einlassen würden. Und selbst wenn, bleibt ungewiss, ob sie einen Käufer fänden: Wie würden sie garantieren, das Territorium nicht einfach wieder zu übernehmen, wenn die Entwicklung erfolgreich verläuft? Solche Überlegungen brachten einige Entwicklungsexperten dazu, noch einen Schritt weiter zu gehen. In seinen Büchern *Die unterste Milliarde: Warum die ärmsten Länder scheitern und was man dagegen tun kann* und *Gefährliche Wahl. Wie Demokratisierung in den ärmsten Ländern der Erde gelingen kann* spricht der Oxford-Professor und frühere Weltbank-Ökonom Paul Collier von 60 »völlig abgewirtschafteten« Ländern (und denkt dabei an Tschad, Kongo und so weiter), in denen etwa eine Milliarde Menschen leben.[11] Diese Länder seien gefangen in einem Teufelskreis aus schlechten ökonomischen und politischen Institutionen, und es sei die Pflicht der westlichen Welt, sie daraus zu befreien, nötigenfalls mit militärischen Interventionen. Als Beispiel für eine erfolgreiche Intervention dieser Art führt Collier die britische Unterstützung bei Sierra Leones ersten Schritten in Richtung Demokratie an.

Einer der heftigsten Kritiker von Colliers Vorschlag ist, wie kaum anders zu erwarten, William Easterley.[12] Das Hauptproblem sei, wendet er zu Recht ein, dass es leichter ist, sich ein Land einzuverleiben als zu wissen, wie man seine Geschicke gut lenkt. Die katastrophalen Bemühungen der USA, im Irak eine marktfreundliche Demokratie zu etablieren, stellen nur ein Beispiel aus der jüngeren Geschichte dar.[13] Allgemeiner gesprochen: Ein Hemd in Einheitsgröße kann nicht jedem passen. Institutionen müssen individuell auf die jeweiligen Gegebenheiten zugeschnitten sein, sich aus ihnen heraus entwickeln. Jeder Versuch, sie von oben herab verändern zu wollen, wird daher heftigen Widerstand herausfordern. Reformen können, wenn überhaupt, nur Schritt für Schritt durchgeführt werden, dabei muss man berücksichtigen, dass die vorhandenen Institutionen bestimmt nicht ohne Grund existieren.[14]

Das Misstrauen gegenüber Experten von außen macht William Easterly nicht nur äußerst skeptisch gegen Übernahmen durch Ausländer, sondern gegen ausländische Entwicklungshilfe im Allgemeinen. Unter anderem weil Entwicklungshilfe in der Regel von dem Versuch begleitet wird, die Landespolitik zu beeinflussen, selbst wenn die Zustände sich in Wahrheit verschlimmern, weil die Entwicklungshilfe auch dann weiterfließt, wenn die Regierenden korrupt sind.[15]

Trotzdem ist Easterly kein Pessimist. Er glaubt, dass die Länder ihren eigenen Weg zum Erfolg finden, wenn man sie in Ruhe lässt. Trotz seiner Abneigung gegen Experten und seiner Beteuerung, es gebe keine »Einheitsgrößen«-Lösungen, hat Easterly einen Expertentipp parat: Freiheit – so viel politische Freiheit wie möglich und wirtschaftliche Freiheit, im Sinne von freien Märkten, der »am meisten unterschätzten menschlichen Erfindung«.[16] Dazu gehört seiner Meinung nach auch, dass man den »sieben Milliarden Experten« die Gestaltung ihrer Zukunft überlässt.[17] Freie Märkte bieten den Unternehmern in spe die Möglichkeit, ihre Projekte auf den Weg zu bringen und zu Wohlstand zu kommen, wenn sie Erfolg haben. Als bekennender Nachfragewallah will Easterly auch, dass Regierungen aufhören, desinteressierten Massen Bildung und Gesundheitsvorsorge aufzudrücken, und den Menschen stattdessen die Freiheit gewähren, selbst, durch kollektives Handeln, Wege zu Bildung und Gesundheit zu entwickeln.

Natürlich gibt es eine Menge Beispiele, wo die Mitglieder einer Gesellschaft das Gefühl haben, dass ein völlig freier Markt doch nicht das Ideale ist. Erstens, so Easterly,[18] könnte es sein, dass die Armen nicht in der Lage sind, am Markt teilzunehmen, und Hilfe brauchen, bis der Markt einen Weg findet, sie zu erreichen. Zweitens werden ein paar Regeln benötigt, damit Markt und Gesellschaft funktionieren. Stellen Sie sich zum Beispiel Menschen vor, die nicht Auto fahren können, aber trotzdem Auto fahren möchten. Die Gesellschaft sähe es lieber, wenn sie es nicht täten, wohl wissend, was das für alle anderen bedeuten würde. Ein freier Markt für Führerscheine kann dieses Problem eindeutig nicht lösen. In einem schwachen oder korrupten Staat wird sich der freie Markt dennoch durch Bestechung und Korruption Bahn brechen. In Delhi wurde eine Studie zur Vergabe von Führerscheinen durchgeführt. Dabei zeigte sich, dass die Erlangung einer Fahrerlaubnis weniger davon abhing, ob jemand Auto fahren konnte, sondern eher davon, wie viel man bereit war zu zahlen, um sie schnell zu bekommen.[19] Delhi hat also definitiv einen freien Markt für Führerscheine, und das ist genau das, was wir nicht wollen. Wie bekommt man nun den Staat dazu, seine Aufgabe zu erfüllen, ohne dass genau dasselbe geschieht wie auf dem freien Markt?

Regierungen sind also notwendig, um die sogenannte Grundversorgung bereitzustellen und die Normen und Regeln durchzusetzen, die ein Markt zum Funktionieren braucht. Laut Easterly kann Demokratie dabei helfen, ein Feedback von unten nach oben einzurichten, mit dem sich Regierungen zur Rechenschaft ziehen lassen. Die spannende Frage lautet also: Wie entstehen Institutionen des freien Marktes und Demokratie? Easterly ist konsequent und sagt, dass auch Freiheit nicht von außen verordnet werden kann, dann wäre es keine Freiheit. Diese Institutionen müssen von innen heraus entstehen und sich von unten nach oben entwickeln. Man kann nichts weiter tun, als für das Ideal der gleichen Rechte für alle zu werben.[20]

Die wichtigste Botschaft aus der historischen Analyse von Daron Acemoglu und James Robinson lautet: Schlechte Institutionen halten sich hartnäckig, und unter Umständen verschwinden sie nicht von allein. Wir teilen ihre Skepsis, sowohl was die Gefahr angeht, wenn institutionelle Veränderungen nach Schema F von außen aufgedrückt werden sollen, als auch was die Hoffnung betrifft, dass sich schon alles von selbst regeln wird, wenn man die Leute in Ruhe lässt. In einem Punkt unterscheiden wir uns von ihnen: Wir bleiben optimistisch. In der Praxis beobachten wir eine Menge bedeutender institutioneller Veränderungen, im Kleinen und ohne Invasion von außen oder ausgewachsene soziale Revolutionen im Inneren.

Tatsächlich vermissen wir an der ganzen Debatte etwas Grundlegendes in der Definition von Institutionen: Institutionen definieren, wer wem wie verpflichtet ist. Das gilt sicher auch für die INSTITUTIONEN, die bei den meisten Analysen im Mittelpunkt standen (zumindest bei denen von Ökonomen und Politikwissenschaftlern) und die die Diskussion immer noch beherrschen: Demokratie, Dezentralisierung, Eigentumsrechte, das Kastensystem und so weiter. Aber jede INSTITUTION wird vor Ort durch viele spezielle lokale *Institutionen* verkörpert. Eigentumsrechte zum Beispiel werden in einer ganzen Reihe von Gesetzen festgelegt, die etwa regeln, wer was besitzen darf (in der Schweiz zum Beispiel dürfen Ausländer keine Ferienhäuser besitzen), was Eigentum eigentlich ist (in Schweden darf jeder überallhin gehen, sogar über anderer Leute Grund und Boden), wie Justiz und Polizei zusammen Gesetze durchsetzen (Jurys sind in den USA gang und gäbe, nicht jedoch in Frankreich, Deutschland oder Spanien) und vieles mehr. Jede Demokratie hat ihre Regeln, wer in welches Amt gewählt werden kann, wer zur Wahl gehen darf, wie Wahlkämpfe zu führen sind, und gesetzliche Vorgaben, die es mehr oder weniger leicht machen, Stimmen zu kaufen oder Wähler einzuschüchtern. Selbst autokratische Systeme lassen manchmal etwas Raum für Bürgerbeteiligung. Wir haben es in diesem Buch immer wieder gesehen: Es kommt auf die Details an. Und Institutionen stellen da keine Ausnahme dar. Wenn wir wirklich verstehen wollen, was Institutionen für das Leben der Armen bedeuten, müssen wir die Perspektive ändern: von den INSTITUTIONEN in Großbuchstaben zu den kleingeschriebenen Institutionen – wir müssen den »Blick von unten« einnehmen.[21]

Veränderungen im Kleinen

Der Pessimismus von Acemoglu und Robinson lässt sich zum Teil damit erklären, dass wir selten einen erfolgreichen, kompletten Regimewechsel von einem autoritären und korrupten System zu einer funktionierenden Demokratie beobachten. Wenn wir den Blick von unten einnehmen, bemerken wir als Erstes, dass es nicht immer notwendig ist, Institutionen von Grund auf zu verändern, um zu mehr Verantwortung und weniger Korruption zu gelangen.

Obwohl umfassende demokratische Reformen nur sehr vereinzelt vorkommen, finden wir viele Beispiele, wo in begrenztem Umfang und auf lokaler Ebene Demokratie eingeführt wurde, selbst in Obrigkeitsstaaten. Sogar in ansonsten autoritär regierten Staaten wie Indonesien unter Suharto, Brasilien während der Militärdiktatur oder Mexiko unter der Führung der PRI (*Partido Revolucionario Institucional,* »Partei der Institutionellen Revolution«) haben Wahlrechtsreformen stattgefunden. Auf lokaler Ebene wurden Wahlen beispielsweise in Vietnam (1998), Saudi Arabien (2005) und im Jemen (2001) eingeführt. Typischerweise begegnete der Westen diesen Wahlen mit Skepsis: Wahlergebnisse werden häufig geschönt, und die gewählten Vertreter verfügen nur über wenig Handlungsspielraum. Dennoch gibt es beeindruckende Belege, dass sich diese sehr unvollkommenen Wahlen deutlich auf die Arbeit der örtlichen Verwaltungen auswirken. Anfang der achtziger Jahre wurden in ländlichen Regionen Chinas nach und nach Wahlen auf Dorfebene eingeführt. Anfänglich bestimmte die Kommunistische Partei noch, wer kandidieren durfte. Ihre Ortsgruppe und der eingesetzte Parteisekretär waren weiter im Dorf aktiv. Die Wahlen waren nicht immer anonym, und die Wahlurnen verschiedenen Berichten zufolge oft mit gefälschten Stimmzetteln gefüllt. Eine Studie[22] zeigte, dass die Reform, die den Dorfbewohnern mehr Mitbestimmung ermöglichte, – trotz dieser Mängel – überraschend große Auswirkungen hatte. Nachdem in einem Dorf Wahlen eingeführt worden waren, stieg die Wahrscheinlichkeit, dass der Dorfvorsteher unpopuläre Vorschriften der Zentralregierung lockerte, wie etwa die Ein-Kind-Politik. Von der Umverteilung von Ackerland, die in chinesischen Dörfern von Zeit zu Zeit vorgenommen wird, profitierten häufiger Bauern aus der »Mittelschicht«. Ausgaben der öffentlichen Hand orientierten sich nun stärker an den Wünschen und Bedürfnissen der Dorfbewohner.

Die Korruptionsbekämpfung scheint ebenfalls in gewissem Umfang möglich zu sein, ohne die übergeordneten Institutionen umzugestalten. Relativ einfache Maßnahmen, wie die erfolgreiche Zeitungskampagne der ugandischen Regierung, zeitigen beeindruckende Erfolge. Eine andere interessante Geschichte hat sich in Indonesien zugetragen, wo auch nach dem Sturz von Suharto Korruption noch immer ein ziemlich großes Problem ist. Im Korruptionswahrnehmungsindex von *Transparency International* lag Indonesien 2010 auf Platz 110 von 178. In einem von der Weltbank geförderten Regierungsprogramm zum Aufbau von Infrastruktur auf dem Land, wozu auch Straßen gehörten, grassierte offenbar die Korruption. Die einfachste Art für die Gemeindevertreter, Gelder aus dem Förderprogramm abzuzweigen, war, überhöhte Rechnungen für Material auszustellen und Löhne abzurechnen, die nie gezahlt wurden. Unser Kollege Benjamin Olken engagierte Teams aus Ingenieuren und ließ in etwa 600 Dörfern jeweils ein Stück Straße aufgraben, um herauszufinden, wie viel Material dort tatsächlich verbaut worden war. Die geschätzten Kosten wurden dann mit den offiziellen Angaben verglichen. Ein anderes Team befragte Leute, die auf den Baustellen beschäftigt gewesen waren, wie viel Lohn man ihnen gezahlt hatte. Die Unterschlagung war enorm: 27 Prozent der angeblich gezahlten Löhne und 20 Prozent der Materialien waren verschwunden. Was die Sache noch verschlimmerte: Nicht nur das Geld war weg. Die neu gebauten Straßen hatten zwar die geplante Länge (sonst wäre der Betrug zu offensichtlich gewesen), wegen des fehlenden Materials waren sie aber von schlechter Qualität und drohten daher von den nächsten stärkeren Regenfällen weggespült zu werden.[23]

Um der Korruption Einhalt zu gebieten, teilten die für das Programm zuständigen Regierungsvertreter den Gemeindevorstehern mit, dass die Bauprogramme in Zukunft überprüft und die Ergebnisse öffentlich gemacht würden. Für diese Aufgabe engagierte die Regierung keine besonders vertrauenswürdigen Kontrolleure, sondern Leute aus dem bestehenden System. Und trotzdem sank aufgrund der drohenden Überprüfungen, wie Olken zeigen konnte, die Veruntreuung von Geldern um ein Drittel. Olken hatte zufällig ausgewählte Dörfer, in denen die Kontrollen durchgeführt wurden, mit solchen verglichen, in denen das nicht der Fall war.

Im indischen Bundesstaat Rajasthan arbeiteten wir mit der Polizeibehörde zusammen. Wir schickten »Testopfer« zu Polizeistationen, die die Beamten dort dazu bringen sollten, erfundene kleinere Delikte (gestohlene Handys, sexuelle Belästigung auf der Straße und Ähnliches) aufzunehmen.[24] Polizeistationen werden in Indien nach der Zahl der nicht aufgeklärten Fälle evaluiert, das heißt, je mehr unaufgeklärte Fälle, desto schlechter die Evaluation. Das Einfachste, um in der Evaluation besser abzuschneiden, ist demzufolge, so wenige Anzeigen wie möglich aufzunehmen. In unserer ersten Runde mit Testopfern kam es nur in 40 Prozent der Fälle so weit, dass die Beamten die Anzeige wirklich aufnehmen wollten (an diesem Punkt gaben sich unsere Testopfer dann zu erkennen). Unter solchen Umständen kann man gut nachvollziehen, dass die Armen nur selten versuchen, wegen kleinerer Delikte bei der Polizei Anzeige zu erstatten.

Die indische Polizei ist ein nahezu perfektes Beispiel für eine sich hartnäckig haltende Institution der Kolonialzeit. Obwohl sie ursprünglich dafür geschaffen worden war, die Interessen der Kolonialherren zu schützen, gab es nach der Erlangung der Unabhängigkeit keinerlei Versuche, die indische Polizei zu reformieren. Das Polizeigesetz von 1861 ist noch immer in Kraft! Seit 1977 haben diverse Kommissionen zur Reformierung der Polizei immer wieder weitreichende Veränderungen empfohlen, davon wurde bis jetzt kaum etwas umgesetzt. Dennoch ist das System nicht annähernd so verkrustet, wie diese Geschichte vermuten lässt.

Unsere Test-Verbrechensopfer gaben sich immer dann zu erkennen, wenn die Beamten willens waren, ihre Anzeige aufzunehmen. Auf diese Weise wurde bei der Polizei bekannt, dass da Leute herumrennen, um sie auf die Probe zu stellen, indem sie Kleindelikte zur Anzeige bringen wollen. Obwohl man den Polizisten ausdrücklich sagte, dass die Daten aus den Tests nicht an ihre Vorgesetzten weitergegeben würden, und Fehlverhalten nicht sanktioniert wurde, stieg die Zahl der registrierten Anzeigen von 40 Prozent beim ersten Testbesuch auf 70 Prozent beim vierten. Für die Polizisten waren die Testopfer nicht als solche zu erkennen (es handelte sich um Leute aus der Gegend, die man mit entsprechenden Geschichten instruiert hatte), das heißt, die Bereitschaft, Anzeigen aufzunehmen, muss insgesamt gestiegen sein: Die Furcht davor, auf die Probe gestellt zu werden, reichte aus, um die Arbeit der Polizisten zu verbessern.

Überwachung von oben nach unten ist keine wirklich neue Idee. Aber Kontrollen und Tests scheinen effektiv zu sein, vermutlich weil es nicht ganz unwahrscheinlich ist, dass ihre Ergebnisse genutzt werden, um Fehlverhalten zu bestrafen. Ein paar von der Korruptionsbekämpfung überzeugte Leute innerhalb eines Systems würden genügen.

Informationstechnik könnte ebenfalls helfen. Nandan Nilekani, der frühere Geschäftsführer von *Infosys*, unterstützt – wie bereits erwähnt – die indische Regierung in ihrem Bestreben, jeden Bürger mit einem »eindeutigen Identitätsnachweis« auszustatten, der aus den Fingerabdrücken und Fotos von der Iris beider Augen bestehen soll. So soll es möglich werden, jede im System registrierte Person an jedem Ort zu identifizieren, der über eine entsprechende Software zur Erkennung der Fingerabdrücke verfügt. Dann könnte man beispielsweise verlangen, dass Personen, die subventioniertes Getreide aus den Fair-Price-Shops der Regierung abholen wollen, ihre Fingerabdrücke überprüfen lassen müssen. Das würde es für Ladenbesitzer sehr viel schwieriger machen, das Getreide zum Marktpreis weiterzuverkaufen und zu behaupten, sie hätten es an die Armen verkauft. An den grundsätzlichen Schwächen des institutionellen Rahmens in Indien ändert sich dadurch nichts. Trotzdem könnte diese »technische Hilfe« dazu beitragen, das Leben der Armen deutlich zu verbessern (wofür wir aber noch keine Belege haben, da das System noch nicht vollständig eingerichtet ist).

Dezentralisierung und Demokratie in der Praxis

Obwohl es, was Verantwortung und Korruption angeht, selbst im Rahmen von grundsätzlich »schlechten« INSTITUTIONEN noch Spielraum für Verbesserungen gibt, kann umgekehrt niemand dafür garantieren, dass gute INSTITUTIONEN in der Praxis notwendigerweise auch gut funktionieren. Wieder einmal hängt es davon ab, wie sie vor Ort umgesetzt werden. Auf einer bestimmten Ebene leuchtet diese Aussage unmittelbar ein und institutionelle Pessimisten werden sofort zustimmen können. Viel seltener wird dagegen erkannt, welche Auswirkung und welche Bedeutung sehr kleine Regeländerungen haben können.

Ein beeindruckendes Beispiel für eine kleine Änderung mit großer Wirkung stammt aus Brasilien. Dort wurde lange nach einem komplizierten Verfahren mit Wahlzetteln aus Papier abgestimmt: Wähler mussten einen Kandidaten aus einer langen Liste auswählen und den Namen des Kandidaten ihrer Wahl (oder seine Kennnummer) auf ihren Wahlzettel schreiben. In einem Land mit fast 25 Prozent funktionalen Analphabeten bedeutete dies, dass ein großer Teil der Wahlberechtigten faktisch nicht wählen konnte. Bei jeder Wahl waren durchschnittlich 25 Prozent der Stimmen ungültig und wurden nicht gezählt. Ende der neunziger Jahre führte man in Brasilien Wahlmaschinen ein, zunächst nur in den großen Städten, später überall. Auf einer einfachen Benutzeroberfläche kann der Wähler die Nummer seines Kandidaten wählen, anschließend erscheint dessen Foto auf dem Bildschirm, und erst wenn der Wähler das bestätigt, ist die Stimme abgegeben. Ursprünglich sollte diese Reform nur die Stimmauszählung vereinfachen, aber sie hatte unerwartete Folgen: In den Städten, in denen die Wahlmaschinen eingeführt worden waren, sank – verglichen mit ähnlich strukturierten Städten, die noch nicht umgestellt hatten – die Zahl der ungültigen Stimmen um 11 Prozent. Die Wähler, die auf diese Weise erstmals ihr Wahlrecht richtig ausüben konnten, waren ärmer und weniger gebildet. Die Politiker, die sie wählten, waren ebenfalls ärmer und weniger gebildet. Und die Politik, die diese Politiker machten, kam häufiger den Armen zugute: Insbesondere stiegen die Ausgaben für das öffentliche Gesundheitswesen, die Zahl der Babys mit niedrigem Geburtsgewicht (meist Kinder von weniger gebildeten Müttern) dagegen nahm ab. Eine kleine technische Neuerung hat, ganz ohne große politische Auseinandersetzungen, die Art und Weise verändert, wie die Stimme der Armen auf der politischen Bühne Brasiliens Gehör findet.[25]

(Fast) alle Macht dem Volk

Ein weiteres Beispiel dafür, welch überraschende Tragweite kleine Veränderungen haben können, sind die Regeln, nach denen politische Entscheidungen auf kommunaler Ebene getroffen werden. Viele internationale Institutionen verfolgen inzwischen einen neuen Kurs und übergeben den Menschen, die Gelder erhalten, auch die Verantwortung dafür, dass Schulen, Krankenhäuser und Verbindungsstraßen gut in Schuss sind und ordentlich funktionieren. In der Regel geschieht das, ohne die Armen ausdrücklich zu fragen, ob sie diese Verantwortung überhaupt übernehmen wollen.

Angesichts des Versagens des Staates, den Armen eine Grundversorgung zu bieten, wie wir es in verschiedenen Kapiteln dieses Buches dargestellt haben, erscheint es auf den ersten Blick absolut logisch, die Mittel zur Armutsbekämpfung den Armen selbst in die Hand zu geben. Die Leute, denen das Geld helfen soll, sind ganz direkt von der schlechten Grundversorgung betroffen, deshalb sollten sie das größte Interesse daran haben. Darüber hinaus wissen sie besser, was sie wollen und was vor Ort geschieht. Wenn man die Betroffenen in die Lage versetzen würde, diejenigen zu überwachen, die für die Grundversorgung zuständig sind (Ärzte, Lehrer, Ingenieure) – entweder mit der Kompetenz, sie einzustellen und zu entlassen, oder zumindest mit der Möglichkeit, sich über sie zu beschweren –, dann sollte sichergestellt sein, dass diejenigen, die die richtige Motivation und die richtigen Informationen haben, auch diejenigen sind, die die Entscheidungen treffen. »Wenn für die Kommunen viel auf dem Spiel steht«, schrieb die Weltbank in ihrem Weltentwicklungsbericht von 2004, »dann nehmen sie das Problem auch in Angriff.«[26] Außerdem vermag unter Umständen schon allein die Tatsache, dass man zusammen an einem Projekt arbeitet, soziale Bindungen in den Gemeinschaften nach einem Bürgerkrieg wiederherzustellen. In sogenannten *Community-Driven-Development*-Projekten wählen Gemeinschaften Projekte aus, die sie zusammen durchführen; solche Projekte sind derzeit besonders in vom Bürgerkrieg zerrütteten Regionen gefragt, wie Sierra Leone, Ruanda, Liberia und Indonesien.

Für die Praxis enorm wichtig sind dezentrale Strukturen und echte Bürgerbeteiligung. Wie kann eine Gemeinschaft am besten zu erkennen geben, was sie möchte, wenn man einmal davon ausgeht, dass verschiedene Menschen oft verschiedene Ansichten haben? Wie kann man sicherstellen, dass die Interessen von unterprivilegierten Gruppen (Frauen, ethnische Minderheiten, niedere Kasten, Landlose) vertreten werden?

Ob ein solcher Entscheidungsprozess fair verläuft und zu welchen Ergebnissen er kommt, hängt in einem derartigen Umfeld sehr von Details ab: Wie wird das Projekt ausgewählt (durch eine Versammlung? durch eine Abstimmung?), und wer wird zu den Treffen eingeladen? Wer spricht und wer sorgt dafür, dass das Projekt später auch umgesetzt wird? Wie werden die Projektleiter ausgewählt und vieles andere mehr? Wenn Minderheiten oder die Armen bei der Auswahl nicht berücksichtigt werden, haben sie unter Umständen nichts von der Dezentralisierung; auch die Übergabe der Macht an eine lokale Elite trägt vermutlich nicht zum Frieden in der Gemeinde bei. Ganz im Gegenteil könnten Gruppen, die merken, dass sie von ihren eigenen Nachbarn politisch ausgebootet werden, erst recht aggressiv reagieren.

Nehmen wir die Dorfversammlungen als Beispiel; sie sind ein wichtiges kommunalpolitisches Element. Hier trägt man Beschwerden vor, stimmt über Haushalte ab, Projekte werden vorgeschlagen, gebilligt oder abgelehnt. Manche von Ihnen denken beim Stichwort »Dorfversammlung« vielleicht an das alljährlich stattfindende *Town Meeting* im amerikanischen Bundesstaat Vermont, bei dem in lockerer Atmosphäre spitzzüngige Reden gehalten werden. Aber die Wirklichkeit in den kommunalpolitischen Versammlungen in Entwicklungsländern ist viel weniger unterhaltsam. Die Weltbank fördert Projekte, die Gemeinschaften das Geld für den Auf- oder Ausbau der dörflichen Infrastruktur geben, wie etwa von Straßen oder Bewässerungskanälen. Zu den Versammlungen des *Kecamatan-Development*-Projekts (KDP) in einem indonesischen Dorf kamen etwa fünfzig von mehreren Hundert erwachsenen Einwohnern, und die Hälfte davon gehörte der dortigen Führungsschicht an. Die meisten Anwesenden hörten lediglich zu: Bei den KDP-Versammlungen ergriffen durchschnittlich nicht mehr als acht Personen das Wort, davon zählten sieben zu den gesellschaftlich Höherstehenden.

Daraus könnte man leicht den Schluss ziehen, das eherne Gesetz der Oligarchie bestätige sich so auf Dorfebene. Aber kleine Änderungen im Verfahren änderten alles. In einigen zufällig ausgewählten indonesischen Dörfern wurden die Menschen offiziell und schriftlich zu den Versammlungen *eingeladen.* Damit änderte sich die Beteiligung deutlich: Es kamen im Schnitt fast 65 Besucher, darunter 38, die nicht der Führungsschicht angehörten. Mehr Menschen ergriffen das Wort, und die Versammlungen wurden lebhafter. Einige der Einladungsschreiben enthielten außerdem einen Fragebogen zur Art und Weise, wie die Versammlungen abliefen. In einem Teil der (nach dem Zufallsprinzip ausgewählten) Dörfer wurden die Schreiben an alle Schulkinder ausgeteilt, mit der Bitte, sie den Eltern zu bringen. In anderen Dörfern verteilte sie der Dorfvorsteher. In den Fragebögen, die über die Schulen ausgegeben wurden, fielen die Kommentare wesentlich kritischer aus als dort, wo die Dorfvorsteher sie verteilt hatten.

Wenn das Verfahren einen so großen Unterschied macht, dann ist es ungemein wichtig, wer es festlegen darf. In einem Dorf, das sich selbst überlassen ist, muss man damit rechnen, dass die Führungsschicht die Festlegung der Regeln an sich zieht. Daher könnte es besser sein, wenn eine zentrale Autorität, die die Interessen der Benachteiligten und der Schwächeren berücksichtigt, die dezentralen Strukturen und Entscheidungswege vorgibt. Also nur *fast* alle Macht dem Volk.

Ein Beispiel für eine solche Intervention von oben sind Regelungen, welche Personen(gruppen) die Dorfbewohner als Vertretung wählen dürfen. Diese Einschränkungen können notwendig sein, damit Minderheiten adäquat repräsentiert werden, und sie zeigen Wirkung.

Indien hat ein System der kommunalen Selbstverwaltung mit solchen Beschränkungen. Der *gram panchayat* (wörtlich »Versammlung der Fünf«), abgekürzt GP, oder Dorfrat wird alle fünf Jahre gewählt und kümmert sich um die dörfliche Infrastruktur, wie Brunnen, Schulgebäude, Landstraßen und so weiter. Zum Schutz von unterrepräsentierten Gruppen sehen die gesetzlichen Regelungen vor, dass in einem Teil der Dorfräte die Führungspositionen Frauen und Angehörigen verschiedener Minderheiten (die niedrigen Kasten eingeschlossen) vorbehalten sind, und dass diese Gruppen auch innerhalb der Räte mit einem bestimmten Anteil vertreten sein müssen. Doch wenn die Eliten die *panchayats* komplett vereinnahmen würden, könnte auch die verordnete Vertretung von Frauen oder Minderheiten nichts ausrichten. Die wahren Dorffürsten würden weiterhin regieren, mit ihren Frauen oder Bediensteten aus niedrigen Kasten als Marionetten, wenn sie selbst nicht für ein Amt kandidieren dürfen. Raghabendra Chattopadhyay vom indischen *Institute of Management* in Kolkata (früher Kalkutta) und Esther begannen im Jahr 2000 zu untersuchen, ob Frauen anders in dörfliche Infrastrukturen investieren als männliche Dorfvorstände (*pradhan*). Sie wurden tatsächlich von allen Seiten »gewarnt« – vom Minister für die Entwicklung des ländlichen Raums in Kolkata bis zu ihrem eigenen Befragungsteam und vielen lokalen Akademikern –, das sei vergebliche Liebesmüh. Alle behaupteten, die Strippen würden von den *pradhanpatis* (den Ehemännern der Dorfvorsteherinnen) gezogen, und die schüchternen, oft ungebildeten Frauen, viele mit verhülltem Kopf, würden ganz sicher keine eigenen Entscheidungen treffen.

Die Untersuchung erbrachte jedoch das Gegenteil. Im indischen Bundesstaat Westbengalen verlangt das Quotengesetz, dass ein Drittel der Dörfer (die alle fünf Jahre nach dem Zufallsprinzip ausgewählt werden) den Posten des Dorfvorstehers mit einer Frau besetzen müssen. In diesen Dörfern können sich nur Frauen um diesen Posten bewerben. Chattopadhyay und Esther verglichen die Infrastruktur in Dörfern mit und ohne Frauenquote, zwei Jahre nachdem sie eingeführt worden war.[27] Sie stellten fest, dass Frauen einen höheren Anteil ihres (fixen) Budgets in den Teil der Infrastruktur steckten, den Frauen als notwendig erachteten – in Westbengalen waren das Straßen und Trinkwasser –, und weniger in Schulen. Dasselbe fanden sie in Rajasthan, das den Ruf hat, einer der chauvinistischsten Bundesstaaten Indiens zu sein. Dort wollten die Frauen vor allem schneller erreichbare Trinkwasserquellen, während Männer lieber Straßen gehabt hätten. Und natürlich investierten weibliche Dorfvorsteher mehr in die Trinkwasserversorgung als in Straßen.

Weitere Studien, die in anderen indischen Regionen durchgeführt wurden, belegen, dass weibliche Dorfvorstände die Dinge fast immer anders anpacken. So wie es aussieht, holen sie auch mehr aus demselben knappen Budget heraus als ihre männlichen Kollegen, und es gibt weniger Berichte über Schmiergeldzahlungen. Aber wann immer wir diese Ergebnisse in Indien präsentieren, stehen ein paar Leute auf und erklären uns, dass das nicht stimmen könne: Sie seien selbst in einem solchen Dorf gewesen und hätten mit einer Dorfvorsteherin gesprochen – unter der Aufsicht ihres Ehemanns. Oder sie hätten Wahlplakate gesehen, auf denen das Gesicht des Ehemanns besser zu erkennen war als das der Kandidatin. Sie haben recht: Auch wir haben solche Gespräche geführt und solche Plakate gesehen. Mit Frauen, die zur Kandidatur für eine politische Funktion genötigt werden, kann man die Verhältnisse nicht im Handumdrehen auf den Kopf stellen, auch wenn das manchmal so dargestellt wird, mit Bildern von Powerfrauen, die ihre Aufgaben energisch angehen und ihre Dörfer reformieren. Die Frauen, die in die Dorfräte gewählt werden, sind oft mit jemandem verwandt, der vorher schon in der Politik war. Sie übernehmen seltener den Vorsitz bei den Versammlungen und sie ergreifen seltener das Wort. Sie sind weniger gebildet und verfügen über weniger politische Erfahrung. Doch trotz dieser Nachteile und der Vorurteile, die man ihnen entgegenbringt, nehmen viele Frauen die Sache ohne großes Aufheben in die Hand.

Ethnische Differenzen überwinden

Unser letztes Beispiel beschäftigt sich mit der Rolle der ethnischen Zugehörigkeit bei Wahlen. Leider gibt es Anlass zur Befürchtung, dass Menschen oft allein aus Loyalität zu einer ethnischen Gruppe für einen bestimmten Kandidaten stimmen, das bedeutet, dass – völlig unabhängig von seinem persönlichen Verdienst – meist der Kandidat der größten ethnischen Gruppe die Wahl gewinnt.

Leonard Wantchekon, Politikwissenschaftler an der New York University und ehemaliger Studentenführer aus Benin, wollte herausfinden, wie groß der politische Vorteil ist, der sich aus ethnischer Voreingenommenheit ziehen lässt. Er konnte mehrere Präsidentschaftskandidaten (die er aus seiner Studentenzeit kannte, als sie gemeinsam in der Pro-Demokratie-Bewegung aktiv waren) dazu bewegen, bei Wahlkampfauftritten in unterschiedlichen Dörfern sehr unterschiedliche Reden zu halten.[28] In den »Klientel«-Dörfern betonte der jeweilige Kandidat seine ethnische Herkunft und versprach, Schulen und Krankenhäuser in die Region zu bringen und seinen Leuten Stellen im Staatsdienst zu verschaffen. In den »Nationale-Einheit«-Dörfern versprach derselbe Kandidat, das staatliche Gesundheitswesen und das Bildungssystem zu reformieren und für ein friedliches Miteinander aller ethnischen Gruppen in Benin zu arbeiten. Die Reden wurden nach dem Zufallsprinzip auf die verschiedenen Dörfer verteilt, die jedoch alle als Hochburgen des jeweiligen Kandidaten bekannt waren. Eindeutiger Sieger in diesem Versuch war die Klientel-Rede: In den Klientel-Dörfern bekam der Kandidat im Schnitt 80 Prozent der Stimmen, in den Nationale-Einheit-Dörfern dagegen nur 70.

Ethnisch motivierte Politik ist aus mehreren Gründen schädlich. Einer davon ist, dass die Qualität der Kandidaten, die die größte Gruppe repräsentieren, leiden wird, wenn sich die Wähler nach ethnischer Zugehörigkeit statt nach Verdienst entscheiden. Solche Kandidaten müssen sich nicht anstrengen, weil es ausreicht, der »richtigen« Kaste oder ethnischen Gruppe anzugehören, um gewählt zu werden. Im indischen Bundesstaat Uttar Pradesh, wo sich die Politik in den achtziger und neunziger Jahren immer mehr an Kasten orientiert hat, ist dieses Phänomen sehr gut zu beobachten. Es kam in allen Regionen im Lauf der Zeit zu einem enormen Anstieg der Korruption unter den siegreichen Politikern aus der zahlenmäßig dominierenden Kaste.[29] Unabhängig davon, ob die Bevölkerungsmehrheit in der betreffenden Region der niedrigen oder der hohen Kaste angehörte, waren die

Sieger aus der dominierenden Gruppe mit höherer Wahrscheinlichkeit korrupt. In den neunziger Jahren lief gegen 25 Prozent der Mitglieder der gesetzgebenden Versammlung, des Parlaments des Bundesstaats, ein Strafverfahren.

Müssen wir uns damit abfinden, dass Wahlen in den Entwicklungsländern von der Frage nach der ethnischen Zugehörigkeit beherrscht werden? Es gab und gibt immer Wissenschaftler, die das bejahen. Ihrer Überzeugung nach ist die ethnische Loyalität die Basis traditioneller Gesellschaften und wird das politische Denken so lange beherrschen, bis sich die Gesellschaft modernisiert.[30] Doch wir haben Hinweise, dass das ethnisch motivierte Wahlverhalten nicht so tief verwurzelt ist, wie man gemeinhin glaubt. Vor den Wahlen im Bundesstaat Uttar Pradesh im Jahr 2007 führten Abhijit, Donald Green, Jennifer Green und Rohini Pande ein Experiment durch: Zusammen mit einer Nichtregierungsorganisation organisierten sie in zufällig ausgewählten Dörfern eine parteiunabhängige Kampagne (mit Straßentheater und Puppenspielen) um den einfachen Slogan *»Don't vote on caste, vote on development issues«* (»Stimme nicht über Kasten, sondern über Entwicklungsfragen ab«). Diese einfache Botschaft ließ die Wahrscheinlichkeit, dass sich Wähler für einen Kandidaten aus ihrer eigenen Kaste entschieden, von 25 Prozent auf 18 Prozent sinken.[31]

Warum stimmen manche Menschen entsprechend ihrer Kastenzugehörigkeit ab, lassen sich aber sehr leicht umstimmen, wenn sie von einer Nichtregierungsorganisation aufgefordert werden, noch einmal nachzudenken? Eine Antwort lautet: Oft wissen die Wähler nur sehr wenig über das, was sie wählen – in der Regel haben sie den Kandidaten noch nie gesehen, außer im Wahlkampf, wenn alle auftauchen und mehr oder weniger dieselben Versprechungen machen. Es lässt sich zum Beispiel nicht ohne Weiteres herausfinden, wer korrupt ist und wer nicht; das führt leicht dazu, dass man alle für gleich korrupt hält. Auch wissen die Wähler oft nicht, welche Machtbefugnisse ihre gewählten Vertreter haben: Häufig haben wir indische Stadtbewohner klagen hören, ihr Abgeordneter (im Parlament des Bundesstaats) kümmere sich nicht um den Zustand des Abwassersystems in den Slums; doch für solche Probleme ist eigentlich der Stadtverordnete zuständig. Das führt dazu, dass die Abgeordneten im Parlament des Bundesstaats das Gefühl haben, für alles verantwortlich gemacht zu werden, was nicht klappt, und das wirkt sich nicht gerade motivierend auf ihre Leistungsbereitschaft aus.

Nachdem die Kandidaten für die Wähler alle mehr oder weniger gleich aussehen (vielleicht sogar gleich schlecht), glauben sie vermutlich, dass sie dann auch nach Kastenzugehörigkeit wählen können: Immerhin gibt es eine kleine Chance, dass sich die Loyalität zur Kaste auszahlt und sich der Politiker für sie einsetzt – und überhaupt: Was haben sie zu verlieren? Doch anscheinend sind viele auch davon nicht wirklich überzeugt, weshalb sie sich leicht umstimmen lassen.

Brasilien hat den Versuch gestartet, die Wähler mit nützlichen Informationen über Kandidaten zu versorgen. Seit 2003 werden jeden Monat 60 Städte und Gemeinden in einer vom Fernsehen übertragenen Lotterie ausgewählt, ihre Bücher werden geprüft und die Ergebnisse dieser Audits via Internet und über die lokalen Medien öffentlich gemacht. Solche Prüfungen treffen korrupte Amtsinhaber schwer. Bei den Wahlen im Jahr 2004 sank die Wahrscheinlichkeit für ihre Wiederwahl um 12 Prozentpunkte, wenn die Ergebnisse vor der Wahl bekannt geworden waren. Ehrliche Amtsinhaber dagegen wurden mit einer um 13 Prozentpunkte höheren Wahrscheinlichkeit wiedergewählt, wenn die Untersuchungsergebnisse vor der Wahl veröffentlicht wurden. Ähnliche Befunde gibt es für die Slums von Delhi: Wähler, die über die Leistungen ihrer Vertreter informiert waren, stimmten gegen die Amtsinhaber, wenn deren Leistungen schlecht waren.[32]

Wie man sieht, sind die Unterschiede zwischen den verschiedenen Ebenen der Politik nur gering: Verbesserungen können (und müssen) im Kleinen beginnen. Dieselbe Herangehensweise, für die wir im ganzen Buch geworben haben – auf die Details achten, ein Verständnis dafür entwickeln, wie Menschen Entscheidungen treffen, sich auf Experimente einlassen –, kann man auf Politik genauso anwenden wie auf alles andere auch.

Gegen politische Ökonomie

Unter politischer Ökonomie versteht man die Auffassung (die, wie wir gesehen haben, von nicht wenigen Entwicklungsexperten vertreten wird), dass Politik das Primat über die Ökonomie hat: Institutionen definieren und begrenzen den Spielraum ökonomischen Handelns.

Allerdings gibt es, wie wir gerade gezeigt haben, noch Spielraum für Verbesserungen im Bereich der Institutionen, selbst in einem relativ widrigen Umfeld. Natürlich können nicht alle Probleme auf diese Art gelöst werden. Die Tatsache, dass mächtige Personen befürchten müssen, durch die Reformen zu verlieren, schränkt diesen Spielraum ein, aber man kann trotzdem eine ganze Menge erreichen: Die brasilianischen Politiker, die befürchten mussten, durch die Überprüfungen bloßgestellt zu werden, konnten das Gesetz nicht verhindern, und die Zeitungen in Delhi schreckten nicht davor zurück, die Gerichtsakten der Parlamentarier zu veröffentlichen. Die autokratischen Regime in China und Indonesien beschlossen von sich aus, demokratische Verfahren zuzulassen. Das Wichtigste ist, jede sich bietende Gelegenheit beim Schopf zu packen. Dasselbe gilt für zu ergreifende Maßnahmen. Maßnahmen sind nicht immer komplett von der Politik vorgegeben: Gute können (manchmal) auch in einem schlechten politischen Umfeld umgesetzt werden, und, was gravierender ist, schlechte (oft) auch in einem ziemlich guten.

Suhartos Indonesien ist ein Beispiel für das erste Szenario. Suharto war ein Diktator und bekanntermaßen ziemlich korrupt. Immer wenn er ernstlich erkrankte, fielen die Aktienkurse der Unternehmen, die seinen Verwandten gehörten, woraus man ableiten kann, dass Beziehungen zu ihm Geldwert besaßen.[33] Trotzdem wurde in Suhartos Indonesien, wie wir in Kapitel 4 gesehen haben, Geld aus dem Ölverkauf in den Bau von Schulen gesteckt. Suharto glaubte, dass Bildung ein guter Weg sei, um seine Ideologie zu verbreiten, eine einheitliche Sprache durchzusetzen und ein Gefühl der Einheit im Land herzustellen. Diese politische Linie führte zu mehr Bildung und – für diejenigen, die davon profitieren konnten – zu höheren Löhnen. Die Bildungsoffensive wurde begleitet von einem massiven Programm zur Verbesserung der Ernährung von Kindern, unter anderem wurde eine Million Freiwilliger ausgebildet, die ihr Wissen in ihre Dörfer tragen sollten. Möglicherweise ist es dieser Maßnahme zu verdanken, dass die Mangelernährung von Kindern in der Zeit von 1973 bis 1993 in Indonesien um die Hälfte zurückging. Natürlich geht es hier nicht darum zu behaupten, dass Suhartos Regime gut für die Armen war. Der Punkt ist vielmehr, dass die Motive der politischen Eliten so komplex sind, dass es durchaus in ihrem Interesse liegen kann, gelegentlich Maßnahmen zu ergreifen, die rein zufällig gut für die Armen sind.

Und, noch einmal, dasselbe gilt auch umgekehrt. Gute Absichten sind ein unverzichtbarer Bestandteil guter Maßnahmen, aber mehr auch nicht. Selbst sehr schlechte Maßnahmen sind manchmal das Ergebnis bester Absichten, wenn etwa das eigentliche Problem verkannt wurde: Das staatliche Schulsystem versagt bei der Mehrheit, weil alle glauben, dass nur die Elite die Fähigkeit hat zu lernen. Krankenschwestern kommen nicht zur Arbeit, weil niemand vorher abgeklärt hat, ob sie gebraucht werden, und weil zu hohe Erwartungen an sie gestellt werden. Arme haben keine sichere Möglichkeit zur Geldanlage, weil die bürokratischen Hürden, die der Staat den Institutionen vorschreibt, die ihre Einlagen entgegennehmen dürfen, aberwitzig hoch sind.

Ein Teil des Problems ist, dass, selbst wenn es eine Regierung gut meint, ihre Vorhaben grundsätzlich schwer zu verwirklichen sind. Regierungen existieren vor allem dafür, Probleme zu lösen, die die Märkte nicht lösen konnten – wir haben viele Beispiele dafür gesehen, dass eine staatliche Intervention genau dann notwendig wird, wenn der freie Markt – aus welchem Grund auch immer – die Aufgabe nicht erfüllen kann. Beispielsweise wenn Eltern ihre Kinder nicht impfen lassen oder ihnen die Medikamente zur Entwurmung nicht geben, weil sie nicht daran denken, dass das auch anderen nützt, oder wegen des Problems der Zeitinkonsistenz, über das wir in Kapitel 3 gesprochen haben. Manche Eltern lassen ihre Kinder keine höhere Schule besuchen, weil sie nicht sicher sind, ob die Kinder sich dafür erkenntlich zeigen können, wenn sie selbst erwachsen sind. Firmeninhaber möchten lieber keine Abwasseraufbereitungsanlage betreiben, zum einen weil sie Geld kostet, zum anderen weil es ihnen egal ist, ob das Wasser verschmutzt ist oder nicht. An einer Ampel möchten wir eigentlich lieber gehen, als bei Rot stehen zu bleiben. Und so weiter. Die Folge ist, dass die Vertreter der Regierung (die Beamten, die Umweltschutzinspektoren, die Polizisten, die Ärzte) für die Leistung, die sie für uns erbringen, nicht sofort bezahlt werden – wenn uns ein Polizist ein Strafmandat gibt, beschweren wir uns, aber wir bieten ihm keine Belohnung an, weil er gute Arbeit leistet und für Sicherheit auf den Straßen sorgt. Nehmen Sie die Besitzerin eines Krämerladens als Gegenbeispiel: Wenn sie uns Eier verkauft, erbringt sie eine Leistung für uns, und wenn wir sie für die Eier bezahlen, wissen wir, dass wir auch die Dienstleistung bezahlen, die sie für uns erbringt.

Diese einfache Beobachtung hat zwei sehr wichtige Konsequenzen: Erstens ist es nicht leicht, die Leistung von Leuten einzuschätzen, die für den Staat arbeiten. Aus diesem Grund gibt es für Beamte (oder Polizisten, oder Richter) so viele Vorschriften, was sie tun sollen und was nicht. Zweitens ist die Versuchung, diese Regeln zu überschreiten, allgegenwärtig, sowohl für die Beamten als auch für uns, und das führt zu Korruption und Vernachlässigung der Pflichten.

Zu Korruption und Nachlässigkeit kann es daher bei jeder Regierung kommen, die Wahrscheinlichkeit, dass sie auftreten, ist aber unter drei Umständen erhöht: Erstens, wenn die Regierung versucht, die Menschen zu etwas zu bewegen, dessen

Wert sie nicht schätzen, etwa beim Motorradfahren einen Helm zu tragen oder ein Kind impfen zu lassen. Zweitens, wenn das, was die Menschen bekommen, viel mehr wert ist, als sie dafür zahlen müssen; ein kostenloses Krankenhausbett für den, der es braucht, unabhängig vom Einkommen, lädt reiche Leute zur Bestechung ein, damit sie schneller an die Reihe kommen. Drittens, wenn Beamte unterbezahlt und überarbeitet sind, nicht ordentlich überwacht werden und sowieso nichts zu verlieren haben, falls man sie rauswirft.

Vieles, worüber wir in den vorausgegangenen Kapiteln berichtet haben, spricht dafür, dass diese Probleme in armen Ländern schwerwiegender sind. Es mangelt an der richtigen Information, und anhaltendes Versagen des Staates führt dazu, dass die Menschen den Verordnungen ihrer Regierung weniger trauen. Extreme Armut macht es notwendig, viele Dienstleistungen deutlich unter dem Marktpreis anzubieten. Viele Menschen kennen ihre Rechte nicht genau, daher können sie Leistungen nicht richtig einschätzen oder wirksam einfordern. Regierungen verfügen nur über knappe Ressourcen, um Beamte zu bezahlen, und so weiter.

Es gibt einen wichtigen Grund, warum Regierungsprogramme (und ähnliche Programme von Nichtregierungs- und internationalen Organisationen) oft nicht funktionieren. Das Problem ist an sich schon schwierig, und es sind eine Menge Details zu beachten. Ein Scheitern geht meist nicht auf Sabotage durch eine bestimmte Gruppe zurück, wie viele politische Ökonomen gern glauben möchten, sondern es kommt dazu, weil das gesamte System von Anfang an schlecht durchdacht war und niemand sich die Mühe gemacht hat, es zu verbessern. In solchen Fällen können Veränderungen helfen herauszufinden, was funktioniert, und gleichzeitig einen neuen Angriff im Kampf gegen die Armut einleiten.

Die hohen Abwesenheitsraten bei den Gesundheitshelfern sind ein gutes, wenn auch tragisches Beispiel. Erinnern Sie sich an die Krankenschwestern aus dem Distrikt Udaipur (Kapitel 3)? Sie waren ziemlich wütend auf uns, weil wir an einem Projekt mitwirkten, das sie dazu bringen sollte, zur Arbeit zu kommen. Wie sich herausstellte, waren sie es, die zuletzt lachten: Das Programm, in dem wir mit den Distriktbehörden und der Nichtregierungsorganisation *Seva Mandir* zusammenarbeiteten, endete in einem Fiasko.

Das Programm war ins Leben gerufen worden, nachdem die Daten, die wir zusammen mit *Seva Mandir* erhoben hatten, zeigten, dass die Krankenschwestern oft mehr als die Hälfte der Zeit nicht da waren. Die Distriktverwaltung beschloss daher, die Arbeitsvorschriften für die Krankenschwestern zu verschärfen. Nach den neuen Vorschriften musste die leitende Schwester jeden Montag den ganzen Tag über im Gesundheitszentrum anwesend sein. Sie durfte an diesem Tag keine Krankenbesuche machen (eine beliebte Ausrede, um nicht zur Arbeit zu kommen). *Seva Mandir* bekam den Auftrag, die Anwesenheit zu kontrollieren. Jede Schwester erhielt einen elektronischen Handstempel mit Zeit- und Datumsanzeige und musste ihre montägliche Anwesenheit im Gesundheitszentrum dokumentieren, indem sie zu bestimmten Zeiten einen Stempel auf einen an der Wand befestigten Plan setzte. Wer nicht mindestens 50 Prozent der Zeit da war, erhielt eine Lohnkürzung.

Um den Erfolg der Maßnahme zu kontrollieren, schickten wir unabhängige Beobachter aus dem Forschungsteam los, um die Fehlzeiten zu ermitteln, und zwar sowohl in den Gesundheitszentren, die *Seva Mandir* überwachte, als auch in anderen, für die die neuen Vorschriften zwar ebenfalls galten, die jedoch nicht überwacht wurden.[34] Anfangs lief alles nach Plan. Die Anwesenheitszeiten, die vor Programmbeginn bei etwa 30 Prozent gelegen hatten, schnellten in den überwachten Zentren bis August 2006 auf 60 Prozent hoch und blieben in den anderen unverändert. Alle waren begeistert (mit Ausnahme der Krankenschwestern, wie sie uns unmissverständlich klarmachten, als wir mit ihnen sprachen). Aber irgendwann im November kam die Wende. Die Anwesenheitszeiten in den überwachten Zentren begannen zu sinken und sanken immer weiter. Im April 2007 lagen die überwachten und die nicht überwachten Zeiten auf niedrigem Niveau gleichauf.

Wir sahen uns an, was da vorging, und stellten fest, dass die *registrierten* Fehlzeiten auch nach Abbruch des Programms niedrig blieben. Was dagegen stark anstieg, waren die »Freistellungstage«, Tage, an denen die Krankenschwestern aus bestimmten Gründen (am häufigsten wurden Fortbildungen und Besprechungen genannt) nicht ins Gesundheitszentrum kamen. Warum war die Zahl der Freistellungstage so plötzlich in die Höhe geschossen? Wir versuchten, das herauszufinden, aber an den betreffenden Tagen hatten weder Besprechungen noch Fortbildungen stattgefunden. Die einzig mögliche Erklärung war, dass alle Vorgesetzten der Krankenschwestern beschlossen hatten, darüber hinwegzusehen, als die Schwestern auf einmal 30 Prozent mehr Freistellungstage aufschrieben. Tatsächlich endete die ganze Geschichte für die Schwestern in den überwachten Zentren sogar mit einer Dreingabe: Sie hatten gemerkt, wie wenig sich ihre Vorgesetzten dafür interessierten, ob sie zur Arbeit erschienen oder nicht, und für sich den Schluss gezogen, dass sie sogar noch *zu oft* kamen. Irgendwann fiel die Anwesenheitszeit in den überwachten Zentren unter die der nicht überwachten und blieb bis zum Ende der Studie niedriger. Am Schluss waren die Krankenschwestern nur noch 25 Prozent der Arbeitszeit anwesend. Niemand beschwerte sich. Die Dorfbewohner waren so daran gewöhnt, dass die Gesundheitszentren nicht besetzt waren, dass sie das Interesse daran ganz und gar verloren hatten. Bei unseren Besuchen im Dorf trafen wir nur selten jemanden, der bestätigen konnte, dass die Schwester nicht da war. Die Leute hatten diese Einrichtung aufgegeben und hielten es für Zeitverschwendung herauszufinden, was die Schwester gerade tat, geschweige denn sich darüber beschweren zu wollen.

Neelima Khetan, die Leiterin von *Seva Mandir*, bietet für das Geschehene eine interessante Erklärung an. Sie selbst ist eine Person, die immer mit gutem Beispiel vorangeht. Sie stellt hohe Ansprüche an ihr eigenes berufliches Tun und erwartet von anderen dasselbe. Die Krankenschwestern bereiteten ihr Kopfzerbrechen, weil diese mit ihrer Pflichtvernachlässigung anscheinend so leichtfertig umgingen. Doch sie entdeckte, dass das, was man den Krankenschwestern zumutete, eigentlich unglaublich war: Sie müssen sechs Tage pro Woche arbeiten. Nachdem sie eingestempelt haben, nehmen sie ihren Medizinkoffer und machen sich auf den Weg in die kleinen Dörfer in der Umgebung. Sie marschieren, auch bei 38 Grad im Schatten, bis zu 4,5 Kilometer in die nächste Ortschaft. Dort gehen sie von Haus zu Haus und prüfen den Gesundheitszustand von Frauen im gebärfähigen Alter und den ihrer Kinder. Sie versuchen, ein paar desinteressierte Frauen von einer Sterilisation zu überzeugen. Nach fünf oder sechs Stunden wandern sie wieder zurück ins Gesundheitszentrum. Sie stempeln aus. Sie setzen sich in den Bus nach Hause, wo sie zwei Stunden später ankommen.

Es ist klar, dass das kein Mensch auf Dauer aushält. Deshalb erwartete auch niemand von den Krankenschwestern, dass sie ihren Job genau nach der Arbeitsplatzbeschreibung ausfüllen. Doch was sollen sie dann tun? Die Krankenschwestern müssen ihre Regeln selbst festsetzen können. Im Lauf unseres Gesprächs mit ihnen machten sie uns nachdrücklich klar, dass wir unmöglich von ihnen verlangen könnten, vor zehn Uhr am Arbeitsplatz zu erscheinen. Das Zentrum öffnete offiziell, laut Aushang auf der Außenseite, um acht Uhr.

Natürlich waren die Vorschriften nicht mit dem Ziel gemacht worden, die Leistungsfähigkeit des gesamten indischen Gesundheitswesens zu untergraben. Vermutlich hatte sie ein wohlmeinender Verwaltungsbeamter zu Papier gebracht, der seine eigene Auffassung von den Aufgaben des Systems besaß und den es herzlich wenig interessierte, was das vor Ort bedeutete. Hier kommt wieder das Phänomen zum Tragen, das wir kurz als die »drei I« bezeichnet haben: *Ideology* (zementierte Vorstellungen), *Ignorance* (Unwissenheit), *Inertia* (Trägheit). An diesem Problem kranken viele Versuche, den Armen zu helfen.

Der Arbeitsbelastung der Krankenschwestern liegt eine Vorstellung (*Ideology*) zugrunde, die in ihnen hingebungsvolle Sozialarbeiterinnen sieht, sie wurde in Unkenntnis (*Ignorance*) der Verhältnisse vor Ort festgeschrieben und sie besteht aus Trägheit (*Inertia*) weiter, zumindest auf dem Papier. Möglicherweise reicht es nicht aus, die Vorschriften so zu ändern, dass diese Arbeit zu leisten ist, aber es wäre ein notwendiger erster Schritt.

Dieselben drei I haben in Indien auch Bemühungen zunichtegemacht, Eltern und Schülern eine gewisse Kontrolle des Schulbetriebs zu ermöglichen. Mit der letzten großen Schulreform wollte die Regierung mehr Elternbeteiligung bei der Aufsicht über die Primarschulen erreichen. Durch das *Sarva-Shiksha-Abhiyan*-Programm (»Bildung-für-alle-Bewegung«) sollte die Qualität der Bildung von Staats wegen massiv gefördert werden: Es war gedacht, dass die Dörfer »Dorfbildungskomitees« (*village education committees*, VEC) bilden, die den Schulbetrieb unterstützen, sich über Verbesserungen der Unterrichtsqualität Gedanken machen und auftretende Probleme melden sollten. Insbesondere hatten die VECs das Recht, Anträge auf Gelder für zusätzliche Lehrer zu stellen, und wenn die Gelder bewilligt wurden, waren sie befugt, Lehrer einzustellen und – wenn nötig – auch wieder zu entlassen. Das sind bedeutende Befugnisse angesichts der Tatsache, dass Lehrer nicht billig sind. Fünf Jahre nachdem das Programm angelaufen war, führten wir im Distrikt Jaunpur (er liegt im bevölkerungsreichsten indischen Bundesstaat Uttar Pradesh) eine Befragung durch und stellten fest, dass 92 Prozent der Eltern noch nie etwas von Dorfbildungskomitees gehört hatten. Darüber hinaus waren 25 Prozent der Eltern, die in einem VEC Mitglied waren, sich dessen überhaupt nicht bewusst, und von denen, die es wussten, hatten knapp zwei Drittel keine Ahnung vom *Sarva-Shiksha-Abhiyan*-Programm und ihrem Recht, Lehrer einzustellen.

Wir haben hier ein klassisches Drei-I-Problem: Beflügelt von der Vorstellung (*Ideology*) »Macht beim Volk ist gut« wurde ein Programm entwickelt, ohne zu wissen, was die Menschen wollen und wie Dörfer funktionieren (*Ignorance*); ein Programm, das zu dem Zeitpunkt, als wir es untersuchten, nur noch aus Trägheit (*Inertia*) aufrechterhalten wurde. Viele Jahre lang hatte sich niemand dafür interessiert, mit Ausnahme eines Verwaltungsbeamten irgendwo, der darauf achtete, dass alle Punkte auf der Checkliste abgehakt waren.

Wir taten uns mit *Pratham* zusammen, der indischen Nichtregierungsorganisation, die sich auf Bildung spezialisiert hat und für den jährlichen Bildungsbericht sowie das Programm zur Leseförderung verantwortlich zeichnet, über die wir in Kapitel 4 gesprochen haben. Wir dachten, man könnte den Dorfbildungskomitees neues Leben einhauchen, wenn man die Eltern über ihre Rechte aufklärt. *Pratham* schickte Mitarbeiterteams in 65 zufällig ausgewählte Dörfer, um die Eltern über die Möglichkeiten, die sich aus dem Programm für sie ergeben, zu informieren und sie zu mobilisieren.[35] Die *Pratham*-Mitarbeiter hegten Zweifel, ob es sinnvoll sei, den Menschen einfach nur zu erzählen, was sie tun können, ohne ihnen zu sagen, *warum* sie etwas unternehmen sollten. Deshalb zeigten sie in einer anderen Gruppe von 65 Dörfern interessierten Dorfbewohnern, wie man die Lese- und Mathe-Tests durchführt, die im Mittelpunkt des Bildungsberichts von *Pratham* stehen, und wie sie einen Berichtsbogen anlegen müssen. Die Auswertung der Berichtsbögen (welche ergaben, dass die Zahl der Kinder, die lesen und schreiben können, in den meisten Dörfern unglaublich niedrig liegt) war der Ausgangspunkt für die Diskussion über die mögliche Rolle der Eltern und der Dorfbildungskomitees.

Aber keine der beiden Maßnahmen führte binnen eines Jahres zu mehr Beteiligung der Eltern an den Komitees, zu verstärkten Aktivitäten der Komitees oder zu besseren Lernergebnissen bei den Kindern (was ja das eigentliche Ziel ist). Es lag jedoch nicht daran, dass sich die Gemeinschaft nicht hätte mobilisieren lassen wollen. Die *Pratham*-Teams hatten in den Dörfern auch um Freiwillige geworben, die in den von *Pratham* entwickelten Methoden zum Lesenlernen geschult wurden und danach Lesenachhilfekurse für die Kinder anboten. Alle Freiwilligen unterrichteten in mehreren Kursen, und wie wir in Kapitel 4 gesehen haben, machten die Kinder in diesen Dörfern gewaltige Fortschritte.

Wie lässt sich der Unterschied erklären? Man hatte den Dorfbewohnern eine klare, konkrete Aufgabe gegeben: Stellt Freiwillige und schickt die Kinder, die Unterstützung brauchen, in die Nachhilfekurse. Das war viel besser definiert als das wohl doch zu ehrgeizige Ziel, die Menschen zu überreden, für zusätzliche Lehrer bei den Behörden Anträge einzureichen oder Lehrer zum Erscheinen am Arbeitsplatz zu zwingen, wie es das *Sarva-Shiksha-Abhiyan*-Programm vorsah. Auch in Kenia gelang es in einer Studie, die Elternkomitees eine eng umschriebene Aufgabe zuwies, diese erfolgreich zum Handeln zu bewegen. Die Elternkomitees erhielten einen Geldbetrag und wurden aufgefordert, damit zusätzliche Lehrer einzustellen; in einigen Schulen übertrug man ihnen noch die Verantwortung, zu kontrollieren, was die zusätzlichen Lehrer taten, und dafür zu sorgen, dass sie an den Schulen nicht zu anderen Zwecken eingesetzt wurden. Das Programm wurde an allen Schulen gut umgesetzt und zeigte sogar noch mehr Wirkung an den Schulen, an denen die Elternkomitees aufgefordert waren zu kontrollieren, ob die Programme auch funktionierten.[36] Das heißt, Elternbeteiligung an der Schule kann funktionieren, aber man muss sich vorher gut überlegen, was man von den Eltern verlangen will.

Diese beiden Beispiele (die Krankenschwestern und die Elternkomitees) machen deutlich, dass es häufig nicht wegen irgendwelcher tief greifenden strukturellen Probleme zu Geldverschwendung und Politikversagen kommt, sondern wegen allzu großer Bequemlichkeit beim Denken schon auf der Ebene der Planung solcher Maßnahmen. Gute Politik ist für gute politische Maßnahmen notwendig oder auch nicht – sie reicht aber definitiv nicht aus.

Wir haben also keine Veranlassung zu glauben, wie es die Vertreter der politischen Ökonomie gerne hätten, dass die große Politik immer wichtiger ist als die einzelnen Maßnahmen. Gehen wir nun einen Schritt weiter und kehren die Hierarchie zwischen großer Politik und Einzelmaßnahmen um. Könnten gute Einzelmaßnahmen einen ersten Schritt zu guter Politik darstellen?

Wähler korrigieren ihre Meinungen, je nachdem was sie in ihrem Umfeld beobachten, selbst wenn sie anfänglich sogar voreingenommen waren. Die Frauen in der indischen Kommunalpolitik sind ein gutes Beispiel. Während die Elite in Delhi nach wie vor überzeugt war, dass man Frauen nicht per Gesetz zu mehr Macht verhelfen könne, erwiesen sich die Bürger in den Kommunen viel offener für die gegenteilige Auffassung. Bevor man ein Drittel der Dorfvorsteherposten für Frauen reserviert hatte, waren nur sehr wenige Frauen in eine Führungsposition gewählt worden. In Dorfräten im indischen Bundesstaat Westbengalen waren 2008 die *pradhans* überall dort, wo es noch nie eine Frauenquote gegeben hatte, zu 10 Prozent weiblich. Der Anteil stieg auf 100 Prozent – natürlich –, als alle diese Positionen an Frauen vergeben werden mussten. Aber bei der nächsten Wahl, als die Quotierung nicht mehr galt, wurden Frauen mit höherer Wahrscheinlichkeit wiedergewählt. Der Frauenanteil stieg auf 13 Prozent für nicht quotierte Sitze, die in der Vergangenheit einmal für Frauen reserviert worden waren, und auf 17 Prozent, wenn sie in der Vergangenheit bereits zweimal unter die Quote gefallen waren. Dasselbe konnte man bei den Vertretern der Stadtregierung von Mumbai beobachten.[37] Einer der Gründe dafür ist, dass sich die Einstellung der Wähler Frauen gegenüber verändert hat. Um in Westbengalen mögliche Vorurteile bezüglich der Kompetenz zu untersuchen,[38] wurden Dorfbewohner gebeten, sich eine Tonaufnahme der Rede eines Dorfvorstands anzuhören. Alle hörten dieselbe Rede, nur wurde sie einmal von einem Mann und einmal von einer Frau vorgetragen. Nachdem sie die Aufzeichnung gehört hatten, sollten die Dorfbewohner die Qualität der Rede beurteilen. In Dörfern, in denen es bislang keine Frauenquote gegeben und man demzufolge keine Erfahrung mit einer weiblichen Führungsspitze hatte, fand die »männliche« Rede bei Männern mehr Anklang als die »weibliche«. Dagegen bevorzugten Männer in Dörfern, wo es bereits eine Frauenquote gegeben hatte, häufig die »weibliche« Rede. Männer erkannten an, dass Frauen in der Lage sind, gute Maßnahmen einzuführen, und änderten ihre Meinung über weibliche Führungskräfte. Die zeitweilige Frauenquote von 30 Prozent hat so nicht nur zu mehr Trinkwasserstellen, sondern auch zu einer dauerhaften Veränderung der Rolle von Frauen in der Politik geführt.

Mit guten Einzelmaßnahmen lässt sich vielleicht auch der Teufelskreis aus niedrigen Erwartungen durchbrechen: Wenn die Regierung anfängt, ihre Versprechen zu erfüllen, werden die Menschen die Politik ernster nehmen und darauf drängen, dass noch mehr geschieht, statt sich auszuklinken oder gedankenlos nach Ethnie zu wählen oder die Waffen gegen die Regierung zu erheben.

Anlässlich der Präsidentschaftswahlen im Jahr 2000 verglich eine mexikanische Studie[39] das Abstimmungsverhalten in Dörfern, in denen das weiter oben bereits beschriebene Wohlfahrtsprogramm PROGRESA sechs Monate zuvor angelaufen war, mit solchen, in denen es bereits seit 21 Monaten lief. (Durch PROGRESA erhielten arme Familien Sozialleistungen in Bargeldform, solange ihre Kinder in die Schule gingen und sie regelmäßig die Gesundheitszentren aufsuchten.) Sowohl die Wahlbeteiligung als auch die Stimmen für die PRI (die Partei, die PROGRESA eingeführt hatte) lagen in den Dörfern höher, in denen es die Sozialleistungen schon länger gab. Die Familien können nicht mit dem Programm »gekauft« worden sein, denn zum Zeitpunkt der Wahl waren alle schon in den Genuss der Sozialleistungen gekommen und kannten die Regeln, nach denen sie vergeben wurden. Aber das Programm hatte spürbare Auswirkungen auf Gesundheit und Bildung, und die Familien, die schon länger daran teilnahmen, konnten einige dieser positiven Veränderungen am eigenen Leib spüren; sie reagierten darauf mit aktiverer Teilnahme (höherer Wahlbeteiligung) und mehr Stimmen für die PRI, die das Programm initiiert hatte. In einem Umfeld, in dem zu oft zu viele Wahlversprechen gebrochen wurden, liefern spürbare Verbesserungen den Wählern wichtige Informationen darüber, was von den Kandidaten möglicherweise in Zukunft zu erwarten ist.

Die Ergebnisse des 2001 in Benin durchgeführten Experiments lassen sich mit mangelndem Vertrauen erklären; dort hatte Leonard Wantchekon festgestellt, dass eine auf die jeweilige Klientel abzielende Botschaft erfolgreicher war als eine, die an das Gemeinwohl appellierte. Politiker, die sich lang und breit über das Gemeinwohl ausließen, wurden nicht ernst genommen. Einer klientelbezogenen Botschaft konnten die Wähler zumindest einigermaßen trauen. Wäre die »Gemeinwohl-Botschaft« eindeutiger gewesen, hätte sie sich auf einzelne spezielle Themen konzentriert und den Wählern einen Aktionsplan vorgestellt, auf den diese sich nach der Wahl bei den Kandidaten berufen könnten, dann hätten es sich einige vielleicht anders überlegt.

Vor den Wahlen im Jahr 2006 führte Leonard Wantchekon ein Folgeexperiment durch, aus dem hervorging, dass die Wähler durchaus bereit sind, Politiker zu unterstützen, die sich ernsthaft bemühen, sozialpolitische Maßnahmen zu entwickeln und zu vermitteln.[40] Wantchekon und andere führende Vertreter der Zivilgesellschaft in Benin organisierten zunächst eine große Anhörung unter der Überschrift: »Wahlen 2006: Welche politischen Handlungsalternativen gibt es?« Es fanden vier Podiumsveranstaltungen statt (zu den Themen Bildung, Gesundheit, Amtsführung und Stadtplanung), und vier Experten (zwei aus Benin und zwei aus den Nachbarstaaten Niger und Nigeria) legten ein Weißbuch mit Handlungsempfehlungen vor. Die Empfehlungen waren sehr weit gefasst, ohne sich bei bestimmten Gruppen anzubiedern. Zu der Konferenz kamen Politiker aller in der Nationalversammlung vertretenen Parteien sowie Vertreter verschiedener Nichtregierungsorganisationen. Nach der Veranstaltung erklärten sich einige Parteien bereit, für ein Experiment die auf der Konferenz gemachten Vorschläge in ihre Wahlprogramme aufzunehmen. Diese Programme stellten sie in zufällig ausgewählten Dörfern in Dorfversammlungen ausführlich vor, und die Besucher hatten Gelegenheit, sich dazu zu äußern. In den Vergleichsdörfern wurden die üblichen Wahlversammlungen abgehalten, die eher Volksfestcharakter haben und bei denen klientelbezogene Botschaften und allgemeine, vage Absichtsbekundungen die Regel sind. Dieses Mal waren die Ergebnisse umgekehrt: Wahlbeteiligung und Unterstützung für die Partei, die die Kampagne durchführte, waren in den Dörfern höher, wo sich die Dorfversammlungen mit konkreten Politikvorschlägen befasst hatten.

Daraus darf man den Schluss ziehen, dass eine glaubwürdige Botschaft Wähler davon überzeugen kann, für eine auf das Gemeinwohl ausgerichtete Politik zu stimmen. Wenn ein Politiker spürt, dass man ihm Vertrauen schenkt, können sich auch seine Motive ändern. Er bekommt das Gefühl, dass man ihn schätzt, wenn er etwas Gutes tut, und ihn dann vielleicht wiederwählt. Menschen in Machtpositionen haben oft gemischte Motive – sie wollen geliebt werden oder Gutes tun, sowohl weil es ihnen ein Anliegen ist als auch weil sie ihre Position sichern möchten, selbst wenn sie korrupt sind. Solche Menschen treiben Veränderungen voran, solange sie nicht völlig mit ihren ökonomischen Zielen im Widerspruch stehen. Sobald eine Regierung unter Beweis stellt, dass sie bereit ist, die in sie gesetzten Erwartungen zu erfüllen, und das Vertrauen des Volkes gewinnt, eröffnen sich weitere Möglichkeiten. Die Regierung kann es sich jetzt leisten, sich weniger auf das Kurzfristige zu konzentrieren, weniger nach der Wählergunst um jeden Preis zu streben, weniger Politik mit Unmengen kleiner Geschenke zu machen. Es ist die Chance, langfristig und weitsichtig geplante Politik zu machen. Wie wir in Kapitel 4 gesehen haben, veranlasste der nachweisliche Erfolg von PROGESA Vicente Fox dazu, dieses Programm auszubauen statt es einzustellen, nachdem die Partei, die es eingeführt hatte, die Wahlen verloren hatte und er mexikanischer Präsident wurde. Ähnliche Programme haben sich seitdem über ganz Lateinamerika und von dort in die übrige Welt ausgebreitet. Anfänglich mögen diese Programme weniger populär sein als kleine Geschenke, weil die Familien etwas tun müssen, das sie sonst vielleicht nicht tun würden, aber das Knüpfen an Bedingungen gehört zur Grundidee dieses Programms (vielleicht zu Unrecht, wie wir gesehen haben) und ist ein wesentliches Element beim »Ausbrechen aus dem Armutskreislauf«. Wir finden es ermutigend, dass nun alle Parteien, rechte wie linke, das Gefühl haben, sie sollten mit Wahlprogrammen werben, die langfristiges Denken in den Mittelpunkt stellen.

Viele Politiker und Wissenschaftler im Westen sind extrem pessimistisch, was die politischen Institutionen in den Entwicklungsländern angeht. Je nach politischer Neigung machen sie dafür alte agrarische Strukturen verantwortlich, oder die »Erbsünde« des Westens – die Kolonisation und ihre ausbeuterischen Institutionen – oder einfach unglückliche kulturelle Traditionen, in denen ein Land gefangen ist. Wie auch immer sie im Einzelnen begründet sind, solche Auffassungen gehen stets davon aus, dass vor allem schlechte politische Institutionen dafür verantwortlich sind, dass arme Länder arm bleiben. Für einige ist das ein Grund zur Resignation, andere wollen institutionelle Veränderungen von außen erzwingen.

Easterly und Sachs sind beide mit diesen Argumenten nicht zufrieden, aus unterschiedlichen Gründen. Easterly gesteht »Experten« aus dem Westen kein Urteil darüber zu, ob bestimmte politische Institutionen an einem anderen Ort in dessen speziellem Kontext notwendigerweise gut oder schlecht sind. Sachs glaubt, dass schlechte Institutionen eine Krankheit armer Länder sind: Wir können Armut selbst in einem schlechten institutionellen Umfeld erfolgreich bekämpfen, wenn vielleicht auch nur teilweise, indem wir uns auf konkrete, messbare Programme stützen. Sobald die Menschen etwas mehr Geld und Bildung haben, kommt ein *Circulus virtuosus* in Gang, aus dem auch gute Institutionen hervorgehen.

Wir geben beiden recht: Auf breit aufgestellte INSTITUTIONEN als notwendige und hinreichende Bedingung zu pochen, damit sich etwas zum Besseren wendet, ist unangebracht. Die politischen Zwänge sind nicht wegzuleugnen, und sie machen es schwer, große Lösungen für große Probleme zu finden. Doch es gibt genügend Spielraum, um die Institutionen und die Politik im Kleinen zu verbessern. Ein tieferes Verständnis für die Motivationen und Zwänge aller Beteiligten (der Armen, der Staatsbediensteten, der Steuerzahler, der gewählten Politiker und so weiter) kann zu Maßnahmen und Institutionen führen, die besser durchdacht sind und weniger Gefahr laufen, durch Korruption oder Nachlässigkeit in ihr Gegenteil verkehrt zu werden. Diese Veränderungen können nur in kleinen Schritten vor sich gehen, aber sie werden von Dauer sein und aufeinander aufbauen. Sie können zum Ausgangspunkt einer stillen Revolution werden.

Es gibt keine Patentlösung

Wirtschaftswissenschaftler (und andere Experten) können offenbar wenig Substanzielles dazu sagen, warum manche Länder sich positiv entwickeln und andere nicht. Hoffnungslose Fälle wie Bangladesch und Kambodscha blühen in wunderbarer Weise auf, Aushängeschilder wie die Elfenbeinküste sinken in den Bereich der »untersten Milliarde« ab. Rückblickend lässt sich immer eine Begründung zusammenbasteln, warum in welchem Land welche Entwicklung eingetreten ist. Wenn wir ehrlich sind, müssen wir aber zugeben, dass wir meistens nicht in der Lage sind, vorherzusagen, wo es zu einem Aufschwung kommen wird, bzw. zu erklären, warum Dinge plötzlich aus dem Ruder laufen.

Da Wirtschaftswachstum nur mit den vereinten Kräften von Körper und Geist zu machen ist, erscheint es plausibel, dass, nachdem die Initialzündung gegeben ist, die Dinge erst dann richtig ins Laufen kommen, wenn Männer und Frauen ordentlich ausgebildet, gut ernährt und gesund sind, wenn sich Bürger sicher und zuversichtlich genug fühlen, um in ihre Kinder zu investieren und sie ziehen zu lassen, damit sie die neuen Jobs in der Stadt annehmen.

Aber es ist auch wahr, dass, bis das passiert, etwas geschehen muss, um das Warten auf die Initialzündung erträglicher zu machen. Wenn man zulässt, dass sich Elend und Verzweiflung ausbreiten, dass Wut und Gewalt die Oberhand gewinnen, dann findet die Initialzündung vielleicht nie statt. Eine funktionierende Sozialpolitik, die desillusionierte Menschen davon abhält, alles hinzuwerfen, könnte ein wichtiger Schritt sein, damit ein Land diesen unbestimmten Termin nicht verpasst.

Und selbst wenn all das nicht zutreffen sollte – wenn Sozialpolitik nichts mit Wachstum zu tun hat –, gibt es doch triftige Gründe, jetzt alles in unseren Kräften Stehende zu tun, um das Leben der Armen zu verbessern und nicht auf die Initialzündung für den Aufschwung zu warten. Die moralische Begründung haben wir bereits im einleitenden Kapitel geliefert: Je mehr wir wissen, was wir gegen Armut tun können, desto weniger dürfen wir die Vergeudung von Leben und Talenten hinnehmen, die Armut mit sich bringt. Obwohl wir kein Wundermittel zur Ausrottung der Armut besitzen, kein Allheilmittel gegen alles und jedes, kennen wir doch eine ganze Reihe von Maßnahmen, mit denen sich das Leben der Armen verbessern lässt. Fünf zentrale Aspekte spielen dabei eine Rolle.

Erstens fehlen Armen oft wichtige Informationen und sie glauben Dinge, die nicht richtig sind. Sie zweifeln am Nutzen von Impfungen, sie halten das, was man in den ersten Schuljahren lernt, für unwichtig, sie wissen nicht, wie viel Dünger sie verwenden müssen, sie wissen nicht, wie schnell man sich mit HIV ansteckt, sie haben keine Vorstellung davon, was ihre Politiker machen. Wenn sich ihre festen Überzeugungen als falsch herausstellen, treffen sie schlechte Entscheidungen, manchmal mit fatalen Folgen – denken Sie an die Mädchen, die ungeschützten Sex mit älteren Männern hatten, oder die Bauern, die viel mehr Dünger verwendeten als empfohlen. Selbst wenn ihnen bewusst ist, wie wenig sie wissen, kann die daraus entstehende Unsicherheit großen Schaden anrichten. Wenn sich beispielsweise zur Unsicherheit über den Nutzen von Impfungen noch die Neigung zum Aufschieben gesellt, dann werden am Ende nur wenige Kinder geimpft. Bürger, die über Politik nicht Bescheid wissen, stimmen öfter für einen Kandidaten aus ihrer eigenen ethnischen Gruppe und nehmen dafür wachsenden Fanatismus und Korruption in Kauf.

Wir haben viele Beispiele gesehen, wie mit ein wenig Information viel verändert werden kann. Aber nicht jede Informationskampagne ist erfolgreich. Damit sie funktioniert, muss eine solche Kampagne mehrere Bedingungen erfüllen: Sie muss etwas Neues mitteilen, etwas, das die Leute noch nicht wussten (Ermahnungen der Art »Kein Sex vor der Ehe« zeigen wenig Wirkung). Die Information muss einfach formuliert und interessant verpackt sein (ein Film, ein Theaterstück, eine Fernsehsendung oder ein gut gemachter Bericht). Die Information muss aus einer vertrauenswürdigen Quelle kommen (interessanterweise gilt die Presse offenbar als vertrauenswürdig). Eine logische Folge dieser Auffassung ist, dass Regierungen massiv an Vertrauen verlieren, wenn sie irreführende, verwirrende oder falsche Verlautbarungen abgeben.

Zweitens müssen die Armen sich um zu viele Bereiche ihres Lebens selbst kümmern. Je reicher man ist, desto mehr Entscheidungen werden einem abgenommen. Arme haben keinen Wasseranschluss, deshalb nützt ihnen das Chlor, das die Stadtverwaltung dem Trinkwasser zusetzen lässt, nichts. Wenn sie sauberes Trinkwasser haben wollen, müssen sie es selbst desinfizieren. Arme können sich keine fertigen, mit Nährstoffen angereicherten Frühstücksflocken leisten, sie müssen selbst dafür sorgen, dass sie und ihre Kinder ausreichend Nährstoffe erhalten. Arme können nicht automatisch sparen (etwa über Beiträge, die direkt vom Lohn in eine Renten- oder Krankenversicherung fließen), sie müssen selbst einen Weg zum Sparen und Vorsorgen finden. Solche Entscheidungen sind für jeden schwierig, denn man muss sich heute Gedanken machen und heute kleine Summen aufbringen, doch den Nutzen hat man in aller Regel erst irgendwann in ferner Zukunft. Daher ist die Versuchung sehr groß, diese Dinge aufzuschieben. Erschwerend kommt hinzu, dass das Leben der Armen an sich schon wesentlich härter ist als unseres: Viele von ihnen haben ein kleines Geschäft in Branchen mit enorm viel Konkurrenz, und die meisten anderen verdingen sich als Gelegenheitsarbeiter, nicht wissend, wann der nächste Job auf sie wartet. Das heißt, das Leben der Armen könnte signifikant verbessert werden, wenn man es ihnen erleichtern würde, die richtigen Entscheidungen zu treffen, zum Beispiel mit vorgegebenen Standardlösungen und kleinen Anstößen: Mit Eisen und Jod angereichertes Salz etwa könnte so billig angeboten werden, dass alle es kaufen. Sparkonten, auf die man Geld leicht einzahlen, aber nur gegen eine kleine Gebühr abheben kann, ließen sich problemlos für jedermann anbieten, wenn nötig, indem der Staat die Kosten für die Bank subventioniert. Dort, wo Trinkwasser aus Rohrleitungen zu teuer sind, könnten neben jeder Wasserstelle Chlorspender aufgestellt werden. Es gäbe noch viele weitere Beispiele.

Drittens gibt es nachvollziehbare Gründe, warum manche Märkte den Armen nicht offen stehen bzw. warum die Armen in ihnen mit ungünstigen Konditionen zu kämpfen haben. Arme zahlen für einen Kredit (wenn sie überhaupt einen erhalten) exorbitante Zinsen und für ein Sparkonto (wenn sie überhaupt eines haben) mehr Gebühren, als sie je an Zinsen erhalten werden – schlicht deshalb, weil selbst für die Verwaltung kleiner Geldbeträge fixe Kosten anfallen. Ein Krankenversicherungsmarkt für Arme hat sich nicht entwickelt, obwohl größere gesundheitliche Probleme oft katastrophale Auswirkungen auf ihr Leben haben, weil die beschränkten Versicherungsangebote, die im Markt existieren können (eine Krankenversicherung nur gegen katastrophale Ereignisse, eine Wetterversicherung, die sich allein an Messwerten orientiert), nicht das sind, was die Armen wollen.

Manchmal führen technische oder institutionelle Innovationen dazu, dass sich ein Markt entwickeln kann, wo vorher keiner war. Das trifft auf die Mikrokredite zu, die es Millionen armer Menschen – wenn auch vielleicht nicht den Allerärmsten – ermöglichten, kleine Kredite zu bezahlbaren Raten aufzunehmen. Elektronische Geldtransfersysteme (auf der Basis von Mobiltelefonen oder Ähnlichem) und eindeutige Identitätsnachweise könnten die Kosten für Dienstleistungen rund ums Sparen innerhalb der nächsten Jahre radikal senken. Doch wir müssen auch anerkennen, dass die Bedingungen für einen sich von selbst entwickelnden Markt manchmal einfach nicht gegeben sind. In solchen Fällen sollte die Regierung unterstützend einspringen, um die notwendigen Bedingungen für den Markt zu schaffen, oder, wenn das nicht funktioniert, in Erwägung ziehen, die entsprechenden Dienste selbst anzubieten.

Das kann unter Umständen die kostenlose Abgabe von Gütern oder Dienstleistungen bedeuten (zum Beispiel Moskitonetze oder kostenlose Besuche im Gesundheitszentrum) oder sogar eine Belohnung für Menschen, die etwas tun, das gut für sie ist – so seltsam das auch klingen mag. Das Misstrauen verschiedener Experten gegenüber kostenlosen Gütern oder Dienstleistungen ist vermutlich übertrieben, selbst unter dem reinen Kostengesichtspunkt. Oft kommt es billiger, eine Dienstleistung umsonst anzubieten als pro forma eine Gebühr zu erheben. In manchen Fällen kann es helfen, dafür zu sorgen, dass der Marktpreis für ein Produkt so attraktiv gestaltet wird, dass sich ein Markt entwickeln kann. Regierungen könnten beispielsweise einen Teil der Versicherungsprämien übernehmen oder Gutscheine verteilen, mit denen Eltern ihre Kinder auf eine Schule ihrer Wahl schicken können, sei sie nun öffentlich oder privat, oder sie könnten Banken zwingen, gegen eine Schutzgebühr für jeden, der das möchte, ein kostenloses Sparkonto ohne jeden Schnickschnack einzurichten. Dabei muss man im Auge behalten, dass solche subventionierten Märkte sorgfältig reguliert werden müssen, damit sie gut funktionieren. Schulgutscheine funktionieren zum Beispiel dann gut, wenn alle Eltern die Möglichkeit haben herauszufinden, welche Schule für ihr Kind die richtige ist; wenn das nicht der Fall ist, verschaffen Schulgutscheine gebildeten Eltern eher noch mehr Vorteile.

Viertens sind arme Länder nicht allein deshalb zum Scheitern verurteilt, weil sie arm sind oder weil sie auf eine unselige Vergangenheit zurückblicken. Es ist tatsächlich so, dass in diesen Ländern vieles nicht funktioniert: Programme, die den Armen helfen sollten, unterstützen die Falschen, Lehrer unterrichten dann und wann oder überhaupt nicht, wegen Unterschlagung mangelhaft gebaute Straßen brechen unter der Last überladener Trucks zusammen und so weiter. Aber viele dieser Versäumnisse haben weniger mit einer großen Verschwörung der um ihre Pfründe besorgten Elite zu tun als mit vermeidbaren Schwächen in den Details von Maßnahmen und den allgegenwärtigen drei I: *Ideology* (zementierte Vorstellungen), *Ignorance* (Unwissenheit), *Inertia* (Trägheit). Von den Krankenschwestern wird erwartet, ihren Job in einer Weise zu erfüllen, die kein normaler Mensch lange aushalten würde, und doch fühlt sich niemand dazu berufen, ihre Arbeitsplatzbeschreibung zu ändern. Das jeweils gerade angesagte Thema (seien es Staudämme, Barfußärzte, Mikrokredite oder Ähnliches) wird in Maßnahmen umgesetzt, ohne auch nur einen Gedanken an die Lebenswirklichkeit zu verschwenden, in der sie greifen sollen. Eine hochrangige Vertreterin der indischen Regierung erzählte uns einmal, dass in den Dorfbildungskomitees immer auch ein Elternteil des besten sowie ein Elternteil des schlechtesten Schülers sitzt. Als wir fragten, wie man den besten und den schlechtesten Schüler ermittelt, wo doch bis zur vierten Klasse keine Leistungstests durchgeführt werden, wechselte sie schnell das Thema. Aber selbst solche absurden Regeln halten sich aus reiner Trägheit, sobald sie sich erst einmal etabliert haben.

Und nun die gute Nachricht (wenn das die richtige Formulierung ist): Die Art der Amtsführung und einzelne Maßnahmen lassen sich verändern, ohne die vorhandenen politischen und sozialen Strukturen über den Haufen zu werfen. Es gibt unglaublich viel Spielraum für Verbesserungen, sogar in einem »guten« institutionellen Umfeld, und ein paar Veränderungsmöglichkeiten im Kleinen selbst in einem schlechten. Es kann schon eine kleine Revolution bedeuten, dafür zu sorgen, dass alle zur Dorfversammlung eingeladen werden, oder Regierungsbediensteten auf die Finger zu schauen und sie für Pflichtverletzungen zur Rechenschaft zu ziehen oder Politiker auf allen Ebenen zu kontrollieren und die Wähler darüber zu informieren oder den Nutzern staatlicher Dienste zu erklären, was sie erwarten dürfen – von wann bis wann das Gesundheitszentrum geöffnet hat, auf wie viel Geld (oder auf wie viele Säcke Reis) sie Anspruch haben.

Und schließlich sind da noch die Erwartungen, was wer zu leisten vermag und was nicht: Nur allzu oft verwandeln sie sich in sich selbst erfüllende Prophezeiungen. Kinder verlieren den Mut, wenn ihre Lehrer (und manchmal auch ihre Eltern) ihnen zu verstehen geben, dass sie nicht klug genug sind, um die Anforderungen des Lehrplans zu erfüllen. Obstverkäufer geben sich keine Mühe, ihre Schulden zurückzubezahlen, weil sie meinen, dass sie sich sowieso gleich wieder verschulden werden. Krankenschwestern gehen nicht mehr zur Arbeit, weil niemand damit rechnet, sie dort anzutreffen. Politiker, von denen niemand erwartet, dass sie etwas zuwege bringen, haben keine Motivation, das Leben der Menschen zu verbessern. Die Erwartungen zu ändern ist schwierig, aber nicht unmöglich: Nachdem sie einen weiblichen Dorfvorsteher erlebt hatten, gaben die Dorfbewohner nicht nur ihre Vorurteile gegen Frauen in der Politik auf, sondern begannen sogar darüber nachzudenken, ob ihre Tochter nicht vielleicht Politikerin werden könnte. Lehrer, denen man erklärt hatte, dass sie nichts weiter tun brauchen, als allen Kindern Lesen beizubringen, schafften das im Laufe eines Feriencamps. Das Wichtigste an Erwartungen ist, dass Erfolg oft zum Selbstläufer wird. Sobald sich eine Situation verbessert, wirkt sich die Verbesserung auf Überzeugungen und Verhalten aus. Das ist ein weiterer Grund, weshalb man sich nicht scheuen sollte, Dinge (Geld eingeschlossen) zu verschenken, wenn es darum geht, einen *Circulus virtuosus* in Gang zu setzen.

Trotz dieser fünf Ecksteine sind wir meilenweit davon entfernt, alles zu wissen, was man wissen könnte und sollte. In gewisser Weise ist dieses Buch nur die Aufforderung, genauer hinzusehen. Wenn wir das träge, schematische Denken aufgeben, das jedes Problem auf die gleichen allgemeinen Prinzipien reduziert, wenn wir den Armen richtig zuhören und uns bemühen, die Logik ihrer Entscheidungen zu verstehen, wenn wir akzeptieren, dass wir uns irren können, und jede scheinbar noch so vernünftige Idee strengen empirischen Tests unterziehen, dann werden wir nicht nur in der Lage sein, effektive Maßnahmen zu entwickeln, sondern auch besser verstehen, warum die Armen so leben, wie sie leben. So mit Geduld und Verständnis gewappnet, können wir Armutsfallen entdecken, wo wirklich welche sind, und herausfinden, welche Werkzeuge wir einsetzen müssen, um den Armen aus diesen Fallen herauszuhelfen.

Über Makroökonomie und institutionelle Reformen haben wir jetzt nicht viel gesagt, aber lassen Sie sich von dem scheinbar bescheidenen Ansatz nicht täuschen: Kleine Änderungen können große Wirkungen erzielen. Darmwürmer sind vermutlich das Letzte, worüber Sie bei einem geselligen Abend plaudern möchten, aber kenianische Kinder, die in der Schule zwei Jahre statt ein Jahr lang gegen Würmer behandelt worden waren (zum Preis von 1,36 PPP-USD pro Kind und Jahr, alles inklusive), verdienten als Erwachsene jedes Jahr 20 Prozent mehr, das sind 3269 PPP-USD auf ihr ganzes Leben bezogen. Der Effekt könnte sich verringern, wenn alle Kinder entwurmt werden: Die Kinder, die das Glück gehabt hatten, in dieses Programm zu kommen, konnten dadurch vielleicht Jobs bekommen, die sonst anderen zugefallen wären. Um diese Zahl richtig einzuordnen, müssen Sie wissen, dass die höchste anhaltende Pro-Kopf-Wachstumsrate in der jüngeren Geschichte Kenias in den Jahren 2006 bis 2008 bei 4,5 Prozent lag. Wenn wir einen makroökonomischen Hebel betätigen könnten, der dieses zuvor nie dagewesene Wachstum wiederholen könnte, würde es immer noch vier Jahre dauern, bis das Durchschnittseinkommen um 20 Prozent gestiegen wäre. Und wie es aussieht, hat niemand einen solchen Hebel.

Auch wir verfügen über keinen Hebel, mit dem sich die Armut todsicher beseitigen lässt, doch wenn wir das einmal akzeptiert haben, arbeitet die Zeit für uns. Die Armut begleitet die Menschheit seit vielen Tausend Jahren, und wenn wir nun noch einmal fünfzig oder hundert Jahre warten müssen, dann sei's drum. Aber wir können zumindest aufhören, so zu tun, als gebe es eine Patentlösungen, und uns stattdessen mit den Millionen engagierter Menschen rund um die Welt zusammentun – all den Regierungsvertretern und Beamten, Lehrern und Mitarbeitern von Nichtregierungsorganisationen, Wissenschaftlern und Unternehmern, die wie wir auf der Suche nach neuen Ideen sind, großen und kleinen Ideen, die uns am Ende in eine Welt führen, wo niemand mehr von 99 US-Cent pro Tag leben muss.

Dank

Dass wir Entwicklungsökonomen wurden, liegt an unseren Müttern, Nirmala Banerjee und Violaine Duflo. Beide wollten die Ungerechtigkeit nicht hinnehmen, die sie Tag für Tag in der Welt beobachteten, und diese Haltung lebten sie konsequent, sowohl beruflich wie auch privat. Wir hätten blind und taub sein müssen, um ihrem Einfluss zu entgehen.

Von unseren Vätern, Dipak Banerjee und Michel Duflo, haben wir gelernt, wie wichtig es ist, seine Argumente klar zu formulieren. Nicht immer gelingt es uns, das Maß an Präzision zu erreichen, das sie für sich selbst zum Standard erheben, aber wir haben verstanden, warum es der richtige Standard ist.

Am Anfang dieses Buchs stand ein Gespräch mit Andrei Shleifer im Jahr 2005. Er war damals Herausgeber des *Journal of Economic Perspectives* und bat uns, etwas über die Armen zu schreiben. Während wir an diesem Artikel arbeiteten, der schließlich unter dem Titel »The Economic Lives of the Poor« (»Das ökonomische Leben der Armen«) erschien, wurde uns klar, dass dies ein Weg war, die vielen disparaten Fakten und Gedanken zusammenzubringen, mit denen wir uns zeitlebens beschäftigt haben. Dann überzeugte uns Max Brockmann, unser Agent, dass Verlage an einer Buchveröffentlichung zu diesem Thema interessiert sein könnten.

Viele der vorgestellten Fakten und Ideen stammen von anderen: von akademischen Lehrern und Mentoren, von Menschen, die uns vor Herausforderungen gestellt haben, von Koautoren, Mitherausgebern, Studenten und Freunden, von Kollegen aus dem *Abdul Latif Jameel Poverty Action Lab* und von den vielen

Vertretern von Regierungen und NGOs in aller Welt, mit denen wir zusammengearbeitet haben. Jede detailliertere Auflistung von Einflüssen wäre zwangsläufig unvollständig, ja sogar unfair. Dennoch möchten wir einigen Menschen besonderen Dank aussprechen: Josh Angrist, Rukmini Banerji, Annie Duflo, Neelima Khetan, Michael Kremer, Andreu Mas Colell, Eric Maskin, Sendhil Mullainathan, Andy Newman, Rohini Pande, Thomas Piketty und Emmanuel Saez haben jeder auf seine Weise – vermutlich mehr als ihnen selbst bewusst ist – dazu beigetragen, die Gedanken zu formen, die in dieses Buch eingeflossen sind. Wir hoffen, ihnen gefällt, was daraus entstanden ist.

Daniel Cohen, Angus Deaton, Pascaline Dupas, Nicholas Kristof, Greg Lewis, Patrick McNeal, Rohini Pande, Ian Parker, Somini Sengupta, Andrei Shleifer und Kudzai Takavarasha haben die ersten Entwürfe gelesen und uns mit ihren Kommentaren enorm geholfen. Emily Breza und Dominic Leggett lasen jedes Kapitel mehrfach und machten viele wichtige Verbesserungsvorschläge. Und wenn wir nicht so ungeduldig gewesen wären, es zum Abschluss zu bringen, hätten sie sicher noch mehr daran verbessern können. Die Zusammenarbeit mit Clive Priddle, unserem Lektor bei PublicAffairs, war einfach wunderbar: Er hat das Buch zum Leben erweckt.

Anmerkungen

Die Ökonomie der Armen

1 Wir verwenden durchweg das kollektive »wir«, wenn wenigstens einer von uns bei einem Interview dabei war.

2 Bei der Definition von Armut folgen wir im Wesentlichen Angus Deaton und Olivier Dupriez: »Purchasing Power Parity Exchange Rates for the Global Poor,« *American Economic Journal: Applied Economics* 3:2 (April 2011): 137–166. Woher wissen wir, wie man die Preise umrechnen muss, damit sie die Lebenshaltungskosten richtig widerspiegeln? Das von der Weltbank initiierte internationale Vergleichsprojekt ICP (*International Comparison Program*) hat 2005 in großem Umfang Preisdaten erhoben. Deaton und Dupriez nehmen diese Zahlen und berechnen damit die Kosten für einen Warenkorb, wie er von den Armen in allen armen Ländern, von denen sie Daten besitzen, typischerweise konsumiert wird. Als Bezugsgröße verwenden sie die indische Rupie und vergleichen den indischen mit dem entsprechenden amerikanischen Preisindex – unter Berücksichtigung des Wechselkurses und korrigiert um die Kaufkraftparität, englisch *purchasing power parity* (PPP). Sie kommen auf eine durchschnittliche Armutsgrenze von 16 Rupien oder 99 US-Cent, wenn sie die Armutsgrenzen der fünfzig Länder, in denen die meisten Armen leben, gewichtet nach der Zahl der Armen in diesen Ländern, zur Berechnung heranziehen. In diesem Buch werden wir alle Preise in Landeswährung und in um die Kaufkraftparität korrigierten US-Dollar (abgekürzt PPP-USD) angeben und dabei die Zahlen von Deaton und Dupriez verwenden (Stand 2005). Auf diese Weise können die Preise, die in diesem Buch genannt werden, direkt am Lebensstandard der Armen gemessen werden: Wenn etwas zum Beispiel 3 PPP-USD kostet, kostet es dreimal so viel, wie einem Armen am Tag zur Verfügung steht.

1. Kapitel: Einmal mehr nachdenken

1 United Nations, Department of Economic and Social Affairs, *The Millennium Development Goals Report* (New York: United Nations, 2010).

2 Pratham, *Annual Status of Education Report 2005: Final Edition.*

3 Deborah Small, George Loewenstein und Paul Slovic, »Sympathy and Callousness: The Impact of Deliberative Thought on Donations to Identifiable and Statistical Victims,« *Organizational Behavior and Human Decision Processes* 102 (2007): 143–153.

4 Jeffrey Sachs, *The End of Poverty: Economic Possibilities for Our Time* (New York: Penguin Press, 2005). Deutsch: *Das Ende der Armut: Ein ökonomisches Programm für eine gerechtere Welt.* Übers. v. Udo Rennert und Thorsten Schmidt (München: Siedler Verlag, 2005).

5 William Easterly, *The White Man's Burden: Why the West's Efforts to Aid the Rest Have Done So Much Ill and So Little Good* (Oxford: Oxford University Press, 2006). Deutsch: *Wir retten die Welt zu Tode: Für ein professionelleres Management im Kampf gegen die Armut.* Übers. v. Petra Pyka (Frankfurt a. M.: Campus-Verlag, 2006). William Easterly, *The Elusive Quest for Growth: Economists' Adventures and Misadventures in the Tropics* (Cambridge: MIT Press, 2001).

6 Dambisa Moyo, *Dead Aid: Why Aid Is Not Working and How There Is a Better Way for Africa* (London: Allen Lane, 2009). Deutsch: *Dead Aid: Warum Entwicklungshilfe nicht funktioniert und was Afrika besser machen kann.* Übers. v. Hendrik Lorenzen (Berlin: Haffmans & Tolkemitt, 2011).

7 Immer wenn wir einen Geldbetrag in einer Landeswährung nennen, geben wir den entsprechenden Betrag auch in US-Dollar, korrigiert um die Kaufkraftunterschiede, an; diese Angabe erfolgt in PPP-USD (siehe Anmerkung 2 zum Vorwort).

8 Todd Moss, Gunilla Pettersson und Nicolas van de Walle, »An Aid-Institutions Paradox? A Review Essay on Aid Dependency and State Building in Sub-Saharan Africa,« Working Paper No. 74, Center for Global Development (Januar 2006). Dennoch erhielten 11 von 46 Staaten über 10 Prozent ihres Budgets in Form von Entwicklungshilfe, weitere 11 sogar mehr als 20 Prozent.

9 Peter Singer, »Famine, Affluence, and Morality,« *Philosophy and Public Affairs* 1:3 (1972): 229–243.

10 Amartya Sen, *Development as Freedom* (New York: Knopf, 1999). Deutsch: *Ökonomie für den Menschen. Wege zu Gerechtigkeit und Solidarität in der Marktwirtschaft.* Übers. v. Christiana Goldmann (München: Hanser, 2000).

[11] Nicholas D. Kristof und Sheryl WuDunn, *Half the Sky: Turning Oppression into Opportunity for Women Worldwide* (New York: Knopf, 2009). Deutsch: *Die Hälfte des Himmels. Wie Frauen weltweit für eine bessere Zukunft kämpfen.* Übers. v. Karl Heinz Siber. Vorw. v. Margot Käßmann (München: Beck, 2010).

[12] Peter Singer, *The Life You Can Save* (New York: Random House, 2009); erhältlich auch auf http://www.thelifeyoucansave.com. Deutsch: *Leben retten. Wie sich Armut abschaffen lässt und warum wir es nicht tun.* Übers. v. Olaf Kanter (Zürich: Arche, 2010).

[13] Siehe das WHO-Infoblatt (Fact sheet No. 94) zur Malaria, abrufbar unter http://www.who.int/mediacentre/factsheets/fs094/en/index.html. Bitte beachten Sie, dass wir hier, wie auch an vielen anderen Stellen dieses Buches, die offiziellen internationalen Statistiken zitieren. Die Zahlen sind jedoch nicht immer genau, häufig beruhen sie auf unvollständigen Daten oder solchen von zweifelhafter Qualität.

[14] Christian Lengeler, »Insecticide-Treated Bed Nets and Curtains for Preventing Malaria,« *Cochrane Database of Systematic Reviews* 2 (2004), Art. No. CD000363.

[15] William A. Hawley, Penelope A. Phillips-Howard, Feiko O. Ter Kuile, Dianne J. Terlouw, John M. Vulule, Maurice Ombok, Bernard L. Nahlen, John E. Gimnig, Simon K. Kariuki, Margarette S. Kolczak und Allen W. Hightower, »Community-Wide Effects of Permethrin-Treated Bed Nets on Child Mortality and Malaria Morbidity in Western Kenya,« *American Journal of Tropical Medicine and Hygiene* 68 (2003): 121–127.

[16] World Health Organisation, *World Malaria Report 2009,* abrufbar unter http://www.who.int/malaria/world_malaria_report_2009/en/.

[17] Pascaline Dupas, »Short-Run Subsidies and Long-Run Adoption of New Health Products: Evidence from a Field Experiment,« NBER Working Paper #16298 (August 2010); Jessica Cohen und Pascaline Dupas, »Free Distribution or Cost-Sharing? Evidence from a Randomized Malaria Prevention Experiment,« *Quarterly Journal of Economics* 125:1 (Februar 2010): 1–45; Vivian Hoffmann, »Intra-Household Allocation of Free and Purchased Mosquito Nets,« *American Economic Review: Papers and Proceedings* 99:2 (Mai 2009): 236–241; Paul Krezanoski, Alison Comfort und Davidson Hamer, »Effect of Incentives on Insecticide-Treated Bed Net Use in Sub-Saharan Africa: A Cluster Randomized Trial in Madagascar,« *Malaria Journal* 9:186 (27. Juni 2010).

[18] http://www.millenniumvillages.org/ (Stand: 20.09.2011).

2. Kapitel: Eine Milliarde hungernder Menschen?

1 Food and Agriculture Organization of the United Nations, *The State of Food Insecurity in the World, 2009: Economic Crises, Impacts and Lessons Learned* (Rom: 2009), abrufbar unter http://www.fao.org/docrep/012/i0876e/i0876e00.htm (Stand 26.09.2011).

2 World Bank, *Egypt's Food Subsidies: Benefit Incidence and Leakages.* Report No. 57446 (September 2010).

3 A. Ganesh-Kumar, Ashok Gulati und Ralph Cummings Jr., *Foodgrains Policy and Management in India: Responding to Today's Challenges and Opportunities.* Report submitted to the Indira Gandhi Institute of Development Research, Mumbai, and International Food Policy Research Institute (IFPRI), Washington, DC, PP-056 (2007).

4 Die Idee des Zusammenhangs zwischen Ernährungssituation und Armutsfalle war Bestandteil der Doktorarbeit von Dipak Mazumdar an der London School of Economics, 1986 wurde sie von Partha Dasgupta und Debraj Ray, beide seinerzeit Professoren in Stanford, sehr elegant präsentiert. Siehe Partha Dasgupta und Debraj Ray, »Inequality as a Determinant of Malnutrition and Unemployment: Theory,« *Economic Journal* 96:384 (1986): 1011–1034.

5 Diese und andere statistische Daten aus den 18 Ländern (sowie genauere Angaben zu den erhobenen Daten) finden Sie auf der Website zum Buch, http://www.pooreconomics.com.

6 Shankar Subramanian und Angus Deaton, »The Demand for Food and Calories,« *Journal of Political Economy* 104:1 (1996): 133–162.

7 Robert Jensen und Nolan Miller, »Giffen Behavior and Subsistence Consumption,« *American Economic Review* 98:4 (2008): 1553–1577.

8 Alfred Marshall, einer der Begründer der modernen Volkswirtschaftslehre, diskutiert diese Idee in seinem 1890 bei McMillan in London erschienenen Buch *Principles of Economics.* Er gibt folgendes Beispiel: Wenn der Brotpreis steigt, werden die Menschen gezwungen, ihren Fleischkonsum und den teurerer Backwaren einzuschränken; und weil Brot für sie immer noch das billigste Lebensmittel darstellt, werden sie nicht weniger, sondern mehr davon verbrauchen. Diese Beobachtung schrieb Marshall einem Mr. Giffen zu, daher werden Produkte, deren Konsum sinkt, sobald sie billiger werden als »Giffen-Güter« bezeichnet. Vor dem Experiment von Jensen und Miller bezweifelten allerdings die meisten Ökonomen, dass es die Giffen-Güter tatsächlich gibt. Siehe Alfred Marshall, *Principles of Economics* (Amherst, NY: Prometheus Books, gekürzter Nachdruck, 1997).

[9] Angus Deaton und Jean Dreze, »Food and Nutrition in India: Facts and Interpretations,« *Economics and Political Weekly* 44:7 (2009): 42–65.

[10] Food and Agriculture Organization of the United Nations, *Food for All.* World Food Summit, Rome, 13.–17. November 1996.

[11] Nathan Nunn und Nancy Qian, »The Potato's Contribution to Population and Urbanization: Evidence from an Historical Experiment,« NBER Working Paper W15157 (2009).

[12] So argumentieren Roger Thurow und Scott Kilman, zwei Journalisten vom *Wall Street Journal,* in ihrem Buch mit dem passenden Titel *Enough: Why the World's Poorest Starve in an Age of Plenty* (New York: Public Affairs, 2009).

[13] John Strauss, »Does Better Nutrition Raise Farm Productivity?« *Journal of Political Economy* 94 (1986): 297–320.

[14] Robert Fogel, *The Escape from Hunger and Premature Death, 1700–2100: Europe, America and the Third World* (Cambridge: Cambridge University Press, 2004).

[15] Emily Oster, »Witchcraft, Weather and Economic Growth in Renaissance Europe,« *Journal of Economic Perspectives* 18:1 (2004): 215–228.

[16] Elaina Rose, »Consumption Smoothing and Excess Female Mortality in Rural India,« *Review of Economics and Statistics* 81:1 (1999): 41–49.

[17] Edward Miguel, »Poverty and Witch Killing,« *Review of Economic Studies* 72:4 (2005): 1153–1172.

[18] Amartya Sen, »The Ingredients of Famine Analysis: Availability and Entitlements,« *Quarterly Journal of Economics* 96:3 (1981): 433–464.

[19] National Center for Health Statistics, »Intake of Calories and Selected Nutrients for the United States Population, 1999–2000,« Data Brief (Dezember 2003).

[20] MEASURE DHS, Statcompiler, abrufbar unter http://statcompiler.com (Stand 25.10.2011). Auch in Angus Deaton und Jean Dreze, »Food and Nutrition in India: Facts and Interpretations,« *Economics and Political Weekly* 44:7 (2009): 42–65.

[21] Ibid.

[22] Anne Case und Christina Paxson, »Stature and Status: Height, Ability and Labor Market Outcomes,« *Journal of Political Economy* 166:3 (2008): 499–532.

[23] Mark Borden hat über die Reaktionen auf die Arbeit von Case und Paxson einen Artikel geschrieben, abrufbar unter http://www.new-

yorker.com/archive/2006/10/02/061002ta_talk_borden (Stand 26.10.2011).

24 Sarah Baird, Joan Hamory Hicks, Michael Kremer und Edward Miguel, »Worm at Work: Long-Run Impacts of Child Health Gains,« Working Paper (2010), abrufbar unter http://www.economics.harvard.edu/faculty/kremer/files/KLPS-Labor_2011-07-25.pdf.

25 Cesar G. Victora, Linda Adair, Caroline Fall, Pedro C. Hallal, Reynaldo Martorell, Linda Richter und Harshpal Singh Sachdev, »Maternal and Child Undernutrition: Consequences for Adult Health and Human Capital,« *Lancet* 371:9609 (2008): 340–357.

26 David Barker, »Maternal Nutrition, Female Nutrition, and Disease in Later Life,« *Nutrition* 13: (1997): 807.

27 Erica Field, Omar Robles und Maximo Torero, »Iodine Deficiency and Schooling Attainment in Tanzania,« *American Economic Journal: Applied Economics* 1:4 (2009): 140–169.

28 Duncan Thomas, Elizabeth Frankenberg, Jed Friedman, et al., »Causal Effect of Health on Labor Market Outcomes: Evidence from a Random Assignment Iron Supplementation Intervention« (2004), unveröffentlichtes Manuskript.

29 Michael Kremer und Edward Miguel, »The Illusion of Sustainability,« *Quarterly Journal of Economics,* 122:3 (2007): 1007–1065.

30 George Orwell, *The Road to Wigan Pier* (New York: Penguin, Modern Classic Edition, 2001), S. 88. Deutsch: *Die Straße nach Wigan Pier.* Übers. v. Manfred Papst (Zürich: Diogenes-Verlag, 1982), S. 93.

31 Anne Case und Alicia Menendez, »Requiescat in Pace? The Consequences of High Priced Funerals in South Africa,« NBER Working Paper W14998 (2009).

32 Tom Holloway, »Funeral Feasts of the Swasi Menu,« *BBC News World Edition,* 2. Juli 2002, abrufbar unter http://news.bbc.co.uk/2/hi/africa/2082281.stm (Stand 27.10.2011).

33 Zahlen aus unserem 18-Länder-Vergleich, abrufbar unter http://www.pooreconomics.com.

34 Orwell, *The Road to Wigan Pier,* S. 81. *Die Straße nach Wigan Pier,* S. 86.

35 Siehe http://www.harvestplus.org/ (Stand 27.10.2011).

3. Kapitel: Gute Chancen auf mehr Gesundheit?

1 Siehe http://www.povertyactionlab.org/policy-lessons/health/child-diarrhea (Stand 31.10.2011).

2 Nava Ashraf, James Berry und Jesse Shapiro, »Can Higher Prices

Stimulate Product Use? Evidence from a Field Experiment in Zambia,« NBER Working Paper W13247 (2007).

3 Siehe http://www.unicef.org/infobycountry/india_statistics.html (Stand 31.10.2011).

4 John Gallup und Jeffrey Sachs, »The Economic Burden of Malaria,« *American Journal of Tropical Medicine and Hygiene* 64 (2001): 1, 85–96.

5 Siehe http://www.cdc.gov/malaria/about/history/elimination_us.html (Stand 31.10.2011).

6 Hoyt Bleakley, »Malaria Eradication in the Americas: A Retrospective Analysis of Childhood Exposure,« *American Economic Journal: Applied Economics* 2:2 (2010): 1–45.

7 David Cutler, Winnie Fung, Michael Kremer, Monica Singhal und Tom Vogl, »Early-Life Malaria Exposure and Adult Outcomes: Evidence from Malaria Eradication in India,« *American Economic Journal: Applied Economics* 2:2 (2010): 72–94.

8 Adrienne Lucas, »Malaria Eradication and Educational Attainment: Evidence from Paraguay and Sri Lanka,« *American Economic Journal: Applied Economics* 2:2 (2010): 46–71.

9 WHO und UNICEF, *Progress on Sanitation and Drinking Water: 2010 Update* (Genf: WHO Press 2010), abrufbar unter: http://whqlibdoc.who.int/publications/2010/9789241563956_eng_full_text.pdf (Stand 3.11.2011).

10 David Cutler und Grant Miller, »The Role of Public Health Improvements in Health Advances: The Twentieth-Century United States,« *Demography* 42:1 (2005): 1–22; J. Bryce, C. Boschi-Pinto, K. Shibuya, R. E. Black und die WHO *Child Health Epidemiology Reference Group,* »WHO Estimates of the Causes of Death in Children,« *Lancet* 365 (2005): 1147–1152.

11 Lorna Fewtrell und John M. Colford Jr., »Water, Sanitation and Hygiene: Interventions and Diarrhoea,« HNP Discussion Paper (2004).

12 World Health Organization, »Water, Sanitation and Hygiene. Links to Health: Facts and Figures,« 2004, abrufbar unter http://www.who.int/water_sanitation_health/factsfigures2005.pdf (Stand 3.11.2011).

13 Dale Whittington, W. Michael Hanemann, Claudia Sadoff und Marc Jeuland, »Sanitation and Water,« Copenhagen 2008 Challenge Paper, S. 21.

14 Siehe http://www.who.int/features/factfiles/breastfeeding/en/index.html (Stand 3.11.2011).

15 R. E. Quick, A. Kimura, A. Thevos, M. Tembo, I. Shamputa, L. Hutwagner und E. Mintz, »Diarrhea Prevention Through Household-Level

Water Disinfection and Safe Storage in Zambia,« *American Journal of Tropical Medicine and Hygiene* 66:5 (2002): 584–589.

16 Siehe Anm. 2: Nava Ashraf, James Berry und Jesse Shapiro, »Can Higher Prices Stimulate Product Use? Evidence from a Field Experiment in Zambia,« NBER Working Paper W13247 (2007).

17 Jessica Cohen und Pascaline Dupas, »Free Distribution or Cost-Sharing? Evidence from a Randomized Malaria Prevention Experiment,« *Quarterly Journal of Economics* 125:1(2010): 1–45.

18 Pascaline Dupas, »What Matters (and What Does Not) in Households' Decisions to Invest in Malaria Prevention?« *American Economic Review: Papers and Proceedings* 99:2 (2009): 224–230.

19 Obinna Onwujekwe, Kara Hanson und Julia Fox-Rushby, »Inequalities in Purchase of Mosquito Nets and Willingness to Pay for Insecticide-Treated Nets in Nigeria: Challenges for Malaria Control Interventions,« *Malaria Journal* 3:6 (16. März 2004).

20 Anne Case und Angus Deaton, »Health and Well-Being in Udaipur and South Africa,« in *Developments in the Economics of Aging,* hrsg. v. David A. Wise, 317–359 (Chicago: University of Chicago Press, 2009).

21 Abhijit Banerjee, Angus Deaton und Esther Duflo, »Wealth, Health, and Health Services in Rural Rajasthan,« *AER Papers and Proceedings* 94:2 (2004): 326–330.

22 Abhijit Banerjee und Esther Duflo, »Improving Health Care Delivery in India,« MIT (2009), unveröffentlichtes Manuskript.

23 Jishnu Das und Jeffrey Hammer, »Money for Nothing: The Dire Straits of Medical Practice in Delhi, India,« *Journal of Development Economics* 83:1 (2007): 1–36.

24 Jishnu Das und Jeffrey Hammer, »Which Doctor? Combining Vignettes and Item Response to Measure Clinical Competence,« *Journal of Development Economics* 78:2 (2005): 348–383.

25 Abhijit Banerjee, Angus Deaton und Esther Duflo, »Wealth, Health, and Health Services in Rural Rajasthan,« *AER Papers and Proceedings* 94:2 (2004): 326–330.

26 World Health Organization, *WHO Report on Infectious Diseases 2000: Overcoming Antimicrobial Resistance* (Geneva: WHO/CDS, 2000), abrufbar unter http://www.who.int/infectious-disease-report/2000/index.html (Stand 7.11.2011).

27 Ambrose Talisuna, Peter Bloland und Umberto d'Alessandro, »History, Dynamics, and Public Health Importance of Malaria Parasite Resistance,« *American Society for Microbiology* 17:1 (2004): 235–254.

28 Nazmul Chaudhury et al., »Missing in Action: Teacher and Health

Worker Absence in Developing Countries,« *Journal of Economic Perspectives* 20:1 (2006): 91–116.

29 Kenneth L. Leonard und Melkiory C. Masatu, »Variations in the Quality of Care Accessible to Rural Communities in Tanzania,« *Health Affairs* 26:3 (2007): 380–392; Jishnu Das, Jeffrey Hammer und Kenneth Leonard, »The Quality of Medical Advice in Low-Income Countries,« *Journal of Economic Perspectives* 22:2 (2008): 93–114.

30 Abhijit Banerjee, Esther Duflo und Rachel Glennerster, »Putting a Band-Aid on a Corpse: Incentives for Nurses in the Indian Public Health Care System,« *Journal of the European Economic Association* 6:2–3 (2008): 487–500.

31 William Easterly, *The White Man's Burden: Why the West's Efforts to Aid the Rest Have Done So Much Ill and So Little Good* (Oxford: Oxford University Press, 2006). Deutsch: *Wir retten die Welt zu Tode: Für ein professionelleres Management im Kampf gegen die Armut.* Übers. v. Petra Pyka (Frankfurt: Campus-Verlag, 2006).

32 Siehe Michael Specters Analyse dieses und anderer Beispiele von »irrationalem Denken« in seinem Buch *Denialism: How Irrational Thinking Hinders Scientific Progress, Harms the Planet and Threatens Our Lives* (New York: Penguin Press, 2010).

33 Jishnu Das und Saumya Das, »Trust, Learning and Vaccination: A Case Study of a North Indian Village,« *Social Science and Medicine* 57:1 (2003): 97–112.

34 Jishnu Das und Carolina Sanchez-Paramo, »Short but Not Sweet – New Evidence on Short Duration Morbidities from India,« Policy Research Working Paper Series 2971, The World Bank (2003).

35 Abhijit Banerjee, Esther Duflo, Rachel Glennerster und Dhruva Kothari, »Improving Immunisation Coverage in Rural India: Clustered Randomised Controlled Immunisation Campaigns With and Without Incentives,« *British Medical Journal* 340 (2010): c2220.

36 Mohammad Ali, Michael Emch, Lorenz von Seidlein, Mohammad Yunus, David A. Sack, Malla Rao, Jan Holmgren und John D. Clemens, »Herd Immunity Conferred by Killed Oral Cholera Vaccines in Bangladesh: A Reanalysis,« *Lancet* 366 (2005): 44–49.

37 Dank Wissenschaftlern wie Dick Thaler (University of Chicago), George Loewenstein (Carnegie Mellon University), Matthew Rabin (University of California, Berkeley), David Laibson (Harvard University) und anderen, deren Arbeiten wir hier zitieren, hat die psychologische Forschung Eingang in die Wirtschaftswissenschaften gefunden.

38 Richard H. Thaler und Cass R. Sunstein, *Nudge: Improving Decisions About Health, Wealth, and Happiness* (New York: Penguin, 2008).

Deutsch: *Nudge. Wie man kluge Entscheidungen anstößt*. Übers. v. Christoph Bausum (Berlin: Ullstein 2011).

39 Eine vergleichende Kosten-Nutzen-Analyse finden Sie auf der Website des *Abdul Latif Jameel Poverty Action Lab*, abrufbar unter http://www.povertyactionlab.org/policy-lessons/health/child-diarrhea (Stand 21.2.2012).

40 Abhijit Banerjee, Esther Duflo und Rachel Glennerster, »Is Decentralized Iron Fortification a Feasible Option to Fight Anemia Among the Poorest?« in *Explorations in the Economics of Aging*, hrsg. David A. Wise, 317–351 (Chicago: University of Chicago Press, 2011).

41 Pascaline Dupas, »Short-Run Subsidies and Long-Run Adoption of New Health Products: Evidence from a Field Experiment,« NBER Working Paper #16298 (2010).

4. Kapitel: Von Schulen und Klassen

1 Esther Duflo, *Lutter contre la pauvreté, Vol. 1, Le Développement humain* (Paris: Le Seuil, 2010). In unserer neuesten Studie, in Marokko, haben wir geringere Fehlzeiten ermittelt.

2 Edward Miguel und Michael Kremer, »Worms: Identifying Impacts on Education and Health in the Presence of Treatment Externalities,« *Econometrica* 72:1 (Januar 2004): 159–217.

3 The Probe Team, *Public Report on Basic Education in India* (New Delhi: Oxford University Press, 1999).

4 Siehe *Higher Education in Developing Countries: Perils and Promises*, World Bank, 2000, abrufbar unter http://siteresources.worldbank.org/INTAFRREGTOPTEIA/Resources/Peril_and_Promise.pdf (Stand 16.11.2011); *State of the World's Children, Special Edition*, UNICEF, 2009, abrufbar unter http://www.unicef.org/rightsite/sowc/fullreport.php (Stand 16.11.2011); *Education for All Global Monitoring Report 2009. Overcoming inequality: why governance matters*, Annex (Statistical Tables), United Nations Educational, Scientific and Cultural Organization, 2009, abrufbar unter http://www.unesco.org/new/en/education/themes/leading-the-international-agenda/efareport/reports/2009-governance/ (Stand 16.11.2011).

5 Nazmul Chaudhury, Jeffrey Hammer, Michael Kremer, Karthik Muralidharan und Halsey Rogers, »Missing in Action: Teacher and Health Worker Absence in Developing Countries,« *Journal of Economic Perspectives* (Winter 2006): 91–116.

6 Pratham, *Annual Status of Education Report 2005: Final Edition*, abrufbar unter http://scripts.mit.edu/~varun_ag/readinggroup/images/1/14/ASER.pdf (Stand 12.09.2011).

7 »Kenya National Learning Assessment Report 2010,« und »Uwezo Uganda: Are Our Children Learning?«, beide abrufbar über die Suchfunktion der Website http://www.uwezo.net.

8 Tahir Andrabi, Jishnu Das, Asim Khwaja, Tara Vishwanath und Tristan Zajonc, »Pakistan Learning and Educational Achievement in Punjab Schools (LEAPS): Insights to Inform the Education Policy Debate,« (World Bank, Washington, DC, 2009).

9 Andrew Foster und Mark Rosenzweig, »Technical Change and Human Capital Returns and Investments: Evidence from the Green Revolution,« *American Economic Review* 86:4 (1996): 931–953.

10 Robert Jensen, »Economic Opportunities and Gender Differences in Human Capital: Experimental Evidence for India,« NBER Working Paper W16021 (2010).

11 Paul Schultz, »School Subsidies for the Poor: Evaluating the Mexican Progresa Poverty Program,« *Journal of Development Economics* 74:1 (2004): 199–250.

12 Sarah Baird, Craig McIntosh und Berk Ozler, »Designing Cost-Effective Cash Transfer Programs to Boost Schooling Among Young Women in Sub-Saharan Africa,« World Bank Policy Research Working Paper 5090 (2009).

13 Najy Benhassine, Florencia Devoto, Esther Duflo, Pascaline Dupas und Victor Pouliquen, »The Impact of Conditional Cash Transfers on Schooling and Learning: Preliminary Evidence from the Tayssir Pilot in Morocco,« MIT (2010), unveröffentlichtes Manuskript.

14 Esther Duflo, »Schooling and Labor Market Consequences of School Construction in Indonesia: Evidence from an Unusual Policy Experiment,« *American Economic Review* 91:4 (2001): 795–813.

15 David Card, »The Causal Effect of Education on Earnings,« in *Handbook of Labor Economics*, Vol. 3, hrsg. v. Orley Ashenfelter und David Card, 1801–1863 (Amsterdam: Elsevier Science B.V., 2010).

16 Chris Spohr, »Formal Schooling and Workforce Participation in a Rapidly Developing Economy: Evidence from ›Compulsory‹ Junior High School in Taiwan,« *Asian Development Bank* 70 (2003): 291–327.

17 Shin-Yi Chou, Jin-Tan Liu, Michael Grossman und Theodore Joyce, »Parental Education and Child Health: Evidence from a Natural Experiment in Taiwan,« NBER Working Paper 13466 (2007).

18 Owen Ozier, »The Impact of Secondary Schooling in Kenya: A Regression Discontinuity Analysis,« University of California, Berkeley, Working Paper (2010).

19 Tahir Andrabi, Jishnu Das und Asim Khwaja, »Students Today, Tea-

chers Tomorrow? The Rise of Affordable Private Schools,« Working Paper (2006).

20 Sonalde Desai, Amaresh Dubey, Reeve Vanneman und Rukmini Banerji, »Private Schooling in India: A New Educational Landscape,« Indian Human Development Survey, Working Paper No. 11 (2010).

21 In einer kolumbianischen Studie hat sich der Unterschied aber bestätigt: In Bogotá wurden Gutscheine für den Besuch einer privaten Sekundarschule verlost. Die Kinder, die sie gewannen, schlossen bei Standardtests besser ab als die, die Nieten gezogen hatten. Aus der Gewinnergruppe begannen 10 Prozent mehr ein Studium. Zudem waren die Gewinner besser in den Abschlussprüfungen. Siehe Joshua Angrist, Eric Bettinger, Erik Bloom, Elizabeth King und Michael Kremer, »Vouchers for Private Schooling in Colombia: Evidence from a Randomized Natural Experiment,« *American Economic Review* 92:5 (2002): 1535–1558; Joshua Angrist, Eric Bettinger und Michael Kremer, »Long-Term Educational Consequences of Secondary School Vouchers: Evidence from Administrative Records in Colombia,« *American Economic Review* 96:3 (2006): 847–862.

22 Sonalde Desai, Amaresh Dubey, Reeve Vanneman und Rukmini Banerji, »Private Schooling in India,« India Human Development Survey, Working Paper No. 11 (2010).

23 Abhijit Banerjee, Shawn Cole, Esther Duflo und Leigh Linden, »Remedying Education: Evidence from Two Randomized Experiments in India,« *Quarterly Journal of Economics* 122:3 (August 2007): 1235–1264.

24 Abhijit Banerjee, Rukmini Banerji, Esther Duflo, Rachel Glennerster und Stuti Khemani, »Pitfalls of Participatory Programs: Evidence from a Randomized Evaluation in Education in India,« *American Economic Journal: Economic Policy* 2:1 (Februar 2010): 1–30.

25 Trang Nguyen, »Information, Role Models, and Perceived Returns to Education: Experimental Evidence from Madagascar,« MIT Working Paper (2008).

26 Abhijit Banerjee und Esther Duflo, »Growth Theory Through the Lens of Development Economics,« in *Handbook of Economic Growth*, Vol. 1A, hrsg. v. Steve Durlauf und Philippe Aghion, 473–552 (Amsterdam: Elsevier Science Ltd./North Holland, 2005).

27 Andrew D. Foster und Mark R. Rosenzweig, »Technical Change and Human Capital Returns and Investments: Evidence from the Green Revolution,« *American Economic Review* 86:4 (September 1996): 931–953.

28 Richard Akresh, Emilie Bagby, Damien de Walque und Harounan

Kazianga, »Child Ability and Household Human Capital Investment Decisions in Burkina Faso,« University of Illinois at Urbana-Champaign (2010), unveröffentlichtes Manuskript.

29 Felipe Barrera-Osorio, Marianne Bertrand, Leigh Linden und Francisco Perez Calle, »Conditional Cash Transfers in Education: Design Features, Peer and Sibling Effects – Evidence from a Randomized Experiment in Colombia,« NBER Working Paper W13890 (2008).

30 Esther Duflo, Pascaline Dupas und Michael Kremer, »Peer Effects, Teacher Incentives, and the Impact of Tracking: Evidence from a Randomized Evaluation in Kenya,« NBER Working Paper W14475 (2008).

31 The Probe Team, *Public Report on Basic Education in India* (New Delhi: Oxford University Press, 1999).

32 Rema Hanna und Leigh Linden, »Measuring Discrimination in Education,« NBER Working Paper W15057 (2009).

33 Steven Spencer, Claude Steele und Diane Quinn, »Stereotype Threat and Women's Math Performance,« *Journal of Experimental Social Psychology* 35 (1999): 4–28; Claude Steele und Joshua Aronson, »Stereotype Threat and the Test Performance of Academically Successful African Americans,« *Journal of Personality and Social Psychology* 69:5 (1995): 797–811.

34 Karla Hoff und Priyank Pandey, »Belief Systems and Durable Inequalities: An Experimental Investigation of Indian Caste,« World Bank Policy Research Working Paper 3351 (2004).

35 Paul Glewwe, Michael Kremer und Sylvie Moulin, »Textbooks and Test Scores: Evidence from a Prospective Evaluation in Kenya,« BREAD Working Paper (2000).

36 Eric Gould, Victor Lavy und Daniele Paserman, »Sixty Years After the Magic Carpet Ride: The Long-Run Effect of the Early Childhood Environment on Social and Economic Outcome,« *Review of Economic Studies* 78:3 (Juli 2011): 938–973.

37 Joshua Angrist, Susan Dynarski, Thomas Kane, Parag Pathak und Christopher Walters, »Who Benefits from KIPP?« NBER Working Paper 15740 (2010); Atila Abdulkadiroglu, Joshua Angrist, Susan Dynarski, Thomas Kane und Parag Pathak, »Accountability and Flexibility in Public Schools: Evidence from Boston's Charters and Pilots,« NBER Working Paper 15549 (2009); Will Dobbie und Roland Fryer, »Are High Quality Schools Enough to Close the Achievement Gap? Evidence from a Social Experiment in Harlem,« NBER Working Paper 15473 (2009).

38 Christopher Walters, »Urban Charter Schools and Racial Achievement Gaps,« MIT (2010), unveröffentlichtes Manuskript.

39 Esther Duflo, Pascaline Dupas und Michael Kremer, »Peer Effects, Teacher Incentives, and the Impact of Tracking: Evidence from a Randomized Evaluation in Kenya,« *American Economic Review*, 101:5 (August 2011): 1739–1774.

40 Trang Nguyen, »Information, Role Models and Perceived Returns to Education: Experimental Evidence from Madagascar,« MIT Working Paper (2008).

41 Robert Jensen, »The (Perceived) Returns to Education and the Demand for Schooling,« *Quarterly Journal of Economics* 125:2 (2010): 515–548.

42 Michael Kremer, Edward Miguel und Rebecca Thornton, »Incentives to Learn,« *Review of Economics and Statistics* 91:3 (August 2009): 437–456.

43 Roland Fryer, »Financial Incentives and Student Achievement: Evidence from Randomized Trials,« NBER Working Paper No. 15898 (April 2010).

44 Abhijit Banerjee, Shawn Cole, Esther Duflo und Leigh Linden, »Remedying Education: Evidence from Two Randomized Experiments in India,« *Quarterly Journal of Economics* 122:3 (August 2007): 1235–1264.

45 Das lässt sich fördern, indem man dafür sorgt, dass Geld keinen Hinderungsgrund für Schüler darstellt, die die besten Schulen besuchen möchten, und einen Weg dafür vorsieht. Chile hat ein in weiten Teilen auf Gutscheinen beruhendes System etabliert: Die ärmsten Schüler erhalten einen Extragutschein, und jede Schule, die Gutscheine akzeptiert (von wenigen Eliteschulen abgesehen alle), muss diese Schüler ohne zusätzliche Gebühren aufnehmen. Damit ein solches System richtig funktioniert, müssen Eltern und Schüler über diese Möglichkeit aber besser informiert werden. Außerdem wäre es sinnvoll, regelmäßig standardisierte Tests durchzuführen, um die begabtesten Köpfe überall im Land aufzuspüren.

5. Kapitel: Pak Sudarnos Großfamilie

1 Zitiert in Davidson R. Gwatkin, »Political Will and Family Planning: The Implications of India's Emergency Experience,« *Population and Development Review* 5:1 (1979): 29–59. Dieser Artikel liegt unserem Bericht über die Zwangssterilisationen während des Ausnahmezustands zugrunde.

2 John Bongaarts, »Population Policy Options in the Developing World,« *Science* 263:5148 (1994): 771–776.

3 Jeffrey Sachs, *Common Wealth: Economics for a Crowded Planet*

(New York: Allen Lane/Penguin, 2008). Deutsch: *Wohlstand für viele. Globale Wirtschaftspolitik in Zeiten der ökologischen und sozialen Krise.* Übers. v. Helmut Dierlamm (München: Siedler, 2008).

4 World Health Organization, *Fact File Water Scarcity* (2009), abrufbar unter http://www.who.int/features/factfiles/water/en/ (Stand 30.11.2011).

5 Thomas Malthus, *Population: The First Essay* (Ann Arbor: University of Michigan Press, 1978). Deutsch: *Das Bevölkerungsgesetz.* Übers. u. hrsg. v. Christian M. Barth (München: dtv, 1977).

6 Alwyn Young, »The Gift of the Dying: The Tragedy of AIDS and the Welfare of Future African Generations,« *Quarterly Journal of Economics* 120:2 (2005): 243–266.

7 Jane Forston, »HIV/AIDS and Fertility,« *American Economic Journal: Applied Economics* 1:3 (Juli 2009): 170–194; Sebnem Kalemli-Ozcan, »AIDS, ›Reversal‹ of the Demographic Transition and Economic Development: Evidence from Africa,« NBER Working Paper W12181 (2006).

8 Michael Kremer, »Population Growth and Technological Change: One Million B.C. to 1990,« *Quarterly Journal of Economics* 108:3 (1993): 681–716.

9 Gary Becker, »An Economic Analysis of Fertility,« *Demographic and Economic Change in Developed Countries* (Princeton: National Bureau of Economic Research, 1960).

10 Jeffrey Sachs, *Common Wealth: Economics for a Crowded Planet* (New York: Allen Lane/Penguin, 2008). Deutsch: *Wohlstand für viele. Globale Wirtschaftspolitik in Zeiten der ökologischen und sozialen Krise.* Übers. v. Helmut Dierlamm (München: Siedler, 2008).

11 Vida Maralani, »Family Size and Educational Attainment in Indonesia: A Cohort Perspective,« California Center for Population Research Working Paper CCPR-17-04 (2004).

12 Mark Montgomery, Aka Kouamle und Raylynn Oliver, *The Tradeoff Between Number of Children and Child Schooling: Evidence from Côte d'Ivoire and Ghana* (Washington, DC: World Bank, 1995).

13 Joshua Angrist und William Evans, »Children and Their Parents' Labor Supply: Evidence from Exogenous Variation in Family Size,« *American Economic Review* 88:3 (1998): 450–477.

14 Joshua Angrist, Victor Lavy und Analia Schlosser, »New Evidence on the Causal Link Between the Quantity and Quality of Children,« NBER Working Paper W11835 (2005).

15 Nancy Qian, »Quantity-Quality and the One Child Policy: The Po-

sitive Effect of Family Size on School Enrollment in China,« NBER Working Paper W14973 (2009).

16 T. Paul Schultz und Shareen Joshi, »Family Planning as an Investment in Female Human Capital: Evaluating the Long Term Consequences in Matlab, Bangladesh,« Yale Center for Economic Growth Working Paper No. 951 (2007).

17 Grant Miller, »Contraception as Development? New Evidence from Family Planning in Colombia,« *Economic Journal* 120:545 (2010): 709–736.

18 Nicholas D. Kristof und Sheryl WuDunn, *Half the Sky: Turning Oppression into Opportunity for Women Worldwide* (New York: Knopf, 2009). Deutsch: *Die Hälfte des Himmels. Wie Frauen weltweit für eine bessere Zukunft kämpfen.* Übers. v. Karl Heinz Siber. Vorw. v. Margot Käßmann (München: Beck, 2010).

19 Siehe zum Beispiel Attila Ambrus und Erica Field, »Early Marriage, Age of Menarche, and Female Schooling Attainment in Bangladesh,« *Journal of Political Economy* 116 (5) (2008): 881–930; Esther Duflo, Pascaline Dupas, Michael Kremer und Samuel Sinei, »Education and HIV/AIDS Prevention: Evidence from a Randomized Evaluation in Western Kenya,« World Bank Policy Research Working Paper 4024 (2006).

20 United Nations, Department of Economic and Social Affairs, *The Millennium Development Goals Report* (New York: United Nations, 2010).

21 Mark Pitt, Mark Rosenzweig und Donna Gibbons, »The Determinants and Consequences of the Placement of Government Programs in Indonesia,« *World Bank Economic Review* 7:3 (1993): 319–348.

22 Lant H. Pritchett, »Desired Fertility and the Impact of Population Policies,« *Population and Development Review* 20:1 (1994): 1–55.

23 Mizanur Rahman, Julie DaVanzo und Abdur Razzaque, »When Will Bangladesh Reach Replacement-Level Fertility? The Role of Education and Family Planning Services,« in *Expert Group Meeting on Completing the Fertility Transition, New York, 11–14 March 2002* hrsg. v. Department of Economic and Social Affairs, Population Division, United Nations, 343–357 (New York, 2004), abrufbar unter http://www.un.org/esa/population/publications/completingfertility/2RevisedRAHMANpaper.pdf (Stand 2.12.2011).

24 Abrufbar unter http://apps.who.int/ghodata/ (Stand 2.12.2011). Dort zu finden unter »Health-related Millennium Development Goals – MDG 5: Maternal Health – Adolescent fertility rates«.

25 Esther Duflo, Pascaline Dupas, Michael Kremer und Samuel Sinei, »Education and HIV/AIDS Prevention: Evidence from a Randomized Evaluation in Western Kenya,« World Bank Policy Research Working Paper 4024 (2006).

26 Eine Beschreibung findet sich in Nicholas D. Kristof und Sheryl WuDunn, *Half the Sky: Turning Oppression into Opportunity for Women Worldwide* (New York: Knopf, 2009), 137. Deutsch: *Die Hälfte des Himmels. Wie Frauen weltweit für eine bessere Zukunft kämpfen.* Übers. v. Karl Heinz Siber. Vorw. v. Margot Käßmann (München: Beck, 2010).

27 Pascaline Dupas, »Do Teenagers Respond to HIV Risk Information? Evidence from a Field Experiment in Kenya,« *American Economic Journal: Applied Economics* 3:1 (Januar 2011): 1–36.

28 Erica Field, »Fertility Responses to Urban Land Titling Programs: The Roles of Ownership Security and the Distribution of Household Assets,« Harvard University (2004), unveröffentlichtes Manuskript.

29 Nava Ashraf, Erica Field und Jean Lee, »Household Bargaining and Excess Fertility: An Experimental Study in Zambia,« Harvard University (2009), unveröffentlichtes Manuskript.

30 Kaivan Munshi und Jacques Myaux, »Social Norms and the Fertility Transition,« *Journal of Development Economics* 80:1 (2005): 1–38.

31 Eliana La Ferrara, Alberto Chong und Suzanne Duryea, »Soap Operas and Fertility: Evidence from Brazil,« BREAD Working Paper 172 (2008).

32 Abhijit Banerjee, Xin Meng und Nancy Qian, »Life-Cycle Theory and Household Savings: Micro-evidence in Urban China,« Working Paper (2010).

33 Ibid.

34 Ummul Ruthbah, »Are Children Substitutes for Assets? Evidence from Rural Bangladesh,« MIT, Dissertation (2007).

35 Seema Jayachandran und Ilyana Kuziemko, »Why Do Mothers Breastfeed Girls Less Than Boys? Evidence and Implications for Child Health in India,« NBER Working Paper W15041 (2009).

36 Amartya Sen, »More Than 100 Million Women Are Missing,« *New York Review of Books* 37:20 (1990).

37 Fred Arnold, Sunita Kishor und T. K. Roy, »Sex-Selective Abortions in India,« *Population and Development Review* 28:4 (Dezember 2002): 759–784.

38 Andrew Foster und Mark Rosenzweig, »Missing Women, the Marriage Market and Economic Growth,« Working Paper (1999).

[39] Nancy Qian, »Missing Women and the Price of Tea in China: The Effect of Sex-Specific Income on Sex Imbalance,« *Quarterly Journal of Economics* 122:3 (2008): 1251–1285.

[40] François Bourguignon, Pierre-André Chiapori, Marjorie McElroy und Duncan Thomas trugen Entscheidendes zu den Forschungen auf diesem Gebiet bei.

[41] Christopher Udry, »Gender, Agricultural Production and the Theory of the Household,« *Journal of Political Economy* 104:5 (1996): 1010–1046.

[42] Esther Duflo und Christopher Udry, »Intrahousehold Resource Allocation in Côte d'Ivoire: Social Norms, Separate Accounts and Consumption Choices,« NBER Working Paper W10489 (2004).

[43] Franque Grimard, »Household Consumption Smoothing Through Ethnicities: Evidence from Côte d'Ivoire,« *Journal of Development Economics* 53 (1997): 391–422.

[44] Claude Meillassoux, *Anthropologie économique des Gouros de Côte d'Ivoire* (Paris: F. Maspero, 1965).

[45] Esther Duflo, »Grandmothers and Granddaughters: Old Age Pension and Intra-Household Allocation in South Africa,« *World Bank Economic Review* 17:1 (2003): 1–25.

6. Kapitel: Barfüßige Hedgefonds-Manager

[1] Jeemol Unni und Uma Rani, »Social Protection for Informal Workers in India: Insecurities, Instruments and Institutional Mechanisms,« *Development and Change* 34:1 (2003): 127–161.

[2] Mohiuddin Alamgir, *Famine in South Asia: Political Economy of Mass Starvation* (Cambridge, MA: Oelgeschlager, Gunn & Hain, 1980).

[3] Martin Ravallion, *Markets and Famines* (Oxford: Clarendon, 1987).

[4] Seema Jayachandran, »Selling Labor Low: Wage Responses to Productivity Shocks in Developing Countries,« *Journal of Political Economy* 114:3 (2006): 538–575.

[5] »Crisis Hitting Poor Hard in Developing World, World Bank Says,« World Bank Press Release, 2009/220/EXC, 12. Februar 2009.

[6] Daniel Chen, »Club Goods and Group Identity: Evidence from Islamic Resurgence During the Indonesian Financial Crisis,« *Journal of Political Economy* 118:2 (2010): 300–354.

[7] Mauro Alem und Robert Townsend, »An Evaluation of Financial Institutions: Impact on Consumption and Investment Using Panel Data and the Theory of Risk-Bearing,« Working Paper (2010).

[8] B. P. Ramos und A. F. T. Arnsten, »Adrenergic Pharmacology and

Cognition: Focus on the Prefrontal Cortex,« *Pharmacology and Therapeutics* 113 (2007): 523–536; D. Knoch, A. Pascual-Leone, K. Meyer, V. Treyer und E. Fehr, »Diminishing Reciprocal Fairness by Disrupting the Right Prefrontal Cortex,« *Science* 314 (2006): 829–832; T. A. Hare, C. F. Camerer und A. Rangel, »Self-Control in Decision-Making Involves Modulation of the vmPFC Valuation System,« *Science* 324 (2009): 646–648; A. J. Porcelli und M. R. Delgado, »Acute Stress Modulates Risk Taking in Financial Decision Making,« *Psychological Science: A Journal of the American Psychological Society/APS* 20 (2009): 278–283; R. van den Bos, M. Harteveld und H. Stoop, »Stress and Decision-Making in Humans: Performance Is Related to Cortisol Reactivity, Albeit Differently in Men and Women,« *Psychoneuroendocrinology* 34 (2009): 1449–1458.

9 Seema Jayachandran, »Selling Labor Low: Wage Responses to Productivity Shocks in Developing Countries,« *Journal of Political Economy* 114:3 (2006): 538–575.

10 Nirmala Banerjee, »A Survey of Occupations and Livelihoods of Households in West Bengal,« Sachetana, Kolkata (2006), unveröffentlichtes Manuskript.

11 Mark Rosenzweig und Oded Stark, »Consumption Smoothing, Migration, and Marriage: Evidence from Rural India,« *Journal of Political Economy* 97:4 (1989): 905–926.

12 Hans Binswanger und Mark Rosenzweig, »Wealth, Weather Risk and the Composition and Profitability of Agricultural Investments,« *Economic Journal* 103:416 (1993): 56–78.

13 Radwan Shaban, »Testing Between Competing Models of Sharecropping,« *Journal of Political Economy* 95:5 (1987): 893–920.

14 Christopher Udry, »Risk and Insurance in a Rural Credit Market: An Empirical Investigation in Northern Nigeria,« *Review of Economic Studies* 61:3 (1994): 495–526.

15 Paul Gertler und Jonathan Gruber, »Insuring Consumption Against Illness,« *American Economic Review* 92:1 (März 2002): 51–70.

16 Marcel Fafchamps und Susan Lund, »Risk-Sharing Networks in Rural Philippines,« *Journal of Development Economics* 71:2 (2003): 261–287.

17 Betsy Hartman und James Boyce, *Quiet Violence: View from a Bangladesh Village* (San Francisco: Food First Books, 1985).

18 Andrew Kuper, »From Microfinance into Microinsurance,« *Forbes*, 26. November 2008.

19 Shawn Cole, Xavier Giné, Jeremy Tobacman, Petia Topalova, Robert Townsend und James Vickery, »Barriers to Household Risk Manage-

ment: Evidence from India,« Harvard Business School Working Paper 09-116 (2009).

20 Ibid.

21 Alix Peterson Zwane, Jonathan Zinman, Eric Van Dusen, William Pariente, Clair Null, Edward Miguel, Michael Kremer, Dean S. Karlan, Richard Hornbeck, Xavier Giné, Esther Duflo, Florencia Devoto, Bruno Crépon und Abhijit Banerjee, »Being Surveyed Can Change Later Behavior and Related Parameter Estimates,« *Proceedings of the National Academy of Sciences* (PNAS) 108:5 (2011): 1821–1826.

22 Dean Karlan, Isaac Osei-Akoto, Robert Osei und Christopher Udry, »Examining Underinvestment in Agriculture: Measuring Returns to Capital and Insurance,« Yale University (2010), unveröffentlichtes Manuskript.

7. Kapitel: Männer aus Kabul und Eunuchen aus Indien

1 Dean Karlan und Sendhil Mullainathan, »Debt Cycles,« laufende Untersuchung (2011).

2 Robin Burgess und Rohini Pande, »Do Rural Banks Matter? Evidence from the Indian Social Banking Experiment,« *American Economic Review* 95:3 (2005): 780–795.

3 Shawn Cole, »Fixing Market Failures or Fixing Elections? Agricultural Credit in India,« *American Economic Journal: Applied Economics* 1:1 (2009): 219–250.

4 Scott Fulford, »Financial Access, Precaution, and Development: Theory and Evidence from India,« Boston College Working Paper 741 (2010).

5 Irfan Aleem, »Imperfect Information, Screening, and the Costs of Informal Lending: A Study of a Rural Credit Market in Pakistan,« *World Bank Economic Review* 4:3 (1990): 329–349.

6 Julian West, »Pay Up – or We'll Send the Eunuchs to See You: Debt Collectors in India Have Found an Effective New Way to Get Their Money,« *Sunday Telegraph,* 22. August 1999.

7 The Law Commission of India, Report Number 124, »The High Court Arrears – a Fresh Look« (1988), abrufbar unter lawcommissionofindia.nic.in/101-169/Report124.pdf (Stand 9.1.2012).

8 Benjamin Feigenberg, Erica Field und Rohini Pande, »Building Social Capital Through Microfinance,« NBER Working Paper W16018 (2010).

9 Und doch ist die körperliche Bedrohung offenbar nicht ganz außen vor. Ein Kreditbeauftragter eines bestimmten Mikrofinanzinstituts beklagte sich einmal bei einem unserer Forschungsassistenten darü-

ber, dass er nicht befördert würde. Die über ihm stehenden Männer seien alle von kräftigerer Statur und sähen bedrohlicher aus.

10 Microfinance Information eXchange. http://www.themix.org (Stand 9.1.2012).

11 »What Do We Know About the Impact of Microfinance?« CGAP, World Bank, abrufbar unter http://www.cgap.org/p/site/c/template.rc/1.26.1306/ (Stand 10.1.2012).

12 Abhijit Banerjee, Esther Duflo, Rachel Glennerster und Cynthia Kinnan, »The Miracle of Microfinance? Evidence from a Randomized Evaluation,« MIT, 30. Mai 2009, unveröffentlichtes Manuskript.

13 Dean Karlan und Jonathan Zinman, »Expanding Microenterprise Credit Access: Using Randomized Supply Decisions to Estimate the Impacts in Manila,« Yale, Working Paper (2010).

14 Brigit Helms, »Microfinancing Changes Lives Around the World – Measurably,« *Seattle Times,* 7. April 2010.

15 Erica Field und Rohini Pande, »Repayment Frequency and Default in Microfinance: Evidence from India,« *Journal of the European Economic Association* 6:2–3 (2008): 501–509; Erica Field, Rohini Pande und John Papp, »Does Microfinance Repayment Flexibility Affect Entrepreneurial Behavior and Loan Default?« Centre for Micro Finance Working Paper 34 (2009); Benjamin Feigenberg, Erica Field und Rohini Pande, »Building Social Capital Through Microfinance,« NBER Working Paper W16018 (2010).

16 Xavier Giné und Dean Karlan, »Group Versus Individual Liability: A Field Experiment in the Philippines,« World Bank Policy Research Working Paper 4008 (2006); Xavier Giné und Dean Karlan, »Group Versus Individual Liability: Long Term Evidence from Philippine Microcredit Lending Groups,« Working Paper (2010).

17 Emily Breza, »Peer Pressure and Loan Repayment: Evidence from a Natural Experiment,« Working Paper (2010).

18 Abhijit Banerjee und Kaivan Munshi, »How Efficiently Is Capital Allocated? Evidence from the Knitted Garment Industry in Tirupur,« *Review of Economic Studies* 71 (2004): 19–42.

19 Abhijit Banerjee und Esther Duflo, »Do Firms Want to Borrow More? Testing Credit Constraints Using a Directed Lending Program,« Working Paper (2004).

20 Dilip Mookherjee, Sujata Visaria und Ulf von Lilienfeld-Toal, »The Distributive Impact of Reforms in Credit Enforcement: Evidence from Indian Debt Recovery Tribunals,« BREAD Working Paper 254 (2010).

8. Kapitel: Sparen – Stein für Stein

1 Gary Becker und Casey Mulligan, »The Endogenous Determination of Time Preference,« *Quarterly Journal of Economics* 112:3 (1997): 729–758.

2 Stuart Rutherford, *The Poor and Their Money: Microfinance from a Twenty-First-Century Consumer's Perspective* (New York: Oxford University Press, 2001); Daryl Collins, Jonathan Morduch, Stuart Rutherford und Orlanda Ruthven, *Portfolios of the Poor: How the World's Poor Live on $ 2 a Day* (Princeton und Oxford: Princeton University Press, 2009).

3 Pascaline Dupas und Jonathan Robinson, »Saving Constraints and Microenterprise Development: Evidence from a Field Experiment in Kenya,« NBER Working Paper 14693 (November 2010).

4 Simone Schaner, »Cost and Convenience: The Impact of ATM Card Provision on Formal Savings Account Use in Kenya,« Working Paper (2010).

5 Esther Duflo, Michael Kremer und Jonathan Robinson, »Why Don't Farmers Use Fertilizer? Experimental Evidence from Kenya,« unveröffentlicht (2007); Esther Duflo, Michael Kremer und Jonathan Robinson, »How High Are Rates of Return to Fertilizer? Evidence from Field Experiments in Kenya,« *American Economic Review* 98:2 (2008): 482–488.

6 Esther Duflo, Michael Kremer und Jonathan Robinson, »Nudging Farmers to Use Fertilizer: Theory and Experimental Evidence,« *American Economic Review* 101:6 (2010): 2350–2390.

7 Samuel M. McClure, David I. Laibson, George Loewenstein und Jonathan D. Cohen, »Separate Neural Systems Value Immediate and Delayed Monetary Rewards,« *Science* 306:5695 (2004): 421–423.

8 Nava Ashraf, Dean Karlan und Wesley Yin, »Tying Odysseus to the Mast: Evidence from a Commitment Savings Product in the Philippines,« *Quarterly Journal of Economics* 121:2 (2006): 635–672.

9 Pascaline Dupas und Jonathan Robinson, »Savings Constraints and Preventive Health Investments in Kenya,« UCLA (2010), unveröffentlichtes Manuskript.

10 Abhijit Banerjee und Sendhil Mullainathan, »The Shape of Temptation: Implications for the Economic Lives of the Poor,« MIT (April 2010), unveröffentlichtes Manuskript.

11 Zum Beispiel: Kathleen D. Vohs und Ronald J. Faber, »Spent Resources: Self-Regulatory Resource Availability Affects Impulse Buying,« *Journal of Consumer Research* 33 (März 2007): 537–548. In diesem Artikel wird unter anderem ein Experiment beschrieben, bei

dem Collegestudenten ein paar Minuten lang ihre Gedanken aufschreiben sollten, ohne an einen Eisbären zu denken. Danach erhielten sie zehn Dollar, die sie sparen oder für Produkte aus einem kleinen Sortiment ausgeben konnten. Diese Studenten gaben viel mehr Geld aus als andere, die ihre Assoziationen niederschreiben konnten, ohne ständig den Gedanken an Eisbären ausblenden zu müssen.

12 Eine ausführliche Darstellung der Daten aus Thailand und genaue Angaben zur Art der Bilanzierung, finden Sie bei Krislert Samphantharak und Robert Townsend, *Households as Corporate Firms: Constructing Financial Statements from Integrated Household Surveys*, Econometric Society Monograph No. 46 (Cambridge: Cambridge University Press, 2010). Wir definieren »Haushaltsressourcen« als durchschnittliches Reinvermögen gemäß der Haushaltsbilanz. Zum Reinvermögen zählen alle Ersparnisse, Kapital und Vermögenswerte des Haushalts abzüglich der Kredite.

13 Dean Karlan und Sendhil Mullainathan, »Debt Cycles,« laufende Untersuchung (2011).

14 Abhijit Banerjee, Esther Duflo, Rachel Glennerster und Cynthia Kinnan, »The Miracle of Microfinance?,« BREAD Working Paper 278 (Juni 2010), abrufbar unter http://ipl.econ.duke.edu/bread/papers/working/278.pdf (Stand 19.01.2012). Bruno Crépon, Florencia Devoto, Esther Duflo und William Parienté, »Evaluation d'impact du microcrédit en zone rural: Enseignement d'une expérimentation randomisée au Maroc,« Working Paper (März 2011), abrufbar unter econ-www.mit.edu/files/6659 (Stand 19.01.2012).

9. Kapitel: Widerwillige Unternehmer

1 C. K. Prahalad, *The Fortune at the Bottom of the Pyramid* (Philadelphia: Wharton School Publishing, 2004). Deutsch: *Der Reichtum der Dritten Welt. Armut bekämpfen, Wohlstand fördern, Würde bewahren.* Übers. v. Cosima Grun (München: FinanzBuch-Verlag, 2006).

2 Tarun Khanna, *Billions of Entrepreneurs: How China and India Are Reshaping Their Futures – and Yours* (Boston: Harvard Business School Publishing, 2007).

3 Suresh de Mel, David McKenzie und Christopher Woodruff, »Returns to Capital in Microenterprises: Evidence from a Field Experiment,« *Quarterly Journal of Economics* 123:4 (2008): 1329–1372.

4 David McKenzie und Christopher Woodruff, »Experimental Evidence on Returns to Capital and Access to Finance in Mexico,« *World Bank Economic Review* 22:3 (2008): 457–482.

5 Abhijit Banerjee, Raghabendra Chattopadhyay, Esther Duflo und

Jeremy Shapiro, »Targeting the Hard-Core Poor: An Impact Assessment,« MIT (2010), unveröffentlichtes Manuskript.

6 Krislert Samphantharak und Robert Townsend, »Households as Corporate Firms: Constructing Financial Statements from Integrated Household Surveys,« University of California, San Diego, und University of Chicago (2006), unveröffentlichtes Manuskript.

7 Die peruanische Studie findet sich in Dean Karlan und Martin Valdivia, »Teaching Entrepreneurship: Impact of Business Training on Microfinance Clients and Institutions,« *Review of Economics and Statistics* 93:2 (Mai 2011): 510–527. Die indische Studie ist nachzulesen bei Erica Field, Seema Jayachandran und Rohini Pande, »Do Traditional Institutions Constrain Female Entrepreneurship? A Field Experiment on Business Training in India,« *American Economic Review Papers and Proceedings* 100:2 (Mai 2010): 125–129.

8 Alejandro Drexler, Greg Fischer und Antoinette Schoar, »Keeping It Simple: Financial Literacy and Rules of Thumb,« Working Paper (November 2011), abrufbar unter alejandrodrexler.com/files/rule_t.pdf (Stand 24.02.2012).

9 Suresh de Mel, David McKenzie und Christopher Woodruff, »Are Women More Credit Constrained? Experimental Evidence on Gender and Microenterprise Returns,« *American Economic Journal: Applied Economics* 1:3 (Juli 2009): 1–32.

10 Andrew Foster und Mark Rosenzweig, »Economic Development and the Decline of Agricultural Employment,« *Handbook of Development Economics* 4 (2007): 3051–3083.

11 David Atkin, »Working for the Future: Female Factory Work and Child Height in Mexico,« Working Paper (2009).

12 Kaivan Munshi, »Networks in the Modern Economy: Mexican Migrants in the U.S. Labor Market,« *Quarterly Journal of Economics* 118:2 (2003): 549–599.

13 Cally Ardington, Anne Case und Victoria Hosegood, »Labor Supply Responses to Large Social Transfers: Longitudinal Evidence from South Africa,« *American Economic Journal* 1:1 (Januar 2009): 22–48.

10. Kapitel: Politik im Großen und im Kleinen

1 So argumentierte Peter Bauer in den siebziger Jahren, zum Beispiel in Peter Thomas Bauer, *Dissent on Development* (Cambridge: Harvard University Press, 1972).

2 Ritva Reinikka und Jakob Svensson, »The Power of Information: Evidence from a Newspaper Campaign to Reduce Capture,« Working

Paper, Institute for International Economic Studies (IIES), Stockholm University (2004). Veröffentlicht 2011 unter dem Titel »The Power of Information in Public Services: Evidence from Education in Uganda,« *Journal of Public Economics* 95:7-8 (August 2011): 956–966.

3 Siehe zum Beispiel William Easterlys Blog »Aid Watch« und dort seinen Beitrag zu randomisierten kontrollierten Studien vom 16.07.2009: »Development Experiments: Ethical? Feasible? Useful?,« abrufbar unter http://aidwatchers.com/2009/07/development-experiments-ethical-feasible-useful/ (Stand 2.02.2012).

4 Siehe zum Beispiel Jeffrey Sachs' Kommentar auf der Internetplattform »Project Syndicate« vom 23.12.2005: »Who Beats Corruption?,« abrufbar unter http://www.project-syndicate.org/commentary/sachs106/English (Stand 2.02.2012).

5 Daron Acemoglu und James Robinson, *Economic Origins of Dictatorship and Democracy* (New York: Cambridge University Press, 2005).

6 Daron Acemoglu und James Robinson, *Why Nations Fail. The Origins of Power, Prosperity, and Poverty* (New York: Crown, 2012).

7 Zum Beispiel: Timothy Besley und Torsten Persson, »Fragile States and Development Policy,« *Journal of the European Economic Association* 9:3 (Juni 2011): 371–398. Die Autoren behaupten, instabile Staaten seien ein Schlüsselsymptom für Unterentwicklung und nicht in der Lage, ihren Bürgern eine Grundversorgung zu bieten.

8 Daron Acemoglu, Simon Johnson und James Robinson, »The Colonial Origins of Comparative Development: An Empirical Investigation,« *American Economic Review* 91:5 (2001): 1369–1401.

9 Abhijit Banerjee und Lakshmi Iyer, »History, Institutions, and Economic Performance: The Legacy of Colonial Land Tenure Systems in India,« *American Economic Review* 95:4 (2005): 1190–1213.

10 Dwyer Gunn, »Can ›Charter Cities‹ Change the World? A Q&A with Paul Romer,« *New York Times*, 29. September 2009, und die Website »Charter Cities,« abrufbar unter http://www.chartercities.org (Stand 3.02.2012).

11 Paul Collier, *The Bottom Billion: Why the Poorest Countries Are Failing and What Can Be Done About It* (New York: Oxford University Press, 2007). Deutsch: *Die unterste Milliarde: Warum die ärmsten Länder scheitern und was man dagegen tun kann.* Übers. v. Rita Seuß und Martin Richter (München: dtv, 2010); Paul Collier, *Wars, Guns, and Votes: Democracy in Dangerous Places* (New York: Harper Collins, 2009). Deutsch: *Gefährliche Wahl. Wie Demokratisierung in den ärmsten Ländern der Erde gelingen kann.* Übers. v. Klaus-Dieter

Schmidt (Bonn: Bundeszentrale für politische Bildung, Schriftenreihe Bd. 1041, 2010).

[12] William Easterly, »The Burden of Proof Should Be on Interventionists – Doubt Is a Superb Reason for Inaction,« *Boston Review* (Juli/August 2009).

[13] Siehe Rajiv Chandrasekaram, *Imperial Life in the Emerald City: Inside Iraq's Green Zone* (New York: Knopf, 2006). Easterlys scharfsinnige Kritik am Feldhandbuch der amerikanischen Armee ist unter dem Titel »Will US Army's Development Delusions Cause More Deaths in Iraq and Afghanistan?« im Blog der Internetzeitung *The Huffington Post* nachzulesen (19. Juni 2009): http://www.huffingtonpost.com/william-easterly/will-us-armys-development_b_217488.html (Stand 3.02.2012).

[14] William Easterly, »Institutions: Top Down or Botton Up,« *American Economic Review: Papers and Proceedings* 98:2 (2008): 95–99.

[15] Siehe William Easterly, *The White Man's Burden: Why the West's Efforts to Aid the Rest Have Done So Much Ill and So Little Good* (Oxford: Oxford University Press, 2006), S. 133. Deutsch: *Wir retten die Welt zu Tode: für ein professionelleres Management im Kampf gegen die Armut.* Übers. v. Petra Pyka (Frankfurt: Campus-Verlag, 2006).

[16] Ibid., S. 72 (englische Ausgabe).

[17] William Easterly, »Trust the Development Experts – All 7 Billion,« *Financial Times*, 28. Mai 2008.

[18] William Easterly, *The White Man's Burden*, S. 73 (englische Ausgabe).

[19] Marianne Bertrand, Simeon Djankov, Rema Hanna und Sendhil Mullainathan, »Obtaining a Driving License in India: An Experimental Approach to Studying Corruption,« *Quarterly Journal of Economics* (November 2007): 1639–1676.

[20] Siehe William Easterlys Powerpointpräsentation zu diesem Thema: »How to get rich without knowing how: the paradox of development economics,« NYU College of Arts and Sciences Scholars' Lecture, New York University, New York, 6. Oktober 2009. [Die Präsentation lässt sich über die Google-Funktion »Docs« einsehen (Stand 3.02.2012), wenn man den Titel (mit Anführungszeichen) und den Namen des Autors in die Google-Suche eingibt.]

[21] Rohini Pande und Christopher Udry, »Institutions and Development: A View from Below,« Yale Economic Growth Center Discussion Paper 928 (2005).

[22] Monica Martinez-Bravo, Gerard Padró i Miquel, Nancy Qian und Yang Yao, »Do Local Elections in Non-Democracies Increase Ac-

countability? Evidence from Rural China,« NBER Working Paper 16948 (2011).

23 Benjamin Olken, »Monitoring Corruption: Evidence from a Field Experiment in Indonesia,« *Journal of Political Economy* 115:2 (April 2007): 200–249.

24 Abhijit Banerjee, Esther Duflo, Daniel Keniston und Nina Singh, »Making Police Reform Real: The Rajasthan Experiment,« MIT (2010), Entwurf.

25 Thomas Fujiwara, »Voting Technology, Political Responsiveness, and Infant Health: Evidence from Brazil,« University of British Columbia (2010), unveröffentlichtes Manuskript.

26 World Bank, *World Development Report 2004: Making Services Work for Poor People* (Washington, DC: World Bank, 2003).

27 Raghabendra Chattopadhyay und Esther Duflo, »Women as Policy Makers: Evidence from a Randomized Policy Experiment in India,« *Econometrica* 72:5 (2004): 1409–1443.

28 Leonard Wantchekon, »Clientelism and Voting Behavior: Evidence from a Field Experiment in Benin,« *World Politics* 55:3 (2003): 399–422.

29 Abhijit Banerjee und Rohini Pande, »Ethnic Preferences and Politician Corruption,« KSG Working Paper RWP07-031 (2007).

30 Nicholas Van de Walle, »Presidentialism and Clientelism in Africa's Emerging Party Systems,« *Journal of Modern African Studies* 41:2 (Juni 2003): 297–321.

31 Abhijit Banerjee, Donald Green, Jennifer Green und Rohini Pande, »Can Voters Be Primed to Choose Better Legislators? Experimental Evidence from Rural India,« Working Paper (2009).

32 Abhijit Banerjee, Selvan Kumar, Rohini Pande und Felix Su, »Do Informed Voters Make Better Choices? Experimental Evidence from Urban India,« Working Paper (2010).

33 Raymond Fisman, »Estimating the Value of Political Connections,« *American Economic Review* 91:4 (September 2001): 1095–1102.

34 Abhijit Banerjee, Esther Duflo und Rachel Glennerster, »Putting a Band-Aid on a Corpse: Incentives for Nurses in the Indian Public Health Care System,« *Journal of the European Economics Association* 6:2–3 (2009): 487–500.

35 Abhijit Banerjee, Rukmini Banerji, Esther Duflo, Rachel Glennerster und Stuti Khemani, »Pitfalls of Participatory Programs: Evidence from a Randomized Evaluation in Education in India,« *American Economic Journal: Economic Policy* 2:1 (2010): 1–20.

36 Esther Duflo, Pascaline Dupas und Michael Kremer, »Pupil-Teacher

Ratio, Teacher Management and Education Quality,« (Juni 2010), unveröffentlichtes Manuskript.

37 Rikhil Bhavani, »Do Electoral Quotas Work After They Are Withdrawn? Evidence from a Natural Experiment in India,« *American Political Science Review* 103:1 (2009): 23–35.

38 Lori Beaman, Raghabendra Chattopadhyay, Esther Duflo, Rohini Pande und Petia Topalova, »Powerful Women: Does Exposure Reduce Bias?,« *Quarterly Journal of Economics* 124:4 (2009): 1497–1540.

39 Ana Lorena De La O, »Do Poverty Relief Funds Affect Electoral Behavior? Evidence from a Randomized Experiment in Mexico,« Yale University (2006), Manuskript.

40 Leonard Wantchekon, »Can Informed Public Deliberation Overcome Clientelism? Experimental Evidence from Benin,« New York University (2009), Manuskript.